卑鄙的聖人

曹操5

王曉磊——著

以少勝多的千年經典，
官渡之戰

目錄

【推薦序】

官渡之戰，一段愛與勇氣的故事

柳豫

這套總共十冊、總計字數破兩百萬字的大作，如果用一句話來形容，我會說這是一部「屬於曹操的三國演義」，而且是一部「符合基本史實的三國演義」。

先談談經典章回小說《三國演義》，小說家用七實三虛的筆法，以蜀漢開國君王劉備為主角、劉備的接班人諸葛亮為第二代主角，描繪出了東漢末年波濤洶湧的歷史故事；《三國演義》最大的貢獻在於融合史書《三國志》和《資治通鑑》，以通俗可親、首尾連貫的方式重新編寫這段歷史故事，事實上，近代上千個與三國有關的戲劇、電影、漫畫、動畫、遊戲所參照的劇本原型都不是史書而是演義，三國熱延燒至今，各種改編作品仍層出不窮，在日本或歐美都有廣大的三國粉絲，足見這部小說影響之深遠。

當然，《三國演義》也有明顯的缺點，畢竟在封建制度背景下，書中刻意將傳統思想中「善」的一面全放在主角身上，造成「欲顯劉備之長厚而近偽，狀諸葛之多智而近妖」的反效果。身為劉備的死忠擁護者，說書人我在這裡必須分辯幾句，劉備並不愛哭、也沒有三秒落淚的演技，更不是溫文迂腐的文人，歷史上，劉備最初是個地方角頭老大，打仗不行、政治不行，只會搏感情、講義氣，但他憑著仁義與魅力收服了一票誓死追隨他、相信「復興漢室」這個夢想的夥伴——我想比起演義刻板的好人形象，史冊中的劉備更像一個有血有肉、有情有義的大哥。

那麼曹操呢？

劉備尚且如此，曹操經過了演義層層改寫，距離其歷史面目就更遙遠了，《卑鄙的聖人 曹操》所做的，即試圖還原曹操真實的樣貌，不抹黑、不造神，將曹操的心境和那個動蕩不安的時代呈現於讀者眼前。

毫無疑問，曹操是三國之中各項「能力值」最高的君王，他是傑出的軍事家、政治家，也是個纖細敏感的詩人，複雜而矛盾的性格更讓曹操擁有致命的吸引力，從前人們「聞玄德敗則嚬蹙，聞曹操敗則喜」，如今曹操的粉絲團人數恐怕早已不下劉備了。

事實上，曹操比劉備更適合作為三國故事的敘事主軸——在此不討論誰忠誰奸、孰是孰非，而是說三國的重要事件中，處處都有曹操的身影——平定黃巾，討伐董卓，迎接獻帝，決戰官渡，揮軍赤壁，稱魏公、封魏王，曹操一步一步推動著三國歷史，只要看過曹操的一生，大概也就看透了大半的三國時期。

《卑鄙的聖人 曹操》以小說的方式重現了曹操的各個面向，在史料的考據上毫不馬虎，對東漢的官制、軍事場面、宮廷鬥爭做足了功課，關於正史、野史的各種記載，在書中也化作人物的血肉，讀起來宛如欣賞一齣氣勢磅礴的歷史連續劇；當然，這畢竟是一部小說作品，不少地方仍沿用《三國演義》的設定，例如劉關張的結義關係，各個歷史人物的身高、外貌、武器等等，但我相信這樣的世界觀對讀者來說是相當親切的，在歷史的空白幽微之處，看作者如何用巧思填補改寫，亦是閱讀的一大樂趣。

從第四冊至第六冊，正好是「官渡大戰」登場的重要時刻，身為擁劉派說書人，連我也不得不承認，官渡之戰的曹操全身上下閃耀著光芒、充滿了魅力——不，我不是指奇襲逆轉戰局的那一瞬間，不是指戰爭結束後的寬容與餘裕——我最喜歡的是，在曹操糧草告急的那段時期，這大概是第一次、也是最後一次可以看到如此「可愛」的曹操。

軍糧即將耗盡，假如退兵，那麼浴血奮戰大半年的成果都將化為烏有，如果不退，那麼更有可能造成全軍覆沒，平時總是冷靜、理智、果斷的曹操，面臨有史以來最艱難的抉擇，他像個沒有安全感的孩子，一下詢問郭嘉意見，一下向賈詡求計，一下寫信回許都給荀彧，到底該不該放棄呢，現在放棄的話，一切就結束了……

「官渡之戰，一段愛與勇氣的故事。」這是我為此戰所下的註解。

至於曹操如何克服困難、如何走上霸王之路，即使我們都已知曉歷史結果，其中的過程才是這系列小說最吸引人的醍醐味——放下手邊其他事情，翻開下一頁，好好享受這趟三國旅程吧！

（本文作者為三國專欄作者、說書人）

【特殊觀點】

偶像愛情劇GG，雄霸歷史劇的曹操

龔敏惠

在《三國演義》的闡述和影響下，曹操的人設一直都是奸詐而詭譎，深沉而多疑，嚴厲且殘忍，為了統一天下他「挾天子以令諸侯」，為了謀取皇權他坑殺無數，嗜血冷酷，但一個人哪能這麼單一面向，這個黑鍋曹操可是背負了很久，簡直是傑尼龜的進化版水箭龜了（誤）。

所幸，這幾年來漫畫、電玩等大眾文化的流行，再加上正史《三國志》逐漸受到重視，曹操這才能谷底大翻身，由黑轉紅（？）不，應該說：更被世人所了解了。曹操那複雜的多面，對照眾多史書的記載後逐漸清晰，一路到印刻出版的《卑鄙的聖人 曹操》，我們更能全方位且客觀地的去思考曹操的一舉一動、思緒與反應，包括他的雄才大略，他的運籌帷幄，他的兵貴神速，他的求賢若渴，他的汲汲營營，他的濟世安民，當然也包括了他的感情生活，他的簡樸淡泊。

現在筆者以一個編劇的角度切入來看曹操：

就歷史劇而言，曹操大男主的地位是堅不可撼的，那些大小戰役、各式策略、用兵遣將、招賢納士，足足可以寫上六十集電視劇，而且保證集集精彩，絕不拖戲，還讓你欲罷不能；但若以偶像劇而言，曹操雖然是霸氣總裁，腹黑驕傲，典型CEO範，但……外表這點……相當不討喜，尤其是身高一六〇這件事，一六〇））））））））））！叫觀眾如何吞啊～～～（崩潰）。劉備都有一七五了，曹操卻一六〇（很在意）要上赤兔馬還要隨從幫忙拿板凳，這像話嗎？不如把赤兔寶馬還給呂布可以嗎?!!好，筆者冷靜三分鐘……

是的，身高不代表智商，也不毀其魅力，但以偶像劇男主設定，可是相當嚴格的，首要絕對是專情而單一，曹操妻妾成群在古代是司空見慣，但其致命點卻是……好色，好色就算了，他還是道道地地的人妻控!!

建安二年，曹操第一次「奉天子以討不臣」對象便是當時實力最差的的張繡，他自信滿滿、大軍前進，卻萬萬沒想到一入南陽便順暢無阻，原來張繡聽從了賈詡的諫言舉了白旗，此刻正立於宛城恭迎他，首征可謂天助我也，不花一兵一卒便收了驍勇善戰的張繡。故事本當完美收場，然曹操卻對張繡的叔父張濟的老婆王氏起了淫念，最後連王氏的丫環周氏也一併收了！還沾沾自喜的說著：「盡收天下美色而妻之。」此舉惹惱了張繡，一場殺戮就此展開，正是色字頭上一把刀，曹操敗於宛城，不但損兵折將、弄失輜重，連自己的兒子曹昂、姪子曹安民以及心腹愛將典韋也戰歿陣中，一路兵敗如山倒地回到許都，從此種下了他和元配丁氏的嫌隙，這段婚外情可說是賠了夫人又折兵。

已經醜一的曹操，不僅沾不上偶像劇一哥，他還不思進取，不記取教訓，在東征呂布之際，受關羽暗示答應將秦宜祿之妻杜氏（貂蟬？）賞賜給關雲長，這可是收買啊！曹操是多麼喜愛關羽，早想將他納入麾下，這下可有順水人情可賣，曹操的嘴角早就失守。

建安三年曹操殺了呂布，還將他的頭顱懸於轅門高杆之上，收了呂布愛駒汗血寶馬赤兔馬，當然他並沒忘記與關羽之約，但實在是因為太好奇了，能叫關雲長紅著臉來請求的女子究竟是何等美女，曹操倒想見上一面，誰知一看視線就凝住了，那杜氏體態婀娜端莊，青絲猶如墨染一般，瓜子臉尖下巴，面龐白皙，芙蓉新豔桃李爭春；兩道細眉宛如二月新柳撩人心緒，又似雲畔初月勾人相思，兩隻大眼皂白分明，根本是世間尤物，搞得曹操心蕩神馳，口水險些流下來，對關羽的許諾是什麼？反正也不能吃，不如拋之腦後，急切切就將杜氏按倒在榻上……

醜二的曹操注定無法收服關羽，當然這般好色也收服不了觀眾，現在連男二都當不上了，不過曹操有點倒值得嘉許，也就是包容心，雖搶奪他人妻子，他也不曾虧待，對於那些拖油瓶可是好生照顧著，這點還是給他按個讚！

再細究曹操好色這點，除了宛城那段外遇帶給他無比的悔恨，甚至敗給張繡三次，除去這汙點之外，美人與江山對曹操而言，絕對是江山擺第一。當他聞知張遼綁著雙臂自投曹營，曹操可是高興得從床榻蹦起來，立刻把杜氏拋在一邊，便知愛將與愛妾，絕對是愛將重要，而這對偶像劇的女性觀眾而言，可能還是吞不下。加上曹操生性節儉，不好華麗，衣服跟被子十多年不換，破了就縫縫補補，從這點看來，妳想要他送上一百朵鮮花或是帶妳吃大餐、花錢搞浪漫這些，可是門兒也沒有。東漢末年曹操頒了「內戒令」告誡家人跟官吏要省省省，在那個時期人們喜歡點薰香，從曹操的謀士荀彧便可看出，他可是人稱「荀令香」，或稱「令君香」，只要他坐的地方，那個地方就要香三天，但地位比荀彧高的曹操卻身體力行，不點就是不點，非常堅持當「省長」，所以當他的妻妾可沒華衣錦食，甚至要親自耕種與紡織呢！

根據上述故事，曹操咱們別演偶像劇，乖乖接歷史劇吧！

（本文作者為《終極三國》編劇統籌）

找好人才——三國各家的名將攻略

三國最迷人之處，除了豪傑爭雄、群英鬥智之外，就是觀察各家主公的統御之法、攻心之術了。先觀董卓，暴戾無道，殺人如麻，視天子如草芥，他與部下的關係簡而言之就是順我者昌，逆我者亡。跟著他就是吃香喝辣、大秤分金、小秤分銀；違抗的就殘暴虐死。而他手下多是西涼胡人，無須深沉手段，只要油水夠豐就好。劉備也是擅長攻心術的好手，從陶謙手中接下徐州不久，帶著關羽攻打袁術，回頭張飛卻讓徐州失陷給呂布，甚至連劉備家屬都未能救出，劉備就對意圖自盡謝罪的張飛說了：「兄弟如手足，妻子如衣服；衣服破，尚可補，手足斷，安可續？」自然讓張飛和關羽更加忠心不二。劉備除了三顧茅廬成功勸出諸葛亮之外，還在趙雲長坂坡血戰救出阿斗後，上演摔子戲碼，對眾人說：「為此豎子，險些害我損一員上將！」（意即劉備視趙雲安危比自己的兒子更重要）成功拉攏趙雲的心。孫權雖然善聽人言，但酒品不佳，往往酒後易怒，於是他對公布命令，只要是他酒後的命令統統不算數，也讓眾臣心裡舒服進而放心輔佐他。

三國諸主之中攻心術最強者自然是曹操，官渡戰前，曹操身處四戰之地，北有袁紹，東有呂布，西有張繡，南有袁術。他知道自己遲早要與袁紹一戰，於是先從其他三方下手，打張繡時因起色心而大意遭突襲，損失了貼身侍衛典韋、長子曹昂和姪子曹安民；但後來張繡真心歸降時，曹操沒有殺他，反而封官，為的就是收買人心，讓西方穩定。呂布敗亡後，還有餘黨臧霸、孫觀、吳敦、尹禮等人，剛歸順的張遼說服四人來投，曹操知道他們都是草莽性格，於是放下形象和他們稱兄道弟，並讓他們在原來的領地上就地合法，各封為郡守，成功拉攏這些豪強，讓東邊更穩固。而官渡之戰時，聽到故人許攸來訪，曹操倒屣相迎，感動許攸說出袁紹的屯糧重地烏巢，最後親率大軍焚盡袁軍糧草，成功扭轉戰局。戰後從袁紹處得到一車竹簡，都是曹軍人士與袁紹暗通的書信，有人建議一個個檢閱而殺之。曹操只說當時他尚且不能自保，何況眾人？於是隻字未看，付之一炬，成功安撫眾人的心。此外，曹操雖然是人妻愛好者，卻不對屬下的妻妾下手（除了綠帽王秦宜祿之妻杜氏）；反觀呂布淫盡部下之妻妾，最後遭反叛，兵敗身死。

我們將和曹操在這四戰之地，東討呂布，西征張繡，一步一步站穩腳跟，在有限的時間和空間中，準備和剛打敗公孫瓚，統一北方，兵多糧足的袁紹在官渡之戰一決雌雄。且看曹操如何化解漢獻帝的暗謀，又是如何打敗在下邳反叛的劉備，成功收降夢寐以求的關羽；又是如何在絕對不利的戰況下，鼓舞士氣，力抗袁紹井欄、堀子軍的猛攻，堅守待變，最後終於逆轉乾坤，擊潰袁紹取得北方霸權！

第一章

曹操殺呂布

隨著中原局勢轉變，北方大地突顯出袁紹、曹操兩大割據陣營。袁紹擁冀、青、幽、并四州之地，兵馬十餘萬，具備軍事上的優勢；曹操奉迎天子建立許都，掌握朝廷詔令，占有政治上的先機。兩家雖因遷都問題而決裂，卻都被眼前艱巨的攻城戰羈絆。袁紹久攻易京公孫瓚而不下，曹操圍困下邳①呂布而難克，誰能先一步解決眼前戰事，誰就能提前準備決戰。

呂布遭擒

建安三年（西元一九八年）十二月，徐州下邳城已四面楚歌。為了攻克這座三層牆的堅城，曹操掘開城西泗、沂兩條大河，將滾滾洪水引入了下邳城。

這天清晨，呂布手握方天畫戟，斜倚在白門樓的女牆邊，呼吸著冰冷的空氣，神情疲憊滿臉無奈。三個月的守城戰打下來，他早就沒了昔日的瀟灑氣魄，原本白皙俊美的臉滿是凍傷與皺紋，藍隱隱的眼睛蒙上了一層灰暗，眉毛、睫毛上結著晶瑩的冰霜，紫黑的嘴唇因為抑鬱和嚴寒迸出一道道乾涸的龜裂，時而往外滲血……他早已不是那個所向披靡的「飛將」了。

舉目向城外望去，下邳以外方圓數里成了一片湖泊，水已有四五尺高了，雖到了冬季枯水期，但泗、沂兩河的涓涓細流還是順著渠道不停地灌進來。冰涼的河水淹沒了溝塹、覆蓋了草木、堵住了城門，甚至有些地方已經出現冰淩，四下一片死寂。而在這片湖泊的周邊，還有黑壓壓的曹操大軍。營連營寨連寨，旌旗似麥穗，槍戟如密林，把孤城死死困住。又是水淹又是兵困，連隻老鼠都鑽不出去。

呂布嗟歎一聲，扭頭又往城內看。城裡的水也有兩尺深了，但更為可怕的是，城裡的水是死水。前兩個月還能動員城中軍民淘水自救，可時至隆冬，河水已冰涼徹骨，不少兵士在這樣的水中撲騰半日，出來再被寒風一吹，腳趾頭都凍掉了！淘水一旦停下，死水就開始結冰。起初是在城牆的死角、空闊的街市，隨著天氣越來越冷，結冰的面積也越來越大，後來下邳內城儼然凍出大片大片的冰坨子。民房、複道、街市甚至縣寺都被凍住了，軍兵百姓只得轉移到各個城樓上，在撒氣漏風的帳篷裡苦苦支撐。最危險的是下邳裡面兩道圍城的城門還開著，長時間的浸泡和冰凍，門板都翹了，想關都關不嚴實。城上的軍兵百姓擁擠不堪，城下又沒有大門做抵禦，這意味著裡面的兩道城完全失效，曹軍只要攻破外城，整個下邳就會陷落！

一切努力都已嘗試，呂布實在想不出任何辦法了，糧食所剩無幾，下邳陷落只是時間問題。默然觀望良久，他無奈地搖搖頭，拄著方天畫戟回轉樓閣，一邊走一邊打量那些仍舊堅守的將士。日以繼夜提心吊膽，熬得他們眼窩深陷，加之食不果腹天寒地凍，冷風襲來吹得他們直打晃。而在腳畔還有一大堆屍體，戰死的、病死的、餓死的、凍死的，衣甲被剝去供活人禦寒，赤條條的屍身堆在城垛邊，凍得冰涼僵硬，等待充作抵禦曹軍的滾木檑石。還有幾個兵抵不住寒冷，蹲在樓閣門口，

①下邳，在江蘇省，古稱邳國、下邳。下邳為商周時的都邑，春秋時宋襄公修造了城邑，秦時稱下邳縣。到了漢代，下邳曾為楚都，韓信為楚王時，就駐這裡。東漢時置下邳國，管轄十七城，北到山東南部，南至安徽嘉山，西到江蘇銅山，東到漣水。邳音陪。

一邊搓著手，一邊議論戰事。

其中一人戰戰兢兢道：「你們聽說過沒有，當初曹操滅張超，張超老部下臧旻在東郡舉兵援救，結果被袁紹大軍圍在城中，生生困了一年。最後糧食馬匹都吃盡了就開始吃人，先吃死人後吃活人……」

聽者無不惶恐，有人悚然道：「俺寧死也不吃人肉！」

「你不吃也好，到時候我們吃你。」也不知誰接了一句。

又有人道：「哼！吃人算什麼？兗州鬧蝗蟲時我也吃過人肉哩！可這回不一樣，咱叫曹操困住了，吃到最後也跟臧旻一樣，城池陷落都得死！」

「我可不想死……我家鄉還有老娘呢……」

「俺也不想死，俺那婆娘在并州苦候十載。要是在這兒死了，她跟俺那娃可咋辦呢？」

「別想了，興許早跟別人跑了。」

還有人壓低聲音道：「反正城池早晚要破，與其等死還不如逃出去投降呢！」

「對！咱當兵的又跟曹操沒仇，他有帳找呂布、陳宮算去！」

「晚啦！當初圍城之時就該投降，現在曹操還能饒了咱們嗎？左右不過是一死。」

幾個人你一言我一語漸漸惶恐不安，忽一抬頭，看見呂布正默默無言地站在旁邊，都嚇縮了舌頭，這些話惑亂軍心，按律是要殺頭的。

哪知呂布只是搖頭歎息，充耳不聞邁步進閣。他很清楚，殺了這幾個人能管什麼用？堵得住嘴巴堵不住心眼，不過枉害幾條性命罷了。若按他的心思，戰無可戰逃無可逃早就該降，興許曹操看在他當年刺董有功的份兒上能饒他一命。可陳宮、高順誓要魚死網破，呂布已經約束不住他們了。

他剛邁進門，忽聽背後一陣喝罵：「他媽的！不好好守城，在這兒縮頭取暖，若是曹兵涉水攻過來怎麼辦？該回哪兒給我回哪兒去！」呂布回頭觀看，見高順正揮舞皮鞭狠抽那幾個兵。諸兵丁被打得四散躲避，不得不拿起弓箭回到女牆邊。

這時衣衫襤褸的陳宮也走上城來。經過三個月的抵抗，他的衣衫又髒又破，早已看不出本色。因為凍傷，走起路一瘸一拐的，面色枯槁鬚髮乾黃，但眼中戾氣不減，張著嘶啞的嗓音道：「高將軍，趕緊叫士兵把城門加固一下，木頭都叫水泡糟了。」

高順輕蔑地斜了他一眼：「尋我做什麼？你直接傳令好了。」時至今日他們還是不能化解兗州、并州兩部的宿怨。

陳宮咕噥了一下，無可奈何道：「宋憲、侯成這幫并州兄弟不聽我的號令，還是勞煩您跑一趟吧！」

「莫說是你，昨天侯成還給我臉色看呢！」高順轉過身，瞪著布滿血絲的眼睛道：「再說這天寒地凍的，你叫他們怎麼加固城門？餓著肚子還能在冰水裡撲騰嗎？」

陳宮歎了口氣：「只要在城門上潑水就行了。天這麼冷，潑上水城門就凍住了。」

高順一陣苦笑：「那管什麼用？再過兩月天氣轉暖，冰都會化開。到時候不光是城門，城牆這麼一凍一化，地基也鬆動了。反正咱終究難逃一死……」說話間眼中露出一絲絕望。

陳宮搖搖頭，堅定地望著高順：「咱們尚有一線生機。曹操北邊仍有大患，倘若袁紹消滅公孫瓚轉而攻曹，下邳之圍自解。咱們只需再堅持個把月，局勢定有變化。」陳宮親眼目睹了邊讓、袁忠、桓邵三人的慘死，自那時便決心誓死與曹操為敵。

高順不似陳宮看得長遠，只是惱於陷陣營兄弟亡命沙場，抱定了同生共死之心，對任何預計都不奢望，只冷笑道：「哼！但願如你所言吧……」拋下這句話提袍下城去了。陳宮哀歎一聲，扭頭恰與呂布四目相對。兩人一般的無奈，都沒說什麼。

呂布腳步沉重走進樓閣。由於縣寺遭水淹，他的家眷也已移居到這裡，妻子女兒僕婦親兵，連與他私通的秦宜祿的老婆杜氏也在其中。一干女眷哭哭啼啼，弄得呂布越發心緒煩亂。他頹然坐到妻妾中間，摩挲著眉毛上的冰淩。一旁的秦宜祿忙捧上碗水——秦宜祿倒不介意杜氏被呂布霸占，只要自己安然無恙，一頂綠頭巾又壓不死人！不過他早就預感到呂布終將敗亡，曾暗地與劉備、關羽溝通，承諾把杜氏轉獻曹操，換取自己這條性命。可現在杜氏被呂布把得緊緊的，他即便能僥倖逃到曹營，獻不出美人還是難求活命，所以只能等待時機。

呂布把水喝了，望著空空的碗底慘笑道：「也不知還能守幾日。」

秦宜祿脅肩諂笑道：「曹賊不過一時得勢，將軍福大命大造化大，怕他何來？只要耗到老賊退兵，憑您的胯下馬掌中戟，追上去殺他個片甲不留。」

天下多少英雄豪傑經不住馬屁，呂布明知這是故意奉承，但心裡還是踏實不少，眼珠一轉，問道：「那糜氏可曾給我看守好？」糜氏乃劉備之妻、糜竺之妹，襲破小沛時被高順俘獲。

秦宜祿諾諾連聲：「好著呢！我囑咐過了，誰都別想動那婆娘一根毫毛。」

呂布放寬了心：「嗯。一定要好好照顧，絕不許任何人騷擾怠慢。」并州兵燒殺淫掠一向肆無忌憚，但呂布卻嚴令保護糜氏。他存著城破之日乞活的念頭，若是得罪了糜氏就跟劉備結了仇，關鍵時刻劉備在曹操面前說幾句壞話，他很可能就人頭不保了。

妻子嚴氏兩眼垂淚嗚咽不止，杜氏懷抱兒子阿蘇低頭不語。呂布張開雙臂一左一右把她倆攬到懷裡，在她們鬢邊喃喃道：「美人莫怕，但得一日快活且得一日快活吧！待到城破之日，倘曹操不忘舊仇，我一死了之便是，絕不累妳們受辱。」

秦宜祿心內好笑——這等話也就騙騙婦道人家，到時候豈還由得你做主？見呂布欲跟他老婆親昵，秦宜祿這活王八趕緊轉身，到閣外回避。哪知還未走到門口，就聽外面傳來一陣大亂。

「擒呂布啊……擒呂布啊……」

那喊叫越傳越近越來越大，似乎吶喊的人數還在不斷增加，其中夾雜著登城的腳步聲。秦宜祿眼前一黑——曹軍進城了！趕緊一溜煙躲到呂布身後。

呂布突聞乍變猛然躍起，抓起方天畫戟奔至門外觀望，但見城下一片寧靜，冰水波瀾不興——不是曹軍是兵變！只這一錯愕間，已有十幾個守城兵挺著刀槍、紅著眼睛朝他殺來。呂布蕩開掌中大戟用力一掃，立時斬飛兩顆人頭，口中怒喝道：「不掂掂斤兩就敢作亂！何人煽動你們？高順何在？陳宮何在？」其實這幾個兵也不知何人發動兵變，甚至連作亂的兵都沒看見，可他們早就不願守下去了，因而一聞喊叫立刻加入，想要趁亂立功。眼見呂布立斃二人，兩具沒腦袋的腔子還在地上手刨腳蹬兀自噴血，剩下的人嚇得腿都軟了，不敢答話，拋下兵刃就逃，更有一人躍過女牆跳城自盡。

呂布驚魂未定，只覺喊聲鋪天蓋地震耳欲聾，又自白門樓兩端衝上無數兵丁，手持長槍大戟，神色猙獰洶湧而來。呂布之猛當真了得，掌中畫戟左一抽右一掃，眨眼間就將十餘人擊倒在地。有人前仆後繼，依舊命喪戟下；後面的再不敢靠近，慢慢圍了個扇面，但手中兵刃依舊指向他。呂布雖震懾住眾人，但心繫妻妾安危，始終不敢離開閣門一步，橫住大戟牢牢把門堵死。

「將軍，此間勝敗已定，莫要再作無謂的抵抗了。」兵叢中人影晃動，并州部將宋憲擠了過來，但也不敢近前，隔著兩個兵與呂布說話。

「是你！」呂布詫異地盯著他，「你跟隨我十年了，為什麼背信棄義？」

宋憲似有愧色，良久才道：「就算是我背信棄義……但兄弟們都疲憊至極，實在幹不下去了！大家跟著您吃了這麼多苦，難道等到城破之日，所有人陪您一起死嗎？咱們……咱們投降曹公吧！」

「堅守不降不是我的主意！」呂布倉皇四顧，「陳宮！高順！你們出來啊！」

「別嚷了……」另一個并州部將侯成冷笑著擠了過來，「那兩個瘋子已被拿住，就剩下將軍你了。快快束手就擒吧！」

呂布臉龐肌肉抽動了兩下，頓了片刻又強自微笑道：「擒了他們倒也不錯，反正我早有歸降之意。你們退下去，開城放曹兵進來，我絕不阻攔！」

「這可不行。」侯成搖搖頭，「兵無頭不走，鳥無頭不飛。陳宮、高順算什麼東西，您才是一軍主帥！不把您拿住，我們怎麼向曹公請降？再說憑您的勇力，若趁亂殺入曹營，我們可是吃不了兜著走啊！」

宋憲顫抖著作揖道：「為了弟兄們，就讓大夥把您捆上吧！這也是沒辦法的事啊……」說到最後，語氣中竟有哽咽之聲。

呂布環視在場兵士，并州人、兗州人、徐州人皆在其列，這些素來不睦的部屬這會兒卻都巴望著拿他請降呢！他不由得一陣愴然，有心放手服綁——可一旦束手就擒那意思就變了！陳宮、高順已被拿住，本來他可以自己領兵投降的，一旦服綁等於是兵變被擒，曹操處置的態度絕不會一樣。想至此他越發攥緊了戟杆，厲聲嚷道：「休想！要開城門只管開，大不了咱在這兒耗著，等曹公至此我自能分辯！」

聞聽此言，侯成也作了個揖：「您就疼疼弟兄們吧，乖乖服綁，別叫大夥費事啦！」

呂布不答話，把大戟猛然朝前一挺，眨眼間竟將侯成盔纓挑落，嚇得眾人節節後退，倉促間又有兩人摔下城樓，慘叫聲驚得人脊梁骨發涼。呂布一陣冷笑：「想擒我嗎？拍拍胸口想一想，天底下哪個有擒我的本事？」眾人面面相覷，無人敢向前一步——擒呂布是為了向曹操求活命，倘若因擒他反送了命，那就大大不值了。

見眾人盡皆披靡，侯成、宋憲也低下了頭，呂布頗感欣慰，剛要軟語撫慰再作商量，就聽背後閣內有人嚷道：「呂布！還不拋戟服綁，更待何時？」

呂布一驚，但不敢回頭，橫過大戟側倚門框觀瞧——秦宜祿手持一把鋼刀，正架在嚴氏的脖子上！

「你……你……」呂布怒不可遏，「放下刀！」

「還是你放下吧！」秦宜祿見他欲要衝來，左手一把揪住嚴氏的髮髻，右手鋼刀更往她咽喉處緊貼，嚴氏的脖子上已割出一道血痕。呂布素來牽掛女眷，見此情形再不敢向前，咬牙切齒道：「你這卑鄙小人，焉敢要脅於我？」

「末將也不願行此下策，但是兄弟們等著拿您立功呢！識時務者為俊傑，我可得向著大多數吶！」秦宜祿樂呵呵道。

「呸！」呂布悲憤交加，「剛才你還口口聲聲說我是……」

「剛才是剛才，現在是現在。」秦宜祿收起諂笑，露出一副無賴嘴臉，「大家好歹跟了您這麼多年，沒有功勞也有苦勞，您就真忍心叫大夥沒個好下場？只要您把戟一丟，滿天雲霧散！日後我們端起飯碗來先感激您的恩德。再者曹公大名鼎鼎聲威赫赫，大人不計小人過，也未必會把您如何。」秦宜祿翻臉比撒尿都快，還沒歸到曹營，先在人前說起諂媚話來了。杜氏在一旁早看得怒火中燒，放下孩子，向這個無恥的丈夫撲去。秦宜祿看都不看，一腳把她踢倒在地，冷笑道：「我的妻啊，妳可別找不痛快，為夫我這條命還指望妳幫忙保全呢！真把我逼到絕路上，我連妳一塊殺！」

嚴氏被刀挾制著，低聲罵道：「你這寡廉少恥的畜……」

秦宜祿不待她罵完，一挫掌中刀，又在嚴氏脖子上劃了道小口子，惡狠狠瞅著呂布：「快快服綁，要不然我把她們都宰了！」

呂布望著兩個手無縛雞之力的女人，霎時間心念一顫，手中畫戟「哐啷」一聲落地，仰面長歎道：「大丈夫生於世間，豈可累女子為自己受難！」這話既是感歎又是羞臊秦宜祿。可他明明已經拋戟，眾軍兵竟無一人敢過去上綁。還是秦宜祿乍著膽子喊了一聲：「還不綁他等什麼呢？」

這一言提醒了大夥，眾人一擁而上，靠前的十餘人手裡掐、膀子夾將其拿住。呂布決意服綁並不掙扎，但諸人心有畏懼互相較勁，一旦拿住誰都不敢再撒手，你一把我一把，忙活半天竟綁他不上。可真是人多打瞎亂，眾人七手八腳將他推搡到外面女牆上，這才勉強把繩索套到他脖子上。呂布伏在女牆上，看著自己的大旗被拋到城下，耳中盡是軍兵向對面敵人的呼喊聲：「擒住呂布了……我們投降……我們投降曹公啦……」他雖自願服綁，但卻不想死，也跟著拚命嚷道：「呂布歸降！是我率眾歸降自願服綁！你們不要喊錯了！」

虎死不如鼠，已經綁了誰還聽他的，諸人兀自喝喊自己的功勞，沒人在乎這個片刻之前還被敬若神明的主子。呂布突見眼前寒光一閃，有件兵刃自城頭拋下——竟是他的方天畫戟！

呂布欲要伸手抓住，但覺雙臂被縛動彈不得。眼睜睜瞧著那震懾過無數疆場、取過無數人性命的兵器「撲通」一聲沉入水中，激起一道道漣漪向遠方靜靜散去。

清算恩仇

下邳外郭大門已被浸泡變形，投降的士兵拉都拉不開，最後大家亂刀齊下，把這兩扇糟木頭劈了，這才勉強擠出城來。宋憲、侯成騎著馬，兵士押解呂布、陳宮、高順、魏種、畢諶等前往曹營請降。驍勇蓋世的呂布如今可受了罪，被扯去冠戴鎧甲綁得似粽子一般，披頭散髮跌跌撞撞在水裡撲騰著；秦宜祿緊隨其後得意揚揚，手握皮鞭不住地抽打催促——當真是虎落平陽被犬欺！

這夥人拖拖拉拉未離水坑，便聞戰鼓聲聲畫角齊鳴，二百虎豹騎衝出連營迎至水邊，一字長蛇陣列開，個個都是頂盔貫甲罩袍束帶，肋下佩劍肩背弓囊，威風凜凜殺氣騰騰。

「站住！」兵叢中閃出督帥曹純，橫眉立目呵斥道：「王師營屯不得擅闖！」

下邳降兵哪敢靠前，宋憲、侯成也只得自馬上跳到水坑裡，抱拳拱手忍氣吞聲道：「末將等擒獲反賊呂布，特來請降。方才在城上已勞煩斥候稟報過了。」

「是我自願投誠的！」呂布趕緊分辯。

曹純哪管這麼多，板著臉孔道：「來者盡數解去兵刃，一干降將罪將隨我往中軍大營聽候發落，兵丁暫在營外暫駐，不得隨意走動。」說罷將馬鞭一揚，虎豹騎二龍出水分列兩旁，閃出一條人胡同。

宋憲等生怕發生誤會，早就命兵士把軍刃拋在城中，這會兒聽了曹純的話，索性把佩劍也解了丟到岸邊，帶領親兵拖泥帶水爬出來，架著一干俘虜隨曹純往裡走；其他降卒隨後也推推搡搡出了水坑，在虎豹騎監督下席地而坐，一聲不敢出。呂布被秦宜祿等人押著，踉踉蹌蹌走在最前面，但見曹軍連營一座連一座，每過一門都有將官把守，數不清的曹兵擠到轅門看熱鬧，一邊看一邊議論紛紛：

「那廝就是呂布嗎？我都認不出來了……」

「呸！這禽獸殺了咱們多少人，沒想到也有今天吧！」

「什麼飛將軍啊？我看也算不得什麼，咱過去給他個耳光，看他敢還手不？」

「赤兔馬呢？方天畫戟呢？原先那威風呢？耷拉腦袋了吧！」

「這鳥人還活什麼勁兒呀！自己抹脖子不就完了嘛……」

呂布垂著腦袋，任長髮遮住臉孔。昔日沙場上橫衝直撞八面威風，如今卻被一幫小卒指指點點恣意嘲笑，他實在是沒臉見人了。但他還不想死，他還不老、還有嬌妻愛女，最後一絲求生的欲望驅使著他背負屈辱往前走。

有的曹兵欺負人，隨手抓起石頭擲過來，生生打在他腦袋上，他低頭瞧路也不躲避。曹純見狀連忙斥責，這才把看熱鬧的人趕散。

也不知行了多久，曹純突然翻身下馬。呂布甩甩頭髮抬頭一看，但見柵欄嚴密鹿角層層，轅門突門錯落有致，角樓箭櫓布置得法，十步一崗五步一哨——好一座中軍大營！轅門敞開著，東面有參謀文士列班而立，西邊是將校督率鎧甲分明，兩旁甲士執戟而立，當中搭著一丈高四丈寬的玄布大帳，左有天使白旄，右有掌軍金鉞，帳前立著漢軍大纛，另有一面金邊金線的黑旗，上繡著「司空行車騎將軍曹」八個大字。

呂布還未顧得上看別處，只覺背後一震，已被士兵推了進去。他睜著迷離的眼睛左顧右盼，曹營文武傲然而立，全不拿正眼瞧他。跑過兩個虎豹衛士換了降卒駕著他往前走，兩邊人影盡皆一閃而過，恍惚見關羽、張飛、陳矯、徐宣、孫乾、簡雍等熟面孔皆在其中，劉備、陳登更是位列西首最前面，忽聽耳畔一聲斷喝：「呂布豎子也有今天！我恨不得食爾肉飲爾血！」他強自掙扎著扭頭觀瞧，見有個相貌俊雅的小將二目圓睜、咬牙切齒——乃是兗州宿將李典。

呂布忐忑難安，昔日襲取兗州，先殺李乾後傷李進，與那李氏豪強結下大仇，這小子不攛掇曹操殺自己報仇雪恨才怪呢！隨即想到，又豈止一個李典，這營裡不知有多少人曾吃過自己的虧，今日若得活命看來並不簡單。

兩個兵架著他繞過纛旗按倒在地，曹純進中軍帳通稟。少時間見帳中緩緩步出一人。此人身量不過六尺左右，頭戴鐵梁沖天冠，身穿紅緞錦繡深服，外罩灰白狐腋裘，腰橫玉帶，足蹬雲履，掛絳紫色長穗綬帶；再往面上觀瞧，此人四十多歲，白淨臉膛微有皺紋，三綹髯略有幾根泛白，龍眉鳳目眼光犀利，癟鼻厚唇稍帶敗相，但眉上那紅猩猩一點朱砂痣格外醒目——來者不是曹孟德又是誰？

「屬下參見曹公！」滿營文武一併躬身施禮，那氣勢足以振聾發聵，呂布強打精神也跟著喊道：「罪將參見曹公……」

曹操根本沒搭理，向曹純吩咐道：「下邳城已克，速速派兵阻塞泗、沂二河，莫再傷及城中百姓。」

「諾！」曹純領令而去。

呂布見曹操神色冷漠，便梗著脖子把髮髻往腦後一甩，擠出一絲笑容，假惺惺關切道：「明公可比昔日清瘦多了。」昔日他在董卓的酒宴上向曹操敬過酒，濮陽城對戰時曾把滿面灰土的曹操誤認為普通將校，下邳被圍也曾城上城下喊過話，兩人也可算是老相識了。

曹操聽呂布一張口便跟自己套近乎，輕蔑地笑了笑，招呼軍兵搬來杌凳擺在帳門口。左有王必捧著功勞簿，右有許褚攥著虎頭矛，二人趨身攙扶其坐下，過了好一會兒曹操才搭茬道：「老夫是瘦了……只因擒不到你呂奉先，愁得我寢食難安，豈能不瘦啊？」

呂布明知曹操這話是譏諷，卻不敢反駁，順情訕笑道：「明公何須愁苦？其實在下早有歸順之意。昔日管仲箭射齊桓公鈎帶，桓公繼位反用其為相，自此稱霸諸侯無敵天下。今日在下既為明公所獲，自當竭股肱之力，您以為如何呀？」

「自比管仲，好大的口氣啊！」曹操聽他這樣說，不禁失笑，「你道早有歸順之意，為何負隅頑抗直至此刻才降？兗州之亂幾喪吾命，那也是你獻的股肱之力嗎？」

呂布連忙辯解：「兗州之叛乃陳宮、張邈等所為，也是在下一時不察，誤以為張孟卓是個謙謙君子，因而辭別張楊提兵東入。後明公歸來，陳宮屢次挑撥，我騎虎難下才斗膽觸犯明公虎威。此事至今想來還頗為悔恨吶！」這話半真半假，陳宮、張邈雖是罪魁禍首，但他也曾絞盡腦汁推波助瀾，至於他說至今悔恨倒是實話。

曹操聽他推卸責任，手撚鬍鬚又道：「兗州之事暫且不論，你既到徐州依附玄德，為何又串通袁術突襲其後，搶了徐州地盤？」

「此事不怪末將！」呂布連眼睛都沒眨一下，「陶謙舊部丹陽兵謀叛，是他們的統帥許耽引我入下邳的。在下不過權領一時，後來派人把劉使君接回來了。在下也曾以徐州相讓，劉使君不肯接受才移到小沛屯駐。」下邳之亂的禍首許耽已在彭城戰死，呂布這番話死無對證。他接回劉備是為了聯手牽制袁術，至於讓還徐州不過惺惺作態，劉備當然不敢接受。不過呂布娓娓道來絲絲入扣，倒也難以詬病。

曹操自然明白其中癥結，也不再追究此事，又道：「也算你有理。但是既把玄德迎到小沛，為何兩番相襲又擄人妻女？」

「都是陳宮挑撥離間所致！」兩襲小沛都是劉備挑釁在先，可如今人家已屬曹營，呂布自不敢得罪。他料定曹操不會寬恕叛徒陳宮，便把所有責任都往陳宮身上推，「在下視劉使君如兄弟，陳宮那好亂小人卻時有加害之心。至於明公所言擄人妻女，在下實在不敢！兩次攻克小沛，使君遺棄妻女而去，我都命軍兵保護起來，起居飲食皆由婢女伺候，未有絲毫怠慢。」

聞聽此言曹操不禁瞥了劉備一眼，見這個素來舉止瀟灑神采奕奕的豫州牧低著腦袋，臉上閃過一陣羞紅。呂布也看見了，怕劉備惱羞成怒，趕緊另揀好聽的說：「在下雖襲了小沛，但是劉使君因禍得福，投到明公麾下，自此如魚得水忠心報國，這未嘗不是一件好事啊！」

「好事？哈哈哈……」曹操仰天大笑，「既然歸附朝廷是好事，那你為何調兵阻我於彭城？又為何在下邳頑抗三個月？」

呂布張嘴就來：「非是在下不降，乃是陳宮不識時務！這三個月裡城中一應事務都是陳宮、高……」他知道曹操愛惜武將，高順八成也會被其收錄，現在要把高順招出來，日後同在曹營效力關係可就不好處了，因而馬上改口，「都是陳宮搞的鬼……在下素有效力朝廷之志，也曾刺死董卓征討袁術，這些您都知道啊！」

呂布將所有罪責推了個乾乾淨淨，彷彿他自己始終忠於大漢，一點兒錯都沒有。曹操又好氣又好笑，提高嗓門譏諷道：「奉先啊，能編出這一堆鬼話也真夠難為你了！」

此言一出，眾文武笑得前仰後合。呂布左看看右看看，倏然收住笑容，傲然正色道：「明公不信末將之言？」

「你呂奉先的話，只怕天底下無人能信了。」曹操語帶譏嘲。

「那明公可信末將之勇？」

「嗯？」曹操一愣。呂布直起身子，眼睛直勾勾看著他，語氣不似方才那般柔順了：「天下割據洶洶，許都立足未穩，四方狼煙尚待戡平。明公運籌帷幄用兵如神，末將能征慣戰縱橫沙場。倘明公為帥、末將為先鋒，必能戰無不勝攻無不克，何慮天下不平？到那時莫說是張繡、袁術之流，就是袁紹、劉表又有何懼哉！」

「胡說八道！袁本初、劉景升都是咱大漢臣宰，老夫豈能與他們為敵？」曹操雖口上這麼說，心思卻不禁活動起來。他自然不相信呂布這種人的操守，但呂布驍勇善戰卻是不爭的事實，若是能將其收於帳下，豈不是如虎添翼？曹操素有愛將之癖，對關羽、張遼那等人物頗為賞識，呂布這等勇武蓋世之人更是期盼已久，但收留呂布會不會埋下禍患呢？滿營諸將又會不會反對呢？對整個朝局又有什麼影響？曹操一時難以決斷，招呼衛士：「暫且將他推至一旁，先處置其他人！」呂布見這樣安排，情知其心念已動，沒等軍兵來推便自己站起來，大步走到西首劉備身邊，低聲懇求：「使君今為座上客，布為階下囚，就不能為我說兩句好話嗎？」劉備二目直視無話。

曹操見他向劉備嘀嘀咕咕，呵斥道：「軍中俘虜休要隨意囉唣！」

呂布轉過臉訕笑道：「並非在下囉唣，只是我身上的綁繩太緊了，可否稍微鬆開些？」

「縛虎安得不緊？」

曹操瞧他一臉討饒相，似無反抗之意，便要傳令鬆綁。身邊主簿王必拱手道：「主公請恕屬下多言……呂布乃勍虜也，其眾近在外，不可寬鬆。」王必顧及并州部張遼尚有部分兵馬流竄於外，倘若呂布趁亂衝殺出去，與張遼合到一處，那無異於縱虎歸山。曹操倒不以為然，如今呂布身陷此地，諸多猛將環伺，又無槍無馬，即便有霸王之勇也逃不出了。不過瞧著他一臉狼狽相倒覺有趣，故意戲弄道：「呂將軍，吾本欲相緩，主簿不聽，如之何？你就忍著吧！」

「布已為階下囚，豈敢隨便造次，還求明公准我寬鬆些吧！」

呂布不敢強求，諾諾連聲退在一旁。又見兩個虎豹騎推推搡搡把高順弄了進來。高順氣沖沖來到營中，仰面看天誰都不理，有士兵呵斥道：「罪將跪下！」他硬是充耳不聞。兩個虎豹騎搶上前又是踢又是摁，高順的腿卻似鐵鑄的一般，就是不屈絲毫。

「好了好了，就容他站著回話吧！」曹操擺擺手，他心裡還是頗為讚賞此人勇武氣概的，面帶微笑道：「高將軍，你的陷陣營好厲害，老夫深受其苦啊！」這是故意給高順一個臺階下，哪知高順依舊面孔朝天，看都不看他一眼。曹操又接著追問：「將軍莫非還顧念屬下被害之仇？」高順面無表情，依舊不理不睬。曹操嚥了口唾沫，語氣嚴厲起來：「罪將高順，今日被擒可願歸降？」

高順痛惜戰死的并州同鄉，恨曹操殺戮并州部下，恨劉備反覆無常，恨陳登陣前倒戈，恨陳宮好謀無斷，恨宋憲、侯成、秦宜祿賣主求榮，更恨呂布軟骨頭不爭氣！他感世上之人都無比骯髒，早就心若死灰，再無求活之念，索性一個字都不說。呂布見狀也趕緊跟著嚷道：「曹公問你話是給你臉面，怎不回答？你不想活命了嗎？」高順輕蔑地瞅了呂布一眼，隨即把頭一扭閉目等死。

「可惜嘍……」曹操歎息一聲，喃喃吩咐道：「將他推出轅門斬首吧！」他雖愛才，但其才若不能為己所用，就要果斷除之！

「哈哈哈！」高順忽然仰天大笑，「多謝曹公恩典！哈哈哈……哈哈哈……」任虎豹騎往外推搡用刑，他那笑聲依舊不絕。曹操連連搖頭，實不解此人何以如此執拗！呂布更是面色慘白，又哀痛、又惋惜、又恐懼、又自慚形穢。

耳輪中只聽得一陣呼喝，魏種與畢諶被士卒架了進來，不由分說便已按倒在地。兩個人自知對不起曹操，都耷拉腦袋一言不發。曹操氣哼哼掃了他們一眼，先問畢諶：「令高堂可還安好？」昔日畢諶為兗州別駕，陳宮叛亂之時，他以老母為叛軍所質為藉口向曹操辭行，臨行前口口聲聲說絕不背叛，可還是保了呂布輾轉至此。

畢諶自覺理虧也不分辨，低聲道：「老母去年已過世，至今靈柩難以還鄉，不孝子罪孽深重……」說著話竟垂下淚來。

曹操凝視他良久，甚覺情義真摯孝心可憫，又想起自己幼時沒娘，一輩子想孝敬母親都無從做起，頓時心軟了，歎道：「人皆道忠孝不能兩全，我倒以為推孝可以為忠，若不然曾子何以著《孝經》教諭後世？快給他鬆綁吧。」

畢諶還在頓首哭泣，軍兵已將綁縛的繩索解開，他抽泣道：「不忠之人何以再輔明公。」

曹操捋髯微笑，嘴裡叫的還是昔日官職：「畢別駕言重了。有心為善雖善不賞，無心為惡雖惡不罰。你不說我也明白，必定是呂布、陳宮以令堂為人質，逼你入夥的吧？」

畢諶聞他一語中的，更是伏地抽泣。呂布在一旁趕緊推卸責任：「與我無干，與我無干吶！此皆是陳宮的主意！」

「待罪之人少要插口！」王必趕緊呵斥。

曹操全不理會，面帶和藹看著畢諶：「卿雖居呂布營中，其心乃在漢室，我豈能怪罪？呂布曾私自任命張遼為魯國相，我看大大不妥。魯國乃禮儀發祥之地，怎可用一武夫擔任郡守？卿深明孝悌，我就表奏你為魯國相吧！」

畢諶一愣——昔日為別駕，如今居郡守，這是有升無降；單單挑選魯國，既是褒揚又是警示，要自己時時刻刻謹記忠於國事慎於禮儀。想至此他頓首再拜：「謝朝廷之恩曹公之德，在下自當竭力以效社稷。」

「起來吧！」曹操揚揚手，「散帳後去換換衣服，有什麼難處叫程仲德為你安排。」他知程昱昔日與之有些交情。

畢諶拭去淚水卻不站起，又道：「在下還有一事相請……」

「你想將令堂靈柩扶回兗州是吧？」還未說完曹操就知道了，「赴任魯國之事不忙，你只管先回鄉改葬老母，這場喪事一定要辦得風風光光，陪葬之物我幫你出。」

「謝曹公！」畢諶這才肯起身，放眼瞧東首的掾屬中除了程昱、薛悌都不認識，便走到最後垂首而立。

見畢諶歸班已畢，曹操臉色一變，厲聲喝問魏種：「姓魏的，老夫待你可薄？」魏種嚇得體似篩糠，戰戰兢兢一句話都說不出來。曹操待他確實恩重如山，舉他為孝廉、授他為從事，把他視為股肱心腹。可是兗州之亂時他卻被浩浩蕩蕩的叛軍嚇破了膽，糊裡糊塗也跟著當了叛徒。曹操身在徐州還曾對部下誇口，天下人皆叛魏種也不會叛，沒想到被事實狠狠搧了一個嘴巴，氣得曹操發下毒誓：「種不南走越、北走胡，不置汝也[②]！」

現在他真被曹操拿住了，這還有何話可說？魏種自知生還無望，連句告饒的話都說不出口，恨不得把腦袋鑽到地裡，光剩下哆嗦了。

曹操氣哼哼看著他，喝罵道：「膽小鬼！如此怯懦還能有何作為……鬆綁鬆綁！」

「啊？」所有人都呆住了，以為曹操非殺此人不可，沒想到卻為他鬆綁了。魏種更是驚得不知所措：「曹公……您、您這是……」

曹操白了他一眼：「一隻羊也是趕，兩隻羊也是放！看在你那點兒微末才能的分兒上，老夫就饒了你，且在我幕府當個掾屬吧。當年治理兗州你也多有建樹，怎麼會臨難投敵呢？真真可惡至極！」

魏種聽他原諒，咧嘴便哭：「在下對不起您了……嗚嗚……日後必當……嗚嗚……」

「哭什麼哭？」曹操厲聲道：「好好鍛鍊一下你那膽子！別在人前給我丟醜，去去去！」

魏種哆哆嗦嗦站起身，程昱早笑顏逐開地迎了過來：「老弟大難不死，來吧來吧……」將他引到了畢諶身邊。

「恭喜明公收錄舊部。」呂布見縫插針逢迎道。

曹操點著頭不住微笑，忽見轅門兵士又推來一人，衣衫襤褸蓬頭垢面——正是陳宮！他心頭頓生陰霾，面色又轉凜然，滿營文武頃刻間安靜下來。

呂布方才雖有推卸罪責之意，但陳宮確是禍亂兗州的罪魁禍首。沒有他挑撥煽動，張邈也不會跟曹操反目成仇，也不會有張超、李封、薛蘭、許汜、王楷、毛暉、徐翕、吳資這麼多人造反，更不會有呂布入侵兗州、奪取徐州，猖獗了這麼多年。曹操拿定主意要羞辱他一番，抬手道：「鬆開他，我得好好問問我的大恩人！」

---

② 這句話意為「好你個魏種！除非跑到天涯海角，否則我饒不了你」。

士兵解開繩索，陳宮不卑不亢面無表情往他跟前一站。曹操譏笑道：「公台，卿平常自謂智計有餘，今何以遭擒至此？」

陳宮一陣苦笑，斜眼看看呂布：「只因此人不從宮言，以至於此。若其見從，亦未必為公所擒。」

呂布連忙叫嚷：「胡說八道！曹公運籌帷幄，豈是你那微末伎倆可比的？」

「不許插嘴！」王必再次喝止，「你怎這麼多廢話呀！」

曹操見陳宮到這會兒還不肯服軟，又譏諷道：「公台以為今日之事當如何啊？」

陳宮脫口而出：「為臣不忠，為子不孝，受死乃是應該！」他與高順一樣，抱著必死之心。

曹操愈加冷笑：「卿如是一死，家中老母該如何？」

陳宮仍是毫不猶豫：「宮聞將以孝治天下者不害人之親，老母之存否，全憑明公決斷！」他將曹操捧起來，使其不能再害他母親。

曹操又問：「那卿之妻子又該如何？」

「宮聞將以施仁政於天下者不絕人之祀，妻子之存否，亦在明公也！」陳宮依舊敷衍。

曹操料他故作強硬，還要再出言相戲。哪知陳宮躬身一揖：「請出就戮，以明軍法。」說罷轉身就要出去領死。曹操心頭一顫，趕緊站了起來：「公台且慢！」陳宮充耳不聞，依舊大步流星往外走，幾個兵士連忙將其攔住。

「公台，你……」突然間，曹操不知該說什麼了。從本心而論，曹操確曾將陳宮恨到骨子裡，但幾句譏諷的話出口竟將他逼上死路，心腸又不禁軟下來。當年曹操之所以能自任兗州刺史，全賴陳宮遊說州中官員，此後破黃巾、敗袁術多有建樹，他往昔的功勞也不小了。哪知成也蕭何敗也蕭何，助自己入主兗州的人是他，掀起叛亂險些逼得自己無家可歸的人也是他！可自己確曾一日之內殺死邊讓、袁忠、桓邵三位名士，確曾將朝廷任命的兗州刺史金尚逐走，累其被袁術害死，也確曾屠戮徐州百姓，雙手沾滿了無辜的血……陳宮背叛並非全然未占道義。想至此曹操又羞又愧又惱又痛，忙向前幾步緩緩道：「公台，你這又是何必呢？其實我……」話說一半又打住了。曹操實不知該如何開口，絕不能當著眾人的面說這個叛亂元凶無罪，但是真把他殺了又覺不忍。陳宮要是能在這個時候跪地求饒就好了。

陳宮背對曹操而立，眼睛直勾勾看著前方，回想自己的這半生，覺得既可悲又可笑。為了一群與自己毫不相干的人叛變值得嗎？捨棄曹操保了呂布是不是瞎了眼？他想起與曹操初見時，曹操三言兩語就赦免了王肱；想起壽張縣鮑信喪命的那場奮戰；想起荀彧、毛玠不辭艱險趕來投奔；想起曹操只有三座縣城竟還能扭轉乾坤……曹操不愧為當世英雄，莫說這呂布，就連袁紹也比之遜色三分。可是開弓沒有回頭箭，一代志士豈能朝秦暮楚？豈能背負反覆之名苟活於世？他思想至此心頭悲愴，不敢回頭看曹操，生怕一回頭就忍不住向其低頭認錯。他把牙一咬，怒視眼前攔路的兵士：「讓路！在下引頸就戮，還不速速閃開！」

曹操在後面聽得清清楚楚，知他心如鐵石不可挽回，竟不由自主潸然落淚，擺擺手示意軍兵讓路，喃喃道：「你我相交一場，從此生死相隔，就讓我再送你一程吧！」說著話跟在陳宮身後緩緩而行。

滿營文武見此情形無不淒然。程昱、薛悌、魏種等久相識感觸頗多，憶昔同營效力之情，紛紛跟了過去；陳登、陳矯、徐宣料此恩怨已結，同在呂布帳下時的矛盾也從此化為烏有，便也隨著相送；就連素未謀面的郭嘉也追出了轅門。

呂布在一旁看得心驚肉跳，高順、陳宮慷慨赴死，越發顯得他的乞活甚是渺小，連忙又伏到劉備耳畔：「玄德，務必救愚兄一命啊！」

劉備面無表情不置可否，只隨口道：「看情況吧！」

呂布見他拒人千里，笑道：「玄德老弟，你妻女尚在下邳城中呢！你打了敗仗棄她們而去，還不是賴愚兄保護收留？看在我保全家小的面子上，你還不替我說兩句好話嗎？」

劉備的臉上泛起了紅暈，眼睛一亮，笑道：「好啊！好！兄長性命包在我身上。」

呂布見他應允，總算鬆了口氣，忽聽得三通催命鼓響，料是高順、陳宮已然人頭落地。過了好半天，才見曹操低著頭茫然若失地踱了回來，後面程昱、陳登等人也是連連嗟歎各歸其位。曹操頹然落坐，悵然道：「傳令下去，厚待公台家眷老小，護送至許都妥為安置。」

呂布頗不識趣，又插了口：「恭喜明公剷除叛逆……」還未說完就見曹操惡狠狠瞪過來，馬上閉了嘴。他雖英勇蓋世，卻沒有安定天下的大志，豈會曉得曹操是何等胸襟？

這時又聞參駕請罪之聲，宋憲、侯成等一干將校走進大營，跪倒在大纛之畔。曹操逐個打量他們，猛然看見秦宜祿也在其中，不禁哼了一聲，沒好氣道：「你們所擒者就是這幾個人嗎？」

侯成前趨一步：「還有呂布家小。張遼領兵在外未能擒獲。」

「徐翕、毛暉、吳資三個叛徒呢？」東平徐翕、山陽毛暉、濟陰吳資都曾是曹操統領兗州時的麾下郡守，自然不能輕易放過。

侯成嚥了口唾沫，作揖道：「吳資已於兩月前病死，徐翕、毛暉自彭城之敗就已逃亡，可能……可能是去依附臧霸了。」

「嗯。」曹操面沉似水暗自思量——臧霸、孫觀、孫康、尹禮、吳敦、昌霸，這幫割據一方的匪人也要設法處置，弄不好在對抗袁紹時會變成大患。

呂布不明就裡，還以為曹操怪罪侯成等辦事不力，趕緊又插了嘴：「明公有所不知，布待諸將頗厚，這幫人卻臨急而叛，毀了我歸附您的一片誠心，實在是薄情寡義！」

宋憲、侯成聽他這樣說，驚得臉色煞白。哪知曹操卻忽然發笑，戲謔道：「待諸將頗厚？卿背著妻子，寵幸部下之妻，何以為厚啊？」

「哈哈哈……」呂布與杜氏那點破事兒不少人知道，聽曹操當面道出，眾人目光齊向秦宜祿掃去。那活王八也真厚顏無恥，非但沒有羞澀之意，反跟著大夥一起鬨笑，還道：「哪裡背妻，乃是連床而戰！」

眾人越發大笑。呂布倒是一陣臉紅，迫不及待地跪倒曹操面前：「明公念刺董、討袁之功，就饒恕我吧！在下日後必定肝腦塗地輔保明公！」說罷連連磕頭。

曹操還是猶豫不決。呂布雖是破敵利刃，卻是一把雙刃劍，留下他是福是禍還在兩可。抬頭間見劉備欲言又止，索性問道：「吾欲留奉先以為己用，使君以為如何？」

呂布高興得都快笑出聲來了，剛才就跟劉備商量好了，有這個人情保下來，自己定是安然無恙了。他低頭微笑，等著劉備講情，哪知聽到的卻是——「明公不見丁原、董卓之事乎？」

呂布的笑容霎時凝固了，扭頭問道：「賢弟說什麼？」劉備一臉不屑，又提高聲音重複了一遍：「明公不見丁原、董卓之事乎？」

呂布推卸罪責反覆告饒，可這短短一句話就斷送了他性命！昔日丁原拔擢他於行伍之間，而他卻為了功名富貴手刃恩人；董卓認他當義子頗加恩惠，他又因為與婢女通姦刺死義父。這樣的人豈能信任？呂布愕然半晌，忽然跌坐在地破口大罵：「劉備豎子！你這大耳賊最叵信！忘了轅門射戟之事乎？三番兩次棄妻女不顧，還不是賴我保全？你這忘恩負義的小人！」

「呸！」劉備也變了臉，「你對我有何恩義？搶我徐州、兩襲小沛，你還有臉道恩義二字嗎！」

「你你你……」呂布氣得面似紫羊肝，渾身顫抖不休，身上緊縛的繩索嘎嘎直響，彷彿再用些力氣就要掙斷了。眾兵丁見狀趕緊一哄而上，使勁將他按住。他還欲再罵劉備，腦子裡突然一轉——

罵劉備又有何用，我之性命乃在曹操掌中，於是馬上回頭看曹操。

陡然之間，曹操已面帶騰騰殺氣，手中緊緊握著佩劍劍柄。可謂一言點醒夢中人，劉備之言深深觸動了他。他舉目四顧，見滿營文武個個都是一臉殺意，其中李典更是橫眉立目怒不可遏！曹操心中凜然——呂布與李氏有不解之仇，若將呂布饒恕，怎對得起九泉之下的李乾？還有戲志才，為什麼會被囚禁染病而死？那濮陽之火、蝗旱之災，兗州死了多少人？若是饒了呂布，拿什麼告慰死去亡靈？何顏面見兗州父老？接著又想到，呂布有刺董之功，天子至今不忘其義舉，倘若另有旨意頗加恩惠又當如何？不尊天子之意是為不臣，尊天子之意豈不是在董承等人之外再樹一個內患？還有，夏侯惇的左目也是這廝命高順突襲射瞎的！與張邈兄弟反目究竟是誰造成的？河內張楊與其同鄉深厚，將來與袁紹決戰之時，若呂布逃歸河內那當如何？呂布原先追隨過袁紹，要是給我來個陣前倒戈又該怎麼辦……霎時間，種種新仇舊恨、猜忌疑慮一齊湧上心頭。

呂布只覺曹操的鷹眼陰森可怖，連忙辯白：「明公莫聽小人之言，在下真是誠心歸附，一片赤誠天日可鑒……」

曹操再不願聽了，把手一揚：「推出去！縊死而後梟首！」

呂布眼前一黑，只覺眾軍兵齊手拉扯自己。他本能地抗拒起來，掙扎著膀子，硬是不肯移動半步。許褚見此情形把大鐵矛一拋，也搶過去抓呂布，合眾人之力才把他拖將下去。呂布還不認命強自掙扎，口中大罵不止：「曹操！我呂布刺董有功，普天之下何人不知何人不曉？當今天子賜封我為溫侯，乃有儀同三司之貴，獲假節之權比你還早呢！如今你一朝得勢，竟敢如此待我！老子跟王司徒救駕時，你還在兗州忙著窩裡鬥呢！你有何資格殺我！」他越罵越凶，兩膀一使勁，竟將眾兵丁甩翻在地，連許褚都側歪著退了幾步。十幾個人拉不住一個上綁的呂布，這要是容他衝回來豈不是一場塌天大禍？曹操嚇得躲進大帳，王必張開雙臂堵住帳口，刷刷刷一陣抽劍聲，夏侯淵、于禁、樂進、徐晃、朱靈等都把傢伙拔了出來，十幾員大將把呂布團團圍住，萬不得已的情況下，只能在中軍營裡將其亂刃分屍了。

呂布不再向前，圓睜虎目環視眾人。諸將將他圍住，可誰都不敢出這第一劍。這傢伙勇猛過人，萬一出劍之時割斷了繩子，他臨死前來個困獸之鬥也夠瞧的！正在僵持之際，忽聽有人一聲高呼：「諸位且慢動手！」

郭嘉從人群裡擠過來，規規矩矩向呂布作了個揖，語重心長道：「呂將軍，在下有幾句好言贈與你這痴人，你可願聽？」

「說！」呂布機警地環視眾將，隨口應了一聲。

郭嘉娓娓道來：「你乃無牽無掛一并州漢子，陰差陽錯混入官場，又趕上亂世才橫勇一時。既無逐鹿中原之志，又無縱橫捭闔之才，落這樣一個結果還不是理所當然嗎？這輩子富貴榮華享受了，大風大浪也經受了，還有什麼不知足的？即便苟活於世能解脫什麼煩惱？命裡有時終須有，命裡無時莫強求，只怪你自己錯走了路！難道英雄一世，最後反受亂刃分屍之苦嗎？在下替你著想，還是乖乖引頸吧！」

郭嘉這番話說得如和風細雨，但呂布聽來卻不亞於當頭棒喝。他呆愣半晌，臉色青白交錯，似羞愧又似頓悟。終於，呂布停止了掙扎，乾笑兩聲，雙眼一閉，接受了眼前事實……大丈夫死固死耳，何必再同他們口舌爭辯呢？在戰場上天不怕地不怕，可玩陰謀詭計絕不是曹操、劉備這幫鳥人的對手，誰叫自己趕上這世道了呢？若一輩子在并州老家放馬牧羊倒也罷了，既然混上這條不該走的路，身首異處不過是遲早的事！早知如此何不在下邳城樓撞死，還要到此說這麼多的昧心話遭人恥笑呢？就算真保了曹操，他就會信任我嗎？天下未平還用得著我，等某一天大功告成，也難保他不會再下殺手！還是陳公台有先見之明，多活一天不過是多提心吊膽一天……呂布思來想去，似乎也沒有什麼可牽掛的了，念念不忘的只剩下嚴氏、未成年的女兒，還有杜氏佳人，要託付曹操兩句，但轉念一想，求了又有何用？

呂布萬念俱灰歎了口氣，拋下那群緊張兮兮的曹營眾將，邁著高傲的步伐，坦然赴轅門受死。

曹操哆哆嗦嗦藏在王必身後，見呂布默然而去總算是放心了，隆冬時節竟驚出一頭冷汗！

第二章

曹操接收了呂布的赤兔和美人

赤兔寶馬

直到呂布頭顱懸於轅門高杆之上，曹操心裡才算徹底踏實，吩咐將下邳降兵盡數收編，宋憲、侯成仍統舊部暫歸中軍聽調。滿營文武各行其是，單把劉備留了下來。

「昔日周公求賢，一飯三吐哺，一沐三握髮。咱們也要效仿一下古人。」曹操語帶興奮，「民間有三大賢，鄭康成、荀慈明、陳仲弓，惜乎鄭玄身在北海無法徵召，荀爽被董卓囚禁死於西京，陳寔去世已有多年。現有陳寔之子陳紀、嫡孫陳群居於下邳城中，聽說玄德曾聘陳群為從事，勞煩你替我引薦一番，若能將此父子徵入朝中，乃是一樁美事。」

劉備聞聽此言心下不悅，陳群明明是他的舊屬，可經呂布那裡繞個彎就變成了「朝廷」的人，曹操分明就是挖自己牆腳。但身在矮簷下，不敢不低頭，佯裝笑臉道：「為國舉賢，乃在下職分應當，何談勞煩二字，明公折殺備了。」

王必在一旁諫道：「下邳之水未退，況城內尚有呂布餘黨，主公不宜以身犯險，不如將陳氏父子請過營來相見。」

曹操不贊同：「大賢面前豈可怠慢，我必要親自前往方顯敬重之意。再說陳元方已經六十多了，要他老人家涉水而出，豈不失了朝廷的一片仁愛之心？」

王必又道：「此非軍國大事，大可推後兩日。待下邳一應事務安排已畢，洪水稍退，主公再去無妨。」

「你曉得什麼？」曹操已面露慍色，「許都新立人心未穩，當此時節正該徵召賢良入朝，這般重要的事豈能推後？」

劉備也順著他說話：「明公胸懷社稷，求賢若渴一片摯誠，王主簿怎忍阻攔？若顧及凶險，選些虎豹衛士留神保護也就是了。那陳氏素有賢名，能將這對父子徵入朝廷，不但是許都之榮耀，曹公之榮耀，也是你我之榮耀啊！」

這幾句話把王必噎得無言以對，只好諾諾連聲。曹操甚覺劉備的話貼心，笑道：「還是玄德眼界高人一籌。你家眷尚在城中，此番入城順便將她們接回來。事不宜遲，咱們速速動身。」說罷拉著劉備的手就往營外去。王必見狀，趕緊請曹純點了三十名虎豹騎，付與許褚統領，護送曹操同往。

諸人剛出轅門，就見關羽、張飛、孫乾、簡雍、趙雲、陳到等在譙樓下插手而立——他們見曹操單獨留下劉備，心中甚為關切，誰都沒有回營。劉備趕緊呵斥道：「爾等不回去整飭軍務，賴在這裡做什麼？」曹操心裡清楚，擺手取笑道：「玄德莫要動怒，想必各位以為老夫要設鴻門宴，因而惦念你的安危呢！」

劉備覺他語中帶刺，更加嚴厲地斥責道：「你們這些無用之人，難道我不回去就什麼事都做不來嗎？我陪曹公入城拜謁陳元方父子，順便將家眷接回。爾等速速回營，下邳雖定張遼未獲，務必謹守營寨，防備敵人偷襲。」

關羽等人趕緊抱拳領命，趙雲欲要請命護衛，被簡雍一把拉住了。

忽然又聞一陣馬嘶之聲——秦宜祿滿臉堆笑將赤兔馬拉了過來，要在曹操面前再表表功。

赤兔非中原之種，乃是昔日董卓擔當西域戊己校尉（管理屯田，抵禦匈奴）時戰場所得，後又轉賜呂布，酬謝他手刃丁原之功。此馬雖屬汗血一種，但比之普通的汗血馬又強了百倍。蹄至背高八尺、頭至尾有丈二，渾身上下火炭般赤，並無半根雜毛，日行千里夜走八百，躥溝跳澗步伐穩健，登山涉水如履平地。呂布憑藉此馬奮勇沙場耀武揚威，從關中一路殺到徐州，人也英俊馬也漂亮，因而軍中有諺「人中呂布，馬中赤兔」！

秦宜祿恭恭敬敬把韁繩遞到曹操手裡，齜牙笑道：「赤兔乃萬裡無一的寶馬，從前明珠暗投錯跟呂布，自今以後輔佐主公您踏平四海、效力朝廷，這才算是棄暗投明如魚得水！可惜這畜生不會說話，倘會說話必然高呼一聲：『小畜生參見主公！肝腦塗地在所不辭！』」說著他竟還學著馬打了兩個響鼻。

眾人見秦宜祿如此厚顏諂媚，都不禁側目。曹操這會兒倒覺甚是受用，輕輕撫摸赤兔的鬃毛，覺它通體溫順似無抗拒之意，更是說不出的喜愛。秦宜祿見縫插針：「神啦！真是神啦！我剛才牽牠的時候可費勁啦！這也就是主公威風凜凜氣魄蓋世，才降得住赤兔。」他大拍馬屁絲毫不顧別人怎麼看自己。

「哪有你說的這麼邪？」曹操白了他一眼，再觀赤兔面孔，眼中隱隱似有淚光，心下暗暗稱奇，喃喃道：「曾聞項羽被困垓下，烏騅馬哀嚎不已；赤兔二目帶淚，莫非也知主人已死？呂布雖是一介武夫，對此馬卻情深義重……烏鴉反哺羊羔跪乳，畜生尚有忠孝之節，可歎世間不忠不義之人，還不如披毛戴掌的畜生呢！」言者無心聽者有意，饒是秦宜祿的臉皮賽過城牆，這會兒也叫他臊個通紅。

「赤兔赤兔，且聽我言，須知世間有大義小節之分。呂布雖待爾深厚，但他本是亂世逆臣；爾乃大漢之馬，當效力於王事，助老夫戡平四海安定黎庶。須知大義面前當屈小節，大忠之人必棄小惠……」曹操一邊撫摸馬背，一邊給這畜生講大道理，猶如教訓孩童一般，旁觀諸人皆感好笑。

說來也怪，幾句話說完，赤兔馬搖首晃腦一陣低鳴，好像還真聽懂了。曹操哈哈大笑，靠前一步帶緊韁繩，縱身間已跨上馬背：「好馬！咱們走上一遭！」秦宜祿眼見曹操的袞衣坐在屁股下面了，想上前整理好，哪料曹操突然猛給一鞭，赤兔隨即奔起，掀起蹄子正蹬秦宜祿大腿上，所幸未脫鎧甲，還被踹出一溜跟頭——這才真叫拍馬屁反被馬踢！

「主公！此馬凶悍，小心啊！」許褚可嚇壞了，趕緊和劉備撒腿在後面追。關羽、張飛等一堆看熱鬧的人也追了上去。

曹操催動赤兔，一陣風般在營裡穿梭，所過之處兵丁將校無不撞得人仰馬翻。不過轉眼之間，已從正北突出曹軍連營，在空曠的荒野上奔馳起來。過了好半天，許褚等才氣喘吁吁追出來：「主公！留神此間尚有張遼餘黨，快回來！」人群中忽又多了一個郭嘉，高舉手版[①]道：「主公快快轉回！河內有緊急軍報到來！」

秦宜祿一瘸一拐也追了過來，笑道：「郭祭酒，你急什麼？軍務雖急，也不在乎這片刻之功。主公這會兒正騎得高興呢！」

郭嘉沒心思跟秦宜祿饒舌，兀自呼喊不休。曹操玩得高興，哪裡還顧得上他們？連連揮鞭打馬，只見赤兔健步如飛奮勇奔騰，左右景致一晃而過，眼睛迎著勁風直流淚。他著實兜了個大圈子，更催赤兔躍入下邳四圍的水坑之中。霎時間劈劈啪啪一陣撲騰，馬蹄所過之處，濺起的水花足有一人多高；而赤兔兀自向前絲毫不怯，確是涉水猶如平地。曹操身登行伍以來，乘過的好馬也不少，何進贈予的大宛馬，助他在長社大破黃巾；曹洪送與他白鵠馬，涉過汴河之水、濮陽之火，兩番救主；宛城危難之際，其子曹昂自捨性命將絕影馬獻上，曹操才得活命。那三匹也都是寶馬良駒，但跟赤兔比起來還是遜色不少。

曹操馳得痛快，許褚、郭嘉等卻瞧得揪心，兀自吶喊不絕，卻見眼前彷彿閃過一道紅旋風——赤兔已然載著曹操奔了回來。轡繩提縱之間，赤兔馬前蹄躍起，嘶鳴咆哮之聲響徹天際，好似蛟龍入海。牠這一鳴，曹營周匝所有戰馬都跟著叫起來，馬嘶之聲此起彼伏不絕於耳。

「痛快！」曹操跳下馬來。

秦宜祿離著老遠就大放溢美之詞：「主公神威當世無雙！有赤兔相助，掃蕩天下所向披靡！」

曹操卻歎息一聲道：「此馬雖好，但需配得將中魁元，兩軍陣中斬將破敵。若是給老夫騎乘，那可就成了大大的廢物了。」秦宜祿馬屁不絕：「瞧您說的，雖有將中魁元，還不是得聽您的調用？」

曹操根本不理他，伸手接過郭嘉掌中手版：「何事如此要緊？」

「河內張楊提兵臨河，欲為呂布報仇！」

曹操原以為是袁紹有了動靜，這會兒聽是張楊，心裡不再為念。那張楊也有迎駕東歸之功，受封大司馬，但此人毫無進取之心，甘願讓別人迎走天子，自己仍回河內駐守。河內之北屬袁紹，以南屬曹操，他在兩強的夾縫中一直壯大不起，至今兵馬不過數千，倒也安之若素，只等局勢分明擇主而仕。

張楊雖胸無大志不善謀劃，卻是個寬宏義氣的人，帳下部將造反，若是被擒之後向他啼哭認錯，一概原諒不罪。昔日他與呂布同屬并州部，有莫逆之交，在呂布被袁紹逐出的時候還曾慷慨收留，撥河內兵給呂布調遣，更私下供給關西良馬武裝陷陣營。此番得知曹操東征，開始時並未多想，以為張繡、劉表定會襲擊於後。哪知過了兩個多月，誰都沒動靜，曹操已兵圍下邳，張楊坐不住了，

---

① 手版，古人通信的一種工具，寫在木板或竹板上再對疊捆牢。有的手版還刻成魚的模樣。

有意渡河南下攻擊許都，救朋友脫困；但實力太薄弱，過了黃河無異於送死，只得臨河下寨遙做聲勢，逼曹操退兵——殊不知他來得太晚了，呂布已然身首異處。

曹操看罷軍報沉吟不止：「唉……明知不可為而為之，張楊倒也是條好漢！昔日我有一鮑信，張超有一臧旻，沒想到呂布那等頑劣之徒還能結下這麼個生死至交，并州漢子當真了得！」

郭嘉可沒那麼感慨：「張楊雖弱，但河內郡地處大河以北，乃河南屏障，倘此地有失，中原門戶洞開啊！」他不能當眾明言，但意思已透露——倘若張楊聞呂布之事，因而倒向了袁紹，那河北大軍就可以借河內為道直至許都城下。

劉備見關羽等人還在身邊看熱鬧，生怕他們因知曉軍務受曹操猜忌，呵斥道：「你們還不回去，等什麼呢？」

曹操專心思考也未在意，蹙眉片刻便有了主意：「速提曹仁為帥、史渙為先鋒，分八千兵馬回擊，定要給張楊點顏色瞧瞧！」他也想馬上走，但此間豪強未定、張遼未擒，還不能安心。好在河北局勢清晰，袁紹仍在易京強攻公孫瓚，張燕又跑去添亂，沒有工夫南顧。派曹仁回軍向西，即便不能全勝，也可將張楊羈絆在河內，防止與袁紹合流。這邊他處理完青徐豪強，再率部追趕應該來得及。

「諾。」郭嘉領命而去。

曹操緩了口氣，這才感覺滿臉塵土，加之水花一濺都成了汙泥，想到要見陳紀父子，把韁繩付與許褚，到水坑邊掬水洗臉。秦宜祿則匆忙爬到水邊，摘下鎧甲，將身上穿的衫襦撕扯一塊，雙手舉到曹操眼前：「主公，這水太涼了，您趕緊擦擦吧！」

曹操接過去擦了一把，隨手扔還給他：「這半天真夠你忙的。」

秦宜祿諂笑道：「孝敬您是應該的。」他實比曹操還大幾歲，卻說是孝敬。

「昔日你賣主求榮，先隨何苗，再投董卓，最後又跟了呂布，舊帳我還沒跟你算呢！」秦宜祿跪倒在地不住磕頭：「主公開恩，念在當初我服侍過您的分兒上，您就……」

「休提當初！提起當初氣炸我肝肺！」曹操一甩袖子，「昔日阿諛之言猶在耳畔，你這無恥小人，嘴還不如屁股呢！」

「是是是。」秦宜祿一概承認，「小的自知罪孽深重，不過主公若肯再收留小的，小的還有好心相獻，那個……杜氏……」他要把自己的老婆杜氏獻於曹操，但這種話當著眾人沒法說出口。

這倒提醒了曹操，回首顧盼，見劉備的部下已走遠，其中關雲長手托長髯一步三回頭，似有難以啟齒之事。曹操又想起曾許諾把杜氏轉贈關羽之事，心下越發詫異——這事真奇了！不就是王允府中一個捧貂蟬冠[②]的丫鬟嘛，還嫁了個無賴，怎麼呂布、關羽竟會如此傾心於她？倒要親眼見上一見！

想至此，曹操伏到秦宜祿耳畔：「你這老小子狡猾無狀，倒娶了個人見人愛的婆娘。饒不饒你雖在兩可，但也不過是我一句話的事。你先把杜氏送到我帳中，我見見再說。」

秦宜祿聞聽此言一臉喜悅，立刻許諾：「今晚我就給您送過去！」

「小聲點兒！」曹操倏然變臉，二目閃出冷峻的凶光，又囑咐道：「這事你跟奉孝商量著辦，把人藏嚴實了，別給我嚷嚷得滿城風雨。若有不相干的人胡說八道，我要你腦袋！」說罷便起身招呼劉備進城。他們走出去老遠，秦宜祿依舊連連磕頭，口中喃喃不休：「不敢不敢……小的趁夜晚把老婆給您送過去，一定辦得妥妥當當……妥妥當當……」

---

② 貂蟬冠，侍中、黃門侍郎、侍御史等天子近臣以及宦官的冠戴，有貂尾、蟬紋做裝飾。王允曾官居侍御史，故有這種冠戴。民間傳說的美女「貂蟬」，原型即為杜氏。

拜賢遇刺

曹操與劉備涉水進入下邳城，已有幾支自己的隊伍進駐，呂布的降兵列著隊從各處城防下來，所繳兵刃堆成一座座小山。洪水稍有減退，不少百姓也相互扶持著下了城，蹚水去觀看自家被淹的房子，往來之人熙熙攘攘。

曹操甚覺煩擾，趕緊叫手下打聽陳氏父子所在。虎豹騎去問接收兵將，接收兵將問降兵，降兵又問百姓，前前後後打聽了好幾圈，才知陳氏父子在最裡面一道城牆的東閣樓身。曹操不敢怠慢，信馬來至內城，只帶了劉備、許褚及三十名虎豹衛士。東牆石階陡峭異常，上上下下的百姓見來了一位大官，都嚇得不知所措。曹操也不怪罪，叫大家紛紛先行一步讓出石階，這才拴了馬匹，由許褚攙扶著登上城樓。

遷居的百姓亂糟糟跪了一地，曹操示意他們各行其是，徑直奔了樓閣。閣門敞著，他一眼就瞥見裡面有不少叉手而立的僕人，趕忙退後幾步一揖到地，正正經經道：「沛國曹操拜謁陳元方先生。」此番拜謁賢士，曹操自報籍貫不稱官職，以示平等。劉備也趕緊跟著作揖道：「涿郡劉備也來求見。」

原以為裡面聞知大人物來了必有一番騷動，哪知陳紀一門竟絲毫不亂，有個家僕端正走出還禮道：「聞曹公與使君前來，我家主人甚感榮光，大駕至此快快請進。」

曹操、劉備一前一後而入，那些家僕頗有規矩，皆是深施一禮便退出去。閣裡光線甚是昏暗，卻見西首不分老少坐著四個人。曹操頗感意外，但略一沉吟倒也釋然——以前聽荀彧說過，潁川陳紀與平原華歆齊名，治家卻頗有不同。華子魚馭子弟甚嚴，雖閒室之內嚴若朝典；陳元方兄弟恣柔愛之道，父子兄弟隨隨便便。二門雖大相徑庭，卻都不失雍熙（意為和樂）之軌。

見曹操、劉備又要施禮，三個年輕的趕忙攙扶中間一位白髮老者站起，搶先向二人見禮——曹操作揖已畢，瞧四個人中卻有三人跪倒見禮，唯獨最左邊的中年文士直身挺立，僅僅抱拳作揖。國家禮制所定，天子面見三公尚要躬身問安，至於九卿之下當大禮參拜，更何況平頭百姓。此人遇當朝司空而長揖不拜，也忒張狂了！曹操暗自詫異，卻不便出口質問，單打量中間年邁老者，料定此人必是陳紀，趕緊伸手相攙。

果不其然，那老者微笑道：「君身為朝廷三公，竟屈尊涉水至此，老朽頗感不安，請坐下講話吧！」

劉備搶先一步拉過右邊的中年人道：「這位便是陳長文。」

陳群恭敬再揖，曹操拱手客套：「久仰久仰。」見陳群三十多歲，面容白皙五官端正，神態柔和甚是可親，眉目間總是含著一縷笑意：「曹公涉水而來，我父子受寵若驚。」

「豈敢豈敢。」說話間曹操眼往右看。

陳群會意趕忙引薦：「這是陳國袁氏昆仲。」陳國袁氏雖不及汝南袁氏聲名赫赫，卻也不是泛泛之輩，袁滂曾在先朝問鼎三公，現已故去。這對兄弟哥哥三、四十歲、弟弟二十出頭，想必是袁滂的子姪一輩。

那不肯參拜的中年人略微拱手道：「在下袁渙，這是舍弟袁敏。」

曹操心中了然——久聞袁滂有四子渙、霸、徽、敏，都小有名氣，原來是老大和老四，要能一併徵入京師，倒是錦上添花。趕忙把方才不向自己跪拜的芥蒂拋到九霄雲外，笑道：「久聞大名，敢問袁先生另外兩位手足可在此間？」

袁渙甚是拿大，捋髯道：「二弟今在河北，三弟避亂交州③。」看來袁家四兄弟也是各幹各的，老二投到袁紹麾下，老三卻做了流亡隱士。交州雖是南方荒蠻之地，那裡卻有一家土豪士燮、士壹兄弟，精通《左傳》之學、倡禮儀風教，南蠻土人視其為尊，敬愛有加。士氏一門占據州郡要職，儼然是交州的土皇帝，對待避難之人卻親切有加。因而交州雖荒，卻成了蜀中劉璋、荊州劉表、遼東公孫度之外的又一處避難樂土。

「別站著了，咱們坐！」劉備率先打破客套的氣氛。

閣中雖陋，諸人不拘主客團團圍坐，曹操主動開口：「喪亂以來，中原名士紛紛四出避難，陳老先生及令公子輾轉至徐州，一定很思念故土吧？」陳氏就是潁川許縣人，這倒方便了，回鄉就是去許都。

陳紀這十多年可沒少經歷風雨，先是被董卓威逼做了官，蒙孔融周旋逃至下邳，沒想到又落入呂布之手。這樣的事見多了，自然曉得曹操也要拿他裝點門面。老人家捋了捋灰白的鬍鬚，緩緩道：「多謝曹公關照，老夫本當前往都城贊輔朝廷。但是不怕您笑話，如今體弱多病懶散慣了，風燭殘年不能再有何建樹。在下邳住了兩年，對這裡的氣候也習慣了，不想再移了。」

「這說的哪裡話來？今韓融、楊彪、孔融、桓典皆在朝中，老先生回去與大家相聚，敘一敘往日交情多好啊！」

陳紀沉吟不語，陳群卻目光炯炯。別人尚且不論，陳氏與孔融可是老交情，當初孔融為北海相，為陳氏父子避難徐州幫了些忙。孔融年紀正在陳氏父子之間，原來與陳紀平輩論交，但結識陳群之後情趣甚篤，甘願自降一輩以叔伯之禮尊奉陳紀。陳群之所以被劉備聘用，也是孔融從中牽線搭橋。

曹操眼睛雪亮，見陳群動容，趕緊又道：「老先生年事雖高，可長文老弟尚在壯年，當為朝廷效力啊！」

陳紀怎能說個「不」字？又見兒子目光懇切瞧著自己，不免尴尬：「話雖如此，不過老夫我……」他知許都官僚多半是擺擺樣子，自己也一把年紀了，早沒了雄心壯志，與其折騰回去，朝廷有事跟著跪起八拜，還不如就在下邳踏踏實實養老呢！

劉備幫著曹操勸道：「陳老先生，豈不聞樹欲靜而風不止？呂布雖翦除，但您老名氣太大了，現在要是不走，北邊的袁紹、南面的袁術也會派人來接您。曹公是一片好心，您去了許都既是還鄉又是效力朝廷，豈不比一把年紀長途顛簸再跟了那幫割據要強？他們可不似曹公這般名正言順講情講理，弄不好差來夥兵劫持於您，到那時進退兩難，哪找後悔藥去？」

太會說話了！曹操恨不得攬著劉備親一口，連忙就坡下驢：「玄德之言不假，您老不願為官也罷，回去閒居，鄉里之地總比下邳穩妥吧？」話是這麼說，曹操心下暗想——先把你接回許都，到時候三天兩頭派人去央求你為官，看你心軟不心軟！

「哎呀……曹公如此厚意，卻之不恭受之有愧，這……」陳紀很為難。不過老頭頗識時務，剛才劉備說袁紹、袁術可能會挾持，但惹惱了曹操也未必不會行此下策，況且兒子也願意去……他一咬老牙，一拍老腿：「也罷！老朽就隨明公回去！」

「承蒙賞光。」曹操樂開了花，「您老要是身體吃力可以不跟大軍走，叫長文隨我先行。我另派人伺候著您，等到春暖花開，您老人家坐著車走走歇歇，一路遊山玩水又有何妨？」

「您太周到了。」陳紀連連拱手，雖說道不同不相為謀，卻由衷佩服曹操的胸襟。

見陳氏父子搞定，曹操回首再問袁渙：「袁先生，你們昆仲也隨我回許都吧，若有家眷在此，我安排人送他們回陳國，你看可好？」

---

③ 交州又稱交趾，現今屬越南、柬埔寨地區。

袁渙莞爾一笑，卻沒答話，對劉備道：「玄德公，貴家眷就在對面樓閣上。呂布雖未加侵害，但也受驚不少，快接他們走吧！」

曹操不解——袁渙直呼劉備表字，似乎不是初見。劉備臉上也轉過一絲尷尬，隨即起身作揖道：「逢此不幸，讓諸位見笑了。明公，恕卑職少陪……」

「去吧！」

待劉備走後，陳群解釋道：「明公不知，袁曜卿④乃昔日劉使君所舉茂才⑤。」

曹操暗暗稱奇：這大耳劉備卻也有些本事，陳群、袁渙都非泛泛之輩，竟都跟過這個賣草鞋的。正在納罕之間，袁渙又開口：「明公，方才在下多有失禮，還望上人見諒。」

「不敢不敢。」曹操知道袁渙說的是沒有跪拜之事，故作大度道：「本官若是有何得罪之處，還望先生指明。」

「明公以三公之貴、節鉞之尊親來探望，我等受寵若驚，又談何得罪？不過……」袁渙站了起來踱到後窗，手指城下正色道：「您掘泗、沂兩河水淹下邳，不知害了多少芸芸眾生啊！」

曹操一陣悚然，站起身隨他到窗邊望去——下邳城內遍地狼藉，民房倒塌，殘破的石木凝凍在冰水之中；有許多百姓蹚水回來，伏在自家的斷柱殘梁上痛哭流涕，抽泣聲、哀號聲、咒罵聲不絕於耳。

袁渙見他臉色蒼白，厲聲責問道：「您看到了吧？為了破呂布，這一場水害了多少無辜百姓！明公之所以征戰天下掃平割據，上報天子下安黎民。呂布雖死，百姓更遭其難，如此行事豈不是本末倒置？」

「本官原只想鋤奸，沒料到會是這種結果。」曹操低頭認錯。其實他有很多冠冕堂皇的理由，為趕在袁紹平定河北之前消滅呂布，為占有對戰袁紹的主動性，甚至可以說為維護許都穩定、大漢國祚……但在痛不欲生的百姓面前，曹操覺得那些理由都已站不住腳。

袁渙見他似有動容，捋髯道：「在下有一言，望明公詳思。」

「願聽賜教。」曹操這會兒再提不起堂堂三公的氣魄了。

「不敢當您這『賜教』二字。」袁渙態度和藹了不少，娓娓道來，「夫兵者，凶器也，不得已而用之。鼓之以道德，徵之以仁義，兼撫其民而除其害。夫然，故可與之死而可與之生。自大亂以來十數年矣，民之欲安，甚於倒懸，然而暴亂未息者，何也？意者政失其道歟……」

曹操低頭思量——袁渙這話大有抱憾之意，豈不是批評許都朝廷一切都沒走上正軌嗎？我又何嘗不想與民太平，可是我不去犯別人，別人也要來犯我，恢復太平時節的章法政令又怎麼能滋養軍隊、抵禦敵人呢？只有擊敗袁紹這個朝廷宿敵，中原人心才能真正安定，朝廷政令也才能真正頒布落實。

袁渙尚不知曹操此刻所想，兀自闡述自己的主張，臉上漸漸露出神往之色：「渙聞明君善於救世，故世亂則齊之以義，時偽則鎮之以樸；世異事變，治國不同，不可不察也。夫制度損益，此古今之不必同者也。若夫兼愛天下而反之於正，雖以武平亂而濟之以德，誠百王不易之道也。公明哲超世，古之所以得其民者，公既勤之矣；今之所以失其民者，公既戒之矣。海內賴公，得免於危亡之禍，然而民未知義，其惟公所以訓之，則天下幸甚。」

「兼愛天下而反之於正，以武平亂而濟之以德……此真至理名言也！」曹操不住點頭，「聽君一席話，勝讀十年書。本官回至許都一定奏明天子，先免去徐州百姓今年課稅，以武平亂而濟之以

④ 袁曜卿，即袁渙。漢末戰亂，袁渙流寓江、淮一帶，初為袁術所用，後投呂布。建安三年（西元一九八年），曹操率兵剿滅呂布，袁渙又轉投曹操，拜沛南部都尉，後又任諫議大夫、郎中令等職，在任上盡心盡責，以敢諫直言稱名。

⑤ 茂才，優秀人才，漢代察舉制體系下，為官的一種途徑。

德嘛！」

袁渙沒想到曹操這麼從善如流，心中大感暢快：「數聞明公廣開言路誠心納諫，今日一見名不虛傳。既然如此……」說著話已跪倒在地補上一禮，「在下願追隨明公為朝廷效力。」袁渙這種人是典型的威武不能屈、吃軟不吃硬。生死安危從不放在心上，哪還管你是什麼三公九卿？要是不能尊重其氣節與志量，就是白刃加頸也休想令他折腰；若是肯依從其主張，他便會投桃報李以報知遇之恩。

「多謝先生不棄。」曹操雙手相攙，「水淹下邳為禍眾矣！只恐一兩年的賦稅也不能抵去此間百姓的損失。單是周匝的積水就是難題，即便退去，這附近也成了無法耕種的泥坑了。」

哪知此言說罷，一旁袁敏接過了話茬：「不就是退下邳之水嘛！這點小事又算得了什麼？明公若信得過在下，就交給我來辦吧！」

「哦？」曹操自進門來一直與陳氏父子、袁渙攀談，忽略了年紀最輕的袁敏。聞聽這大話趕緊回頭打量，見袁敏二十出頭稚氣未脫，面色黝黑衣著樸素，舉止懶散嘻笑隨便，全不似個名門之後。

袁渙見弟弟出口狂妄，趕緊呵斥：「住口！明公面前大言不慚，成何體統！」

曹操知道人不可貌相的道理，袁敏既敢說這個大話，必然是胸有成竹，便擺手道：「不礙的……袁老弟，將此差事交與你辦倒也不難，但你得說說有什麼治水的辦法。」

曹操親口說出「老弟」二字，這是極大的臉面，若是旁人必定作揖謙讓。可這袁敏似乎比他哥哥架子還大，連屁股都懶得抬一下，笑嘻嘻道：「下邳乃古之堅城，韓信為王曾定都於此。不過自先朝以來河道變更，城池所在趨於低窪。三個月前明公兵圍此城，那時我就跟兄長私下議論過……」說著話他朝袁渙挑了挑眉毛，「大哥可還記得，我說『倘老曹掘河灌城，呂布這廝必亡』——果不其然吧？嘿嘿嘿……」

袁渙聽弟弟自吹自擂，還公然稱「老曹」，不禁一陣皺眉：「放肆放肆，太沒規矩了！」曹操卻覺他口快心直沒有怪罪，擺擺手示意袁渙不要打斷。

袁敏站起身走到視窗處，指著外面向曹操講述道：「城內的積水兩三尺，外面更不必說了。但這還是隆冬時節，倘若春夏河水暴漲之際，灌進來的水能把民房淹沒！明公雖已把決口處堵上了，只怕河水暴漲，那地方終是此間百姓的隱患。況且天下洶洶戰事未平，日後再有人行此破城之法，這城照樣保不住！」

曹操越聽越感興趣，拱手道：「卿有何辦法？」語氣已越發恭敬。

袁敏安然領受，自顧自說道：「您看看，已然過了半日，這水根本就沒退多少嘛！地勢低窪是改不了的，這麼大的一座城又不可能遷徙，唯一的辦法就是引流疏導。」

「引流疏導？」曹操不解。

「嘿嘿！這您就不懂了吧？」袁敏摸著還未蓄起的小鬍子，得意揚揚地說：「昔大禹之父鯀奉命治水，哪裡決口就堵哪裡，水位越來越高，河口堤壩也越來越高，到最後川壅一潰傷人更多！帝堯殛鯀[6]用禹，大禹受命之後疏浚通路迂迴引導，不就太平無事了嗎？水流千遭歸大海，是萬世不變的道理，既然明公已挖了灌城管道，那索性自這水坑往東南繼續挖，讓水東歸沂河故道。西高東低積水自流，數日之間便可退盡。然後咱們借著這兩條渠，在下邳外郭周圍深深地挖上一圈護城河，再重新掘開上游河口。這樣一可以減輕泗水入沂的決口隱患，二者為下邳城更加一道防衛屏障；另外有了這條新渠，百姓耕種灌溉也方便多了。」他邊說邊比劃，已陶醉在自己的設想中。

「一舉三得，妙哉妙哉！」曹操心悅誠服，「看來此間治水的重任非老弟莫屬啊！」

⑥ 殛鯀，殛，殺死；鯀，大禹之父。相傳鯀治水無功被堯殺死，禹傷痛父親，因此勞身苦思，潛心治水，過家門而不入。

「嘿嘿……那是自然。」袁敏當仁不讓。袁渙見弟弟這般自大，怏怏不快道：「我這兄弟不懂規矩，曹公千萬見諒。家父去世之時他未及總角⑦，是我將他帶大的。這幾年躲避刀兵輾轉度日，未得空暇對其深加教誨，致使學業荒廢不諳禮數……唉！這都是我的錯啊！」

曹操卻道：「精研治水之術可造福於民，我看令弟前程似錦啊！」

「話雖如此，不過聖人有云：『君子不器』，這終究不是什麼世宦正途……」袁渙的思想雖說保守但也大有根據。自建漢以來，專治水利的官是都水長丞，不過太常寺屬下一個小職位，地位等同於令史，根本談不上受人尊敬。

曹操知道袁渙想什麼，既然要用他們，索性再賣一個人情，笑道：「我回朝以後，為令弟設一個河堤謁者的職位，管理治水漕運等差事。此官孝武帝時曾有過，不受公卿約束，有何工程申報支出，直接與尚書支度商討，這樣如何？」

「承蒙厚愛！」袁氏兄弟一揖到地。袁渙頗感曹操眷顧有加，今後自當竭誠效力；袁敏則高興自己不受約束，可以盡情幹喜歡的差事了。

曹操涉水進城真是來對了，不但迎回陳氏父子、錄用袁渙，還得到了袁敏這個年紀輕輕的水利奇才，收穫良多怎能不喜？與四人不拘老少圍坐一團，論起昔年往事許都新聞，倒也無拘無束其樂融融，直聊了半個多時辰，才站起身來：「與諸位暢談如飲美酒，不知不覺已醉其中。但今日天色漸晚，營中尚有諸多事宜，本官先行一步，來日再接諸位到營中。」

四人見他告辭，便要送其出城；曹操顧及陳紀年事已高，只讓他們送到樓閣門口就謝絕了：「石階陡峭濕滑，城下積水未退，諸位請留步吧！待到此間處置完畢，回京路上再賜教……另外下邳府庫之中尚有不少財貨，都是呂布搶奪而來，諸位大可任取所需。」

袁渙道：「財貨之物也就算了，倘有書籍之物在下就愧受了。」

曹操連連點頭：「《呂覽》有云：『以和氏之璧、道德之至言以示賢者，賢者必取至言矣』，袁曜卿果真是當今高士。」

他們客套的時候，許褚和虎豹衛士就守候在閣門口，陳紀的幾名家僕也在一旁垂首而立，有這麼多人護衛著，想必也出不了什麼意外。這時有一個普通的士卒低著頭、手捧一卷竹簡逕奔閣門而來，似乎是要向曹操匯報什麼事情。

「站住！」許褚橫臂阻攔。那兵低頭跪倒，將竹簡高捧：「此乃緊急軍報，需呈交主公過目。」曹操正與四人道別，聽聞有緊急軍報，趕緊回頭叫許褚拿過來。哪知攥到手中打開一看，竹簡上竟連半個字都沒有。他還未反應過來，就見眼前刃光迸現，那兵卒手中已多了一柄長劍！那喬裝兵丁的刺客出手甚快，左手揮出撥開許褚的手臂，緊跟著向前一躍，右手長劍已刺向了曹操咽喉。這一擊猝不及防，以至在場衛士竟未能及時攔截。

眼見曹孟德堪堪廢命，只聽鏘啷一聲，斜刺裡伸過一劍招架住了刺客的劍——出手的是袁敏！他除了治水也好劍術，頗有幾分本領，因而倉皇出劍擋出了這致命一擊。眾衛士見此情形各持軍刃一哄而上，可那刺客並不逃竄，舉劍與眾人搏鬥起來。

此人劍法精奇出人意料，接連數聲慘叫，已有幾個虎豹衛士被刺傷倒地。許褚怒氣大發，揮舞鐵矛向其掃去。其實內城城牆不過是丈餘之地，而且不似外郭有女牆保護，只有半人高的垛子，稍有不慎就會跌落，許褚的鐵矛掃過去已是避無可避。但那刺客的功夫不是戰場上那一套，躥蹦跳躍忽左忽右，竟能在這狹窄之地將許褚的攻擊盡數躲過！

許褚數擊不中，反把幫忙的人逼開了。那刺客一個跟頭滾到樓閣門口，又出一劍刺向曹操。這

---

⑦ 總角，古代未成年人將頭髮分作左右兩半，在頭頂各紮一個結，形如兩個羊角，故稱「總角」，借指童年時期。

會兒所有衛士都急了，十餘把劍一齊招架，總算將刺客逼回。許褚與眾衛士圍了個扇面，生生將他逼向垛口。刺客自上城獻書一直低著頭，打鬥之際又跳躍迅速，到這會兒眾人才發現他臉上圍著塊黑布，只露出一雙凶殘的眼睛。眾人不敢怠慢，舉著劍越逼越緊，要將他逼到牆邊擒獲。

那刺客步步後退，已到了垛口邊上，忽然輕身一躍，跳出了垛口。許褚等人以為他要墜城自盡，趕緊搶過去觀看。哪知此人本領忒奇，乃是故意以墜城相誘，跳出之際左手抓住垛口，點腳在牆上一蹬——竟又縱了上來！躍過諸人頭頂，再收腿向後一踢，正踢在許褚肩頭，險些把許褚踹下去。刺客反借著一踢之力，半空舉劍又向閣門處刺來，這一次就近刺的是陳群。

衛士都撲了個空，只得再靠袁敏招架。兩劍相交一瞬之際，袁敏的劍立刻被擊飛——他雖會劍術，但比這刺客差得太遠了。刺客一招得手，搶步又刺陳紀。陳紀一把年紀腿腳不便，而保護之人盡在刺客身後，這歹毒的一劍已是避無可避了！

正在危難之際，又有一個人影躥了過來，快如閃電的一劍將刺客的劍招化解。眾人側目觀瞧，出手的竟是陳家的一個中年僕人，但是出劍之快絕不亞於這刺客。頃刻間劍光閃耀人影晃動，兩人你來我往鬥了起來。曹操滿頭冷汗，胸口怦怦直跳，這才意識到自己嚇糊塗了，趕緊攙扶陳紀與袁渙、袁敏、陳群退至樓閣內，關上大門從窗口觀望。

眼見劍光閃耀奪人二目，可那僕人與刺客性命相搏卻只有風聲，兩把劍渾不相碰，全憑招數制敵取勝，可見劍術造詣皆已精深，在這狹窄之地打了個平分秋色。至於許褚及諸衛士連邊都靠不上了，閃在一旁舉著兵刃等候時機。曹操觀看戰局，心中卻暗自奇怪——這刺客為何行刺？為何他不光刺我一人，似要將這閣中之人盡數殺死？出手相救的僕人又是什麼來歷？

眨眼之間又生變數，那僕人眼見刺客劍到倉皇一封，用力過猛來了個大開門，整個前胸都暴露在敵人面前。眾衛士大呼不好，但刺客已然變招又到，直刺那僕人咽喉。眾人都以為這僕人必死無疑，卻不知他是故意賣了一個破綻，劍及之處他縮頸藏頭，把右手之劍交與左手，就勢奮力向上一撩，已奔刺客胸腹而去——撩上可就開膛了！那刺客倒也不簡單，倉促之間腳尖點地奮力後躍，直貼到城垛之處，劍尖擦著胸口而過，雖沒受傷但蒙臉之布卻被這一劍掀去了，驚得手扶垛口穩住身子才沒有下去。袁渙一見此人瘦削的面孔，不禁一聲呼叫：「是他！」曹操卻不識得，欲要相問，又聽一陣吶喊之聲，劉備手提佩劍自城下衝了上來，與那僕人合擊刺客，許褚也橫起鐵矛相助。

那刺客已知取勝無望，躥上垛口，縱身一躍跳下了城牆。誰都以為他必死無疑，哪知摔到了一座小閣頂上，他翻身起來跳至一座較低的民房，隨即又一猛子扎入水中。劉備放聲大呼：「下面的人！快抓刺客啊！」此時城內一片大亂，曹兵、降兵、百姓亂作一團。那刺客本就是兵卒打扮，混在人群中早沒了蹤影。

閣門打開，曹操等五人走出。陳紀一把抱住救命的僕人：「不敢問恩公真名實姓，為何隱藏本領投身我家中為僕……且受老朽一拜！」

那中年漢子一把攙住，反倒給陳紀跪下了：「主人豈可自折身分？在下本名鄧展，年輕時曾受您滿門的恩惠。今四海洶洶，我不過是想報恩，故而混入府中充為僕役，隨您四處輾轉暗中保護安全罷了。」

陳氏父子面面相覷，怎麼也想不起自家何時幫助過這個叫鄧展的人。鄧展見此情形長歎一聲：「先生忘卻我這梁上君子了嗎？」

「梁上君子？」陳紀手扶銀髯沉默半晌，猛然想起此人來歷。還是十多年前的事，那時陳紀的老父親陳寔還活著，但已年逾古稀，不應朝政三公徵召，在鄉間閒居養老。有一日家中溜進個竊賊，偷盜未得藏身於房梁之上，不慎被陳寔發覺。陳寔既不驅趕喝罵也不稟報官府，將滿門子姪都叫到房中，嚴厲訓教道：「夫人不可不自勉。不善之人未必本惡，習以性成，遂至於此。梁上君子者是矣！」既在梁上為盜卻被稱作君子，那小賊羞愧無地，趕緊跳下來磕頭認錯。陳寔得知他孤苦貧困無所生計，不但沒有怪罪，反而周濟他兩疋好絹，又教導他棄惡從善立身行道——原來昔日梁上小賊就是鄧展，自受陳寔訓教，十年間投名師訪高友練成一手好劍術。

鄧展說明理由，陳紀攙他起來再三稱謝。曹操見此人知恩圖報又劍術了得，早就心癢癢了：「鄧義士有此絕技，可願為朝廷效力？」

鄧展連連磕頭：「習得文武藝，貨與帝王家。但在下蒙陳氏再造之恩，當報答此恩之後再圖建功立業。」鄧展的話很委婉，陳紀已經歲數不小了，他要侍奉在老人家身邊，待到陳紀有朝一日病篤歸天，他再出仕效勞。

曹操暗自稱奇，這陳寔、陳紀、陳群祖孫三代積善名不虛傳，我若推心置腹收為己用，定能夠彰顯我的恩德，使天下士人歸心。

他們幾個說得熱鬧，劉備、許褚卻面帶倉皇跪倒在地：「卑職護衛不周，請主公責罰。」

「老夫甘冒其險，不賴你們。」曹操揚揚手，轉而向袁渙問道：「曜卿識得那刺客嗎？」

袁渙點點頭：「此人乃陶謙舊屬，河東薛永是也。」

薛永！曹操皺起了眉頭——薛永乃昔日東海相薛衍之孫、兗州從事薛蘭之子。當初兗州叛亂，薛蘭助呂布為害，被呂布封為兗州功曹，最終被曹操攻破巨野縣斬首示眾。薛永既是薛蘭之子，又是陶謙舊屬，跟曹操可謂國仇家恨吶！但有一點曹操想不通，他為何不單行刺自己，還要將陳氏父子也殺死呢？

曹操百思不得其解，向陳紀四人道：「本還想請列位居於城中，現在看來大為不妥。我這就調集兵將，護送列位遷入大營，還是那裡安全。」四人逢此變故也不再推辭，劉備提議：「薛永雖逃必不能走遠，卑職率領人馬四處盤查，未必不能將其擒獲。」

「數萬大軍可禦，一介刺客難尋。」曹操拍拍劉備肩膀，「玄德忠心可嘉，不過這是大海撈針吶！他一著失手，必混出下邳遠遁他方，你查也是白查。」劉備悻悻道：「即便最終徒勞，卑職也要試一試，豈能便宜了這狂徒？曹公誅殺呂布對我恩深四海，在下自當盡犬馬之勞！」

曹操見劉備誠心誠意，便不再阻攔，望著他召集衛士焦急下城的身影，一股欣慰之意油然而生——有一兩個仇人也算不得什麼，只要我推心置腹厚待來者，奸惡之徒能奈我何？連劉備不都對我感恩戴德俯首帖耳了嘛……

欲海沉迷

許褚等人保著曹操回到大營，又為陳紀父子安排住處，提起城中薛永行刺之事，滿營文武無不驚駭。王必、曹純不敢怠慢，又在中軍周匝增派了衛士。曹操又與軍師荀攸談了一會兒，見天色已晚，令庖人準備晚膳。

荀攸不便叨擾，要起身告辭，守在帳口的許褚稟報：「廣陵太守陳登前來獻食。」話音未落，只見陳登親手端著一個蓋著白布的托盤，已在帳口站定——因為剛出了行刺之事，營中盤查謹慎，他的從人都被攔在轅門外了。

「元龍怎還這般客套。」曹操微然一笑，又拉住荀攸，「軍師不要走了，留下一同嘗嘗元龍送來的東西。」

陳登面帶微笑低頭進帳，許褚一把攔住：「等等，我先看看再說。」他知陳登畢竟不是曹營嫡系，恐有專諸刺王僚之事，一把掀去覆蓋白布，見盤中是一堆白花花圓肉，便放心了不少。但緊接著又嗅到一陣淡淡的腥氣，生怕食從外來其中有毒，便不由陳登分說，抓起一塊就咬——「咯嘣」

一下子硌了牙，疼得許褚連忙吐出，捂著腮幫子直喊疼。

陳登哈哈大笑：「許將軍的嘴好快，這東西得去殼吃呀！」

許褚身負蠻力健壯如牛，但再高的本事也練不到牙上，捂著嘴連聲抱怨：「這是他媽什麼鬼東西？這也能吃嗎？」

「在下特意挑選之物自然大快朵頤，」陳登將托盤放在帥案上，笑道，「明公可識得此物？」

「原來是牡蠣啊！」曹操掃了一眼也笑了，「仲康啊，你生在豫州，不識得此物，少見多怪啦！」

哪知陳登掩口而笑：「不對不對，明公再仔細瞧瞧。」

「這不是牡蠣嗎？」曹操仔細打量——見此物形狀好似去了半扇殼的牡蠣，卻比牡蠣大了不少，淡黃色的肉，宛然一體生成，沒有紗線，猶如人的耳朵。他拾起筷箸夾了一塊，感覺肉質較牡蠣硬得多，用手剝去半扇外殼，見殼內側五彩斑斕泛著綠油油的光，還有九個均勻的小孔列成一排。看了半晌實在不認得，又讓荀攸辨識，荀攸也搖頭不明。曹操噗哧一笑，放下道：「看來老夫也少見多怪了，此物究竟是什麼？」

陳登笑道：「此乃鰒魚啊！」

「哦。」曹操恍然大悟。鰒魚乃東南沿海特產之物，由於數量不多，一般僅供天子御膳，據說味道鮮美頗能滋補。昔日綠林起義，劉秀在昆陽大破王莽百萬雄兵，愁得王莽食不下嚥，便以鰒魚為羹每日飲用，竟體力充沛連飯都不用吃了。

陳登又道：「此種鰒魚與京中御膳所用大不相同。只因此物不易保存，未運到洛陽、長安就要腐壞，所以一般進貢的都是醃製之物。而今天這盤乃是新鮮的，本郡漁家方從海中打撈上來，趁著天涼以快馬疾馳送來的。明公快嘗嘗吧！」

「哎呀元龍，就為了老夫這點兒口福，不知又給多少人添了麻煩。這些鰒魚價值不菲吧？」曹操喃喃不已。

「這鰒魚又叫石決明，經常食用可以平肝潛陽、解熱明目、止渴通淋。鰒魚甲也可入藥，夷人自古用此物磨粉療眼疾。」陳登娓娓道來，「不過物以稀為貴，中原之地視其為好東西，這在青徐沿海倒也算不得什麼。我們這裡的漁戶鄉民給它起了個諢號叫鮑魚。」

「鮑魚？」荀攸笑了，「孟子有云：『入鮑魚之肆，久而不聞其臭』，這名字倒也有趣。」

雖聽陳登解釋，曹操仍覺此物珍貴異常，小心翼翼夾了一塊，沒有整個放進口中，咬了一口細細品嘗。但覺滋味甘甜略帶海味、肉質筋道滿口生香，不禁贊道：「好！果然是好！」端起盤子讓荀攸、許褚都來嘗一嘗。

許褚剛才吃了這東西的虧，這會兒聞聽是好東西，張著大手抓了一枚，剝開殼往嘴裡一塞，咕咚就咽了下去，什麼滋味也沒嘗出來。荀攸則細細品嘗，似有心得：「都說這鮑魚腥臭無比，原來入口如此鮮美，妙矣妙矣！」

曹操一連吃了好幾個，這才放下筷箸道：「多謝元龍相贈，你也吃上幾個吧！」陳登推手笑道：「在下平日不食鰒魚、牡蠣等物，唯獨愛吃生魚。」荀攸咧了咧嘴：「生魚也忒血腥了，食之恐不易剋化。」

「我天天吃倒也習慣了。」陳登滿不在乎。

說話間庖人已將晚膳送來，曹操挽留荀攸、陳登一併而坐，又命人取過酒來，笑道：「軍中本無酒水，此乃下邳降將侯成獻給老夫的，聽說因為私自釀酒，這侯成還被呂布責打過一頓。」

陳登放下筷子：「明公宅心仁厚，寬宥呂布餘黨，但這幫人該交與誰統領呢？」

曹操一愣，隨即笑道：「撥與玄德統領如何？」

陳登附和道：「我看甚好！劉使君小沛一仗損失不少，將宋憲、侯成等部交與他統領甚是合適。」

荀攸卻連連搖頭：「此舉大大不妥，劉使君坐鎮小沛與呂布諸將多有衝突，倘關羽、張飛等與宋憲、侯成不和，勢必有礙軍心。」這話不過是託辭，其實荀攸至今對劉備持有懷疑。

曹操很尊重荀攸，只道：「公達也忒過小心了。」便不再提這件事，三個人只是對酌幾盞，轉眼間已到了掌燈的時辰。

忽又聞許褚通報：「鎮東將軍到！」劉備跪倒帳外抱拳施禮。

曹操戲謔道：「玄德的鼻子好靈，知道我們在這兒吃鰒魚，是不是想蹭飯啊？」

劉備解劍進帳，作揖道：「卑職已派人盤查下邳城，又知會各營諸將搜拿，未發現刺客蹤跡，特來稟告明公。」

「辛苦你了。」

「卑職無能，有負曹公之託。」

曹操笑了：「玄德無須自責。咱們要找人家要逃，搜不到很正常。過來一起用飯吧！」

劉備推辭道：「明公面前哪有卑職的座位？本不該打擾您，只是怕您心中記掛此事，匆匆忙忙就過來了，罪過罪過。」

曹操笑道：「哪裡的話，軍中無小事，人人都似玄德一般才好。叫你坐你只管坐！」

劉備推辭不過便恭恭敬敬坐到一旁，卻沒敢湊到案前用飯。荀攸捋髯道：「此番行刺之事不容小覷，薛永既能乘虛而入，必知明公行動，吾恐軍中有其細作（間諜），弄不好背後另有指使之人。」

劉備趕緊接過話茬：「張遼、臧霸等未獲，這背後指使之人會不會是他們？」

陳登不以為然：「那張遼、臧霸、孫觀等都是豪氣之人，怎會行此下作之事？我敢以人頭擔保，絕不是他們所為。」

曹操與荀攸對視了一眼——陳元龍怎如此看重這幫人？

劉備卻道：「是他們也好，不是他們也好，青徐沿海這些小賊患必須要處理一下了。」

「不錯。」曹操放下了筷子，「是應該處理一下，但不一定要趕盡殺絕，我看最好是將他們招降過來。他們若是不願離開就給掛個郡縣的官職，只要承認朝廷，不再危害百姓，且叫他們統領舊地又有何不可呢？徐州屢遭戰亂，百姓不寧，臧霸、孫觀這些人雖然出身低賤身負賊名，但既然能占據諸縣數年之久，必然也得了些民心。」說著話他又夾起一枚鰒魚，「這就好比鮑魚，雖嗅之腥臭，然入口則香。」他心中最大的顧慮還是袁紹，河北戰事已無懸念，不知何時就會結束，可沒工夫跟沿海的小土匪周旋，倘能迅速招安，便可儘快脫身，在豫兗二州沿河準備布防。

陳登雖不知曹操心中所想，但也猜得出他急於離開徐州：「明公回轉許都之際，要以何人管轄徐州呢？」

這個問題曹操還未想好，反問道：「元龍可有人選推薦？」

陳登手指劉備：「遠在天邊近在眼前！玄德久在徐州，曾受陶謙遺囑，若以他為徐州刺史，東方可無憂矣。」

曹操還未置可否，荀攸就搶著道：「不可不可，玄德已為豫州牧，怎可降而任刺史？這也太委屈他了。」豫州牧不過是個有名無實的虛銜，而徐州刺史雖低了州牧一等，卻脫離了許都的直接管轄。荀攸表面替劉備考慮，實際還是對他不放心。

劉備心頭剛被陳登點上一盞火焰，又立刻叫荀攸一盆涼水澆滅了，佯裝誠懇道：「軍師說的是，在下才力不濟，還是回許都拱衛京師吧！」曹操只是對劉備和善地笑了笑，又問荀攸：「以軍師之見，何人可為徐州刺史？」

荀攸出了名的嘴嚴，不想當著陳登、劉備的面談這個，只推託道：「現在沿海割據未平，談這個還早了些，不如回轉京師之日聽聽令君的意見，或許他有好的人選也未可知。」

陳登之所以前來獻食，就是想借機打聽徐州日後的動向。可接連兩個問題都被荀攸頂了回來，大感無趣，便喝乾盞中餘酒起身告退。劉備也趕緊隨之站起。曹操不再挽留，略一拱手還禮，叫許褚替自己相送。他們一走，荀攸馬上換了口吻：「明公今日不該留此二人用飯。」

「既已歸附朝廷，這又有什麼了不起的。」或許是鰒魚美酒頗為受用，曹操這會兒挺放鬆的。

荀攸苦口婆心：「陳元龍坐斷廣陵擁兵數千，劉玄德朝秦暮楚反覆難養，對這兩個人還須多加防備。」

曹操微然一笑，並未往心裡去。忽聽帳外一個年輕的聲音附和道：「軍師所言不假，此二人不能完全信任。」郭嘉走了進來。

「奉孝這時候來，莫非河內又有祕密戰報？」荀攸緊張起來。

郭嘉臉上一紅，尷尬地笑了笑：「沒有沒有，只是有幾句私話想跟主公聊聊。」曹操想見秦宜祿之妻杜氏，叫郭嘉帶她祕密進營，這件事不好讓荀攸知道。

荀攸聽他似是要自己回避，心裡不甚高興。郭嘉雖是軍師祭酒，實際待遇比張京、徐佗、武周那幫人高得多。這小子又風流不羈頗會逢迎，仗著曹操的寵信，在許都幹了不少求田問舍的事。荀攸以為今晚郭嘉又要索求什麼，心中老大不痛快，一副教訓的口吻道：「奉孝啊，軍營之中不相干的閒事不要多提，天色不早了，莫攪擾主公休息。」

「是是是。」郭嘉諾諾連聲。

「主公，我先告退了。」荀攸施了個禮，「不過有一言請您詳思，臣僚部屬當平等相待，莫要有薄有厚惹底下人說閒話。」

曹操聽他全然理解錯了，不禁暗自發笑，卻又不好意思點破，只道：「軍師之言我記下了，若再有人向老夫求田問舍，我便狠狠打他板子。」說著話瞄了郭嘉一眼。

荀攸莞爾而去，曹操送出大帳，又讓許褚親自為其掌燈，直等到望不見人影了，才扭頭問道：「杜氏送來了嗎？」

郭嘉低聲道：「秦宜祿那王八辦事倒也小心，派一駕馬車從側門而入，神不知鬼不覺已經送到您的臥帳了。」

曹操滿意地點點頭：「甚好甚好，你可看到那女子的相貌了？」

「主公心愛之物，在下可不敢隨便看。」

「欸！不要這麼說嘛！那秦宜祿的淫蕩之妻豈能汙了老夫？我不過是心生好奇，只想一觀罷了。」

郭嘉見他一臉假正經，戲謔道：「只是看看倒也罷了，不過主公身在軍旅日理萬機，切莫辛勞過度了。」

曹操聽他話裡有話，不禁噗哧一笑，隨即又板起面孔：「這件事可別信口亂說，傳揚出去招人非議可就不妙了。特別是陳元方父子還在營裡呢，若是叫他們知道，豈不小覷了我曹某人？」

「主公只管放心，除了秦宜祿和幾個親兵，再沒別人知道。」

曹操放心了：「那好，老夫這就開開眼，倒要看看這個讓呂布、關羽都魂牽夢繞的女子到底什麼模樣。」

郭嘉親自掌燈，送曹操回轉寢帳。兩人一前一後繞到後營，見寢帳門口的侍衛皆已撤去，外面停著駕簡易馬車，秦宜祿一聲不吭跪在車畔迎候。瞧他那哆哆嗦嗦的樣子，想必在冷風中跪了好一陣子了，見曹操回來，趕緊滿臉堆笑：「小的參、參見主公！」秦宜祿能說會道的巧嘴都凍得不利索了。

借著微弱的燈光，曹操打量著這個無恥小人。鬥雞眉，母狗眼，鷹鈎鼻，菱角口，脅肩諂笑滿臉皺紋，三綹小鬍子已有不少白茬了。這傢伙從來有奶就是娘，全憑溜鬚拍馬混營生。輾轉折騰了大半輩子，所跟的主子卻一任不如一任，混到今天這步田地，連老婆都成了進身保命的工具，真是可悲可笑又可憐！

事到如今，秦宜祿早就不把臉面當回事了，喃喃道：「美人難得佳期莫誤，主公快快進帳歇息吧！」

犧牲妻子取媚上司，人怎麼能無恥到這個地步呢？曹操突生一陣惱怒，甩手搧了他一個耳光。這巴掌打得乾脆響亮，秦宜祿臉上赫然顯出五個指印，可他揉也不揉，齜著牙笑道：「小的若有不妥之處，主公大可打罵，但是莫要誤了我這一片忠心……」

啪的一聲，曹操反手又給了他一個耳光，秦宜祿不羞不惱依舊是諂笑：「小的打不還手罵不還口……」曹操越發氣憤，一把扯住他衣領子，左右開弓，一口氣抽了他六個大嘴巴！

秦宜祿頭昏腦脹眼冒金星，兩頰立時紅腫，順著嘴角淌出血沫子。但他呆了片刻，馬上又笑臉相迎：「小的該打，小的該打！只要您還肯收留小的，我就是天天挨打都算不得什麼。」

曹操一愣，無奈地搖了搖頭，打這廝又有何用，奴才永遠是奴才，秦宜祿肚子裡早就沒有廉恥了。他歎了口氣，緩緩道：「姓秦的，從今以後那杜氏與你沒干係了，我另擇人家將其匹配，你若敢跑去騷擾，我剝了你的皮！」

秦宜祿抹去嘴角的血，訕笑道：「杜氏早就與我無干了，主公大可放心。」他曾奉呂布之命聯絡袁術，袁公路一心想當皇帝，對他的馬屁功夫很是受用，高興之際把劉氏宗親之女賞他為妻。秦宜祿不敢怠慢，立刻休杜氏為妾，此後杜氏又被呂布長期霸占，早沒了夫妻關係。

曹操瞧著他那副令人生厭的嘴臉，沉默了半晌：「也罷，老夫且饒你這條狗命。」

「謝主公！謝主公！」秦宜祿連忙磕頭，「小的是不是還回到府裡伺候您？」

「休想！你這等下作之徒也配到我府裡為掾屬？」曹操一撣衣袖。

「小的對您一片忠心天日可鑒……」秦宜祿伸手邊拉曹操的衣襟邊信誓旦旦道。

「撒手！」曹操一腳蹬開，「老夫寧可聽驢叫也不願聽你這張臭嘴講話，你給我滾回家去！」

「別別別！」秦宜祿費盡心機還是想謀個前程，日後繼續媚上欺下作威作福，倘若曹操這樣把他打發了，剛才又說好話又挨打，力氣豈不白費了？他任憑曹操踢自己，只是死死拉住袍襟哀告，「您可憐可憐小的吧，哪怕給我個芝麻小官呢……看在我當初跟您出兵放馬的份上……」

曹操厭透了這塊抖不開的爛年糕：「鬆手！再不鬆手我叫人把你亂棍打出去！」話雖這麼說，這會兒卻既不能殺也不能趕，深更半夜聲張起來，明天這點破事可就滿營盡知了。郭嘉心思縝密，伏到曹操耳畔提醒道：「主公萬不可放他還鄉，倘若此人到處訴說杜氏之事，豈不玷汙了您的名聲？不如給他一官半職，日後他若膽敢胡言亂語，再取其性命不難。」

「倒也有理……」曹操點點頭，哼道：「姓秦的，你鬧出理來了。看在奉孝講情的份上，我就賞你個官當。銍縣正少一縣令，你補這個缺吧。」

秦宜祿暗暗叫苦——銍縣地處豫州沛國，離曹操家鄉很近，如今朝廷掌兵之人上至將帥下至宿衛，小一半是沛國人，在那裡當個小小縣令，其實是誰都開罪不起的受氣官。但活命尚且不易，再鬧下去真怕把曹操惹急了，只得叩首：「謝曹公厚恩。」

「醜話說在前頭，我當年怎麼當縣令你也親眼看見過，照著我的樣子來。你若敢收受賄賂欺壓良善，留神項上人頭！」

「曹公放心，小的一定將銍縣治理得夜不閉戶路不拾遺。」

「你有那本事嗎?滾!別再讓我看見你。」曹操煩透了。

「且慢!」郭嘉阻攔道:「秦宜祿乃歸降之人,需有家眷入京為質才可外任。」

秦宜祿想說「我老婆都押給曹公了」,可轉念一想,剛剛承諾與杜氏毫沒干係,這個理由說不通,便又諂笑道:「我有個兒子,乃是杜氏所生,就隨其母留在京中吧!小的日後對您忠心不貳,若是再敢對不起您,您就宰了那小畜生,讓我當個老絕戶!」

「他是小畜生,那你是什麼?」曹操一陣冷笑——這老小子也真豁得出去,老婆不要也就不要了,竟連親生骨肉都拋出去任人宰割,即便混上個小官苟延在世,活著還有什麼滋味?越想越覺這廝醜陋至極,連句整話都不屑與他說,一甩衣袖:「快滾!」

「諾。」秦宜祿還真聽話,硬是在地上煞有介事滾了兩個跟頭,才爬起來快快而去。

曹操望著他遠去的背影黯然慨歎:「他本洛陽北城一個看門小吏,初隨我時還多少有些風骨,可在這世道越混越沒廉恥,以至淪落到今天這個地步,老夫倒也哀其不幸恨其不爭!」

郭嘉卻忍俊不禁:「腳下的泡都是自己走的,他自己不上進,也怨不得世道好壞。即便身處太平時節,欺上壓下的無恥小吏也比比皆是,從古至今哪少得了小人?」

「他願意這麼不顧廉恥湊合活著,且由他去吧!」曹操釋然,囑咐郭嘉道:「奉孝,我見一見這位美人,少時就放她回去,你且在外面替我守候,莫叫他人攪擾。」

「諾。」郭嘉答應一聲退往營門,心中暗自好笑——少時你看了中意,豈還能放她回去?

寢帳的青布簾子垂著,縫隙處瀉出一縷微弱的光。曹操唯恐驚動美人,先輕輕咳嗽了一聲,這才掀起帳簾邁步走進,抬頭望見裡面坐著兩個女子。有一個是伺候人的婆子,穿著粗布衣,懷裡還抱著個一兩歲的孩子。他舉目觀瞧另一個女子,眼光竟凝注在她身上,再也移不開了!

這位杜氏娘子雖已年近三旬,容貌卻勝二八的韶光豆蔻:她個頭不高,體態婀娜端莊;梳著一把抓的髮髻，青絲猶如墨染一般，漫插的點點珠翠亞賽繁星，襯著夜色般的秀髮；瓜子臉尖下頦，面龐白皙淡掃紅妝，芙蓉新豔桃李爭春；兩道細眉黑中亮亮中彎，宛若二月新柳撩人心緒，又似雲畔初月勾人相思；兩隻大眼皂白分明，雙眼皮長睫毛，流轉春意顧盼秋波；通關鼻梁高顴骨，櫻桃小口擦胭脂，尖尖翹的小下巴；元寶耳大耳垂，掛著翡翠的環子，襯著刀裁般的鬢角……

這女子本就是世間尤物，秦宜祿為了討好曹操，更搶了呂布之妻嚴氏的簪環釵裙，仔仔細細給她裝扮一番——頭頂著褒姒戴過的鳳翅金簪，身披著妲己曾穿的百花錦襖，腰挽著西施的碧紗裙，手拈著鉤弋夫人的香羅帕，腮抹著驪姬的勾魂脂粉，足蹬著趙飛燕盤上舞過的繡緞鴛鴦鞋。比花花解語，比玉玉生香。

杜氏見進來一個衣冠楚楚的半大老頭，料定這廝就是曹操。見他直勾勾望著自己，又羞愧又尷尬，不好失了禮儀，只得起身婀娜幾步，深深道了個萬福，卻垂下頭什麼也不說。

曹操甚為唾棄秦宜祿的為人，將其妻妾視為淫蕩骯髒之物，不過是感到好奇，想看看這個令無數男子魂牽夢繞的婆娘是個什麼模樣，等見過之後仍舊賜予關羽。哪知一眼望過去，忽覺心蕩神馳，竟把一切拋諸腦後了。他搶步到案前舉起油燈，扳住杜氏的下頜仔細觀瞧——燈下看美人，越看越嬌豔。可不知為什麼，杜氏娥眉微蹙，二目空洞，竟有無奈哀婉之意，可這痴態更增了幾分嬌媚。

曹操瞪大了眼睛半張著嘴，口水險些滴下來，可當真是秀色可餐！愣了好一會兒才覺失態，輕輕放下油燈，想起李延年進妹之歌，喃喃吟起：「北方有佳人，絕世而獨立。一顧傾人城，再顧傾人國。寧不知傾城與傾國，佳人難再得。」吟罷伸雙手攙她落榻，歎息道：「似妳這般絕色靚麗之人，竟託身秦宜祿那等卑劣小人之手，又被呂布霸占欺侮，真真是紅顏薄命。」

杜氏低著頭不發一語——她對前夫那副醜惡嘴臉甚是厭惡，卻不甚痛恨那兒女情長的呂奉先。「俗話說『男怕入錯行，女怕嫁錯郎』，王司徒雖是一代良臣，卻也忒絕情了，竟捨得把妳許給秦宜祿那條癩狗，這也是明珠投暗呢！」說話間曹操已不老實地握住她的纖纖玉指，但覺玉筍若脂，觸手滑嫩，越發心猿意馬。杜氏想掙開，卻覺曹操的手指恰似五把鋼鈎牢不可脫，而且就勢掀起衣袖，在她如雪般的臂腕上反覆摩挲。她心頭頓時一涼——我這桃花臉黃連心真真命苦，又遇上個登徒子！

曹操本性風流好色，這幾個月身在軍旅，早忘了女人是什麼滋味，本是饑不擇食的時候，卻偏生遇到這珍饈之物！早忘了秦宜祿的骯髒，把三公的體面丟了個乾乾淨淨，對關羽的許諾更是扔到龜茲國去了。一招得手步步緊逼，攬過杜氏的纖腰，撅著鬍子就要親嘴。

「啊！」杜氏奮雙臂推開男人，護在胸前急切切道：「奴家乃是有兒子的人了，明公萬請自重！」

曹操哪管得「使君有婦，羅敷有夫」，但覺她語出宮商吐氣若蘭，惹得渾身說不出的燥熱難當，索性鬆開衣帶，乜斜眼睛盯著她。杜氏感覺這老傢伙的眼睛彷彿是叮進肉的臭蟲，知他是當朝三公開罪不起，忙再次重申：「奴家是有兒子的人，請明公自重。」語氣卻和緩了不少。

「哦？」曹操扭頭朝呆立一旁的婆子招了招手，「把孩子抱來叫我瞧瞧。」

婆子忧生生湊到近前，曹操掀開襁褓，但見這一孺子白白胖胖相貌可愛，正努著小嘴睡覺呢！不由得心生喜愛，伸手在他的小臉蛋上輕輕捏了一把。杜氏擔心兒子，忙道：「小兒阿蘇剛剛兩歲，懇請明公讓他睡吧！」

「阿蘇……大名又喚作什麼？」

「大名叫秦朗。」

曹操心下生疑——秦宜祿的骨肉能有這般漂亮的相貌？這孺子該不會是呂……可能是心理作怪，他越看越覺相像，猛然張手欲扼住這孩兒咽喉！

杜氏全神貫注盯著曹操，她這輩子已吃盡了男人的苦，早已心灰意冷，若不是顧念這個說不清姓秦還是姓呂的兒子，早就尋條繩子上吊了。兒子是她唯一的支柱，曹操若要掐死這孩子，杜氏也就管不得他有多大勢力多高身分，撒潑跟這老傢伙玩命！哪知曹操注視良久，竟慢慢把手縮了回去，示意婆子抱孩子退開，怪笑道：「這孩兒倒也可人疼，不過那秦宜祿已棄妳另娶，這骨肉也不要了。妳們孤兒寡母將來如何度日？」

杜氏默不做聲。

曹操忽張雙臂又來個溫香軟玉抱滿懷，蹭著她的雲鬢道：「老夫在朝為公，一人之下萬人之上，妳若從了我，回到許都半生有靠衣食無憂，再沒人敢欺負你們母子……」話未說完已將她按倒在榻上，慌手慌腳寬衣解帶。

「不、不……」杜氏無力地掙扎著，有道是三十如狼四十如虎，哪裡推得開這個孔武有力的男人？三掙兩掙之間，已被他剝得精光，無奈地垂下淚水，「唉……由你便了，但要求你依我一事。」

曹操撅著鬍子在酥胸間亂啃，牛喘道：「莫說一件，就是十件又有何難？」

杜氏抽泣道：「呂布既已身死，膝下只有一女，嚴氏夫人又待我如同姐妹，懇請明公寬待她母女。」

「這有何難？元凶已死家眷勿問，接入許都供給錢糧，全看在娘子妳的面子上。」說話間曹操猴急地脫去她鳳靴羅襪，將玉筍軟鈎攥在手裡……襁褓裡的孩子被驚醒了，扯著脖子一個勁地哭。婆子也嚇得面色如土，萬沒想到當朝一品竟幹出這種事來。榻邊連條幔帳都沒有，這等事看在眼裡豈不羞臊？隆冬時節又在軍營之中，她也不能抱著孩子在外面凍一宿，只好扎到帳子犄角，任耳畔繚繞著牛喘啼鬧，低頭哄著受驚的小秦朗。

寢帳內偷雞摸狗甚是熱鬧，四外卻連一個衛兵都沒有——郭嘉早就把兵移防到了營門口，就連許褚都給攔下了。在呼嘯的寒風裡站了小半個時辰，見遠處寢帳的簾子依舊低垂著，想必「大事已然成就」，郭嘉又是欣羨又覺滑稽，吩咐身邊衛兵換班守衛，與許褚聊了兩句便要回帳休息。

忽見黑暗中奔來一個人影，口中嚷道：「大喜大喜！」竟是秦宜祿去而復返，「軍中又有喜事，在下要速速稟報曹公知曉。」

郭嘉冷笑道：「秦縣令，即便軍中有什麼捷報，似乎也輪不到你去跟主公說吧？」

這話甚是有理，秦宜祿得任銍縣縣令，實是心有不甘，剛在前頭聽到一件喜訊，馬上搶在王必前面跑了來，要借此機會再獻獻媚，厚著臉皮求曹操給他換差事，見郭嘉一語道破，趕緊陪笑道：「郭祭酒，咱們日後低頭不見抬頭見的，您就通融通融吧！」

「哼！」郭嘉白了他一眼，「到底有什麼喜訊，先叫我聽聽。」

「那張遼從東海連夜奔回，自縛雙臂投至軍中！」

「張遼投降了？」郭嘉聞聽喜不自勝，「妙哉，此人一降徐州之事易定矣！」

「曹公神威天下無敵，張遼匹夫哪敢螳臂當車？」秦宜祿還不忘了馬屁，「列位就讓我進去報個信吧！」

「這恐怕不大方便吧！」郭嘉瞧他這副邀功取寵的模樣，打心眼裡厭惡，又想起白天曹操騎馬時他阻攔自己報告軍務的話，便學著他的口氣道：「秦縣令，你急什麼？軍務雖急，也不在乎這片刻之功。主公這會兒正騎得高興呢！」

「哈哈哈……」左右親兵聞聽此言哪還忍得住，一個個仰天大笑。許褚一跺掌中長矛，劈頭蓋臉罵道：「姓秦的王八，軍中報事不是你的差事，快給我滾！不走我扎你個透心涼！」

秦宜祿嚇得抱頭鼠竄，沒料到又獻老婆又陪笑臉，使盡諂媚功夫只換來個受氣的縣令，真是大大折本。待他灰頭土臉回到自己帳篷，想罵幾句出出氣，又尋思奴才就得有奴才樣，對曹操該頂禮膜拜，只暗地裡把郭嘉的祖宗八代罵了個遍。

第三章

平定徐州，曹操和土豪稱兄道弟

張遼歸降

聞知張遼綁縛雙臂自投營中的消息，曹操高興得從床榻上蹦起來，立刻把杜氏拋到一邊了。他雖愛美人，但更念江山，趕緊叫郭嘉打發杜氏速速離去，重新整理衣冠連夜升帳。

杜氏的馬車一走，中軍營裡頓時燈火齊舉照如白晝，于禁、樂進、徐晃、朱靈、李典、呂虔、路昭等一干大將頂盔貫甲紛紛趕來助威。曹操穩坐中軍帳，傳罪將張遼即刻來見。

不多時只見眾軍兵推進一條大漢，此人焦黃面孔，大寬腦門，闊口咧腮，大耳朝懷，下巴似個鏟子般往外撅著，一把鬍鬚散滿胸膛。只見他腳步踉蹌，雙手在背後綁縛著，來至帳中卻不跪。

「跪下！」于禁當先喝道。

「不必強人所難。」曹操心中喜愛，擺了擺手，「來者可是昔日并州從事張文遠？」

「正是罪將。」張遼聲若洪鐘甚是威嚴。

「我且問你，何人將你上綁？」

「罪將身為朝廷反叛，自己上綁。」

「何人勸你投營認罪？」

「無人遊說，罪將自己前來。」

曹操聞聽大悅：「既然如此，軍士為他快快鬆綁！」

「不必了！」張遼猛一抬頭，「懇請明公速速將某斬首！」

「啊？」曹操愣住了，「將軍棄暗投明而來，老夫焉能屠戮？」

張遼歎息道：「末將非是投奔，乃是甘願伏法。某乃呂布麾下之人，主公已死不能輔保明公，您一聲令下斬了首級，彼此都乾淨！」

他這一席話可把滿營將官都說愣了，這世上還真有找死的。曹操凝視良久，低聲試探道：「張文遠，你可知呂布何許人也？」

張遼脫口而出：「胸無大志腹無良謀，反覆無常朝廷叛逆。」

「你倒是心明眼亮！」曹操點點頭，「既知呂布那廝無才無德，為何還要為他殉葬？」

「為臣當忠交友當義。」

「錯錯錯……」曹操耐著性子說道：「呂布薄情寡義，殺恩人弒義父，你跟他還講什麼忠義？」

「明公此言差矣！」張遼梗著脖子一個勁搖頭，「呂布對別人不講恩義，卻對末將不薄，十年來共同進退並肩而戰，末將為其赴死心甘情願！」

「豈不聞良禽擇木而棲，良臣擇主而仕？」

張遼冷笑一聲：「哼！那都是失節之徒編出來的渾話！」此言一出眾將大為不悅。朱靈本袁紹麾下，徐晃自白波而降，路昭先從王匡後跟袁紹；張遼一句話，他們全成了失節之徒，個個咬牙切齒。李典放聲喊道：「主公還不殺了這廝！」他族叔李進就是被張遼刀傷致死的，仇人見面分外眼紅。

曹操知曉其中關節，任憑李典叫嚷，只是直勾勾盯著張遼那張桀驁不馴的臉，過了半晌竟擠出一絲笑容：「你真的非死不可嗎？」

張遼哀歎道：「在下不過是并州草民，勉強在丁原帳下充個從事，若非呂布提拔重用，如何能夠提兵疆場官居魯國相……」

李典跨出一步厲聲打斷：「好賊子！你那魯國相乃是叛逆所封，現今兗州畢諶早已頂了那職位，你快快伏法吧！」他這話其實沒什麼道理，現在不是張遼不肯伏法，而是曹操不忍殺。

曹操知道李典身負大仇，也不計較他隨便插話，只是擺手示意他退後。張遼繼續往下說：「彭城兵敗之後，末將在東海請臧霸、孫觀、吳敦等人發兵，哪知遲來一步下邳被圍。也是我兵微將寡不能解圍，故而分散隊伍騷擾連營。今日下邳陷落，呂布、高順的人頭……」說到這兒禁不住一陣哽咽，「人頭懸於高杆之上，末將心灰意冷，特來投營赴死，願與我那兄弟們同去……」

「并州漢子好烈性，當真是士為知己者死啊！」曹操感慨不已，更加不忍殺他了，又掃視在場諸將，試想他們對自己的情義可有張遼對呂布這般深厚。

看似抱成團的曹營諸將實際上並非鐵板一塊，私下矛盾多的是。曹操起兵本在兗州，因而于禁、樂進二將最早得志，後來又收朱靈、徐晃、路昭、馮楷等歸降之人，更有夏侯兄弟、曹氏兄弟、卞秉等一干近親，三派勢力波瀾不興卻暗流湧動。尤其是于禁，身負亭侯之貴，乃曹營第一大將，比之曹仁、夏侯淵還得曹操信任，自然不希望再有人鑽進來跟他爭功。故而曹操猶豫不決之際，李典身懷家仇自不必說，于禁等一干兗州人也是暗暗喊殺。

張遼見曹操久久不下決斷，又道：「該說的我也說了，請明公速速傳令！」

曹操並不搭茬，轉而改變話題：「文遠，你抬起頭來好好看看我，咱們也算得上是故交了，你忘了嗎？」

「嗯？」張遼一愣，抬起頭借燈光攏目觀看，「您是……」

曹操捋髯而笑：「整整十年以前，董卓、丁原兵進洛陽，并州部與涼州部瓜分城防，你麾下五個并州雜兵無法無天打家劫舍，恰逢典軍校尉騎馬路過，當場斬殺一人。後來……」

張遼想起來了：「後來我把剩下的四人都宰了，親手把人頭送給那官，還在他家門口戳槍威嚇……您就是……」

「不錯！」曹操手托鬚髯，「我就是昔日的典軍校尉！」

張遼慚愧一笑：「那時末將不到二十，少不知事多有莽撞。」

「我看一點兒都不莽撞，老夫縱橫征戰十載始終忘不了那件事。將軍當年就是個英豪，斬殺不法是為遵紀，戳槍立威又保全了并州部的面子，實是忠義兩全。」曹操目帶神往，「那時我便有意與將軍結交，只是世事舛逆輾轉沙場，直到今日咱們才得再會啊！」

「您抬舉我了。」張遼低下了頭。

「張將軍就給老夫個面子，歸順到老夫帳下，以後跟隨王師建功立業，得展英雄壯志，豈不是美事？」曹操話說到這個份上，幾乎是求著張遼歸降。

張遼是個實心眼的人，抱著必死之心投至曹營，沒料到會遇上這種事，耳聽曹操軟語央告，即便鐵打的心也動容了。但他畢竟忠於呂布，又恐落下一個貳臣之名，左右為難無法決斷。于禁見曹操這樣縱容他，早就氣不打一處來了，放聲道：「西北賊子，真真不識抬舉。曹公問你了，願死願活放句痛快話！」

于禁看出張遼剛硬，故意惡語相激，這是故意把他往死路上逼！哪知張遼還沒急，一旁的徐晃先不幹了：「于文則，你罵的哪一個？」徐晃河東郡人，白波賊出身，于禁這聲「西北賊子」先觸了他的霉頭。

「公明兄弟，我可沒說你。」于禁趕緊解釋。

「說誰也不行！」徐晃不饒，「有道是『關東出相，關西出將』，我們西北漢子哪一個是孬種？你隨口而出也就罷了，以後再說這話我跟你拚命！」

路昭是個省事的，趕忙解勸：「算啦算啦，都少說兩句吧！」

曹操見他們這番舉動真是哭笑不得，正要繼續問張遼，忽聽帳外一陣大亂，有衛兵連聲叫嚷：「不得闖帳！不得闖帳！」話音未落就見許褚與一員戰將對揪脖領扯進帳來。此人身高九尺面如重棗，臥蠶眉丹鳳眼，五綹長髯——正是關雲長。

「都放手！」曹操呵斥道，「怎麼回事？」

許褚氣哼哼道：「關羽乃劉使君麾下，無緣無故闖進中軍營，還有沒有規矩了？」

關羽鳳眼微眇抱拳施禮：「末將聽聞文遠至此，有幾句話想說，故而一時孟浪，請曹公恕罪。」

「雲長但說無妨，仲康退出去。」明明關羽不對，曹操故意偏袒。

「謝明公！」關羽再施一禮，環視帳中諸將，滿臉鄭重道：「我在外面聽到公明兄的話了，我們西北漢子個個都是錚錚鐵骨，這話一點兒都不假！」說罷抽出腰間佩劍，就割張遼腕上繩索。

「大膽！」李典登時惱怒，上去就要奪劍，他哪是關羽的對手，叫人家推了一個趔趄。于禁、樂進、呂虔全急了，都把劍拔了出來，要跟關羽玩命。徐晃、朱靈一見不好，趕緊也動了傢伙護住關張二人，大帳中立時寒光閃閃劍影森森。

曹操一拍帥案：「還有沒有體統啦？都給我放下！」

稀里嘩啦一陣響，大夥全都把傢伙撇了。唯有關羽執拗，硬是先把張遼的繩索割斷才放下軍刃。曹操冷峻的目光掃過諸將——這些大將個個都是烈性之人，卻動輒惹是生非，但話說回來，不是烈性之徒，哪能衝鋒陷陣殺人不眨眼呢？

關羽也是河東郡人，雖在劉備帳下聽用，但小沛數年沒少與張遼交往，甚是服其忠義贊其勇武。

他一向以劉備部屬自居，輕易不肯在曹操面前下跪，今日竟主動跪下了，將長髯搭在腕上，抱拳道：「張文遠乃義氣之人，關某願以性命相保，懇請明公將其收留。」又扭頭對張遼道：「文遠，英雄一世何其短暫，負氣一死豈不把滿腔壯志都辜負了嗎？聽愚兄一句勸，投降吧！」

「雲長啊，你這又是何必呢……」張遼不住搖頭。

關羽與張遼是曹操腦海裡始終縈繞不去的兩員大將，可偏偏就是不讓他輕易得手。紅臉的只從劉備不從自己，黃臉的寧死都不降，這馴服猛將可比征服美人難多了！他起身繞過帥案，踱至近前：「英雄惜英雄，好漢惜好漢，文遠還是執意不降嗎？你素以義氣著稱，難道只有呂布、高順是你的朋友，雲長就不是你的朋友，老夫也不堪做你的朋友嗎？」

論起這「朋友」二字，張遼的心當真是活了，他低聲道：「得友人益受友人累。左也是朋友，右也是義氣，倒叫張某好生為難！」

曹操見他終於鬆了口，笑道：「老夫不否認呂布對你有恩有義，但是老夫還是當朝三公呢！大義小節皆在，文遠不難選擇吧？還有那侯成、宋憲、成廉皆在營中，若是你肯歸降，我就把他們以及麾下兵馬全交與你統領，你們可都是并州同鄉啊……」

張遼咬了咬牙：「也罷！士為知己者死，叫在下歸降卻也不難，還有一事相求。」于禁等人都拿白眼珠瞅他，心中愈加不滿——准你降就是天大的面子，還敢提條件。

曹操卻不急不惱：「但說無妨。」

「割據沿海的臧霸、孫康兄弟、吳敦等人也是我朋友，可不可以讓末將去遊說他們歸降？」

曹操眼睛一亮——真是求之不得啊！臧霸、孫觀、孫康、吳敦、尹禮、昌霸是割據青徐沿海一帶的小頭目，這些人都是土匪出身，趁世道混亂強占一方。張遼若能招降他們，徐州就算徹底歸順朝廷了，大可後顧無憂全功而返，日後對付袁紹時更安心不少。曹操明知是個便宜，卻故意裝作猶豫的樣子，手撚鬍鬚頓了半晌才道：「這個……唉！看在你的面子上，准許臧霸等人歸降。」

李典一直跟張遼較勁，阻攔道：「不可！臧霸等人皆是害民匪類，豈可見容於朝廷？」

「哼！」張遼駁道：「什麼害民匪類？臧宣高乃是泰山郡獄卒出身，天下大亂流亡東海，拉起義勇打過黃巾賊，好歹是朝廷任命的騎都尉。孫氏兄弟等人雖是土匪出身，但只殺贓官惡霸不曾欺負窮苦人。依我說，當土匪的比那些貪官汙吏乾淨多了！」

李典還欲再言，卻被曹操抬手攔住：「文遠說得對，只要是英雄豪傑，老夫來者不拒！」

張遼由衷感動：「曹公聖明，在下所剩數百兵馬皆在下邳以東，末將回去傳命，叫他們放下軍械過來投降……請您再給我十天時間！」

「十天？」

「對，十日為期，在下說服臧霸等人來至此間歸降。」

李典又插話道：「河內戰事要緊，哪有十天等你！」

「住口！」曹操實在忍無可忍了，「你是不懂規矩還是故意搗亂？虧你念了這麼多年書，國仇家恨哪個大難道分不清楚嗎！」李典憤於叔父之仇，又挨了訓斥，從來溫文爾雅的人竟氣得連連跺腳，把戰袍一甩，連禮都不施揚長而去。

曹操沒顧得上管他，先承諾道：「好，老夫就在此等你十日。」

「謝曹公厚恩！」張遼一揖到地。

曹操伸手相攙，連扳了三次都沒扳動：「你這是幹什麼，我為你安排下榻之處，早早休息，有什麼事明天再辦吧。」

張遼直起身道：「事不宜遲，末將即刻去辦！」

曹操見他目光堅毅，料是其意已決，便道：「也好，那你就放心去吧，十日之期成與不成都回來告訴我。」

張遼一陣慘笑：「若是十天內我勸服不了臧霸他們，在下也沒臉回來見您了，尋處荒山自我了斷。但願事成，明公多保重吧！」說罷頭也不回出帳去了。

曹操盯著他的背影，心頭一陣茫然，口中喃喃道：「此真義士也！公明、雲長，你們去送送他。」

徐晃、關羽領命而去，曹操長出一口氣，呆立了片刻，又點手喚呂虔：「子恪，你與曼成素來交好，替我安慰安慰他，天下未平，不可因私仇而誤大事。再給卞秉捎個話，讓他在下邳戰利品中選幾件最好的鎧甲兵刃送給曼成。」

「諾。」呂虔心裡也不大痛快，但還是遵命而去。

「天不早了，你們都回去休息吧！」曹操垂著頭回到帥案邊，這會兒已把跟杜氏佳人的那點溫存忘了，一心期盼張遼能順利回來。

諸將默默無言紛紛告退，于禁腳步沉重心中不安——張遼這廝還未進曹營就這麼得寵，又是撥他兵馬，又是准他帶朋友歸順，將來還了得？日後跟我爭曹營第一將位置的人，必定是他！

分封土豪

君子一言駟馬難追，曹操既然許諾叫張遼去遊說臧霸等人，便把戰事暫且擱置，安下心來靜候消息，又叫袁敏招募百姓安排下邳護城河的工程。一連九天未得任何消息，滿營將士議論紛紛，都猜那張遼必是難以勸降匪人，誇下海口無法兌現，沒有臉面再回曹營了。于禁、李典等人更是心懷芥蒂，勸曹操速速起兵往河內馳援。

對於這些建議，曹操一概充耳不聞。與血性漢子相交，最重要的就是一諾千金，既然說好了等他十日，就要說到做到。更重要的是張遼此去事關徐州乃至朝廷全域，若臧霸、孫觀等人肯歸降，那許都以東就可完全平定。如果現在草草撤兵，無異於除惡未盡，將來決戰袁紹時，青徐之地難免再生變數。

熬到第十日申時，仍沒有一點兒消息，連荀攸、郭嘉都覺此事無望了，曹操也只好默認這個事實了。徐州終不能囫圇入手，一員虎將也再無顏面回來，只得唉聲歎氣發下將令，命滿營將士收斂輜重，來日起兵趕往河內。哪知將令剛剛傳出，就有斥候來報：「自東面馳來五騎，正奔咱連營而來，為首之人似是張遼！」曹操精神大振，也顧不得召集文武，領著親兵衝出連營舉目眺望。

少時間見空曠的大地上閃出五騎快馬，在夕陽餘暉照耀下絕塵而來，騎乘之人連連加鞭甚是急切。曹操簡直魔障了，也不顧自己的身分，扯著脖子便喊：「來者可是張文遠？」

為首之人高舉馬鞭在空中畫了個圓弧，應聲道：「明公……我把他們帶來了……」

「哎呀！」一把年紀的曹操激動得都快蹦起來了，使勁揮舞雙臂。五騎快馬輪廓漸漸清晰，為首之人雄姿英發正是張遼，後面四人皆是一身布衣絹帕包頭，個個虎背熊腰相貌猙獰，三十上下血氣方剛。

張遼一馬當先奔至近前，滾鞍摘鐙拜服於地：「末將來遲，還望明公恕罪！」

曹操懸著的心此刻才算徹底踏實，這個并州大漢能這般重情重義言而有信，實在稱得起豪俠之士，比之麾下那些唯命是從的將領大大不同。見他能主動拜倒在自己腳下，曹操胸中霎時充滿了自豪，伸手便攙：「文遠一諾千金不欺我也！」

後面四人也已奔到，張遼連忙引薦。第一個人高馬大獰目虯髯，舉手投足威風凜凜，儼然這幫人的首腦，正是在琅邪一帶名聲赫赫的雜牌子騎都尉臧霸；第二個肥頭胖臉肚大十圍，乃是在北海諸縣作威作福的孫氏昆仲中的弟弟孫觀；第三個面似青蟹五官醜陋，是嘯聚在利城的大賊梟吳敦；最後一人滿臉刀疤殷紅可怖，是專在東莞沿海聚眾劫掠的尹禮。這四個大漢一下馬，可把許褚等人嚇壞了，趕緊圍了個圈子把曹操護在中央。

曹操一推許褚，嗔怪道：「都是前來歸附之人，豈可這般怠慢？」

許褚連連搖頭：「瞧模樣就不是安善良民。」

「你的相貌就似好人了嗎？」曹操一句話把許褚噎住，搶出一步拱手道：「久聞列位英雄大名，幸會幸會！」

這幫人都是沒王法慣了的，也不懂得見三公該大禮參拜，也只是抱拳拱手，那大胖子孫觀道：「哪裡哪裡。大路朝天走半邊，山高路遠少拜望。俺們來得魯莽，曹公您就恕個罪吧！」說話甕聲甕氣的，還是拜會山寨那一套，把曹操也當成大土匪頭了。

「不敢不敢。」曹操忍俊不住。

張遼笑道：「末將承諾十日為期，離開後第一個去見臧兄弟，臧兄弟立時發下帖子，眾家寨主馬上就到了。」

曹操連忙再次施禮：「臧英雄，有勞你為老夫費心了。」

臧霸相貌凶惡，話語卻比那幾人規矩得多：「歸附朝廷乃是正途，曹公徵召更是給我們臉面，在下萬萬不敢造次。再者我與文遠乃是過命之交，他絕不會害我的。」

孫觀又道：「俺哥哥看守大寨，俺們幾個三天前就到臧大哥那裡了，耽誤了這三天就為了等昌霸。最後那小子也沒來，害得俺們快馬趕來，把兄弟們都扔在半道上了，這還差點兒耽誤！這小子連臧大哥的話都不聽了，真他娘的窩火！」此言一出臧霸臉上立顯尷尬。

曹操心裡有數，臧霸、吳敦、尹禮都已至此，孫氏兄弟中有一個來了也可代表，但是唯獨不見昌霸，可見他們對招安之事還是意見分歧，這會兒見臧霸臉上不好看，忙岔開道：「不礙的不礙的，有列位做表率，怎怕那昌霸不來？」

哪知孫觀是個什麼都敢說的直腸子，聞聽此言一擺手：「您先別說這話，這條件可還都沒談呢！您若是要俺帶著兄弟們背井離鄉出去打仗，俺還不伺候您呢！」吳敦、尹禮紛紛點頭附和，他們每人手下都有千八百嘍囉，真鬧起來也不是吃素的，在山鄉海島跟官軍纏上，十年八年也剿不乾淨。

從來沒有人敢在曹操面前這樣明目張膽地提條件，許褚等人眼眉都立起來了，曹操卻沒往心裡去，拱手道：「列位英雄，一會兒老夫自有分教，保證讓你們滿意得沒話說。」

張遼也覺孫觀太愣，連忙說好話：「明公切莫見怪，孫老弟其實最是熱心。聽說您愛吃鮑魚，特意準備了一大車醃好的。我們趕路先行一步，明天弟兄們就趕著車給您送來了。」

曹操很滿意：「多謝孫英雄厚贈，戰亂以來糧食斷絕，這些鮑魚老夫正好帶回許都奉天子享用。」

孫觀抱著臂膀笑道：「那是給您的，不是給皇上的。若是您准俺帶著弟兄們繼續留在家鄉，以後皇上家的鮑魚俺全管了！」

尹禮湊趣道：「明公聽見沒有，這小子就是臭嘴不臭心，您別跟他一般見識。」

孫觀一撇嘴：「你他娘的別胡說！俺心是好心，但嘴也不臭！」

眾人聽他們鬥嘴無不大笑，張遼道：「時候也不早了，我看咱們還是進營說話吧！」

「且慢！」曹操攔住五人，「可不能這麼隨隨便便叫你們進去。仲康替我傳令，叫滿營眾將列隊兩廂，鼓樂手都給我準備好，吹三通打三通，把幾位英雄風風光光迎進去！」

軍令傳下，連營裡立時熱鬧起來，各部將校乃至祭酒掾屬紛紛整裝趕來。軍樂手擂鼓手吹的吹打的打，真好似迎接貴賓一般。大家分列左右攏目觀瞧，但見曹操與張遼攜手攬腕昂首闊步而來；再往後看，大鬍子、大胖子、青面頰、刀疤臉，灰布長衣絹帕罩頭，腰裡掖著大刀片子，這神頭鬼臉的都是什麼人啊？官軍迎土匪，眾將都瞧著曹操的面子作揖行禮。孫觀等人卻是大開眼界，紛紛抱拳還禮，眼瞅著「大小頭目」數都數不過來，心中暗暗佩服——老曹這座山頭勢力可比自己大多啦！

曹操直把他們引到中軍大帳，吩咐庖人擺下最好的酒宴，又怕這幫人懷疑自己有加害之心，命全體將校就地解散，只把與他們熟稔的張遼、陳登留下來。一時間美酒佳肴水陸畢陳，上好的鮑魚燉好了，還專門給陳登預備了新鮮生魚片，七人主客分明各自入席。

曹操深知這幫草莽人物的性子，銅尊酒盞一概不用，就拿大碗盛酒。自己慢慢斟上，當先端了起來：「英雄至此，老夫先乾為敬！」說罷把一大碗烈酒喝了下去。

「痛快！痛快！」臧霸等人見他飲酒甚投脾氣，也都喝乾了。

曹操從來沒這麼喝過，為了逞豪氣強灌一大碗，直覺滿眼昏花，好半天才穩住心神，緩口氣道：「唉……列位真是英雄好漢，不帶隨從就敢進老夫的連營，你們既然推心置腹，老夫自然將心比心以誠相待！」

吳敦這半天一句話都沒有，可這悶葫蘆見到酒，話匣子就打開了：「這人生在世最重要的就是義氣！您跟文遠是朋友，文遠跟臧大哥是朋友，可我們跟臧大哥更是朋友，拐了個彎大家都是朋友！」

一介土匪跟當朝三公攀交情，這話說得實在放肆。曹操也不計較，只道：「說得好啊，都是朋友。朋友們請！」又敬了諸人一碗，不過自己卻不敢再灌了。

這兩碗酒一下肚，孫觀又扯著嗓門嚷道：「俗話說得好，為朋友兩肋插刀！文遠和奴寇叫俺們來，俺們哪能不來？」

「奴寇？」曹操一愣。

臧霸囟巴巴的臉上露出一絲羞澀：「慚愧慚愧，是在下的諢號。」

曹操微然一笑：「奴寇奴寇，世間疾苦逼奴為寇，這名字倒還算妥帖……那你們幾個的諢號叫什麼呢？」

孫觀見他愛聽，越發放開手腳了，放聲道：「俺的諢號叫嬰子，吳敦諢號黯奴，尹禮叫盧兒。」

臧奴寇、孫嬰子、吳黯奴、尹盧兒，這名字一聽就是草莽土匪叫的。

「有趣有趣。」曹操面露莞爾。

無知者無畏，孫禮全不在乎，竟樂呵呵問道：「曹公，您的諢號是什麼？」此話一出口，張遼、陳登都驚得面色如土。

曹操卻不計較，戲謔道：「我倒沒有什麼諢號，不過有個小名喚作阿瞞。」張遼見他不惱，這才安心飲酒。

「這小名倒似個女娃子。」孫觀笑得前仰後合。

曹操擺擺手：「那昌霸的諢號又叫什麼？」

孫觀臉色一沉，炸雷般的嗓子突然壓低了，喃喃道：「他倒是沒什麼諢號，但老百姓都叫他昌豨。」

「哦？昌豨……」曹操陷入了沉思。豨者，野豬也。《淮南鴻烈》有云：「封豨修蛇，皆為民害」，老百姓這麼叫他，足見昌霸是囟狠殘暴之人。但眼下這個時候，曹操還顧不上跟個草頭王計較，只是意味深長道：「這名字似乎霸道了些。」

臧霸恐他不悅，趕緊補充道：「其實昌霸這人就是脾氣怪點兒，不見得沒有向善之心。」

曹操聽他有意回護，自然要給面子，順水推舟道：「不錯不錯，誰天生就是惡人？都是這亂世逼出來的嘛！」說話間他目光掃過四人臉龐，見他們個個低頭似有感觸，便提高嗓音正色道：「臧霸、孫觀、吳敦、尹禮聽教！」

四人是來投誠的，但兵馬、糧秣、地盤等尚未商榷妥當，沒料到曹操突發教令，錯愕之間面面相覷。張遼湊到臧霸耳邊道：「放寬心吧，跪下聽封，愚兄不會害你的。」臧霸信賴張遼，立刻繞過桌案跪倒在大帳中央。他是這四個人的頭，他既然肯跪，孫觀等猶豫片刻也跟著跪了：「願聽曹公號令。」話雖這麼說，心裡不免還有些惴惴，呼號聲參差不齊。

曹操見他們乖乖跪下，捋髯道：「爾等本為安善之民，遭逢亂世失身為賊。尚懷純良之心，不忘天下之本。雖占據郡縣濱海之地自作威福，然討黃巾、逐貪官、誅惡霸、拒呂布，保有一方之百姓，亦不為無功。老夫上疏朝廷，表奏你等為……」說到這兒曹操故意停頓了一下，瞧著四人緊張的神情，倏然微笑道：「表奏爾等為郡國之將。臧霸為徐州琅邪相；孫觀為青州北海相；吳敦所占利城諸縣提升利城郡，任為利城太守；尹禮所占東莞諸縣提升東莞郡，任為東莞太守。所轄濱海縣城如舊，一應兵馬、糧秣、部署仍歸你們自主調遣！」

四人瞪大了眼睛，張著嘴半晌說不出話，舌頭都快掉到地上了。曹操見他們如此窘態，莞爾道：「怎麼樣？幾位還有什麼不滿意的嗎？」

「曹公乃是俺孫嬰子的重生父母再造爹娘！」孫觀高嚷一聲，重重地磕了個頭，「要是知道歸順朝廷這麼好，俺早他娘的洗手不幹啦！」臧霸三人也受寵若驚，磕頭似雞啄碎米一般——曹操這樣的安排，非但沒有剝奪他們在青徐沿海的割據，而且承認了他們劃地統治的合法性，都有了郡守、國相一級的高官。四人出身低微，不是山野草莽就是衙寺小吏，家裡好幾輩子沒出過有身分的人，如今驟然間成了二千石的地方大員，這官當得都欺祖啦！

見他們感恩戴德連連叩首，曹操仰面大笑：「哈哈哈……這是朝廷的恩德，也是列位修身所致，快快起來吧！」曹操既贊輔天子又褒獎四人，單把自己的干係撇清。

四人倉皇起身，臧霸抱拳道：「朝廷與曹公待我等恩重如山，我等日後自當驅馳盡命。」

曹操要的就是他這句話，手撚鬍鬚微微頷首，見孫觀已磕得額頭通紅，覺這個直腸子甚是可愛，點手道：「孫郡將，你近前來。」

孫觀從未想到有人會喚他「郡將」，竟不明曹操喊的是自己，還是臧霸將他推了過去。他雖生性直率，這會兒卻扭捏起來，站在曹操面前，一時間手足無措，連抱拳作揖都不會了，哈腰問：「曹公還有什麼吩咐俺的？」

曹操隨隨便便道：「你既受封北海相，令兄孫康也不能孑然一身，我將琅邪郡的城陽縣劃撥與他，更為一郡，任命他為城陽太守！」

孫觀感動至極，這次不磕頭了，七尺高的山東漢子跪在曹操腳畔，眼淚止不住往下掉：「俺以為落個賊父賊母賊子賊孫，哪想到……如此厚恩俺哥們何以為報！以後曹公您讓俺向東俺不向西，您讓俺打狗俺不捉雞，您看誰不順眼俺把他滿門老小的腦袋都給您割來！只要您發一句話，孫嬰子上刀山下油鍋在所不辭！敢眨一下眼睛，俺他娘的不是人生父母養的！」

眾人聽他言語粗俗都不禁哈哈大笑，曹操伸雙手將他攙起，撫慰道：「孫郡將，這大好的日子可不能哭啊！再者這是朝廷的恩德，你可不能只念叨老夫這點兒小恩小惠。」

「俺不哭，不哭！」孫觀邊說邊抹著眼淚。

曹操深知這幾個人粗魯直率，耐心囑咐道：「以後列位與老夫同朝稱臣，須時時以朝廷為念天下為念，兵馬部署可以不更，但朝廷的禮法制度要遵守。不懂的要好好學，向地方高潔之士請教，別動不動就髒口。還有這諢號可不能再叫，別進了郡寺衙門，張口一個孫嬰子閉嘴一個尹盧兒的，這成什麼體統啊？」

諸人更是大笑，紛紛抱拳道：「謹遵明公教誨。」

眼見這幫人都已心悅誠服，曹操踱至臧霸面前道：「宣高啊，那昌霸的地盤在哪裡？」

臧霸頓覺緊張，收住笑容道：「他行蹤不固定，不過大多數時候在東海昌慮一帶活動。」說罷心中不安，生恐曹操會派他除掉昌霸，倘若果有此令，這忠義兩難可就不好辦了。

哪知曹操卻說：「勞你替我給他捎個話，叫他別再來回遷徙貽害無辜了，索性在昌慮落腳。我照舊升縣為郡，任命他為昌慮太守，跟你們一樣的官階。既然是兄弟，有福同享嘛！」臧霸一愣，趕緊趨身要跪，曹操一把拉住，「今天跪得太多，老夫可再受不起了。」

臧霸滿意得不能再滿意了：「曹公胸襟猶如大海，末將先代昌霸謝您的厚恩！」

曹操歎了口氣：「天下之大黎民之眾，區區昌慮又算得了什麼？只是他日後須聽從朝廷號令，切不可再橫行無忌為害百姓了。」

「諾。」臧霸不好再跪，僅作揖道：「您的話我一定字字不落轉告與他。」

曹操回到帥位上，揚揚手示意他們各自歸坐，眼看四人滿是喜色舉止恭敬，心裡的大石頭總算落了地。這筆買賣還是划算的，青徐沿海這些割據都是半土匪半豪強的，而且地處山巒丘陵，倘若真幹起仗來，延綿日久牽扯精力，在河北大敵當前的局勢下，曹操不能再分心處置了。反之若使他們歸附，說不定還能成為東方對抗袁氏的本錢。徐州飽經戰亂士民衰頹，本就沒什麼油水，給他們點地盤無關痛癢，加之他們還占有北海部分地盤，屬於青州轄境，朝廷鞭長莫及。以官職任命把他們牢牢拴在領地上，倘若袁氏進犯，他們就算不為了朝廷，為自己也得奮力一搏啊！況且曹操征陶謙時曾屠過東海，百姓至今不乏怨言，用這幾個鄉人自治，百姓感情上更容易接受……不管從哪個角度看，這雖是權宜之計，也是最好的結果了。

曹操舒了口氣，又見陳登坐在席間微笑不語，自顧自低頭吃著生魚肉，不由得心頭一凜——臧霸等土豹子好掌控，這陳元龍可不是泛泛之輩！暫不論臥底反水的心機，就說他的能力，短短兩年把殘破的廣陵郡治理得一派生機，練出五千人馬，在戰場上的表現也是可圈可點。這麼個有能力、有野心、有毅力、得民心的人占據東南一隅，是好事還是壞事呢？牽一髮而動全身，廣陵郡又民望所歸，只要一動陳登官職，立時會引出大麻煩……

陳登端起酒來欲敬，瞧曹操正目不轉睛看著自己，連忙陪笑道：「明公有何吩咐？」

曹操拿起酒碗略微一讓，緩緩道：「不知元龍日後有何打算？」

陳登自下邳城破之日就深知曹操對自己不放心，但還是坦言道：「下官懇請朝廷讓我留在廣陵，安撫百姓文修武備，來日提兵南下橫掃孫策小兒！」

這席話倒給曹操提了個醒——揚州刺史嚴象前不久傳來書信，討逆將軍孫策已戡平東吳匪徒嚴白虎的餘黨，又招攬祖郎、太史慈等揚州舊部，徹底占據江東，孫策自領會稽太守，以其舅吳景為丹陽太守、其族弟孫賁為豫章太守、心腹朱治為吳郡太守，獨霸江東之勢已成，朝廷任命的嚴象根本無力撼動，這無疑又是一個強敵。好在彼此之間隔了一個袁術，雖日益窮蹙，卻是孫策之父孫堅的故主。孫策既礙於情面不宜侵滅，又顧及他是僭越偽帝不能聯合，所以暫時不會動袁術，只是暗中拉攏其部下。加之劉表麾下江夏太守黃祖是當年殺死孫堅的元凶，荊州、揚州互相牽制，才不至於使戰火蔓延到北邊。

陳登之所以敵視孫策，一是義氣之爭要與孫郎論個高下，二是荒亂以來不少廣陵士人流亡江東依附孫氏，而最重要的是陳登的族叔原吳郡太守陳瑀與孫策爭鬥落敗，這個仇疙瘩至今還未解開。曹操心中雪亮，深覺陳登與孫策相互牽制實是一件好事，便道：「元龍莫要心急，孫郎涉足江東已久，又與朝廷通使納貢，不好輕易翻臉。」

陳登又拿出當年分析呂布的話來：「今歲不討明歲不征，只恐此江東虎子日益壯大，將來橫行江表肆無忌憚！」

曹操自然明白這道理，凝思片刻才道：「元龍，你既有宏圖大志，又立有平定呂布之功，我這便上書朝廷，你仍領廣陵太守，再加封伏波將軍！」

伏波將軍可非同一般，是昔日光武帝駕下名將馬援的名號。馬援西定羌亂、南征交趾、北禦匈奴，立下不世之功；而「伏波」二字又有「船涉江海，欲使波浪伏息」之意，劍鋒直指江東孫策。陳登眼睛一亮，隨即避席道：「下官謝朝廷厚恩，定要效仿先賢，征討不臣，直至馬革裹屍之日。」

「言重了。」曹操抬手示意他起身。

陳登卻不肯歸座：「廣陵郡雖稍有人馬，但下官之力實不足以興兵南下，還請朝廷再加扶持。」

曹操加封陳登伏波將軍不過是精神上的鼓舞，使之牽制住孫策。莫說袁紹在北現在不能南征，就是真有南征之事，用不用陳登也要慎重考慮。眼見陳登滿腹熱忱不曉情理，沉默好一陣兒才捋髯道：「元龍啊，我知你足智多謀滿懷壯志，但中原之地尚未安穩，你且緊守廣陵休養生息，以蓄日後之力。」說完見陳登還欲張口，忙搶先道：「今日東土雖定，然朝廷其他三面還有凶險，你也要體諒老夫的難處……」他自不能當眾說出對戰袁紹的打算，只好含含糊糊拿話去點撥他。

張遼、臧霸等武夫甚是粗疏，陳登何等聰明，聞聽此言略一思考便知其意，拱手施禮回歸座位，暗自歎了口氣——陳登非是不能理解曹操苦心，卻有一段隱情實在無法公之於眾。

他剛年至不惑，卻得了一種莫名其妙的怪病，時而胸口憋悶隱隱作痛，尋醫問藥不能根治，而且這兩年來發作得愈加頻繁。他明白曹操對他有所顧慮，也知道現在不是南征的最佳時機，但時機可以等，他的身體卻不能再等了。這病如此熬人，再過三年兩載，還能不能指揮戰鬥馳騁疆場？還能不能建功立業光耀門楣？還能不能報家族之仇？甚至連能不能活著都說不好！可若把這等隱疾向曹操明言，只怕這老傢伙以此為藉口連廣陵太守的職位都給換了，請至許都當個不痛不癢的虛職，一生抱負化為虛言。他有苦說不出，更覺胸口燥熱憋悶，連忙舉箸夾起一塊冰涼的生魚肉放入口中。

曹操見他不再糾纏，總算鬆了口氣。他本無心陪他們在這裡飲宴，只是想借機敲定徐州善後事宜，大事已定便起身道：「老夫不勝酒力，前日裡又染了點風寒，先行一步回帳休息，諸位……」

所有人都站了起來，齊聲道：「我等告退，不叨擾您休息。」

「別忙別忙！」曹操笑呵呵一擺手，「我歇我的，你們喝你們的，今天一定要盡興。」說罷回頭指了指王必、許褚，「叫他們還有文遠陪你們喝，今天必要不醉不歸，這才算給足老夫面子。」

大家見他如此殷切便不走了，深深一揖恭送他出帳。許褚向前兩步湊到曹操耳畔：「我先送您回帳吧，少時回來再飲。」他心中顧及薛永之事，生恐還會突然冒出刺客。

曹操點點頭，邁著四方步出了大帳，月明星稀薄雲縹緲，冰涼的空氣竄入鼻中，頓覺一陣爽快。低頭間又想起花容月貌的杜氏美人還在寢帳中相候，更覺心猿意馬。他踱了兩步，聽後面大帳中人聲聒噪，原來他一離開，孫觀、吳敦那等粗野漢子就划拳灌酒熱鬧起來。

「這幫人真是粗率，也不知以後能不能當好官，別再把郡寺衙門當成分贓大寨那麼管！」曹操戲謔了一句，忽覺身後映過來一個高大的人影，回頭看去，是張遼跟了出來。

「文遠，你還有什麼事嗎？」

張遼撲通一聲跪倒在地，曹操趨身去攙，連扳了三下都扳不動，笑道：「你又來這一套，有什麼話起來說。」

「末將深感主公大德……」張遼語帶哽咽。他這個并州武夫自不明白曹操為什麼厚待臧霸他們，全當曹操給了自己一個天大的面子。張遼覺得人生在世可以沒有親戚，但絕不能沒有朋友，他對待每個人都是真心實意的。不管是呂布、高順還是關羽、臧霸，即便不是同道中人也甘於推心置腹坦誠相待。所以在張遼眼中，曹操厚賞臧霸等人實比厚賞他自己更為情意深重。

曹操頗為感動，歎息道：「世間之人誰似文遠你這般心地無私……說降臧宣高實是你的一項大功勞，應該老夫向你道謝才對啊！」張遼緩緩站起，低頭抱拳道：「末將自當效犬……」

「別說！說出來就沒意思了。」曹操按住他的手，「信誓旦旦表忠心的話都是世間俗人常道的，文遠一片赤忱都在胸中，豈可與那些凡夫俗子為伍？你我坦誠相交皆在這裡。」說著拍了拍心口。

「諾，末將一定……」張遼不由自主又要表忠心，想起曹操不叫自己說，趕緊把話嚥回去了。

曹操拍拍他肩頭：「痛痛快快喝一場，明早請荀軍師將臧霸他們的事再詳細安排一下，午後就要拔營奔河內了，時局動盪瞬息萬變，還有數不清的征戰等著咱們呢！以後……」他又想起李典，「以後有機會多跟曼成接觸接觸，遭逢亂世恩恩怨怨的事多了，沒有什麼解不開的矛盾，時間長了就都過去了。」

張遼昔年跟隨呂布雖也頗為得志，但幾時聽過這等關切交心的言語？已感動得虎目帶淚說不出話來。

「我走了，你去跟他們飲酒吧，隨便一點兒。」曹操轉身要走，忽又想起另一件事，「哎喲，幾乎忘卻。徐翕、毛暉二賊尚未拿到，剛才也忘記問臧霸他們了。文遠去給我捎個話，叫臧霸把這兩個叛徒綁縛至此，可不能便宜了他們！」

「諾！」張遼領命而去。

曹操望著他高大的背影，喜愛之意已溢於言表。剛才那一番話雖是投其所好，但也頗有幾分真情實意，張遼與關羽可是多年來他最想得到的兩員良將啊！現在張遼甘心保他了，那關羽……想至此，曹操心生慚愧——我有言在先將杜氏賞與關雲長，現在卻攬到自己懷裡了，這麼幹是不是有點兒不地道啊？

第四章
郭嘉獻上討伐袁紹十勝論

昌邑會晤

隨著臧霸等人的歸降，徐州全境徹底平定。曹操散發部分軍糧給百姓，留下袁敏修繕河渠，命陳登、臧霸、孫觀等各自歸郡緊守，將一切安排妥當，就此開拔離開下邳。

但他還不能安心東歸，只派卞秉護送陳紀父子以及杜氏回許都，自己親率大隊軍馬經兗州向西北行進，趕往河內督戰。哪知行至半路又有快馬來報，張楊軍中發生兵變，其部將楊醜將其誅殺，意欲帶領兵馬至許都歸附。這本是好事，不料行進不過兩日，又有麾下黃巾降將眭固把楊醜也給殺了，率部轉而向西北，想投奔袁紹搬請并州救兵。經過兩番折騰，本來就不強的河內軍勢力更弱了。曹操無須大隊人馬壓境，只傳命曹仁、史渙加速突進，務必要在眭固到達并州之前將其殲滅；而自己則率部至兗州治所昌邑，召集兗州刺史萬潛及各郡太守，部署針對河北的防禦措施。

可就在兗州的諸多郡守中，還有三個特別的人物：濟陰太守袁敘、嬴郡太守糜竺、彭城相糜芳。袁敘乃汝南袁氏成員，論起來還是袁紹、袁術族弟，當初曹操遷都許縣，為了緩和與袁紹的關係任命其為濟陰太守。糜竺、糜芳兄弟原是劉備的舊屬，為其貢獻億萬家財，更將妹妹嫁與劉備為妻。劉備歸附後，曹操為了分化劉備勢力，從泰山郡劃出嬴城等五縣任命糜竺為嬴郡太守，又把轄有三縣的任城國交給麋芳。

此三人雖然身處郡守之位，但一舉一動都在曹操親信的祕密監視之下。這次安排會晤，曹操特意命他們錯後兩日到昌邑，要單獨接見，還差出泰山太守薛悌、泰山都尉呂虔與劉備出城迎候。

袁敘素以汝南名士自居，卻沒什麼實際才幹。當初曹操給他一郡之尊，真可謂喜從天降，上任以來大擺闊氣，把政務往小吏身上一推，整日裡撫琴飲酒附庸風雅。直到袁曹因遷都鄄城之事翻臉，他才意識到自身位置的可怕。原先有袁紹這門親戚是優勢，現在卻成了劣勢，曹操肯定會對他產生猜忌，弄不好還有殺身之禍。思來想去急得一籌莫展，聞知召會以為大限已到，待薛悌將其領到曹操眼前時，他站在那裡就剩下哆嗦了。

曹操望著他慘白的臉龐，知道他心裡打鼓，故意怪聲怪氣地問：「袁郡將，昔日在許都見你談吐自如灑脫直率，今日為何這般緊張？」

袁敘兩腿一軟跪倒在地：「在下對您可是一片忠心啊！」

這不是此地無銀三百兩嗎？曹操一陣冷笑：「袁郡將，您這又算怎麼回事？無緣無故的，向老夫表忠心幹什麼？」

袁敘眨麼眨麼眼，不知曹操說的是正話還是反話，支支吾吾道：「我怕……怕……」

「怕什麼？」

「怕明公對我不放心。」袁敘乾脆直說了。

「哼！我豈會平白無故不放心你？」曹操的目光變得陰森冷峻起來，「未做虧心事，不怕鬼叫門，莫非你背著老夫有什麼見不得人的勾當嗎？」

「沒有！絕對沒有！」袁敘嚇得連連磕頭，「若有這等事，教我天雷擊頂不得好死。」

「哈哈哈……」曹操見他這副狼狽相，不由得哈哈大笑，「老夫不過是與你玩笑，你怎麼就當真了，起來吧！」

袁敘已被嚇懵了，哆哆嗦嗦爬不起來。曹操朝薛悌使了個眼色，薛悌會意，伸臂將他攙起，皮笑肉不笑道：「袁郡將不必自疑，據我所知您莫說與袁紹有什麼來往，就是書信也未寫過。近兩個月從您這兒只送出過三封書信，一份是給汝南家中的，叮囑妻兒催收佃戶田租；一份是給許都友人的，請他們幫忙買些綢緞；還有一封是您寫的小詩，送到孔融手裡請他指教，可是人家根本沒搭理您。至於您閒暇時候的消遣嘛……當然了，據我所知您天天閒暇，彈彈琴、飲飲酒、賦賦詩，從未跟什麼陌生人來往過。最近還新納了兩房小妾，一個是從窮人家花錢買來的，一個是手下小吏送您的，您老人家天天柔情蜜意，哪有工夫考慮別的啊？」

袁敘聽得瞠目結舌，這才知道自己一切舉動都在薛悌監視之內。莫說給誰寫信、寫些什麼，恐怕和小妾的私房話都叫人聽去了。更奇的是薛悌近來明明隨在曹操軍中，竟對濟陰的事情洞若觀火，足見這個鷹犬酷吏布置嚴密手段高超。袁敘越想越怕，流了一身冷汗。

曹操只知袁敘等人在薛悌的掌握中，只要他們不造反，別的細節也懶得問。這會兒聽薛悌把袁敘的「政績」娓娓道來，已氣憤至極——詩酒流連玩忽怠政，所謂的世家名流平日就是這副德行！大漢最近百年來養了一堆廢物，頂著個名士的頭銜，就知道壓榨百姓、享受生活、附庸風雅，一點兒實際才幹都沒有。要此等庸官有什麼用？就衝他在戰亂之際求田問舍毫無建樹，就該宰了他！但是怒火頂到嗓子眼，曹操又刻意壓了下去。畢竟他還沒有暗通袁紹，現在不是殺他的時候，留著這麼一個袁氏族人以示淮南袁氏效忠朝廷，未嘗不是對抗袁紹的輿論武器；況且袁敘蠢笨無能膽子又小，除掉他就像踩死一隻螞蟻般簡單，暫且留他性命，待與袁紹一決雌雄之後再收拾吧！

想至此曹操強笑道：「袁郡將，孝威說的這些有錯嗎？」

袁敘不由自主又跪下了：「沒錯，一點兒錯都沒有。」

「起來起來。」曹操對這個蠢貨膩歪透了，但還得繼續裝，「你又沒有罪，老跪著幹什麼？」

「我也不知道，只要一看到您我就害怕。」袁敘也一把年紀了，倒是好意思實話實說。

「害怕未必是壞事！」曹操索性把話挑明了，「《潛夫論》有云：『君子戰戰慄慄，日慎一日，克己三省』，不小心怎麼行呢？你把心裝在肚子裡，老夫要你繼續當濟陰太守，還要大模大樣當好！但是我也明確告訴你，你的一舉一動一言一行都在我眼皮底下，倘若袁紹要是派人來拉攏你……」

不等曹操說完，袁敘就慌慌張張道：「那我就把那人披枷帶鎖押到您面前！我再給袁紹寫封回信，罵他祖宗十八代！」

薛悌插了一句：「他祖宗可也是您祖宗。」

袁敘信誓旦旦口不擇言：「那我就當沒他這麼一門子親戚，我與他割袍斷義！劃地絕交！就當從來都不認識，當他是殺父仇人，當他是狗是畜生是……」

「好了好了！」曹操聽煩了，「但願你心口如一就是了。反正生之歡死之悲都擺在你眼前，你自己選吧！」

「下官一定……」

「夠了！」曹操再不想聽了，揚揚手，「本來還想跟你說說軍備之事，現在看來你也辦不好，回去少幹點兒沒用的事，有工夫多處理一下公務，我也就知足了。走吧走吧！」

袁敘諾諾連聲，如受驚的兔子一般逃了出去。曹操吐了口唾沫：「呸！什麼東西！我看這蠢材就是想幹壞事都沒那本事。」

薛悌卻道：「以在下之見，對他還不能放心。君子坦蕩蕩，小人長戚戚。他既然是個小人，也就不能相信他的信誓旦旦。萬一戰局有變，他未必不會狗急跳牆，還得死死盯著。」

「行，你看著辦吧！」

這時聽得外面一陣揖讓，劉備與萬潛互謙一番連袂而來，二人畢恭畢敬上堂向曹操見禮道：「麋子仲、麋子方兄弟到了。」

「人呢？」曹操伸頭去看。

劉備笑道：「有呂都尉陪著呢，我先進來稟報您一聲。」

麋氏兄弟明明是劉備的親戚舊屬，劉備卻執意不與他們私下共處，這個嫌疑避得很周到，曹操甚是滿意，口上卻道：「哎呀！玄德忒小心了，既然是郎舅之親你怎麼能不好好陪著呢？」

「慚愧慚愧。」劉備以袖遮面，「在下失落小沛，夫人被呂布擄獲數月，還有什麼臉面見二位舅兄？」

曹操聽此言也覺入情入理，笑呵呵道：「勝敗乃兵家常事，所幸完璧歸趙，聽說麋氏兄弟都是開明之人，玄德莫要掛懷。少時我替你美言幾句，親戚畢竟是親戚嘛！」

「多謝曹公。」劉備退至一旁。

萬潛滿面堆笑道：「明公選麋氏昆仲當郡守可真是選對了！麋子仲自入嬴郡，剔除弊政清廉愛民，老百姓有口皆碑。麋子方在任城痛擊不法，去年還曾協助呂子恪剷除山賊呢！」

曹操聽了頗感欣慰，但萬潛是個勤政君子，不會洞悉蠅營狗苟之事，所以又問薛悌：「孝威，你覺得他們如何啊？」

薛悌嚴肅的臉上擠出一絲微笑：「麋氏昆仲潔身自好，在下也以為很好，明公果真慧眼識人。」他所謂「潔身自好」就是說麋竺、麋芳沒有與劉備藕斷絲連的行徑。曹操會意，滿意地點了點頭，手指劉備笑道：「不是我慧眼識人，是玄德慧眼識人嘛！若不是他結了門好親戚，老夫豈會有幸征辟這對無瑕美玉？」

「不敢不敢。」劉備連忙推手謙辭，「子仲兄弟跟我時只能輾轉流亡，到底還是明公給了他們大展宏圖的機會。萬使君和薛郡將贊您是贊得不錯的，糜氏兄弟也該念您的知遇之恩。」

「哈哈哈……」曹操笑了，笑得那麼開心，「你會結親我會用人，咱倆的功勞各占一半。」隨著這陣笑，他對糜氏兄弟徹底放心了。

眨眼間，呂虔已引著糜竺、糜芳到了。這對兄弟相貌俊雅、舉止端莊、談吐不俗，上了堂瞅都不瞅劉備一眼。曹操起身相迎，所問的政務盡皆答覆明確，很是恪盡職守。曹操暗自感慨，袁氏乃幾輩子當官的，培養出來的是袁敘那等無能庸才；劉備不過一個賣草鞋的出身，結識的卻都是了不起的人物，兩者真真是雲泥之別！曹操心中滿意，便把防衛河北之事對他們和盤托出，請他們細細斟酌。

糜竺恭敬諫言：「自戰亂以來，泰山、任城一帶多有盜賊出沒，這地方處於兗、青、徐三州交界，因而匪患屢剿不盡，更有黃巾餘黨徐和流竄為虐，與沿海匪首昌霸相通。明公可否准許我們招募一些鄉勇，不必太多，只要有幾百人能保護好山民就夠了。」他說話的口氣很小心。

「可以。」曹操接受意見，「子仲還不知，我已表奏昌霸為昌慮太守，想必他與徐和那幫蟊賊的聯繫也會就此中斷。不過該剿的土匪還是要剿，莫等小疾養成大患。」

糜竺不住頷首。又聽堂外一陣嘻笑，有人高聲喊叫：「建武將軍回來嘍！」

「哦？」曹操趕忙拋下諸人，起身蹽至門邊。但見一群小將眾星捧月般簇擁著夏侯惇喧鬧而來——夏侯惇前番征討呂布，左目被流矢射瞎，心情鬱悶不願見人，自請到太壽古城為百姓修渠。可現在備戰河北絕不能少了這員留守統帥，曹操怕他不肯回軍，在來昌邑的路上差出王圖、賈信、蔡楊、扈質、程曠等一干由他提拔起來的小將去迎接，果然把夏侯惇風風光光請了回來。

夏侯惇的氣色好了不少，似乎還胖了兩圈，與小將們有說有笑，但左眼處戴了個用黑布縫的眼罩，原本堅毅強悍的一張臉，現在更增幾分煞氣。

「你可回來了，」曹操鬆了口氣，「傷好了吧？」

「就算痊癒了吧！」夏侯惇點點頭，「我也想開了，已經變成這樣了，難過又有什麼用？在太壽古城跟老百姓幹幹活，看看窮人們吃的苦，我這點兒傷也就不算什麼了。」

王圖樂呵呵插嘴道：「主公有所不知，我們到太壽的時候，建武將軍正跟老農們一起種水稻呢！穿著粗布衣、戴著個斗笠、挽著袖口褲腿、插著秧苗，要不是那隻眼睛，我們都認不出……」說了半截自覺失口，趕緊捂住嘴，驚懼地低下了頭。

大家都以為夏侯惇要生氣，哪知他卻笑了：「獨眼龍就是獨眼龍，還怕你們說？我這叫『一目瞭然』，你們想學還學不來呢！」

曹操見他似乎完全想開了，也笑呵呵揚手道：「我們商議大事，你們小哥幾個別在這裡瞎起鬨，回去整飭好營寨，安排建武將軍的起居日用。若有絲毫伺候不周，老夫唯你們是問！」

王圖、賈信等領命欲去，夏侯惇卻囑咐道：「我不要鏡子啊！」

曹操聽了一愣，料他心裡還是有陰影，趕忙又添了要求：「建武將軍不用，你們也不許用。從今以後你們營裡不許有一面鏡子，若是有都給我摔了！」

王圖抱拳道：「主公放心，莫說是鏡子，但凡能照見人影的東西我們全摔！」

「少耍貧嘴，快去！」曹操拉著夏侯惇上堂，麋竺、麋芳還等著呢，一見滿臉煞氣的夏侯惇都不禁心驚肉跳直低頭，怕打攪他們兄弟私話，趕緊施禮告辭。該說的大致上都說了，曹操也不挽留，叫萬潛他們送客，又囑咐劉備多陪陪舅爺，這才與夏侯惇落坐。可抬頭一看，獨薛悌沒有走：「孝威還有何事？」

薛悌請示道：「麋氏兄弟若招募鄉勇，是不是要加緊監視呢？」

曹操擺擺手：「我看沒這個必要，他們與劉備已沒什麼瓜葛了。」

「未必未必。」薛悌捋著山羊鬍子，「他們縱然不是主從，但還是親戚。親戚就該有家務來往，時常寫信問候。可自麋氏兄弟赴任之後，一封信都沒給劉備寫過，這正常嗎？物之反常謂之妖也！」

曹操不以為然：「或許是避嫌吧？」

薛悌很固執：「掩飾就是有事。」

「孝威啊，你怎麼看誰都像壞人呢？人家通信也不是，不通信也不是，你叫他們怎麼好？」

薛悌啞口無言。但為首腦者需有首腦的胸襟魄力，為爪牙者也當有爪牙的堅定銳利，他頓了片刻又作揖道：「為了穩妥起見，在下還是要追查下去，小心點兒總是好事。」

「唉！那好吧。」曹操也只好隨他去，「但得掌握好尺度，莫要盯得太甚。傳揚出去世人怎麼看我？別像防賊一樣防人家，搞得他們不自在就不好了。」

「諾。」薛悌也去了。

夏侯惇見再無他人了，趕緊說道：「我聽到傳言，袁紹要在北邊沿河諸縣修築營壘，似乎開始做準備了。」

「我沒聽說啊！」曹操一愣，「怎麼沒人向我稟報？」

夏侯惇道：「是從冀州來的百姓私下傳言的。袁紹大軍在幽州久攻易京不下，又恐咱們率先發難，所以徵調沿河百姓準備動工，有人害怕勞役就逃到兗州來了。」

「急功近利飲鴆止渴！」曹操冷笑一聲，「豈不聞欲速則不達？現在把百姓得罪苦了，將來看他怎麼收拾人心。」話雖這麼說，曹操可加倍小心，袁紹計劃在大河以北修營壘，這是打算沿河對戰。要是讓袁紹東至濱海、西至河朔布置出一條大戰線，那曹操就完啦！

莫看夏侯惇一隻眼，看曹操卻看得明明白白，知他心有怯意，又道：「你也不必著急，咱們領先了一步。就算袁紹此刻滅了公孫瓚，還有張燕、幽州舊將、三郡烏丸、遼東公孫度那些小麻煩等著他呢！他一時半會兒還來不了。」

「我不怕袁紹來，怕的是他不來。」曹操搖了搖頭，「他若是急著殺過來，背後的問題就解決不乾淨；可他要是不著急來，那必然要將一切問題肅清。或是一年或是兩載，等他把割據掃絕了、兵馬養精神了、糧食存足了、和咱們的各路對頭串通好了，咱們還怎麼跟他鬥？他占據邊郡可以休養生息，咱可是在中原四戰之地，難得半日太平，誰知道劉表、孫策什麼時候突然發難？長此以往隔河對峙，咱們跟他耗不起。所以依我說，這場仗宜早不宜晚，他若不來咱就打他，占穩了領先一步的優勢，牽著袁紹鼻子走！」

話音未落，荀攸、郭嘉、程昱走了進來。曹操一見他們三人齊到，便知出了大事：「怎麼了？」

荀攸低聲道：「公孫瓚死了。」

「什麼！」曹操沒料到，「怎會這麼快？」

「河北細作來報，袁紹截獲公孫瓚與張燕的密信，賺開易京連營，公孫瓚放火自焚！」

「唉……」曹操皺眉片刻，隨即釋然，「袁紹統一河北不過是早晚的事，咱們趕緊做準備就是了。」

郭嘉一旁鼓勁道：「昔日楚漢之爭強弱分明，我高祖皇帝以智取勝，項羽窮兵黷武而敗亡。依在下度之，覺得袁紹今有十敗，曹公有十勝，袁紹雖兵強馬壯亦無能為也！」

曹操聽他說自己有十勝，袁紹有十敗，挺感興趣：「何為十勝？」

郭嘉搖頭晃腦：「袁紹繁禮多儀，公體任自然，此道勝也；袁紹割據悖逆，公奉天子以討不臣，此義勝也；桓靈以來政失於寬，紹以寬濟寬，縱容豪強，公糾之以猛而上下知制，此治勝也。」荀攸與程昱對視了一眼，覺得他分析得雖好，卻也沒什麼實際意義。

郭嘉兀自分析：「袁紹外寬內忌，用人而疑之，所任唯親戚子弟，公外易簡而內機明，用人無疑，唯才所宜，不間遠近，此度勝四也；紹多謀少決，失在後事，公策定輒行，隨機應變，此謀勝五也；紹因累世之資，高議揖讓以收名譽，士之好言飾外者多歸之，公以至心待人，推誠而行，不為虛美，以儉率下，與有功者無所吝，士之忠正遠見而有實者皆願為用，此德勝也。」

曹操聽說德勝袁氏四世三公，心裡很高興：「還有別的嗎？」

「紹見人饑寒，恤念之形於顏色，其所不見，慮或不及也，所謂婦人之仁耳，公於目前小事，時有所忽，至於大事，與四海接，恩之所加，皆過其望，雖所不見，慮之所周，無不濟也，此第七仁聖也；紹大臣爭權，讒言惑亂，公御下以道，浸潤不行，此明勝八也。」郭嘉娓娓道來，越說越興奮，「紹是非不可知，公所是進之以禮，所不是正之以法，此文勝九也；袁紹好為虛勢，不知兵要，公以少克眾，用兵如神，軍人恃之，敵人畏之，此武勝十也。」

「說得好！」曹操爽朗一笑。但笑過之後，內心深處的憂慮還是不由自主地浮了上來——雖然我領先一步消滅呂布，但袁紹這麼快就趕上了，他畢竟兵力遠勝於我啊！想要打別人必先護自己，牽著袁紹鼻子先要自己無懈可擊，東線已然無憂，可西線還有個大缺口，若是眭固與袁紹合流，河內一路就會成為中原最大隱患。現在趁著他忙於收拾張燕，我必須儘快掃滅張楊餘部，保持住領先一步的優勢！

想至此曹操站了起來，森然道：「河內戰事不能遲緩了，奉孝替我傳令，三軍士卒整理輜重兵器，明早拔營向敖倉進發。」

「諾。」郭嘉領令而去。

曹操接著又喚程昱：「去通知此地各郡太守，叫他們馬上回到各自轄地整備城防！」

「諾。」程昱也領了命，但一步一回頭，似乎還有話要說。

曹操明白他心思：「仲德是不是也想跟我去？」

「正是！」程昱趕忙轉身，「兗州防禦之事已定，有萬潛、李典、呂虔他們在，這一次就讓我隨軍聽用吧！」程昱一心巴望著打仗立功，建都許縣後他留守兗州，如今呂布已除，東邊沒仗可打沒功可立，他又開始心癢癢了。

「好之者不如樂之者，我帶著你走！」

「孟德，我有一個建議。」夏侯惇又摸了摸眼罩，「河南尹董昭曾在張楊帳下為謀士，與河內諸將大多相識，不妨把他調入軍中，說不定能派上用場。」

「高！」荀攸連伸大拇指，「建武將軍越發心思縝密了，我這就給令君寫信辦這件事情。」

曹操欣慰地瞅了夏侯惇一眼，戲謔道：「元讓少了一隻左眼，卻多了不少心眼啊！」

不戰而勝

建安四年（西元一九九年）三月，黑山軍統帥張燕在公孫瓚之子公孫續的引領下，集合十萬農民軍分三路趕往易京馳援。公孫瓚祕密派人送信給兒子，讓他率五千騎兵於易京以北舉火為號，裡應外合攻擊袁紹。不料送信之人未出重圍就被袁軍截獲，袁紹將計就計，設下埋伏提前舉火，將公孫瓚誆出一舉擊敗。加之先前挖掘的地道已達到垓心，守備箭樓紛紛坍塌損毀，易京連營陷落。稱霸一時的「白馬將軍」公孫瓚逃進自己的高樓，殺掉妻子兒女，放火自焚。

與此同時，曹操深感局勢緊迫，率領大軍過滎陽逼至大河以南，直指對岸河內郡主城懷縣。曹仁、史渙先鋒軍早已渡河追擊眭固而去，曹操又增派于禁、樂進、徐晃協助，經過激戰，五將在野王縣射犬城附近殲滅了張楊餘部的主力，賊首眭固死於亂軍之中。但是留守懷縣的河內太守繆尚、長史薛洪仍在負隅頑抗。

曹操坐鎮南岸，在河邊紮下大營，命令兵馬渡河包圍懷縣。仗打到這一步又陷入了僵局，懷縣雖不比下邳城堅固，但所處的位置甚是要命，袁紹已滅了公孫瓚，隨時可能從冀州、并州兩個方向發來援軍，若不迅速拿下此城必然後患無窮。眼看繆尚、薛洪深溝高壘緊守城防，想必又是難啃的骨頭。

正在無計可施之際，曾在張楊帳下任職的董昭果真派上了用場，單騎進城遊說，僅用了一個時辰的工夫，繆尚、薛洪便敞開大門出城投降——至此，河內郡也歸屬許都朝廷麾下。

曹操帶著諸多將領、掾屬佇立在大河之畔，眼望著對岸一隊隊降兵拋下兵器，眾人心中甚是滿意。河內這一入手，西路屏障又有了，袁紹又慢了一步。

一葉輕舟悠然飄過，董昭帶著繆尚、薛洪渡河拜謁曹操。也不知董昭給他們施了什麼法術，繆薛二人再沒了堅守城池時的傲氣，還未下船就連忙拜倒：「屬下歸附來遲，死罪死罪！」

曹操舉兵以來雖連連得勝，但像今日這般兵不血刃的情況卻極少遇到，「歸順朝廷有功無罪，有功無罪……」

繆薛二人站起身來，忍不住解釋道：「張楊兵臨大河、眭固率部逃竄，都是他們一廂情願，與我們絲毫無干。」二人見曹操身邊文武林立兵強馬壯，趕緊把自己說得一身清白。

曹操豈能不懂得這個，裝糊塗道：「我都知道，你們不必有任何疑慮。但懷縣不能再待了，回去收拾金銀細軟、帶家眷隨我去許都，我加封你們官職。」

繆尚、薛洪不禁瞅向董昭，董昭笑道：「放心吧，曹公言而有信，到了許都高官得做駿馬得騎，我不就是最好的例子嘛！」

二人這才放心，容董昭登岸，又命士兵駕著小舟回去整理家私去了。待他們走遠，曹操才問董昭：「他們明明心存顧慮，你又是施了什麼手段叫他們投降的？」

「說來也簡單。」董昭不苟言笑一本正經，「張楊胸無大志馭下不嚴，部將也大多沒什麼高遠之見。繆尚、薛洪這等人，幹大事而惜身，見小利而亡命，若是跟他們講天下道義利害成敗，他們未必聽得進去，但向他們承諾金銀財寶香車美女，他們就開眼了。」

「哈哈哈……」曹操仰面大笑，「好！既然他們是拿地盤換富貴，那我就給他們富貴。我上表朝廷賜封他二人為列侯！」戰亂之際租稅驟減，曹營中不少戰功赫赫的大將都沒爵位，繆尚、薛洪雖歸附有功，但絕到不了封侯的份上。曹操這麼幹是要拿這件事大做文章，將繆薛二人樹為歸附朝廷的標榜，有了這個先例，以後願意歸順的割據將領會越來越多。

董昭見縫插針：「河內尚有兵馬數千，大可抽調一些補入軍中。」

「那是自然。」曹操手撚鬚髯又有了其他想法，「得地遠遠不夠，重要的是得人。京中議郎車冑乃是河內人氏，為人謹小慎微寡言少語，現在是歸攏人心的時候，徐州也剛剛平定，我有意命他為徐州刺史，借此撫慰河內士人。」

「一舉兩得，甚好甚好。」董昭連連點頭。車冑這個人與其說是謹小慎微，還不如說是膽小懦弱。徐州有陳登、臧霸、吳敦等各占一方的鐵腕人物，刺史不過是擺設。曹操用車冑一來可以收攬河內人心，二來可以向陳登等人表示信任，實為一舉兩得。

「僅用一個人還不夠。你在河內住過，此間還有什麼傑出人物，召入朝廷授予官職。」

董昭想了想：「河內首屈一指的名士乃是修武張範，乃先朝太尉張延之子，聽說當年袁隗想召他為女婿，他硬是不答應，惹得袁家人很不痛快……」

曹操聽說跟袁家有過節，馬上來了精神：「太好了，請他入朝！」

「在下還沒說完呢！」董昭一陣苦笑，「那張範去了揚州，如今不在修武縣。」

曹操又洩氣了：「還有別人嗎？」

「再有就是溫縣司馬家。昔日京兆尹司馬防棄官在家……」

「司馬建公嗎？」曹操笑了。二十五年前曹操舉為沛縣孝廉，司馬防正任尚書右丞，與當時的選部尚書梁鵠共典官職分派。曹操要擔任洛陽令，結果被司馬防、梁鵠駁回，僅被任命為洛陽北部尉。如今世事流轉，曹操成了當朝司空，司馬防倒成了閒居之人。

「明公識得此人？」董昭覺他笑得詭異。

「當然識得，還是老相識了。」曹操意味深長，「司馬建公也年過五旬了吧？」

「五十一歲了，他有好幾個兒子，其中長子司馬朗、次子司馬懿皆已元服①，還有個族姪司馬芝在劉表麾下聽用。」

「很好很好，別人也就罷了，司馬家的人我一定要用。你回京後與毛玠商量商量，該辟用的就辟用。」曹操頗感得意，當年在司馬防手下討過差事被駁了面子，現在一定要讓司馬防的兒孫給自己效力，出出當年的氣。

郭嘉早在一旁早聽得不耐煩，見他們總算嘀咕完了，趕緊插話：「主公，征辟士人並非急務，河內守備托於何人呢？」河內郡雖屬司隸管轄，卻位於黃河以北，與曹操其他的地盤脫節。但河內與太行山脈相接，東北方是冀州、西北方是并州，都是袁紹的地盤。只有把這個地方守好了，才能確保中原腹地的安全。可是戍守此地意味著孤懸河北獨抗大敵，承擔這個差事的人需要有極大的勇氣和能力。

曹操思索片刻，覺得此事有些為難，索性手指著對岸向滿營文武大聲問：「你們哪個有膽量為我守住此地？」

話音剛落，只見一個列於末班的掾屬自告奮勇站了出來：「在下不才，願替主公鎮守河內。」大家閃目觀瞧，都愣住了——請命的竟是魏種！

魏种因为曾降吕布倍感耻辱，总觉有人指指点点说他是胆小鬼。前几日随曹操回到家乡兖州，见万潜当到了刺史，李典、薛悌皆郡守之位，就连昔日手下的小吏都出息了，可他这个曹操亲选的孝廉如今却要从头做起。他暗地里下决心，一定要建立奇功洗雪前耻，因而听到任务艰巨，马上就站了出来。

诸将见这个失节文人站了出来，都交头接耳面露不屑；曹操却是眼前一亮——河内郡刚刚归顺朝廷，镇守此地不但要靠勇武，还得能处理豪强团结吏民，交给一干武将未必能办好。魏种当初随他在兖州创业，甚通其中精要，如今想必又抱著建立奇功洗雪耻辱的决心，实是最佳人选。想至此曹操看看荀攸，瞅瞅郭嘉，望望程昱，又瞧瞧董昭，四个人都不住点头微笑。

魏种一个头磕在地上，却不闻曹操答话，又抬头道：「在下自知先前有过，但明公就不能再给我一次机会吗？」

明明已决定用他，曹操却故意阴阳怪气道：「孤悬河北防御大敌，这么重的担子你有胆子接吗？」

「有！」魏种现在最讨厌别人说自己没胆子。

曹操继续激将：「河内之地乃中原门户，西北并州、东北冀州都有袁绍雄兵，这个差事万分艰险，而且还得安定好地方豪强和百姓，可不简单啊！」

「在下蒙主公宽宥，自当肝脑涂地以报厚恩。」

「你可要想好了，现在许都东西南北处处都要设防，我可给不了你多少兵马，还得靠你招募乡勇自筹粮草。」

① 元服，古代男子象徵成年的加冠礼。

「主公不必說了，千難萬險我也要擔當。」魏種簡直快哭出來了，「您就給我個雪洗前恥的機會吧！莫說懸於河北抵抗敵兵，就是長矛挾肋白刃加頸，在下也甘願與河內共存亡！」說罷又重重磕了個頭。

「我不要你亡，我要你活著守好河內，將來安安穩穩回許都飲慶功酒！看來老夫還是有眼光，你這孝廉終究沒有選錯。我現在就任命你為河內太守，全權督率此間戰備之事。」

「謝主公成全！」魏種這才起身。

曹操上前兩步湊到他耳邊道：「河內郡共有一十八縣，全顧及到根本不可能。你的差事是守住沿河的幾個縣城，特別是眼前的懷縣。倘若河北之兵從此處渡河，南下滎陽、敖倉，那仗可就沒法打了。我先給你兩千兵馬，你再設法招募一部分，要是不夠到時候再向我要。放心吧，老夫不會捨你不管的。」

「在下明白！」魏種一點就透。

就這樣，河內守備安排也確定下來。曹操沿河歇兵三日，待繆尚、薛洪收拾妥當，清點降眾戰利，又給魏種分了些兵，這才拔營起程。可剛剛行走半日，忽有留府掾屬王思攜帶荀彧書信趕來。

「天子下詔晉董承為車騎將軍！」曹操手捧書信吃了一驚。

這件事吊詭至極，曹操的官職是司空，但司空本沒有統兵之權，所以又加了「行車騎將軍」，董承晉為車騎將軍等於是把他的位置給頂了。可誰都知天子劉協並無實權，要下達詔書需由尚書令荀彧經手，更何況這種天字一號的任命。難道荀彧也在背後向他捅刀子？

曹操看罷書信交與荀攸、郭嘉、董昭等一一過目，眾人都覺奇怪。董昭最精於這種事，認真詢問王思：「誰給皇上出的這個主意？」

「這是聖上自己的意思。」王思道：「就連董承自己都不願意幹，他事先都不知道。可聖上這次也不知是怎麼了，鐵定了心，跟荀令君爭執了好幾次。最後令君考慮了一下，董承畢竟是涼州部出身，晉升官職也有利於拉攏關中諸將，所以就沒再堅持。反正就是個有名無實的空銜，給他就給他吧！」

話是這麼說，但在曹操看來，皇帝劉協是給他玩了一記釜底抽薪，或許後面還隱藏著其他陰謀。他沉默良久，突然發問：「京中還有沒有其他動向？有沒有軍隊調動？」

王思搖搖頭：「沒有別的事了。董承、伏完、王子服都很老實，宮裡正忙著給小皇子治病呢！」

「你再好好想想，還有沒有什麼不起眼的小任命？」

王思緊鎖眉頭想了半天，還是搖頭道：「沒有……確實沒有……」

曹操半信半疑，劉協已給董卓、李傕當了這麼多年的傀儡，早該參透有名無權的天子該怎麼做，若沒有明確打算不會輕舉妄動。現在袁紹剛剛統一河北，朝裡緊跟著就出了這樣的事。說有關係又不像有關係，說沒關係可怎麼就這樣湊巧呢？曹操百思不得其解，拍拍腦門，沉重地歎了口氣：「唉……令君不該答應這事啊！」

董昭陰沉著臉提醒道：「君不密則失臣，臣不密則失身，不管背後有沒有隱情，明公還是快快回京吧！」

王思也道：「是啊，關中諸將派來的使者也快到許都了，主公正好去見見他們。」

「好吧。分兵一半隨我回京，剩下的由建武將軍統領屯駐敖倉，幕府掾屬還有劉備、張遼、繆尚等需要表奏的也跟我走。」曹操喘了口粗氣，滿臉無奈，「按下葫蘆浮起瓢，裡裡外外都不教我省心吶！」

第五章

曹操封官安撫關中諸將

君臣離析

曹操揣著滿腹狐疑回到許都，但目睹的一切卻正常得不能再正常了。城外有曹洪坐鎮大營嚴密防衛，城內有許都令滿寵帶領兵丁往來巡查，士農工商各行其是，根本沒有任何可疑的蛛絲馬跡。他將劉備、張遼等人留於行轅暫駐，帶著一干掾屬回府。哪知離著府門甚遠，就見一大群人迎了出來。留府長史劉岱、書佐徐佗，毛玠、何夔、劉馥、路粹等留府掾屬，還有長子曹丕、次子曹彰、三子曹植，義子曹真、曹彬，剛剛頂替他成為車騎將軍的董承竟也在其中。

見曹操馬至近前，董承緊走兩步搶過轡繩，恭恭敬敬為其牽馬，殷切笑道：「曹公誅滅呂布收復河內，為朝廷立下不世之功，真是辛苦啦！」

揚手不打笑臉人，不管心裡怎麼彆扭，曹操也不好失禮，趕緊翻身下馬：「哎喲……在下何德何能，敢叫車騎將軍為我牽馬，您這是折殺我啊！」

董承聽他故意強調「車騎將軍」四個字，臉上一陣慚愧，越發地緊緊攥住轡繩，羞赧道：「您不要取笑我了，在下實在不敢與您爭位。是聖上執意要給我加官，我再三推辭不得應允，這才不得已……」

「咳！國舅何必謙讓？你我都是朝廷之人，聽從天子調遣乃理所應當之事，我豈能掛懷，又豈敢掛懷？」曹操陰陽怪氣道：「再者，這個車騎將軍本就該外戚貴勳擔任。我孝和皇帝以舅父竇憲為車騎將軍、孝安皇帝以舅父鄧騭為車騎將軍，如今您的愛女得奉天子，身有貴人之位，您身居此職再合適不過了。」

車騎將軍乃是漢文帝設立，名將灌嬰、周亞夫、金日磾都曾官居此職。但光武帝中興以後，此官逐漸成了外戚把持朝政的專利。竇憲、鄧騭都落了個家破人亡的下場，曹操將他們一一點出，明為恭維實是恐嚇。

董承聽出弦外之音，暗自埋怨天子拋給自己一塊燒紅的火炭，這有名無實的官實在難當！趕緊撂下韁繩，給曹操深深作揖：「在下無才無德，蒙曹公寬縱才得以官居此位，從今往後自當唯曹公馬首是瞻，全心全意報答您的恩德。」

「您這說的是什麼話？我哪裡敢對您頤指氣使？您應該唯天子馬首是瞻，全心全意報答朝廷的恩德啊！」

董承也在許都戰戰兢兢過了三年多，深知曹操的脾氣。曹操若是言辭狠辣劈頭數落，那發作之後八成就沒事了；他越是無動於衷娓娓道來，心裡便恨得越甚！這會兒聽他一直拒人於千里之外，萬般無奈竟撩袍跪倒，顫巍巍道：「曹公不要誤會，我就是想跟您解釋清楚。為了這件事我心中實在不安，每日都到您府中迎候您歸來，就是想表明心跡，您千萬要相信我啊！」

曹操低頭看著這個可憐巴巴的國舅，料他也沒膽子攛掇天子對付自己，便輕輕歎了口氣，雙手將他攙起：「國舅何必自折身分，我相信您啦……」

董承心頭的大石頭總算落了地，擦擦額角的汗水，低聲下氣道：「在下確實沒有辦法，既不敢擔抗詔之罪，又不敢冒犯曹公之威，實在是……」實在是兩頭為難，誰也不敢得罪！

「國舅無須多想，我絕對信得過您，再這麼絮絮叨叨，豈不是讓旁人笑話？」曹操臉上和藹可親，但心底的陰霾卻愈加凝重——既然此事與董承無干，那就意味著天子公開表示不滿了！

董承想對曹操再說點兒親昵話，但搜腸刮肚半句都想不出來，曹操何嘗把他當過自己人，又有什麼知心話可講呢？他暗自歎息，抬頭又見四下裡眾掾屬正用鄙夷的眼光瞅著自己，曹丕等幾個小孩更是一臉譏笑。當朝車騎將軍在街上向人跪拜，這是何等難堪的事啊！他自覺處境尷尬，羞赧道：「既然如此，在下就不叨擾您了。您鞍馬勞頓想必疲憊，改日我再來拜望。」

「豈敢豈敢。我從徐州帶回一些鰒魚，佳餚難得不敢獨享，少時我差人給您送去一些。」

「多謝多謝。」董承作揖而退，沒走幾步便回頭道：「曹公若有差派，在下招之即來。」又走了兩步，覺得表態還不夠堅決，再回頭道：「您若是有什麼難言之語，在下可以叫小女向萬歲私下進言。」一說罷又想起婦人干政是大忌，趕緊糾正道：「還是直接跟我講吧，我替您向天子稟奏。」說完了又覺背著曹操見天子必然招惹猜忌，趕緊又回頭修正，「還是咱們一同面見天子稟奏吧！」董承就這麼三步一嘀咕，兩步一回頭，生怕被人家挑出半點錯來。見曹操一直衝他點頭微笑，這才放開膽子登車而去。

郭嘉湊到曹操跟前：「我看這廝似乎真的與任命無關。」

曹操苦笑搖頭：「那就更不好辦啦……」

曹彰、曹植半年多沒見父親了，見「不速之客」走了，便一股腦兒撲了過去，拉袖子的拉袖子、抱大腿的抱大腿。曹操心中欣慰卻訓斥道：「放開放開，好歹也是公侯子弟，怎這樣沒規矩？」

曹丕十四歲、曹真十六歲、曹彬十三歲，都是大孩子了，一齊拜伏於地：「恭迎父親大人回府。」

「我久不在京中督促，你們的課業如何也不清楚，回頭把最近抄錄的文章拿給我看看。」說罷曹操一手拉著曹彰、一手拉著曹植，邁步進府門。劉岱、徐佗等人見他們父子已然問候，這才紛紛拜倒。

入二門來至堂上，眾掾屬都退下了，曹操默默把曹丕拉至身邊，耳語道：「你那新來的杜氏姨娘可曾安置妥當？」不過分別數日，他心中還是很掛念美人。

曹丕面有尷尬，支吾道：「夫人把她與周姨娘安排到一起了。」他所謂夫人，不是生母卞氏，而是曹操的嫡妻丁氏。

丁氏自從兒子曹昂在宛城戰歿便與曹操產生了嫌隙，夫妻關係分外緊張。這會兒曹操聽說丁氏竟讓杜氏跟丫鬟出身的周氏擠在一處，頗感不滿：「怎麼這樣辦事，府中又不是沒有空房！」

曹丕乍著膽子道：「可能夫人嫌棄杜姨娘是再嫁之人吧？」

曹操心裡清楚，納尹氏帶來一個何家遺腹子何晏，為了納張繡的嬸娘王氏害得曹昂戰死宛城，如今又帶回一個再嫁寡婦，丁氏一定不痛快，便輕描淡寫道：「居家過日子以息事寧人為上，叫後面拾掇間新屋子，讓杜氏搬進去也就罷了。」

曹丕左顧右盼一番，又低聲道：「我娘早就有此提議，但夫人硬是不允。這幾天周姨娘又快臨盆了，杜姨娘在一處住著也沒少幫忙照顧，是不是等周姨娘生完了再搬？」周氏原是王氏的丫鬟，也得曹操寵信，去年已身懷有孕，眼看九個月就要瓜熟蒂落。

「好吧好吧。」曹操不耐煩了，「天下大事那麼多，哪有閒工夫操這些心，讓你娘跟夫人商量著辦吧！」

曹丕眨巴著眼睛道：「爹爹是朝廷砥柱，關心的都是國家政務，自然不會顧念家事。好在有我娘在府裡張羅，夫人做的對不對的，眾姨娘、丫鬟看在我娘的面子上倒也不放在心上了……」

曹操警覺地盯著兒子——這孩子白皙水嫩一張寬臉，龍眉鳳目，鼻若懸膽，大耳朝懷，唇若塗脂，牙排碎玉，隨的都是他和卞氏的優點，講起話來也恭恭敬敬似乎頗有禮數，但越聽他言語越感寒意。他話裡話外彷彿是暗示丁氏不好，凡事都是他娘做得對，應該休掉丁氏把他娘扶正。小小年紀不在詩書學問上下工夫，竟然跟老子動這種歪心眼。

曹操不好挑明，陰笑道：「這些瑣碎的話，不是你當兒子該說的。你把《孝經》抄一遍，晚上給我送來。」

「諾。孩兒抄書去了。」

「慢著！」曹操又叫住他，「我已征辟陳長文到咱府裡為掾屬，他陳家三代賢良孝悌。以後你們兄弟要好好尊敬人家，跟陳群學學忠孝之道……去吧！」

曹丕知道自己惹禍了，趕緊躲到後堂去了。曹操呆呆望著兒子的背影，心裡有著一陣陣失落。久在外面打仗，父子情都疏遠了。

這時王必跑了進來：「啟稟主公，荀令君過府。」

曹操緩過神來，強笑道：「請他進來吧……你也在軍中忙活好幾個月了，回去休息吧，有什麼事叫劉岱、徐佗他們照應。」

過不多久，尚書令荀彧端端正正走了進來。曹操這會兒回到家落了坐，疲憊之意襲來，也懶得再客套了，好在是自己人，便指了指東首的坐榻：「坐吧。」

荀彧的做派甚是端正，恭恭敬敬按規矩見了禮才落坐：「此番東西征戰，明公受罪不少吧？我看您添了幾根白髮。」

「哦？」曹操渾然不知，不由自主摸了摸髮髻，苦笑道：「早過了不惑之年，這也沒什麼稀奇。擒呂布確實沒少費工夫，不過更難的還在後面呢！」他兩句話就帶入正題，「最近袁本初可有表章送到？」

「沒有，一份都沒有。」荀彧搖搖頭，「原來還敷衍敷衍，自遷都之事被駁回，袁本初就視朝廷若無物了，滅掉公孫瓚這麼大的事竟連表章都不上。」

「人家決心跟咱玩命，官樣文章都懶得做了……」

話音剛落，王必又來了：「啟稟主公，前任議郎趙達求見。」趙達是個一心攀高枝的傢伙，身為朝廷議郎為了謀實惠竟主動要求當曹操掾屬。曹操嫌他不要臉，誆他辭了官卻不辟用，急得他三天兩頭跑來巴結，還四處亂託人情，人家不理就跟人家僕僮套近乎。

曹操連連搖頭：「好長的耳朵，我剛回來他就到了。」

王必笑道：「聽說他跟這許都城各府的守門僕役都混上了交情，想必咱府的家丁也不例外。」

荀彧插了話：「這個趙達越來越不像話，昨天還叫我趕出門。」

有僕人端來水，曹操咂了一口，越發覺得慵懶，順手拉過一個小杌凳，把身子斜倚到上面：「誰有工夫理這個下作小人？把他亂棒打出去，再敢來就扭送給滿寵治罪。」

「諾。」王必退下去了。

曹操打了個哈欠，把話拉回來：「徐州兗州無礙了，我有意讓車胄為徐州刺史、魏種鎮守河內，詔書的事你辦一下。」

「嗯。」荀彧點頭應允。

「另外，加封繆尚、薛洪為列侯。還有……」曹操一邊想一邊說，「劉備這次也回來了，給他在許都安置一套宅邸，他跟孔融、袁渙等都是舊交，宅子選寬敞體面一點兒的，別人讓笑話。」許都不比洛陽，文武官邸多半狹小。「另外我還收服了并州驍將張遼，他雖在軍中，甭管住不住的也給他安排個宅子。他率部投誠，又說降臧霸等人有功，暫拜中郎將，賜關內侯，統領呂布那點兒殘兵……」

荀彧提醒道：「并州部軍紀敗壞久不服化，況且新近歸降，咱們是不是給張遼派個監軍？」

「嗯，有道理。叫祭酒武周轉任監軍，協助張遼統兵吧！」武周是曹營的老人了，不但忠心耿耿性格剛毅，而且籍貫是沛國竹邑，與曹家算半個老鄉，充任監軍最合適。

「還有什麼事嗎？」

「我想想……呂布原來的職位還空著，晉封劉備為左將軍。」

「又給他升官？」荀彧不解其意，「他已是鎮東將軍兼豫州牧。」

經過在徐州的這段日子，曹操對劉備的印象愈加好了：「劉玄德畢竟是歸降之人，也該樹個樣子給人看。他雖用兵無能，畢竟跟東方不少名士有交情，還要借他安定陳登嘛。嗯……就是這些事吧，想起別的來我再知會你。」曹操故意不談董承之事。

荀彧一一記下，又道：「陳紀父子已經安置好了，老人對京裡環境挺滿意，就是嫌老有人拜會，打擾他清靜。名氣太大也是累贅啊！」

「你多勸勸老人家，既然來了京師至少得做個官吧！現在九卿中大鴻臚出缺，正好請他擔當。」

荀彧眨眨眼：「陳元方可跟我說了，您在下邳承諾過，不授予他官職。」

「我是承諾過，但不等於朝廷承諾了，天子承諾了。」

荀彧見他強詞奪理，搖頭道：「這恐怕不好吧。」

「沒關係，跟老人家慢慢商量，掛個大鴻臚名分就好。願意上朝就上朝，不願意上朝在家歇著。就算是天子朝會，老人家只要不想參與，拍屁股回府誰又敢說他一個不字？」

「行，我有空去談談。」荀彧隨口答應一句，便扔到脖子後面了，「您回來得正是時候，過幾天裴茂就帶著段煨和關中使者到了，可以親自見一見。」

「很好很好。」曹操點點頭，「這個段煨不愧是『涼州三明』段熲的弟弟，倒是眼裡有天子有朝廷。」前一年尚書裴茂以謁者僕射①身分持節入關，召集關中諸將討伐李傕、郭汜。中郎將段煨攻克長安殺死李傕，郭汜被叛變部下所殺。段煨此番隨裴茂入京，表示他從此以後也是許都朝廷的人了。

素來矜持的荀彧忽然笑了：「段煨這一來，可把關中諸將的心思都牽動了。大大小小的割據都派了使者隨他一起來，就連遠在西涼的馬騰、韓遂也派了人，涼州刺史韋端更是老早就派從事楊阜到弘農與裴茂接洽，這次恐怕要來一大堆人，許都館驛都不夠住了。」

靈帝末年西涼賊首王國、北宮伯玉、邊章等作亂，馬騰、韓遂各拉隊伍組建義勇抗敵。可是仗打到後面，王國、北宮伯玉、邊章相繼敗亡，馬韓倒成了反賊頭子。董卓西遷，李郭弄權，馬韓二人也曾攻到長安城下，後來被李郭擊退。此後天下愈亂，西京朝廷對涼州鞭長莫及，任命馬騰為征西將軍、韓遂為鎮西將軍，默許他們割據。又以京兆名士韋端為涼州刺史，緩和他們與朝廷的矛盾。

曹操聽這西邊的割據頭子都要派人來，也笑了：「許都人氣旺，證明朝廷步入正軌。等他們來了，咱們可得好好招待。」

荀彧莞爾道：「這讓我想起了光武爺收服烏丸之策，咱們不妨照貓畫虎。」當年劉秀平定天下，烏丸人不服，可是多年戰爭士民疲乏，劉秀也不想再打仗了。於是他誠邀烏丸各部酋長入京做客，又命人把洛陽裝扮得花團錦簇。那些窮鄉僻壤的野人首領見到繁華的都市、巍峨的殿宇、精美的飲食，竟有一大半不願意走了，從此烏丸遷居東北境內服從天朝，劉秀未動一刀一箭不戰屈人。

「妙哉妙哉！叫丁沖、滿寵去辦，一定要張燈結綵好好歡迎他們。」但是笑過之後，曹操臉上又漸漸泛起了愁雲，「光武爺不戰而屈烏丸，可如今烏丸人卻在袁紹那一邊……東南西北到處都有

---

① 謁者，使者，類似中央特派員。謁者僕射，是謁者的上司，負責朝廷禮儀與傳達使命，特殊時期可充任審理冤獄、安撫動亂的官員。

威脅啊！」他直起身子，見書案上擺著筆墨，便順手拿起來，在空白的竹簡上慢慢寫著：關中諸將、荊州劉表、江東孫策、淮南袁術、南陽張繡。他每寫一個便隨著念一個，等都寫完了把筆一撂，歎息道：「要跟袁紹決戰，就得先把他們穩住，絕不能叫他們在關鍵時刻來搗亂。」

荀彧道：「飯要一口一口吃，路要一步一步走，咱們逐個來，先穩住關中諸將再說。」

「是啊，急也是急不來的，世事瞬息萬變，只要抓住機會，總會有解決的辦法。」

荀彧見已沒什麼可說了，便起身告辭，曹操強打精神站起相送。走到堂下時，荀彧忽然收住腳步，一臉為難道：「還有……關於車騎將軍之事，在下實在是……」其實他急著見曹操主要為了澄清這個，但坐了半天不知如何開口，眼見要走了所以不得不提。

曹操深知荀彧是個謙謙君子，拍拍他的肩膀道：「文若，這些不必說了。我還不瞭解你嗎？心機良善端正守禮，溫良恭儉讓都占齊了。天子執意要辦的事情，你是拒絕不了的。」

「您這麼開通，我還能說什麼呢？唉……」荀彧重重歎了口氣，「聖上最近脾氣有些大，可能是皇子染病心情煩躁吧！」皇子名叫劉馮，是伏完之女伏皇后去年所生，由於劉協得子時還不到二十歲，孩子有些先天不足，從生下來就一直鬧病。

「孺子之疾何干政事？」曹操頗不以為然。

「其實我也考慮過，董承是西涼舊將出身，這個時候給他升升官，對籠絡關中也有好處，能包容的儘量包容吧！」荀彧也不好說得太深，「這樣吧，明天咱們約董承一同面聖，君臣見面把話講清，順便奏報誅滅呂布之事。」

「算了吧，我累了。」曹操又打了個哈欠，「說不定什麼時候又要用兵，我先休息幾日。一會兒叫繁欽替我修個表章呈上去，待段煨來了共同面君吧，不過就是擺樣子的事兒。」

荀彧知他賭氣，軟語道：「那就隨您便吧。當今聖上畢竟年輕，咱們做臣子的還是要多體諒。

在下告退了……」

曹操送走了荀彧，心頭還是很彆扭——天子十九歲了，這個年紀正是滿懷壯志的時候，當然不會甘心叫我主持一切。但他就不能好好想想嗎？沒有我曹某人，哪還有這個朝廷，哪還有漢室天下？要是我不在了，誰還能站出來對付袁紹啊！

關中歸心

關中大小割據不下數十，卻沒幾個成氣候的，諸將相互攻殺爾虞我詐，行事沒有一定之規，往往是今天還在一張几案前飲酒，明天就兵戎相見，後天又握手言和結拜兄弟。這種不穩定的狀況下，諸將都急於尋找背後靠山，所以也都樂於承認東邊的許都朝廷。

兩年前御史中丞鍾繇轉任尚書僕射經略關中，那時就有不少割據通使許都，大多請朝廷出面調停他們的鬥爭。這一次諸將在朝廷的號召下勉強合作，殲滅李傕、郭汜，所有人都認為自己立下了大功，迫不及待向朝廷邀功，爭取曹操作後盾。尤其是素有威名的段煨親自入京，更調動了諸將的積極性，大到占領涼州的馬騰、韓遂，小到只有一縣地盤的割據都紛紛派出使者相隨。

謁者僕射裴茂持節在前，段煨、楊阜左右相隨，後面竟拉著一支近百人的使者隊伍，騎著高頭大馬在大街上一走，引得士農百姓無不圍觀。經許都令滿寵的事先布置，處處張燈結綵，氣氛甚是熱烈。

那些使者都是從刀光劍影之地滾過來的，更有些胡人混血沒見過世面，一睹許都的市井繁華，欣羨得笑逐顏開左顧右盼，只恨爹娘沒給自己多生幾隻眼睛。

幸虧得知訊息早作準備，許都館驛臨時加蓋了房子，若不然還真接待不了這麼多客人。曹操對於此次的接待工作甚是細心，不但差遣王必、劉岱熱情照顧，而且從朝中抽調了治書侍御史衛覬、議郎金旋、長水校尉种輯等關中籍貫的官員陪同接待，鄉音入耳倍感親切。中郎將段煨作為誅賊首功，曹操與車騎將軍董承、輔國將軍伏完、偏將軍梁王子劉服、尚書令荀彧以及謁者僕射裴茂傍著段煨一同上殿面君。

段煨字忠明，武威姑臧人，已年近六旬。此人雖也割據弘農諸縣，卻與其他西方武夫截然不同，主要因為他是破羌名將段熲的族弟。先朝拱衛邊疆曾有皇甫規、張奐、段熲三員名將，都是涼州籍貫，表字中又都有一個「明」字，故而被世人尊稱為「涼州三明」（皇甫規字威明，張奐字然明，段熲字紀明）。而這三員將中又以段熲最為驍勇善戰。可惜其人名利心太重，一門心思往上爬，曾與曹操之父曹嵩有些交情，後來黨附大宦官王甫當到太尉，誅殺黨人太學生。所以王甫一倒臺，段熲也跟著身敗名裂斷送性命。一代驍將未死於戰場死於政爭，滿門老少跟著倒霉。那時段煨已在涼州當了個軍官，也遭受牽連免去官職。直到黃巾起義，孝靈帝劉宏赦免黨人，又將段氏一族免罪。段煨重歸軍隊，跟著皇甫嵩、董卓討伐邊章等反叛，立下不少軍功，更在董卓進京之後升任中郎將。因為有過獲罪又被赦免的經歷，段煨對漢室天子多了幾分愛戴。

尤其使段煨掛懷的是，他與受難天子劉協之間還有一段難忘的經歷。昔日劉協在後將軍楊定、安集將軍董承、興義將軍楊奉的護衛下擺脫李傕、郭汜，率領百官東歸，曾途經段煨駐軍的華陰縣，段煨也事先準備了不少糧食物資逢迎天子。但後將軍楊定與段煨有隙，串通近侍誣陷他與郭汜通謀劫駕，率軍攻打他的營寨，並向天子索要問罪的詔書。當時年僅十五歲的劉協堅信段煨是清白的，不但不發詔書，還斥責楊定說：「王者攻伐，當上參天意，下合民心。司寇行刑，君為之不舉，而欲令朕有詔邪？」楊定沒能攻下段煨營寨，而段煨依舊獻上了御膳衣物；後來楊定又計劃謀殺段煨，劉協則暗中通告保護了段煨。經過這番驚心動魄的經歷，段煨對這個小皇帝感激得五體投地，這也是他承認許都朝廷、樂於幫助曹操的根本原因。

事隔四年多，段煨今日終於又見到對他有恩的小皇帝了，他跪倒在大殿之上：「臣參駕來遲，請陛下治罪！」

劉協見到他也很高興：「愛卿何謂有罪？」

段煨手捧笏板道：「臣罪孽深重，辜負了陛下厚恩。當初本該留在您身邊，但憤於奸臣楊定，沒能自始至終跟陛下東歸，心中時時有愧……」說話間竟不由自主垂下兩行老淚。

曹操、董承、伏完等見他情真意切無不動容。劉協更是紅了眼圈：「疾風知勁草，那楊定後來在危難之際拋下朕逃亡他方，到現在都不知道這個小人的下落，而愛卿你卻誅殺李傕來到我面前。當初若是你一直跟在我身邊，或許……」或許就不會有今日遷都許縣受制於人的局面了！但當著曹操的面，劉協不敢說這種話，轉而道，「或許能早一日誅滅李郭二賊。」

段煨舉笏再拜：「在下未能恪盡職守令陛下多遭危難，實在是慚愧無地，幸有曹公匡扶社稷再立朝堂。」說著不禁扭過頭瞅了一眼曹操，「望陛下深納曹公之言、倚仗曹公之力，使天下混而復清亂而復平。」

劉協本來挺感動，可聞聽此話臉上有些掛霜，冷冷地道：「那是自然的。」心中暗暗抱怨——你久不入朝怎知這裡的奧妙？曹操功勞雖大，卻獨攬權柄視朕如傀儡，別忘了這江山可是朕的江山！

曹操聽段煨誇獎本還喜悅，但瞧劉協愛理不理的態度，心中甚是不滿；段煨不知皇帝何為突然冷淡，一臉詫異；董承、伏完、裴茂見此情景趕緊把頭壓得低低的，誰也不敢看；王子服卻幸災樂禍掩口而笑；荀彧也頗覺尷尬，前跨一步舉笏道：「段中郎立下大功，聖上宜加封賞。」

劉協見荀彧提醒，便拋開滿腹心事，又恢復了和顏悅色的表情：「段愛卿誅逆有功，朕晉你為安南將軍，封閺鄉侯。」這都是荀彧事先囑咐好的。

「臣不敢擔此厚封。」段煨跪在那裡搖頭謙辭。

「你怎麼能不接受？」劉協又道：「不看朕的面子也須看曹公的面子啊！」這話暗中帶刺。

殿上之人全都聽出來了，一時間寂靜無聲，不知皇上今天怎麼會這樣。曹操實在看不下去了，生恐劉協再說出什麼更刺耳的話，趕緊搶步上前攙扶段煨，陪笑道：「老將軍，加官封侯乃聖上一片美意，您切莫再推辭了。」

「好好好。」段煨裝作一臉糊塗，趕緊磕了個頭表示謝恩，起身隨曹操退歸朝班。

裴茂見狀，趕緊手捧符節拜倒於地，朗聲道：「臣奉詔督率關中征討逆賊，今大功告成，此節歸還陛下。」

「大功告成？」劉協不敢朝曹操發火，卻對裴茂喝道：「不過滅了兩個蝨賊，你就這般得意，什麼時候才能真的大功告成？朕還看得到那一天嗎？」裴茂也是一把年紀的人了，被這番沒由來的數落弄得十分難堪，趕緊把符節遞到侍臣手中，磕了個頭退回朝班。

荀彧的心怦怦直跳，看看曹操，又看看劉協，擔心再這樣說下去，君臣準會當殿爭執起來，趕緊再次舉笏：「時辰也不早了，段將軍與曹公尚有軍情商議，館驛中不少使者等候接待。聖上若無其他吩咐，臣等就此辭駕。」

劉協擺擺手，無力地道：「你們去吧，替朕好好招待段愛卿……另外，剛才說的話裴愛卿別往心裡去，朕不是衝著你。」

曹操一怔——不是衝他，那就是衝我來的唄！這會兒他也不好再說什麼，趕緊深施一禮與眾人退出大殿。邁出殿門之時，他不禁偷偷抬頭又看了皇帝一眼：龍眉鳳目，隆鼻朱唇，一臉書卷氣，俊美瀟灑，卻略帶幾分嗔怒，冠冕的珠串不住地擺動，透著心浮氣躁的感覺。他已經長大了，再不是當初那個任人揉捏的孩子了。

幾個人出了大殿老遠，一直低頭看著腳下，最後還是荀彧先打破了尷尬：「最近幾日皇子染病，皇上心情難免有些急躁，還望段將軍不要見怪。」

段煨微然一笑：「誰都是從年輕時候過來的，皇上也一樣。有時心情急躁也是難免的，我年輕的時候要是心裡不痛快就上戰場殺幾個羌人。呵呵呵……」他見駕時規矩，出了門就把武夫的本性暴露出來了。

這話把眾人都逗樂了，沉悶的氣氛一掃而光。荀彧道：「段將軍先隨曹公回府，我還有些公事要辦，少時派人到館驛請所有使者都過去，曹公要設酒宴款待大家。」

「那可叨擾曹公了。」段煨連忙施禮，「令君也要來哦！」

「那是自然，您把家叔與何伯求的靈柩送回，我還要敬您三杯以表感謝呢！」荀彧的四叔荀爽和何顒都死在西京，此番段煨特意命人把棺槨挖出，詳加照料送回潁川安葬故里。

段煨道：「這點兒小事算不得什麼，還吃你們一頓酒。」

「老將軍不必客氣，我略盡地主之誼，順便也認識認識其他使者嘛！」曹操又向董承、伏完、劉服客氣道，「三位大人，同到我府中熱鬧熱鬧吧！」

董伏二人可不敢接這個茬，誰知道他們商量什麼事，萬一聽去了又招老曹猜忌，紛紛擺手道：「我們也有些公務，今日不便叨擾，改日再過去向曹公道乏、給段將軍賀功。」王子服素以宗室自詡，自負甚高，不屑與這老兵痞為伍，只是搖頭不語。

段煨不明就裡，笑呵呵道：「董國舅，你可得來！這麼多涼州老鄉，豈能不去見見？」

董承哪敢答應，連忙撒謊道：「在下腹中有些不舒服，這會兒越發厲害了，今天就容我告個假吧！」

他們不去曹操更自在，便不再相讓，回頭邀請裴茂：「裴尚書可一定要來。」

裴茂還在為剛才的事鬱悶，搖頭道：「我也有些不適，今日就……」

曹操有事與他商量，不待他說完便笑嘻嘻打斷：「老兄莫耍滑頭，今日宴請關中使者，缺了您這個討賊元勳怎麼行呢？來吧來吧！」

說話間幾個人已出了宮門，董承等三人長揖而去，荀彧仍回省中理事，曹操卻執意拉段煨、裴茂同乘自己的安車。二人推辭一番才上車，一左一右陪著曹操。馬車行出去一段路，曹操才開始切入正題：「段將軍，您今後有什麼打算？」

「沒打算，全憑朝廷安排。」段煨在關中雖號稱強藩，也只不過擁兵三千，沒縱橫天下的本錢，加之年紀漸老，這輩子也沒更高追求了。他既然肯來許都，也就隨遇而安了。

曹操聽他如此答覆，便開門見山：「若是將軍不介意，還請回弘農去吧！關中諸將良莠不齊，正需要一個有威望的統帥。您回去後對諸將宣揚朝廷之德，叫大家都安分守己一點兒，靜候朝廷調遣。」

「既然朝廷信任，那我就再賣賣老臉，等曹公擊敗河北袁紹之後再回朝伴駕吧！」

曹操嚇了一跳：「您……」

段煨手托銀髯笑道：「老夫打了一輩子仗，雖然不比曹公您縱橫得志，但天下大勢還看得清。老夫身被天子之恩，現在又加官封侯，自然要為朝廷效力。關中之地交給我，您就放心吧！」

「哈哈哈……薑是老的辣，佩服佩服！」曹操愈加欣賞這個直率的老兵痞，便投其所好恭維道：「關中割據何止數十，相互攻殺目光短淺，唯有將軍您是個明白人，不愧世宦人家出身。」中興之後士人最重家族出身，即便統兵戰將也首選儒林子弟。而涼州武人出身卑賤，雖立有戰功也大多不為朝廷所禮，更不許戶籍內遷，所以誇他們出身世宦人家實是溢美之詞。

段煨聽一人之下萬人之上的曹操這樣恭維自己，高興得心頭肉直癢癢，挺起腰桿傲然道：「老夫祖上乃是先朝西域都護段宗，大名鼎鼎的人物！」其實他僅是段宗從曾孫，八竿子打不著的關係，而且這還是小時候聽族裡老人吹的，真的假的還不一定呢！

「原來如此……」他說什麼曹操都順著，「將軍既然是涼州大族，想必對涼州諸將多為熟稔吧？」

「那是自然！」

「占據穰縣的張繡您也識得吧？」

段煨越發大笑：「哈哈！我與他叔父張濟稱兄道弟，那張繡見了老夫還得叫一聲叔父呢！」

曹操隨之笑了兩聲，手撚鬍鬚緩緩道：「我聽人談起過，張繡的謀士賈詡與您是同鄉，南下之際曾將家眷託付在您那裡，可有此事啊？」

段煨倏然收住笑容，心中暗暗叫苦——真是言多語失，叫曹孟德的幾句恭維話繞進去了！段煨與賈詡甚是交好，賈詡的兄長賈淑以及家眷如今就在華陰縣內。但他也知曹操三討張繡而不定，現在提出這件事，八成是想讓他交出那些人作為要脅賈詡的人質。段煨有心否認，但久在關中的裴茂就坐在旁邊，謊言立刻會被戳穿。想至此他含含糊糊道：「賈文和乃我涼州智士，與老夫既是同鄉也是故交。」

曹操聽他口氣已是默認，而且大有回護之意，明白他心頭的顧慮，訕笑道：「段將軍莫要多想，我沒有別的意思，朝廷乃天下正義所在，自不會以質挾人。不過有個不情之請，希望將軍能給賈詡寫封書信，動之以交情曉之以利害，讓他勸張繡歸順朝廷，別再與劉表狼狽為害了。」曹操心裡很清楚，賈詡名義上是張繡謀士，實際上卻能當張繡大半個家。

段煨有些懷疑：「明公不念殺子之仇了嗎？」曹操首討張繡落敗，嫡子曹昂、姪子曹安民、愛將典韋皆喪於宛城。

曹操目視前方歎了口氣道：「張繡驍勇之將、賈詡鬼謀之士，若能棄暗投明歸心朝廷，乃是天下之福。自古成大事者不拘小節，倘社稷可安，老夫何惜一子？」

段煨半信半疑，曹操瞧他仍有疑慮，又點撥道：「段將軍，聖上加封你為何職，您還記得嗎？」

「這豈能忘，安南將軍嘛！」段煨似有所領悟。關中明明在西邊，曹操卻叫天子給我一個安南的名號，指的是在南陽的張繡，原來這廝早有計畫。

「不是平南不是鎮南，而是安南，妙就妙在一個『安』字。安安穩穩不動干戈不傷和氣……」

曹操解釋道：「將軍請放心，賈詡的家人我一個都不要。您給他寫封信，措辭莫要太嚴厲，就隨便聊聊許都的見聞，順便提提歸降之事。賈文和是個聰明人，一看就會明白的。我向您保證，若是張繡肯歸降，不但不究其過，而且加官晉爵！」

段煨盯了他半晌，最後一咬牙：「也罷！我就攀一攀老交情，但明公可要說到做到啊！」

「那是自然！」曹操拱手施禮，「君子一言駟馬難追，絕不讓將軍為難。」

厚待段煨實是曹操一石二鳥之計，既拉攏了關中勢力又把觸手伸向了穰縣。但張繡的後盾是劉表，這個時戰時和的老冤家也甚是棘手。曹操扭頭看了看裴茂，笑道：「裴尚書，您的兒子如今在荊州劉表處為幕賓吧？」

「不錯。」裴茂毫不隱晦，他確有一子裴潛避亂荊州，甚得劉表禮戴。曹操還要提議同樣的事情，裴茂卻不待他開口就阻攔道：「不怕明公笑話，我那兒子性情乖戾不拘小節，有悖禮儀甚是不肖；當初老夫就甚是不喜，自荒亂以來父子分離各行其是，未有絲毫聯繫，疏遠得很！」說這話時他義憤填膺，彷彿父子如同仇讎。

細細想來倒也不錯，漢室以孝治天下，父子別居已不合情理，更何況各仕一方不通書信？家家有本難念的經，裴氏父子矛盾重重不能互容。曹操之所以拉著裴茂來，就是為了談這件事，現在無奈作罷，滿腹熱忱又涼了，還得安慰裴茂：「龍生九種，種種不同，十個手指伸出來尚且不齊，這也是兒大不由爹啊！」

裴茂沉吟一陣，又道：「明公的心思我知道，劉表擁兵荊襄實為許都大患，不過下官愛莫能助。有道是遠交近攻合縱連橫，明公為何不試著聯絡益州劉璋呢？」

「哦？」曹操捋髯沉吟，「這倒是個大膽的提議。」巴蜀益州是天下最早的割據，已傳劉焉、劉璋父子兩代。劉璋字季玉，乃是劉焉第四子，本無繼統之望。因劉焉長子劉範、次子劉誕勾結馬騰攻長安，喪於李傕之手；三子劉瑁患有惡疾，這位子才落到他頭上。對於曹操而言，劉璋可謂牽制劉表的一件利器，但是從中原到蜀地山高路遠，所遣使者需艱苦跋涉，而南路荊州不通只有迂迴西行，那就更要求使者需與關中諸將有親密的關係方能無礙。曹操思量一陣，忽然笑道：「既然裴尚書有此提議，可否替朝廷辛苦一趟？」

裴茂一陣苦笑，托起花白的鬍鬚道：「下官倒是敢去，只怕沒命回來見您嘍！」壯士老矣無可奈何，曹操不便強求：「那裴卿可有人選推薦？」

裴茂毫不猶豫脫口而出：「治書侍御史衛覬可堪此任。衛伯儒乃河東安邑人，與關中諸將頗熟，更是才學過人的年輕後生，差他前去一定合適。」

「好！」曹操一口答應，「轉任衛覬為謁者僕射，自關中出使益州結好劉璋。」

兩件大事安排定，馬車也到了司空府門前。不少應邀的使者已經到了，見曹操、段煨、裴茂同車而來，紛紛跪倒在地齊聲拜謁。曹操瞧著這些良莠不齊的使者暗自冷笑：這幫人看似團結，實際上鈎心鬥角，他們若是互相羈絆住了，也就沒工夫出兵關東擾我的大事了；再加上段煨代表朝廷哄著他們，關中之地就此無礙。

想至此曹操沒急著下車，向眾人揮手道：「列位快快起身，既然來至此間就是朝廷的貴客。你們的統帥都是討賊有功之人，朝廷一視同仁皆有封賞！」

「謝曹公！」使者們紛紛起身。

裴茂又補充道：「另外回去告訴你們的統帥，既受朝廷正式任命，就要感激天子恩德，不可隨意妄為。」說罷又問段煨，「段將軍還有什麼說的嗎？」

「有！」段煨答應一聲竟從車上站了起來，厲聲嚷道：「一會兒喝酒的時候，你們誰都不准偷奸耍滑！我讓到誰，誰要是不喝可要吃吃我的老拳！喝朝廷的酒要實在！對待朝廷的一片心更要實在！」這老兵痞一席話惹得眾人仰天大笑。一時間，公府門前化作市井雜院，爾雅頌詞變成俚語嘻笑。曹操也逢場作戲，高喊一聲：「咱們喝酒去！」

涼州從事楊阜搶過去攙扶曹操等人下車。曹操抓住他的手，笑容可掬道：「楊從事，聽說你去觀看我軍操練了，感覺如何？」

楊阜恭恭敬敬道：「曹公有雄才遠略，決機無疑，法一而兵精，能用度外之人，所任各盡其力，必能濟大事者也！在下大開眼界，回去就跟我家韋使君說，今後全心全意聽朝廷號令。即便有狂妄不臣之輩意圖拉攏，我們也絕不會動搖！」話裡話外已把矛頭對準了袁紹。

曹操見這個年輕人聰明伶俐又言辭懇切，不由得仰天大笑起來。

第六章

曹操與劉備煮酒論英雄

青梅煮酒

隨著關中使者滿意而去，許都以西的憂患化解。而衛覬奉詔出使益州，也使穩定荊州看到了曙光。不料衛覬離開許都沒幾天，一個意想不到的驚喜降臨——劉表竟派從事韓嵩赴許都朝覲。

自去年穰縣之戰，曹劉兩家決裂，韓嵩的到來無異於再次破冰。原來孫策之父破虜將軍孫堅當年死於江夏太守黃祖之手，如今孫策安定江東，開始備戰於西，一要誅黃祖報殺父之仇，二要搶占荊襄上游之險。孫策連番得勝士氣正銳，劉表恐其串通曹操兩面夾擊，趕緊叫韓嵩來拉關係。

遠交近攻離強合弱，雙方互握把柄，事情便有了商量的餘地。曹操對實際問題避而不談，先盡其所能厚待韓嵩，親自接見賞賜酒宴，又請孔融、郗慮、荀悅、謝該等一干許都名士輪番作陪，上奏朝廷賜予他侍中的官職，以示友好。韓嵩耳目一新感恩戴德，表示南歸之日當勸說劉表歸順朝廷，斷絕與張繡的來往。

與諸方割據的矛盾迎刃而解，許都無後顧之憂，曹操便可以放開手腳備戰了。調集糧草、修繕軍械、操練軍隊，一切都進行得井井有條。曹營眾將內緊外鬆，沒流露出任何畏難情緒；而曹操本人更是忙裡偷閒，有空就帶著一幫掾屬到隱士陳紀府中，今天暢談天下大事，明天討論中興之道，如此再三叨擾，搞得老陳紀無可奈何，只得接受詔命擔任了大鴻臚。

這一日曹操又帶著郭嘉到陳府拜望，直到午時才告辭。剛出陳府大門，就覺一陣涼風迎面拂過，抬頭觀瞧，天色似要轉陰。

郭嘉不住抱怨：「這惱人的陰雨，昨夜下了半宿，今天又來了。各地的屯糧還未運到，這一下雨恐怕又得耽誤路程了。明公趕緊回府吧，若遲些就挨雨淋了。」

「你小子畢竟年輕，不曉天象！」曹操一邊昂首觀瞧一邊微笑道：「家鄉老農有諺『早看東南，晚看西北』，這雲離得遠著呢，咱們慢慢走也不打緊。難得有個涼快日子，叫人到都亭傳個話，今天不練兵了，讓大家歇個陰天，呵呵呵……」前日曹操的愛妾周氏為他又添一子，取名喚作曹均，所以他這兩天正在興頭上。

郭嘉趕緊湊趣道：「人都說『龍行有雨，虎行有風』，小公子剛剛出生就連著下雨，八成這孩子日後要有大出息！」

「哪像你說的那麼好啊。」曹操口上推辭，心裡卻很受用，回頭望望陳府簇新的房舍，「當初剛到許都時是何等光景？飽經戰亂十室九空，現在你再看看，車馬盈路還建了這麼多大房宅，就跟做夢一樣啊！」他說著話順著府門往東看去，緊挨著的就是劉備的宅子。曹操不禁一笑：「我說奉孝啊，反正今天也沒什麼事了，咱們去看看大耳劉備如何？我愛跟那廝聊天。」

「依在下之見還是不去為妙，劉玄德乃歸降之人，您在許都賞他房舍已經夠榮寵的了，再登他家門，豈不惹各位將軍欣羨？若一定要見，請到幕府敘話也是一樣的。」郭嘉僅說了一層，其實他還是對劉備懷有戒備。

「這又算得了什麼大事？畢竟還是同殿稱臣嘛！」曹操之所以執意要去，一是喜歡跟劉備聊天，另外也想找機會見見關羽，為杜氏的事情道個歉。若是招劉備過府，那便見不到關羽了。

郭嘉見他不聽勸，便暗地裡朝許褚等侍衛使了個眼色，諸人會意趕緊向前幾步，緊緊隨在曹操身後。哪知剛到劉備府門口，忽然聞到一股惡臭之氣，又見幾個家僮挑著好幾擔大糞自西面而來，大搖大擺魚貫而入。曹操不禁捂住鼻孔：「劉備在搞什麼鬼，把府裡弄得臭氣熏天的。這可是許都城，成何體統啊！」

許褚喝住一個挑擔子的雜役詢問，那人一聽來了當朝司空，嚇得腿肚子都轉筋了，扔下兩桶大糞，跪倒在地哆哆嗦嗦回稟：「啟、啟稟大人……我家將軍閒來無事，在府裡後院開了幾塊空地，這兩天正忙活著種菜呢！」

「種菜？」曹操有些哭笑不得，「他天天種菜，難道營裡的事情都不管了嗎？」

那雜役回道：「練兵有關、張二位將軍做主，府裡的事叫孫、簡兩位先生打理。我們將軍反正也沒事兒幹，種菜也是解悶。」

聽他這麼說曹操卻覺滿意——劉備自知身分尷尬，天天閉門不出種菜解悶，看來這個人既懂事又沒什麼企圖，倒也算個可用之人。那雜役沒見過這麼大的官，還想賣賣巧，巴結道：「我家將軍說曹公您是我大漢的擎天柱，一等一的好官，前幾天還跟小的念叨，等頭一畦菜下來還要送點兒給您嘗嘗呢！所以我們趕緊忙著澆糞，這些大糞都是從屯民那兒通融來的，弄來這十幾桶可不容易哩！不澆糞您吃著不香啊！」

「胡言亂語的奴才！」許褚掄起巴掌就要打。

「住手！一個沒見識的粗人，跟他計較什麼？」曹操這會兒高興，旁人說什麼都無所謂，捂著鼻子吩咐那雜役，「進去告訴你家將軍，就說老夫來過，你們這府裡太臭就不進去了。你叫他一會兒到我幕府去一趟，老夫想與他喝喝酒聊聊天……慢著，再提醒他一聲，洗了澡換了衣服再來。去吧！」

打發走雜役，曹操與郭嘉登車回府，行到半路就下起了濛濛細雨，倒有幾分沁人心脾的涼意。回到府裡剛擦了擦衣衫，長史劉岱來報，劉備已經風風火火趕過來了。

曹操一愣：「這大耳朵來得真快，把他領到後宅花園，在亭子裡擺幾樣小菜，我要與玄德小酌。」說罷拉了拉郭嘉衣袖，「你差事也不忙，過來湊個趣吧！」

「明公內宅怎好唐突。」

「叫你來你就來，裝什麼斯文！」曹操不由分說，拉著郭嘉的胳膊便走。

曹府是許都城中最大的一座宅院，但裝潢並不奢華，比不上當初洛陽的三公府邸。曹操提倡節儉，珠玉雕飾一概不用，更不要提什麼假山池沼了。所謂的花園不過是在空地上堆個土坡，搭上一座涼亭，再在周圍移植幾棵樹木罷了。僕人們來來往往，端來果蔬酒菜，曹操與郭嘉剛落坐，方拿起酒匙，就見劉岱領著劉備過來了。

劉玄德身高七尺玉樹臨風，頭戴鐵柱鐵梁的建華冠，卻只將前面的頭髮攏住，後面的卻不梳，任其披散在腦後，隨風起伏瀟灑飄逸；身穿一襲杏黃色衣衫，金邊金線繡團花朵朵，內襯雪白的衫襦，上寬下窄嚴絲合縫，大袖翩翩更添風雅；腰間繫一條玄布袋子，卻在肋下打出個蝴蝶扣，長穗子垂到膝蓋。只見他眉清目秀、齒白唇紅，加上這一身奇裝異服，在桃紅柳綠間一站，真好似下界的神仙般瀟灑。

「玄德來了啊……今日小酌不必拘禮，過來坐。」曹操笑盈盈地為他滿上一盞酒。

劉備小心翼翼落坐，臉上始終帶著微笑：「幸虧家中常備這套赴宴的衣服，若不然沐浴更衣只怕還真沒有熏香的衣服可換。」

赴酒宴還專有一套衣服，曹操暗笑這草鞋販子的窮講究還不少，戲謔道：「你這瀟灑之人無事可做在家中弄圃，搞得半個許都城都是你府裡的肥臭味，陳老夫子與你當街坊，也真夠倒霉的了。」

你不嫌臭，家中二位夫人又怎消受得了？」

「賤內受困下邳三個月，跟我賭了口氣，我打發她們帶著孩子到糜竺那裡住住，在娘家消消氣。現在我是孤身一人，誰也嫌不著我。哈哈哈……其實在下本就是鄉下漢出身，領兵打仗比不得明公果斷英明，吟詩作賦又不會，閒暇之時只能種種地。」劉備的話語謙卑至極。

曹操莫名其妙地看著這個人。說他是下等人出身，卻比達官貴人還注意修飾，交的都是貴族朋友；可要說劉備是浮浪之徒，又有哪個富貴之人在自家花園裡種菜呢？這個人當真有意思。頓了片刻，郭嘉插了話：「曹公乃當朝輔弼，劉使君也有將軍之貴，我這個小祭酒能坐在這裡當真是有幸，在下先乾為敬。」

「慢。」劉備一擺手，「這等美酒要是如此飲法就沒什麼意趣了。奉孝恕我唐突，莫看你官名裡有個酒字，可識得這是何種酒嗎？」

郭嘉這才仔細觀看盞中之物，見這酒並不怎麼清亮，笑道：「此乃醴酒①也。」

劉備嘿嘿直笑：「曹公是何等人物，豈有醴酒待客的道理？」

曹操也笑了：「奉孝也有短見識的時候，你嘗嘗再說。」

郭嘉輕輕咂了一口，覺入口甘甜，卻又味道醇厚，絕不是普普通通的醴酒：「這究竟是什麼？」

劉備輕輕捋了捋小鬍子：「我沒猜錯的話，此乃洛陽的宮廷御酒，俗名喚作『濃香醴』。」

「不錯，」曹操莞爾頷首，「此酒得來不易，老夫珍藏已久，丁沖那醉貓幾次張口找我要，我都沒捨得給他。玄德莫非飲過？」

---

① 古時酒分五等，《周官・禮正》記載為泛、醴、盎、緹、沈，酒質漸清、滋味漸厚。其中醴酒，即現代的酒釀，更像甜的清酒飲料。古人以醇厚者待客，醴酒待客便有怠慢之嫌。

「宮中御酒我哪裡品得到，乃是在盧尚書府中遊學，聽他老人家講的。」劉備曾與公孫瓚一同受業於盧植，「中興以來宮中有兩種御酒最為馳名，一者乃是南陽賒店，一者就是這濃香醴。」

「哈哈哈……」曹操不禁大笑，「玄德見識不俗啊！昔日光武爺起兵南陽，與酒肆中聚會群英，當時兵刃不足，打仗沒馬，騎了一頭牛，更不要說帥旗了。正逢酒肆的東翁也姓劉，光武爺就借了那家的酒旗當帥旗，那裡的酒因此成名，百姓因賒旗之事將其命名為『賒店②』。」

郭嘉也是潁川大族出身，卻從沒聽過這故事，又問：「那麼濃香醴呢？」

劉備道：「這也是光武爺欽點的貢酒，他在河北討王昌時喝過的，據耆老相傳還是光武爺與郭皇后成婚的喜酒呢！他老人家喝得高興，還特意作賦一首：『履佳地兮享酣宴，得傑士兮興吾漢；美酒兮助吾，志酬兮永。厚封賞兮吾誓，皇天兮照鑒。』先輩風流，令人神往啊！」郭嘉心明眼亮——劉備這廝雖不通什麼經籍，卻對帝王掌故這般熟悉！

曹操卻沒多想什麼：「玄德說這酒不能隨隨便便喝，你倒有何助興之法？」

劉備站了起來，早看見亭邊有棵梅樹甚是繁茂，枝葉探到了亭簷之側，上面滿是圓溜溜濕漉漉的青梅，便順手摘下幾顆，轉身道：「今日天氣陰濕，明公何不燃上一盞小爐，再在酒裡加上幾顆青梅。濃香之醴加上生津之梅，豈不更妙？」

「好，就依玄德！」

吩咐下去不多時，有僕人燃上小炭爐搬到亭中，撤去酒缸，換上大卣③，又加了幾顆青梅。一會兒的工夫便冒起了濛濛熱氣，青澀的梅子在酒裡打著滾，三人各自滿上再嘗——甜中有酸，酸中帶醇，果真是別有一番滋味。

幾盞酒下肚，正在熱鬧之時，劉岱又冒著小雨來了，還捧著一卷書簡：「啟稟曹公，偏將軍劉服有書信給您。」

劉備想要起身告退，卻被曹操一把拉住：「玄德也不算什麼外人，躲什麼？奉孝念來聽聽。」

郭嘉接過來朗讀。原來王子服在京師無事可做，靜極思動想從軍立功，懇請曹操發兵之日派他率領一軍充任抗袁先鋒。曹操聽罷沉默半晌，好半天才嘀咕道：「唉……看來我與袁紹之爭已不是什麼祕密，恐怕全天下之人都揣摩到了。王子的一片好心老夫領受了，但他乃是宗室貴胄，不宜披堅執銳以身犯險，此事不能答應。」這只是一個能公開的理由，還有一個不能公開的理由，曹操絕不想讓一個劉氏宗親建立軍功與自己分庭抗禮。

「明公所言極是。」郭嘉明白他所思所想，又補充道：「王子服雖然也打過仗，但畢竟是膏粱子弟，用此人禦強敵必然誤事。」

「嗯，」曹操點點頭，「既然如此，有勞奉孝替我回覆劉服，就說我領受他的好意，但先鋒就不要當了，叫他協助元讓戍守京師。此人自視甚高脾氣又怪，你說話務必要委婉些。」

「明白。」郭嘉這就起身，冒著雨隨劉岱一同去了。

郭嘉這一去，亭中就只剩下曹操與劉備兩個人了。劉服的這封信攪了彼此的興致，似乎把他們自美酒的酣暢淋漓中拉回了現實，兩人都低頭寡飲，思量著各自的心事。過了好半天，曹操突然發問：「玄德，你知道這濃香醴是何處所產嗎？」

劉備陪笑道：「在下若沒記錯，此酒乃是真定縣出產。」

「冀州常山國真定縣……」曹操重重吐出這幾個字，「那可是河北的地盤啊！若不戰勝袁紹，莫說朝廷詔命不能傳達，就連宮中御酒都沒得喝！」

---

② 劉秀飲酒賒旗之地，即今河南省南陽市社旗縣賒店鎮，這種酒就是近代「賒店老酒」的雛形。

③ 大卣，古代一種盛酒的器具，口小腹大，有蓋和提手。卣音有。

莫看劉備表面上嘻嘻哈哈，這些天他明著種菜，暗地裡卻藏著一件不可告人的祕密，突然被曹操找來喝酒已十分生疑，不過是逢場作戲強打精神罷了。這會兒聽曹操突然轉變話題，更是如坐針氈，把頭壓得更低，連大氣都不敢出一口。

兩人對坐良久，又聽天邊響起了轟隆隆的悶雷。黑壓壓的烏雲自東南方逼了過來，凜冽的冷風呼嘯而起，霹靂閃電接踵而至，纏綿的小雨頓時化作一片滂沱，園中的樹木被吹得東搖西晃，枝葉沙沙作響。劉備朝外面望了一眼，但見遙遠的天際風雲渦動，竟起了一團旋風，趕緊指給曹操看：「明公，那裡起了龍掛（旋風），咱們趕緊躲一躲吧！」

曹操自斟自飲，連眼皮都沒抬一下：「大丈夫行於世間，刀槍尚且不懼，些許狂風何足道哉？」劉備本指望找個藉口離開，卻見他不散，又勸道：「明公難道不知，這龍掛乃是神龍升天之際所為，席捲天地摧屋倒樹，還是避一避好。」

「龍？」曹操非但不懼反倒笑了，「老夫虛度四十餘載，倒不曾見過，龍到底是什麼樣的呢？」

劉備煞有介事道：「龍能大能小，能升能隱；大則興雲吐霧，小則隱介藏形；升則飛騰於宇宙之間，隱則潛伏於波濤之內……」

「不對不對。」曹操放下酒盞站了起來，「這些都是虛言，我曾讀王充之《論衡》，這世間根本就沒有龍。」

劉備卻不這麼認為：「上天星象有蒼龍、白虎、朱雀、玄武，故而地上亦有龍虎雀龜。」

「玄德之言何其謬也！蒼龍之象不過是世人命名，虎、雀、龜倒是四海皆有，卻有誰親眼見過龍呢？」曹操踱了幾步來至亭邊，眺望著蒼茫大地，任風雨呼嘯打濕衣襟，頓了一會兒，忽然轉過身朗聲道，「天地之性，以人為貴！昔日秦始皇平定六國號為祖龍，他就是乘雷升天的真龍嗎？龍之乘時變化，猶人得志而縱橫四海；龍之潛於伏波，猶人受困而韜光養晦。我看真正稱得起龍的，不是那虛幻之物，而是這世間或起或伏的英雄！」

劉備聽到「韜光養晦」四個字時，嚇得心頭一顫，以為曹操察覺到了什麼，又見他滿臉興奮心潮澎湃，似乎不是試探自己，便穩住心神恭維道：「明公高見……高見……」

「哈哈哈……」曹操仰天狂笑，拿起酒來一飲而盡，拍了拍劉備的肩膀，「玄德，你觀當今天下，誰擔得起英雄二字？」

劉備被他拍得差點趴在桌上，心中暗暗叫苦——他這麼問我究竟是什麼意思啊？難道聽到什麼消息了？難道看出我是在韜光養晦？

曹操還在笑：「現在亭中只有你我二人，出你之口入我之耳，大可放膽直言。」

「當世之英雄當屬明公您啊，您奉天子以……」

「欸！不要說我嘛，這天下還有誰可堪英雄二字？」

劉備心中惶懼至極，臉上卻還得竭力裝笑，拾起筷箸夾了一口菜，邊嚼邊道：「河北袁紹四世三公，門生故吏遍布天下，獨霸冀青幽并四州之地，部下精兵良將數不勝數，可堪英雄乎？」

曹操擺擺手：「袁本初承祖上遺德，並無大才。昔日好謀無斷，致使董卓進京禍亂天下，他雖比老夫兵精糧足，我卻不認他是個英雄！」

劉備微一蹙眉，又道：「有一人成名甚早，乃昔日黨錮之賢良，名在八俊之列，就是那坐鎮荊襄的劉景升，可算是英雄了吧？」

曹操一揮衣袖，面露不屑：「劉表徒負虛名，借張繡阻老夫於北，命黃祖防孫氏於東，憑蒯祺阻劉璋於西。他本人只知坐談風雅，這樣的人又怎算得了英雄呢！」

「孫伯符年紀輕輕席捲江東，如此少年才俊可稱英雄？」

提到這個人，曹操嘿嘿一笑：「孫策雖然名震江東，人稱『小霸王』，但一者借其父孫堅之威名，二者起家之兵得自袁術。此兒年紀尚輕，現在還只能算半個英雄吧！」

「那袁術算英雄嗎？」劉備脫口而出。

曹操越發冷笑：「塚中枯骨，僭逆蠢材，咱們論的是英雄，提此敗興之人作甚！」

劉備實在無人可說了，又夾了一筷子菜塞入口中，簡直味同嚼蠟，勉強搪塞道：「益州劉季玉，可堪英雄？」

「劉璋既無其父之才，又無其父之志，不過是守戶之犬耳，何足掛齒！」

劉備越發感到不安，愣一陣才道：「呂奉先……」

「玄德糊塗了嗎？怎麼連死人都想起來了。」曹操白了他一眼。

「哦。」劉備垂下了眼瞼，「活著的……那張繡、馬騰、公孫度等人又如何？」

曹操撫掌大笑：「此皆庸庸碌碌之輩，難成大事。」

劉備故作苦笑，搖了搖頭：「捨此之外，實在更無他人。」

「玄德啊，我的劉使君！」曹操湊到劉備面前，「我看你還不明白何為英雄吧？夫英雄者，胸懷大志，腹有良謀，有包藏宇宙之機，吞吐天地之志者也。」

劉備抬頭望著這個朗朗大言之人，天邊霹靂一閃一閃，刺眼的光芒映在曹操身上，把這個其貌不揚的矮子裝點得如鬼魅一般。劉備對視著他熠熠的目光，耳聽著外面的陣陣雷聲，心都快跳出來了，顫巍巍道：「那以明公之見，當今天下誰可稱英雄？」

曹操露出一絲詭異的笑容，拍了拍胸口，忽然伸出一指戳到了劉備胸前，低聲道：「你還提別人作甚？天下之英雄，惟使君與操耳！」

此語伴著天邊一個霹雷同時而出，劉備只覺腦子裡「嗡」的一下，驚得魂飛魄散坐倒在地，手裡的筷子竟嚇得掉落在地。

曹操本是玩笑之語，卻見劉備驟然變色，也是一愣——他為何這般害怕？劉備一心以為祕密洩漏大限將至，哪知曹操只是尷尬地望著自己，方悟原來這只是飲酒間的戲謔之詞。趕緊低頭拾起筷箸，摸摸胸口道：「哎喲喲，嚇煞我也，好響的一個霹雷啊！」

「雷？」曹操扭頭看看亭外，「雷有什麼可怕的？」

劉備拭去額頭的冷汗，佯裝笑臉道：「此乃『天取龍』啊！」時人傳說龍將升天之際遁身於木，天雷擊摧樹木，便是神龍乘雷上天之時，俗稱「天取龍」。

曹操聽他繞了一個大圈子，還是相信世上有龍，不禁撇撇嘴：「你要是一心以為世間有龍，我也沒辦法。反正神神鬼鬼的奇談多了，凡是說龍的話，我看只有桓譚在《新論》裡寫的那一句是實實在在的。」

劉備見他沒再深究，總算鬆了口氣：「在下沒念過多少書，不知他說些什麼。」

曹操森然道：「《新論》有云：『龍無尺木，無以升天；聖人無尺土，無以王天下！』前半句未必是真，後半句才是不折不扣的實話。」

言者無心聽者有意，這句話就像一把利劍，正插到了劉備的心上。聖人無尺土，無以王天下……即便有經天緯地之才、定國安邦之志，倘若連屬於自己的地盤都沒有，又怎能實現畢生的抱負？劉備又恐懼又悲痛，徑直往簷邊靠了靠，讓冰涼的雨水打在自己額頭上，壓抑著內心的苦楚，嘴上卻還得敷衍著：「這些讀書人的話，我可弄不明白。反正我相信這世上一定有平地升天的龍，哪怕只是擁有尺木的小龍，一定會有的……」

這會兒暴雨已漸漸轉小，又見劉岱帶著幾個僕僮跑了過來：「哎呀呀，當真不得了！剛才一個霹雷，擊倒了府門口的一棵桐樹，聽說城外還起了龍掛。我帶了兩件蓑衣來，主公回屋中休息吧！」

曹操拉了劉備一把，笑道：「走吧，咱們進去接著飲，改日再找你那條龍。」

劉岱又道：「方才孫乾先生派了馬車來，說天氣不好，叫使君快快回去。」

「哦。」劉備心中狂喜，總算可以脫身了，趕緊給曹操作揖，「曹公啊，今天酒也喝了不少了，咱們改日再聚吧！我那些菜也不知怎麼樣了，剛上的肥，豈不成了糞湯子啊！」

曹操想想就惡心，連連擺手：「走吧走吧。你這將軍當得真不露臉，有空多到營裡走走，別扔給雲長就不管了。」

劉備諾諾連聲，披上蓑衣之時，後背已經濕透了，也不知是雨水還是汗水……

河北軍議

就在曹操與劉備煮酒論英雄之際，河北袁紹已經擊潰了黑山軍。那些缺糧食、缺武器、缺馬匹的農民根本不是正規部隊的敵手，張燕不得不再次龜縮到深山老林中，公孫瓚唯一倖存的兒子公孫續意欲往并州結交匈奴部落，半路被屠格雜胡襲殺。至此，袁紹全面告捷。

對於曹操而言，處於中原四戰之地，要想保障許都安全就必須與袁紹儘早決戰。可對於袁紹來說，不存在強敵環顧的問題，這場決戰欲急欲緩可以自由選擇。

袁紹雖然完成了河北地區的統一，但還有些小問題。一者是前任幽州牧劉虞的餘部，二者是遼西、上穀、右北平活動的烏丸部落，三者是割據東北的遼東太守公孫度。對於這些不成氣候的小勢力，袁紹無須再興師動眾，或拉攏或冊封就可以解決了；但是若要進一步擴大地盤，那就必須與曹操兵戎相見了！

袁紹從要求曹操遷都鄄城那一刻起，就已經動了戰意；但隨著局勢的發展，這場決戰的阻力又越來越大了。由於消滅公孫瓚比曹操滅呂布慢了一步，導致步步落後：先是籠絡青徐地區土豪晚了，又錯過了援救河內郡的機會，接著拉攏關中勢力又遲了，就連老朋友劉表也沒有明確的承諾，這一步之差竟始終趕不上！袁紹深感不容再拖了，不待回軍鄴城，就召集文武商議南下之事。

中軍大帳一片肅然。淳于瓊、顏良、文醜、張郃、高覽、韓荀等武將坐於西首，田豐、沮授、郭圖、逢紀、審配、辛評等高參列於東面；大將軍袁紹正襟危坐滿臉矜持，渾厚的聲音震得人耳鼓發顫。

「我大漢立國近四百年，本為政清明黎民安泰。自董卓進京擅自廢立以來，四方割據圖謀異志，亂臣賊子甚囂塵上，朝廷社稷危若累卵，天下實已到了生死存亡之刻！」袁紹故意頓了片刻，見每個人臉上都泛起凝重之色，才繼續道：「就拿這逆賊公孫瓚來說吧，他謀殺劉虞圖謀不軌，重用酷吏屠戮百姓，不經奏請私立冀州、青州、兗州三州偽職，又勾結黑山賊寇禍亂代北近十載，幸有本將軍統帥三軍英勇奮戰，河北豪傑爭相影隨，才將這凶徒剷除！」提到平定河北之事，他矜持的臉上掠過一絲得意，「此不獨為本將軍之榮耀、在座列位之榮耀，更是朝廷之福、社稷之福……」

長史田豐愁眉苦臉低著頭，袁紹的慷慨陳詞他一句也沒聽進去，腦子裡想的完全是另外一件事。就在攻破易京誅滅公孫瓚隔天，行軍主簿耿苞神祕兮兮來找他，說什麼「赤德衰盡，袁為黃胤，宜順天意，以從民心」，按照五行的說法，漢室炎劉屬火德，而土能掩火，耿苞稱袁氏土德，豈不是說袁氏該代替劉家成為皇帝嗎？田豐素以漢室忠臣自詡，將耿苞痛罵一頓，後來與沮授、郭圖、辛評等人私下談起，都道耿苞也跟他們說過類似的話。田豐並不擔心這幾句瘋話，擔心的是為什麼耿苞敢在手裡寫個「袁」字滿營轉。這該不會是袁紹叫他這麼做的吧？難道他苦苦追隨的大將軍也一門心思想當皇帝嗎？

袁紹已漸漸引入正題：「公孫瓚不過一邊僻小丑，端坐許都自號三公的曹操才是普天之下最大的奸賊！他在天下紛爭之際趁火打劫，劫持聖駕遷都許縣。此後霸占朝堂幽禁天子，卑侮王室敗亂綱紀，坐領三台專制朝政，圖害忠良箝制百僚。這般無法無天之人，不除之無以伸正義，不殺之何能安天下！所以……」袁紹左看看右看看，「本將軍有意盡起河北之兵清君側討不臣，擒殺逆賊曹操，梟其首級告慰漢室宗廟！列位意下如何？」

剛剛消滅公孫瓚、擊潰張燕，還沒來得及緩口氣，袁紹又要興兵南下。眾文武聞聽一陣譁然，交頭接耳議論紛紛，有的搖頭有的點頭，卻無人響應他的問話。袁紹一陣皺眉，見只有田豐二目低垂默然無語，料是有過人之見，便問：「長史有何高見？」

田豐還沉寂於那件心事，竟充耳不聞。

袁紹擺擺手示意大家安靜，又問了一遍：「長史對南下滅曹之事有何高見，不妨當眾說來聽聽，咱們共同參詳。」說罷見他還沒反應，輕聲呼喚道，「長史……元皓兄……」

「啊？」田豐覺袁紹呼喚不禁一愣，竟將心事隨口道出：「主公也想當皇帝嗎？」

這句話一出口，滿營之人無不愕然。袁紹臉上一陣紅一陣白，強壓怒火尷尬地笑了笑：「哈哈哈……元皓莫非與我玩笑？」

田豐頓覺失口，趕緊低下頭不言語了。坐在旁邊的逢紀素與田豐不睦，天天瞪大了眼睛尋他的短處，這會兒見他無意中說出這樣的話，趕緊揪住不放：「大膽田豐！天日昭昭眾目睽睽，何敢出此無父無君之言！你說這話是什麼意思？」

田豐可擔不起這麼大的罪過，趕緊拜倒在地說了實話：「非屬下狂言，前日耿苞來至我營，言主公當代炎劉為天子。屬下深感此言狂悖不臣，憂慮於心才脫口而出。」霎時間，所有人的眼光都惡狠狠掃向了站在帳口的耿苞。

耿苞身為行軍主簿，還不夠與他們同座而論的資格，但立於帳口也聽得明白看得真切。見田豐在人前抛出這事，耿苞嚇得身子發麻跪倒在地，以膝代足爬進大帳，野貓般叫道：「冤枉冤枉！我沒說過這樣的話，田豐血口噴人！」

「你才是血口噴人的小人！」不待田豐與他分辯，三軍統帥沮授便搶先罵道，「這樣的話你不單跟元皓兄說過，也跟我說過，以為我不記得了嗎？」

郭圖也把眼瞪起來了，向袁紹拱手道：「啟稟主公，耿苞也跟我說過類似的話，實不知其居心何在！」緊接著張郃、高覽、審配等都紛紛發言，唯有逢紀沉默不語。

袁紹的心怦怦直跳——五行終始這番話確實是耿苞編的，但卻是在他的默許下宣傳開的，他讓耿苞試探滿營文武，看大夥有沒有勸進之意。結果不甚理想，除了逢紀等少數親信，大部分人都不贊同他當皇帝。田豐當眾把這事抖出來，若是耿苞說出是他指使的，那他可當真無地自容了。袁紹儒雅的臉上頓顯殺機，手據帥案站了起來，冷森森道：「大膽刁徒，你怎麼敢說這種大逆不道的話？」

耿苞腸子都悔青了，這麼多人指證自己，推卸是推卸不掉了，又不敢實話實說，只好硬著頭皮死撐道：「漢室衰微朝不保夕，賊臣曹操挾君作亂。將軍四世三公威名遍於天下，河北豪傑效死相隨，正該承繼大統君臨天下，百姓才得所歸，士人才得所企，這可是在下一番肺腑之言啊！」

「放屁！」郭圖一對鷹眼瞪得快凸出來了，「這是什麼肺腑之言？這是陷主公於不義！」

沮授更是義正詞嚴：「大漢天子何負於你？大將軍何負於你？你當的主簿又是哪國大將軍的主簿？你這不忠不孝不仁不義的畜生！」

「殺！殺！殺！」淳于瓊、高覽、顏良等將也隨之嚷了起來。

逢紀見此情景也趕緊表態：「如今天下洶洶刀兵四起，正是誅滅叛賊復興漢室社稷之時。主公生於公侯之家，久沐朝廷之德，曹操那等挾君篡逆尚知假尊天子，何況咱們主公？你現在說這種話，也太不知天高地厚了。」逢紀生性狡猾話裡有話，他所說「你現在說這種話」暗含著言之過早的意思，表示並不反對，這是故意講給袁紹聽的。

袁紹這會兒哪還有心思聽他搗鬼，生恐眾人再逼問耿苞就要招出來了，狠狠一拍帥案：「來人吶，把他給我拉出去斬了！」

耿苞癱倒在地：「大將軍饒命！是……」

「住口！」袁紹趕忙喝止，「不許你再胡言亂語！」

逢紀深明其中奧妙，趕緊抓起杌凳一躍而起，朝耿苞頭上重重擊去。這一杌凳打得他眼冒金星幾乎昏厥，話還未說出口，迷迷糊糊便被帳前武士拖了出去。

「這小人敢陷主公於不義，真氣死我啦！」逢紀叉著腰假模假式說了兩句便宜話，這才放下杌凳重新坐好。

袁紹頹然落坐，長出一口氣，見田豐還跪著，心中既怨恨又無可奈何，還得裝出笑臉：「元皓快快起來，幸虧有你當眾揭露，若不然這等流言蜚語傳出去，大損本將軍聲望啊！」

田豐抬起頭朗聲道：「望大將軍以袁公路為鑒，以天下蒼生為重，切不可萌自立之心。慎之慎之！」

袁紹見他還說，甚感沒面子，不耐煩地揚手道：「不必講這些了，全都是小人造謠，本將軍四世三公豈能行此悖逆之事？」

田豐半信半疑頹然落坐，心頭的疑雲更深了。袁紹本想向他徵求南下的意見，沒想到勾出這件事，還以為田豐借此抗拒，便不再問他，幹脆直截了當說：「我欲發河北大軍征討逆臣曹操，諸君可有異議？」

「萬萬不可。」總監軍沮授出言反對，「近討公孫，師出歷年而百姓疲敝，倉庫無積，賦役方殷，此河北之深憂也。為今之計當予兵休養，安撫百姓，再修表章獻捷天子，稟報殄滅公孫之事。

倘若曹操阻我表章斷我言路，大將軍可進屯黎陽漸營河南，多造舟船繕修器械，分遣精騎抄其邊鄙，令曹操煩擾不得安寧，咱們以逸待勞，如此可坐定也！」

話音未落，郭圖就唱起了反調：「沮監軍，在下倒要問您一言，您所謂『漸營河南』該是怎樣的營法？『抄其邊鄙』又該派多少兵馬呢？要涉過大河在曹操地盤上動武，困難重重道路遠隔，兵派少了打不出效果來。與其空勞時日，倒不如大舉出兵，一鼓作氣剿滅曹操。」

袁紹眼前一亮：「公則贊同出兵嗎？」

「我贊同！」說著話郭圖站了起來，恭恭敬敬作了個揖，朗聲道：「兵書有云：『十圍五攻，敵則能戰』，今以明公之神武，連河朔之強眾，伐曹操易如反掌。今不時取，後難圖也。」

「公則之論甚是可笑！」沮授又反駁道：「河北之地百姓殷實土地肥沃，豫兗二州數經災禍民生凋敝；我軍坐斷一方後顧無憂，曹操地處中原隱患甚多。若能長久對峙，必是我軍愈強曹操積弱，而你卻道『今不時取，後難圖也』，這根本就不成理由嘛……」

袁紹卻插言道：「我看未必，公則這話也不無道理。」沮授聽來全然不成理由，他聽來卻值得深思。袁紹親眼目睹了曹操的日益壯大，雖每每出言詆毀，卻自認用兵之才及不上人家，如今他有冀、青、幽、并四州之眾，占據絕對優勢，恨得不趕快將曹操剷除，絕不能任其再發展下去。更為重要的是袁紹考慮到自己已年至五旬，老天爺給他打天下的時間越來越短了，即便消滅了曹操也僅意味著北方大定，以後的仗可能還很多。最近他時常感到精神不濟，體力也大不及從前，再拖下去還能不能在有生之年統一華夏呢？

郭圖見主公偏向自己，越發有恃無恐：「今日之事勝敗已見！主公若合四州之眾，帶甲之士可得十餘萬，而曹操之兵不過三四萬，以多擊少兼弱攻昧，直搗許都易如反掌也！」

田豐忍不住反駁道：「不戰而屈人之兵，是為上策。勸耕植修武備輕兵擾敵，自然瓜熟蒂落水到渠成。」

逄紀馬上針鋒相對：「今天下豈有自縛授首之徒？不打不倒，不攻不破，我看這仗是必須要打的！長痛不如短痛，宜早不宜晚。」

本是郭圖與沮授辯論，他倆這一摻和，其他人也跟著攪了進來。除了許攸乃曹操的舊友、荀諶是荀彧的兄長，兩人避嫌不發言，其他文武都紛紛表態。審配、淳于瓊、顏良、文醜主戰，辛評、張郃、高覽、陳琳等極力反對，中軍帳裡吵吵鬧鬧亂作一團。

「夠了！」袁紹一拍帥案，大家都安靜下來。他沉著臉環視帳中之人，「曹操霸占朝廷專擅國政，在本將軍頭上作威作福，決不能叫他再猖狂下去！我意已決，回軍鄴城之日即刻料理後方諸事，調集各部人馬大舉南下，定要將此賊迅速剷除！」

沮授見他這般剛愎，急切諫言：「主公啊，救亂誅暴謂之義兵，恃眾憑強謂之驕兵。義者無敵，驕者先滅！曹操奉迎天子，建宮許都，今舉師南向，於義有違。且廟勝之策不在強弱，曹操法令既行士卒精練，非公孫瓚坐受圍者也。今棄萬安之術，而興無名之師，竊為公懼之！」

袁紹聽他又是君臣大義又是悲觀言敗，心中甚是不悅，抬手道：「這件事已然定下，監師不要再說了。」

連逄紀也譏諷道：「長他人威風，滅自己銳氣，迂腐啊迂腐！」

郭圖更是咯咯冷笑，朝沮授拱了拱手道：「武王伐紂不為不義，況兵加曹操，而云無名？且大將軍兵卒精勇，將士思奮，而不及早定大業？昔日范蠡謂勾踐『天與不取，反受其咎』，此越之所以霸，吳之所以滅也！監師久掌兵權，所發議論怎這般短見？打仗講究隨機應變，豈不聞『兵無常勢，水無常形』？」言語中頗有輕慢之意。

隨機應變的論調沮授並不反對，但現在出兵卻是他所不願的。他久任統帥，深知滅公孫瓚的代價，連續打了這麼多年，士卒疲憊期盼休養。他不屑地瞟了郭圖一眼，意味深長地道：「隨機應變，說著容易做起來難啊！上至咱們大將軍下至各部將校，哪個能比曹操老謀深算？」

袁紹最不願聽人家說自己不如曹操，狠狠瞪了沮授一眼：「我意已決無須再言！速速致書沿河諸縣，叫他們先行修築營壘，預備大軍屯駐。逢元圖留下，其他人散帳。」

沮授知道自己招了忌諱，望了田豐一眼，彼此都是滿臉無奈，起身作揖而去。其他人也紛紛起身，有的摩拳擦掌，有的搖頭歎息，唯有郭圖坐在杌凳上紋絲未動。

逢紀知道袁紹必有私密之事交代自己辦，見郭圖賴著不走，趕忙笑呵呵問道：「公則兄還有什麼事嗎？」他與郭圖的關係也不是很好，但忌憚此人陰狠冷峻，不敢像對付田豐那樣輕易招惹。

郭圖瞥了他一眼，不屑地撇撇嘴：「我有要事跟主公說，你先出去！」

「你……」逢紀見郭圖這般驅趕自己，心中甚是不服，但畢竟招惹不起，「你可快些說，我還有事兒呢！」說罷悻悻出了大帳。

郭圖緊盯著逢紀背影，直到見他出了帳口拐個彎不見了，才湊到帥案前說：「主公，有件事請您多加留意。」

袁紹見他神祕兮兮的，立時關注起來：「什麼事？」

「此番南下仍以沮授為帥不太合適吧？」

「嗯？」袁紹一愣，思想片刻覺得有些道理，「沮授不贊成此時用兵，若仍然以他指揮軍隊，難免畏首畏尾錯失戰機。」

郭圖窺覬兵權已久，早欲取沮授而代之，借此機會大進讒言：「豈止是錯失戰機，我看此人還會壞了主公的大事呢！」

「此話怎講？」袁紹越發警覺。

「沮授久典兵馬，監統內外威震三軍，又立過些功勞，難免居功自傲結黨營私。今天您也看到了，明明主公已經決定的事情，他還要說那些風涼話，足見日益驕縱。長此以往有了尾大之事，主公將何以抑制？」

要說沮授鬧些想法，袁紹承認，但要說他有不臣之心，袁紹卻不怎麼信，畢竟他統帶三軍兢兢業業。與其說河北四州是袁紹打下來的，還不如說是沮授替袁紹打下來的！袁紹蹙眉良久，搪塞道：「話雖這樣說，然沮授典軍已久，無故更之，軍心必然浮動。」

「主公既知更換沮授軍心浮動，難道就不想想這是為什麼嗎？」郭圖一臉陰霾，「就是因為他權力太大，已經與張郃、高覽等人有了默契。今日他不主張速戰，那幫人就跟著他說，您沒注意到嗎？」

袁紹本來耳根就軟，聽了這番話頓覺有理：「他們都成了一夥？」

「是不是一夥在下不敢斷言，但軍權不可旁落。《三略》有言，臣與主同者昌，主與臣同者亡！尾大之事不可不防啊！」

袁紹矜持的臉上已滿是不安：「也不至於吧？」

「且不論沮授忠誠與否，單論此番南下用兵，恐怕不宜再以此人總統三軍了吧？萬一兩軍對戰之際他與主公意見相左，因一時之憤串通曹操幹出什麼蠢事來，那……」郭圖故意只說一半。

「是要小心吶！」袁紹的臉頰輕輕抽動了一下，冷冰冰道：「既然你全力主戰，自今日起就由你暫代沮授之職，待克定曹操之日再叫他官復原職。」

「謝主公。」郭圖暗自冷笑——克定曹操有不世之功，那時沮授豈還有資格跟他爭？

袁紹雖把權力給了他，卻知郭圖剛有餘而柔不足，皺著眉頭問道：「你既為統帥，可有什麼破敵制勝的計謀？」

郭圖笑道：「軍貴疾而不貴久，既然已決定南下，主公就該火速行動。我建議不要回鄴城了，趕緊領中軍屯駐黎陽，其他各路兵馬可以隨後趕往，但務必要作出一個臨河威懾的態勢，先在氣勢上壓倒曹操，那時大河以南人心惶惶，這仗就容易打了。」

袁紹覺得有點道理：「我考慮考慮，你先回去吧！」

「考慮考慮？」郭圖一愣，「主公，戰議已定便不可遲疑。如果叫曹操搶先一步，那就影響士氣了。望您速速決斷搶占先機啊！」

袁紹不耐煩了：「我不是已經命令沿岸諸縣修築營壘禦敵了嗎？另外還要進一步拉攏劉表、張繡，結成泰山壓頂之勢。等這些事情都做好了再出兵。」他手撚鬍鬚胸有成竹，不想再聽郭圖嘮叨下去了，「你先去安排吧，順便把元圖給我叫來。」

郭圖瞭解袁紹的脾氣，不敢再言趨步退出，又見逢紀正靠在帳邊發呆，連句話都不屑跟他說，朝大帳撇了撇嘴便揚長而去。逢紀暗罵郭圖狂妄，卻不敢與他爭執，趕緊滿臉堆笑忙不迭跑進大帳，湊到袁紹面前：「主公有何吩咐？」

「你替我去一趟青州。」

「去青州？」逢紀與袁紹幼子袁尚關係密切，卻與坐鎮青州的袁譚不太和睦，不大想領這個差事，「備戰之際去青州幹什麼？」

袁紹冷笑道：「最近我兒送來幾封書信，是袁公路託他轉來的。」

「嗯？袁術無緣無故寫信幹什麼？」

「他那個皇帝在淮南混不下去了，打算北上投靠咱們。」袁紹幸災樂禍道：「多虧曹操手下有我一個族弟袁敘在濟陰，他幫咱們牽線搭橋才把消息傳過來的。」

逢紀還是不明白：「那我去青州幹什麼？」

「袁術如今兵微將寡，恐怕難以闖過曹操領地，你去督促我兒發兵迎候一下。另外……」袁紹眼中迸出一股貪婪的光芒：「接到我那兄弟之後，把他手上的傳國玉璽給我拿過來！」

原來如此，主公想要玉璽……逢紀連忙陪笑：「放心吧，我一定把傳國寶給陛下您捧回來！」

袁紹聽他口稱陛下，連忙斥責道：「別胡說八道。」但心裡卻是美滋滋的。逢紀見他高興，趁機探問道：「剛才郭公則跟您說什麼？」

「沒什麼。」袁紹避重就輕，「沮授不贊同速戰，我已改任他為三軍總監。」

「啊？」逢紀暗叫不好——此事與袁紹家務有關。袁紹長成之子有三，長子袁譚、次子袁熙、三子袁尚。袁譚治軍多年頗有才幹，只是待人刻薄，袁紹寵愛相貌儒雅的三子袁尚，常流露出廢長立幼之意。屬下因此分為兩派，審配、逢紀擁護袁尚，郭圖、辛評主張立袁譚，至於田豐、沮授等都沒有明確表態。立幼派中審配是河北第一豪族，逢紀深受袁紹信賴；而立長派的郭圖、辛評都是客居河北的潁川人，沒有與他們爭鬥的本錢。現在郭圖把軍權搶去，無形中使袁譚添了軍隊為政治籌碼，這可嚇了逢紀一大跳，連忙勸諫：「主公切不可令郭公則總攬大權！」

「為什麼？」

「此人鷹視狼顧絕非良善之輩，再者他與大公子相交深厚，難道主公不怕他挾制軍隊向三公子發難嗎？」

又來了這麼一位。袁紹也煩了，擺手道：「行了行了，你們都是這一套話，搞得我都不知道該信任誰了。暫且這樣安排，有什麼事等平滅曹操以後再說。」

「到那時就完啦！」逢紀也是同樣的話，「兵權不可旁落於他人。」

「不要再說了，郭公則力主速戰，此番南下我一定要用他。」

逢紀眼見無可挽回，索性和稀泥道：「主公既然執意堅持，在下不敢強求。但兵權利器萬萬小心，專任一人不如分設督率，令多人各點一軍相互制約，也免得有人起不臣之心。」

「嗯，這倒是個好辦法。」袁紹素好猜忌，覺得這是個可行之策，也可緩解更換沮授的影響，便拍板道：「我看這樣吧，從今以後撤銷三軍總監之職，將所有兵馬集合到鄴城，平分為三部，改設三位都督。沮授為其一，郭圖督一部，另外淳于瓊也當都督。」淳于瓊自洛陽之時就跟隨袁紹，頭腦單純忠心耿耿，有了這個對袁紹絕對忠誠的人，就可以避免沮授、郭圖勢力坐大。

但袁紹忽略了一個問題，回軍鄴城規劃各部兵馬浪費不少時間，三部人馬互不統屬又會產生矛盾。他先是拒絕採納沮授的穩妥之策，又在大戰以前浪費時間，這把郭圖搶占先機的計畫也給耽誤了。

第七章

暗箭難防，皇帝在背後陰了曹操

縱虎歸山

濟陰太守袁敘雖然愚蠢，但還是可以猜到自身處境。曹操決戰袁紹之前不會輕易動他，還要把他當成汝南袁氏忠於朝廷的幌子，但打完仗之後可就不客氣了。若曹操戰勝，要肅清的人肯定有他，畢竟名字前面有個「袁」字，那是無法洗脫的原罪；可若是曹操戰敗，則處境更可怕，那個不遠不近的族兄殺過來，必要扣他個協助逆臣為虎作倀的罪名。

袁敘思來想去，最終決定鋌而走險。他知曹操監視自己與鄴城的來往，便轉而派心腹家人勾結青州袁譚，進而又充當袁術北上的聯絡人。事情進行得十分順利，袁敘也暗中打點行囊，打算祕密逃亡徐州與袁術會合。但即便他加了十二萬分小心，還未出濟陰的邊界，就被薛悌的人拿住，兩封重要的書信也被截獲。薛悌看罷書信大驚失色，感覺事態嚴重不容怠慢，即刻將袁敘披枷帶鎖打入囚車，將郡中事務全權交託呂虔，攜帶兩封書信趕往許都呈交曹操。

曹操得到袁紹在河北大起營壘的消息，料知他已決意對陣，趕緊策劃出兵迎戰，見薛悌突然跑來，不禁皺起了眉頭：「孝威啊，你也是一郡之將，大戰在即，這等小事豈用你親自跑？打發個小吏押著囚車給我送來也就罷了。」

「主公不知，袁術陰謀北上青州啊！」薛悌忙把截獲的兩封密信擺到帥案上，「看其中言語恐怕已經不是第一次通信了，我一心防備北面，沒想到袁敘這廝會跟袁術串通。請主公治我失察之罪！」

「這不是你的錯。袁敘自找倒霉，你還攔得住嗎？至於那袁術，驕奢淫逸揮霍無度，弄得天怒人怨眾叛親離，我早料到他有窮途末路這一天。要是不腆著臉皮投他兄長，那才真見鬼呢！」曹操滿不在乎地拿起一張帛書打開觀看，是袁術給袁紹寫的親筆信：

漢之失天下久矣，天下提挈，政在家門。豪雄角逐，分割疆宇。此與周末七國分勢無異，卒強者兼之耳。加袁氏受命當王，符瑞炳然。今君擁有四州，民戶百萬，以強則無以比大，以德則無所比高。曹操欲扶衰拯弱，安能續絕命救已滅乎！謹歸大命，君其興之！

曹操看罷笑了：「袁公路當了幾年土皇帝，武略才幹越來越不濟，但整天寫偽詔，文筆倒是大有長進。這滿篇都是向袁本初服軟投降的話，就是不見『投降』二字。高！實在是高！」

薛悌憤憤道：「僭逆袁術昔日鄙視袁紹為婢女所生，如今窮途末路竟又屈媚賊兄，真真厚顏無恥！袁紹也是個不長記性的，把豫州之爭都忘了，周氏兄弟的仇也不管了，還允許他來。這對兄弟都是朝秦暮楚全無心肝的東西！」

「你想錯了。袁紹自然不在乎袁術那點兒殘兵敗將，顧念兄弟之情更是胡扯，他要的是袁術手裡那顆傳國玉璽！」曹操滿臉嫌惡，「符瑞炳然……光靠一方玉璽就能定天下嗎？」

薛悌又拿起另一張帛書塞到他手裡：「您再看看這個，這是袁敘寫給袁紹的，其中措辭更是悖逆，足以給袁氏兄弟定罪！」

曹操微微一笑，取過來再看：

今海內喪敗，天意實在我家，神應有徵，當在尊兄，南兄與臣下欲使即位。南兄言，以年則北兄長，以位則北兄重。便欲送璽，恐曹操斷道。

「又是南兄又是北兄的，叫得多親呢！可真夠他忙活的！」曹操越發冷笑挖苦，「袁敘這傢伙也算個世間奇人，無論咱以為他有多蠢，他總能辦出更蠢的事來給咱看！巴結袁紹還算有點志氣，巴結袁術那狗都不睬的爛屎，虧他是怎麼想出來的！」

「人我已經押來了，您要不要見一下？」

「不用見了，我才沒工夫搭理那等下作東西呢！叫他把脖子洗乾淨了，起兵之日我好砍他的腦袋祭旗！」曹操目光炯炯，「袁術譏諷我欲扶衰拯弱，那我就做給他們瞧瞧，不但要勝袁紹，還要把他們打得體無完膚！」

「當務之急咱們應當調遣兵馬，將袁術迅速殲滅。」薛悌提醒道。

「殲滅我看就不必了，他已缺兵少糧窮途末路，根本沒有跟我鬥的本錢，將其阻擋回去就夠了。你不用擔心，老夫自有安排。」曹操還不想滅了袁術，留著他還可以繼續牽制孫策。而且袁術是僭逆偽帝，除了袁紹沒人會給他幫助，只要不北上與袁紹合流，根本不存在什麼威脅。曹操把兩封書信丟到薛悌懷中，「我正愁師出無名，他們就主動給我個把柄。你把這兩封信給荀令君送去，叫他即刻寫份表章，這次我要公開袁氏兄弟的陰謀，讓天下人瞧瞧，這幫四世三公的子弟究竟是什麼嘴臉！」

「諾。」薛悌應了一聲，又建議道：「袁氏門生故吏甚多，要不要將朝裡與袁氏有關係的人都徹底盤查一遍？」

「千萬不可。若搞得雞犬不寧人人自危，滿朝輿論必歸咎於我，那太失人心啦！」曹操眼中露出一絲無奈，「只要不出什麼亂子，暫且睜一眼閉一眼，有什麼帳以後再算！」

薛悌瞪著一對鷹隼般的眼睛，依舊咬住不放：「明公寬仁固然是好，但似袁敘之事恐非一例，即便不能盤查朝中文武，那袁氏一族總得加點兒小心。別忘了，在汝南還有不少袁家的親戚故舊呢！」

「這個我早有打算，你不必管了。先把表章之事辦好，然後火速回轉泰山。聽說昌霸很不安分，連臧霸、孫觀那幫老朋友的面子都不看了，公然與黃巾餘寇徐和來往。可得把他看住了，東邊好不容易穩下來，別叫他這個時候給我添亂！」

薛悌走後，曹操讓王必去行轅把劉備、朱靈、路昭三將找來，差派他們領兵阻擋袁術。接著親自寫下一封書信，給屯兵汝南的振威中郎將李通，命令他監視袁氏族人動向。又招妹夫任峻、內弟卞秉，叮囑糧草運輸、軍械修繕之事……等把手頭的軍務有條不紊處理完，還忙中偷閒到後面抱了抱小兒子，估計荀彧已將表章寫得差不多了，這才更換朝服準備車馬，前往皇宮與之一同面聖。

有袁紹勾結僭逆、索取傳國玉璽的證據，足可以要求天子明發詔書討伐叛逆。曹操來至皇宮穿過儀門，遠遠就見荀彧手捧表章早準備好了，而少府孔融竟也跟在他身邊，念念叨叨不知說些什麼。

「文舉兄，什麼風把您吹來了？」曹操雖膩歪這個饒舌的傢伙，但面子上還得客客氣氣的。

孔融滿臉悲憫之色，低聲道：「禰衡死了……」

那禰衡天性傲慢，當初擊鼓罵曹惹得曹操震怒，曹操以邊讓之事為鑒不擔害賢之名，將其綁縛馬上遣往荊州，有借刀殺人之意。這會兒曹操得知自己陰謀得逞，心中甚是愜意，卻裝作一臉無辜道：「哎喲喲！早知如此我真不該把他派到荊州，劉景升也算是當代名士，怎忍誅殺賢良？真真豈有此理！」

孔融垂頭喪氣：「不是劉表，是黃祖下的毒手。剛才與韓嵩閒聊，偶然說起的，已經死了倆月了。」

原來那禰衡剛到襄陽時，劉表甚服其才，待之禮數有加，又常請他撰寫詩文。可日子一長，禰衡那桀驁不馴的臭脾氣又發作了，對劉表冷嘲熱諷頗有詆毀，劉表明著敷衍暗裡記恨，也跟曹操一樣不願擔害賢之名，又把他遣往江夏太守黃祖處。黃祖武夫出身性子急躁，自然容不得禰衡那等人，幸有黃祖之子章陵太守黃射附庸風雅時常回護。後來孫策欲伐江夏，黃祖也謹慎備戰，有一日在艨艟船上大會諸將，禰衡狂性又發公開辱罵黃祖為「死公」，黃祖恚怒至極將其斬殺。黃射憐愛其才厚加棺殮，將禰衡葬於長江之中的鸚鵡洲①上，終年二十六歲。

孔融一一講來悲痛欲絕，曹操卻覺解氣，拍著他的肩膀假模假式安慰道：「禰正平素有狂悖之性，今因惡言喪於黃祖之手，這也算是死得其所了！文舉兄不要再難過了。」

孔融拭去眼角的淚水道：「當初禰正平奉明公之命去往荊州，按理說也是朝廷的人，他孤墳立於大江之中，還請朝廷派人將靈柩迎回，運至家鄉安葬。」他入宮找荀彧就是為了這件事。

曹操哪管這麼許多，搪塞道：「天下戰亂未平，朝廷政事繁多，此又非急務，過一陣子再說吧！」說罷就要上殿。

孔融忙跨兩步攔在曹操身前：「明公怎忍心讓禰正平客死他鄉？莫忘了『唯送死者以當大事』的道理啊！」

曹操見這饒舌佬又把自己纏上了，苦笑道：「文舉兄，荒亂之際多少人不能魂歸故里？你也在北海抗過黃巾，一場仗下來無數人命喪沙場，能埋上就不錯了。莫說旁人，我親兒子死在淯水河裡，屍首沖到哪兒去了我都不知道！」

換做旁人聽到這番話必定不再堅持了，可孔融偏偏還要爭辯：「那不一樣！小將軍是戰死的，禰正平可是奉您的差使去荊州的，您總得負責到底吧？荀爽、何顒的靈柩不也讓段煨送過來了嗎？為什麼只慢待禰衡呢？」

曹操見他沒完沒了，扳開揉碎跟他講理：「禰衡是我派出去的，但最多算我一個掾屬，又不是朝廷大員，他能跟荀公、何顒那些人比嗎？文舉兄節哀，這樣的事太多，管得過來嗎？」

「您這是『愛欲其生，惡欲其死』！」孔融倒先火了，「您跟何顒有舊，又與令君、軍師相厚，所以才把他二人運回。禰正平辱罵過您，所以您坐視不理！」這番話把荀彧也給拉進去了，本還想勸兩句，這會兒也不好說什麼了。

曹操的脾氣也不小，但大事當前沒工夫跟他計較這些雞毛蒜皮，便作揖道：「好好好，就算我『愛欲其生，惡欲其死』，可您不也這樣嗎？與您不相干的人死了您幾時操心過……別說了，聖上還等著呢！老夫向您告假，行不行啊？」

哪知孔融愣，繼而冷笑道：「老夫？『大夫七十致事，自稱曰老夫』，明公強仕之年自稱老夫，未免有些過了吧？」

曹操被他說得臉上紅一陣白一陣的——《禮記》有云：「人生十年曰幼，學；二十曰弱，冠；三十曰壯，有室；四十曰強，而仕；五十曰艾，服官政；六十曰耆，指使；七十曰老，而傳。」按照這種說法，人到了四十歲才能當官，七十歲才能自稱為老夫。但是世事流轉，那一套老規矩早行不通了。曹操在軍中跟年輕人混慣了，一向就是自稱「老夫」，今天不過是隨口道出一句，就被孔融逮住不放，氣得牙根癢癢，卻又拿這個冥頑不靈的傢伙沒辦法。

---

① 鸚鵡洲，長江江心的一座小島，水流衝擊而成，現今湖北武漢還有此遺跡。

孔融再說下去非把曹操的火鬥上來，荀彧看不下去了，插嘴道：「文舉兄，禰衡乃平原郡人士，即便將其靈柩運回，現今之際豈能送歸故鄉？」一句話就把孔融問沒詞了。平原郡地處青州，是袁家的地盤，現在袁紹隔絕朝問道路不通，禰衡的靈柩想運也運不過去。

曹操見孔融無話可說了，不冷不熱道：「令君說得有理，朝廷使者是辦不到了，難道文舉兄願意以個人名義自領此事？」孔融與袁譚久戰北海，若去了青州肯定沒命回來了。

孔融這才意識到自己強人所難：「唉，那就等以後再說吧！」

曹操正要請奏討袁之事，靈機一動：孔融這傢伙總在自己面前說三道四，讓他見識一下我在皇上面前的威風，以後少在我面前指手畫腳。想至此曹操猛然拉住孔融手腕，換做笑臉道：「且慢！文舉兄既然開了口，我自有辦法辦成此事，且與我一同上殿面君。」孔融半信半疑，但還是隨著二人登階進殿。

皇帝劉協早就升殿落坐，面沉似水倚在龍案前，見曹操等人跪倒施禮，他連手都懶得揚一下，隨口道：「起來吧，突然求見寡人有何要事？」說話愛答不理的。

自從曹操消滅呂布歸來，皇帝對其態度愈加冷淡，不但將董承晉為車騎將軍，言語間也常有不滿，故而君臣關係冷淡。曹操自那日陪同段煨來過一次，便再沒有上殿問安。今天見皇帝又是這副德行，便不答其問，朝荀彧使了個眼色。

荀彧捧起剛寫好的表章道：「大將軍袁紹與僭逆袁術勾結，索取傳國玉璽圖謀不軌之事。臣上表彈劾，懇請陛下明發詔書公布天下，並以曹公為帥討伐此逆賊。」

孔融揣著滿肚子糊塗跟進來，聽他這麼一奏，驚得目瞪口呆，險些失手掉了笏板。早有侍御史接過表章交至龍書案上，劉協卻瞅都不瞅一眼，木然道：「兵戎之事全憑曹公做主，還跟朕說什麼？」聽那口氣彷彿跟他一點兒關係都沒有。

荀彧聽他這句話冷得能凍死人，忙硬著頭皮再次奏道：「討伐不臣乃朝廷大事，懇請陛下明發詔書。」

「令君這是笑話！」劉協冷笑道：「誰不知這天下的詔書都是令君你說了算？有沒有朕點頭還不是一樣？」

荀彧聞此言如受酷刑，連忙跪倒磕頭口稱不敢。

「征伐河北之事還需再議！」孔融突然高叫一聲。

曹操笑呵呵道：「孔大人何故駁此議？那袁紹大逆不道之事現已發露，自當起王師儘快誅滅。收復河北四州之地，也好將您那位朋友運回去安葬啊！」

孔融也不向上舉笏了，轉過臉逕對曹操道：「那袁紹地廣兵強，田豐、許攸，智計之士也，為之謀；審配、逢紀盡忠之臣也，任其事；顏良、文醜勇冠三軍，統其兵。殆難可乎！」

荀彧怕他動搖聖聽，趕忙起身駁道：「田豐剛而犯上，許攸貪而不治，審配專而無謀，逢紀果而無用。至於那顏良、文醜不過一勇之夫耳，可一戰而擒也！」

孔融連連搖頭：「言之易行之難，難矣難矣！」曹操白了他一眼：「朝廷不伐河北，袁紹也要北侵河南，難道咱們就坐以待斃不成？」

孔融固然不是曹操一黨，但對袁紹更是深惡痛絕：「袁紹雖不臣，然兵勢正盛，而朝廷兵力不濟兼有後顧之憂。河北固然要定，但萬不可急於此時，當徐圖之。」

「徐圖之？」荀彧恭恭敬敬作了個揖，「大人莫非有具體籌畫？不妨說來讓陛下與曹公聽聽。」

孔融本無治軍之才，當初在北海叫袁譚打得連城都不敢出，現在敵強我弱更提不出禦敵之策了，灰溜溜低下頭。曹操見他無話可說，手捋鬍鬚信心十足道：「吾知紹之為人，志大而智小，色厲而膽薄，忌克而少威，兵多而分化不明，將驕而政令不一，土地雖廣糧食雖豐，卻都是為咱預備的！此番我揚兵大河之上，必能以少勝多大獲全勝！」

荀彧知他也沒有十分勝算，乃是故意表露決心，但局勢至此不得不戰，也隨之道：「曹公所言不虛。那袁紹雖強卻是悖逆之臣，自古邪不能勝正，還望陛下早……」一望之下卻見龍書案前空空如也——他們爭論之際，劉協早就拂袖而去！

曹操、孔融還四目相對，聽荀彧說一半停了，這才發現皇上走了，皆是一臉尷尬。曹操頓了半刻，緩緩道：「既然陛下沒有異議，令君就準備草擬詔書吧！」

三人垂頭喪氣出大殿，孔融也不爭了，作了個揖揚長而去。荀彧送曹操出宮，誰都沒有再說什麼。出兵之事這就算是定下來了，但以寡擊眾能不能打贏還未可知，現在天子又是這個態度，後方的事情也甚是可憂啊！

剛邁出宮門，又見程昱、郭嘉正在車駕前踱來踱去，他們自城外行轅趕來，似乎有重要的事情。郭嘉見曹操出來，推開眾衛士搶到他身前：「明公何故命劉備、朱靈、路昭三將起兵？」曹操被他問得一愣，笑道：「你慌什麼？袁術意欲北上投奔袁紹，我命他們領兵阻截。」

「明公錯矣！」程昱也擠了過來，「昔日劉備來投，明公寬宏不忍誅戮，使其屯駐小沛牽制呂布乃是權宜之計。可此一時彼一時也，如今呂布已除，再放他出去如同縱虎歸山。倘若違背號令自此不回，再欲治之其可得乎？」

曹操皺起了眉頭：「應該不至於吧……」曹營將領不少，之所以單選劉備、朱靈、路昭三將是有原因的。劉備失了徐州來歸附，朱靈原是袁紹帳下自願追隨，路昭也非曹營嫡系，三人又各有部署。目前要與袁紹開戰，為避免臨陣投敵之事，曹操要對他們的忠誠再加保障，他們三人阻擋袁術便得罪了袁紹，對曹操的依賴也就更為牢固。

郭嘉似乎參透了他的心思，見四下沒有外人，乾脆把話挑明，「龍生九種人分九流，朱、路二將乃行伍出身，可以約束之，然劉備自販夫遊手起家，今受封將軍位至使君，可見其志量之大，此等人不可用尋常之計駕馭。縱然主公喜好英傑不忍戕害，也不該使他領兵在外不受約束啊！」

此言未畢又見西面來了一騎，董昭馳騁而來，望見曹操趕緊跳下馬來，朗聲道：「卑職巡查地面，見城外兵馬出動，明公何故以劉備統兵？」曹操的心思有些活動了：「公仁，你也覺得不該讓他離京嗎？」

董昭耷拉著臉低聲道：「以在下觀之，劉備勇而志大，又有關羽、張飛為翼，其心機未可定論。」

連素來嗅覺敏感的董昭都這麼說，曹操真有些猶豫了：「話雖如此，但這些日子玄德一直安分可靠，況且兵馬已經出動了……」

「叫他回來！」郭嘉打斷道：「趁著沒走遠，趕緊調回來。」

「這朝令夕改嘛……」曹操望著三人凝思片刻，「好吧！防人之心不可無。有勞仲康去行轅取我大令，火速調回劉備人馬。」

許褚得令欲去，曹操又道：「且慢！單調劉備恐生疑心。把三將一併調回，另派別人前往。」

「諾！」許褚馳馬而去。

但這番安排還是沒奏效。許褚追至軍中，劉備、朱靈、路昭氣憤不已，都道是于禁挑撥離間，使曹操不信任歸降之將，異口同聲要立功給兗州人瞧瞧，竟不肯遵令收兵。

許褚無功而返述說經過，曹操也沒有繼續追究。他馬上就要發動大軍主動出擊了，沒時間多考慮這些邊邊角角的問題。何況在他心目中，劉備是個連打雷都怕的膽小鬼！

袁術末日

袁術是討伐董卓失敗後最早崛起的割據領袖，自南陽舉兵以來，他憑藉四世三公的聲望及部下孫堅的驍勇，也曾戰無不勝攻無不克，又在洛陽廢墟中找到了傳國玉璽。勢力達到鼎盛時，他與幽州公孫瓚、徐州陶謙、匈奴於夫羅結成盟友，打得袁紹險些不支。直到孫堅戰死襄陽，他北上被曹操擊敗，才遇到了人生中第一次挫折。此後他放棄豫州轉移淮南，眨眼間便占據了九江郡，在壽春重振聲勢，直懾東南之地。然而就是在那裡，他的野心開始膨脹，不再甘心當大漢的臣子。

早在漢武帝之時，民間就流傳著一句讖語「代漢者，當塗高」，太史公司馬遷還特意把他寫到了《漢武故事》之中。作為帝王象徵的傳國玉璽在他手中，九江郡下轄當塗縣，而袁姓乃是出自象徵土德的大舜後裔……多少巧合應驗在他身上啊！袁術自以為得天命，把手下智士的規勸當成了耳旁風，亟不可待地自立為「仲家天子」，改九江太守為淮南尹，又是製造祥瑞，又是郊祀天地，又是任命百官，在他那並不廣闊的地盤上做起了土皇帝。

但老天爺並沒有眷顧袁術，不但沒有統一天下，還成了眾矢之的。大漢天子發下討逆詔書，各路兵馬磨刀霍霍：呂布把他殺得大敗，擄走了淮河以北的重要物資；曹操在蘄陽圍殲了他的主力軍，斬殺了他好幾員戰將；就連他視若義子的孫策也背叛了他，在江東打出一片自己的天地，挖走他麾下大批官員。

不過袁術毫不懷疑自己的「天命」，依然自我感覺良好，照舊過著驕奢淫逸的生活。他生於公侯世家，從小就是錦衣玉食僕僮環繞，當了「皇帝」之後更是變本加厲。修建皇宮增加賦稅，後宮佳麗數百，無一不是綾羅綢緞，天天的山珍海味，連精米白肉都吃膩了。淮南原本是富庶之地，戶口數百萬，可他當了不到三年皇帝就將其禍害得面目全非。戰爭不斷加上橫徵暴斂、蝗旱災害、瘟疫流行，百姓戰死的、逼死的、餓死的、病死的不計其數，淮南一帶民不聊生十室九空，甚至到了人吃人的地步，出了壽春城就是人間地獄！

地皮刮盡油水榨乾，軍隊缺糧官員缺餉，袁術陷入了窘境。想要收攬人心，但部下不是投靠許都朝廷就是被孫策籠絡走了，更有甚者寧可上山當土匪都不保他了，而曹操和孫策這兩個催命鬼隨時都有可能再給他致命一擊！萬般無奈之下，袁術燒毀皇宮攜帶家眷北上，厚著臉皮投靠那個曾經水火不容、被他罵為家奴的兄長，想用傳國玉璽換得後半生的苟安。

可天不遂人願，他剛踏入徐州地界便聽說袁敘遭擒，大對頭曹操差出小對頭劉備出兵攔截。袁術料知冤家相逢必有一場惡戰，眼瞅著自己兵馬微弱士無戰心，更有一堆家眷財物礙手礙腳，實在是無力闖過這一關了，只得匆忙傳令回歸壽春。

士卒一路走一路逃，好不容易回到壽春，留守的部下早就把最後一點兒糧食開倉散發了，還說：「知當必死，故為之耳。寧可捨一人之命，救百姓於塗炭。」眼見此處也無法立足了，袁術只得前往灊山②依附落草為寇的部下陳蘭、雷薄等人。但他們也不肯收留，派人下山傳來口訊：「諸位將軍說，我們小山容不了大皇上，還求陛下給兄弟們留條活路，別再讓大夥跟著您挨罵了！」只給了一些粗糧，便似送瘟神一般打發他走。

袁術在灊山附近耗了三天，見陳蘭、雷薄實在沒有顧念之意，只得灰溜溜離開，但這次還能去哪裡連他自己都不知道。漫無目的地走了兩日，行至離壽春八十里的江亭，兵卒叫嚷饑餓，只好停下來稍作休息。

---

② 灊山，古地名，在今安徽霍山東北。灊音錢。

時值六月暑熱天氣，驕陽似烈火般炙烤著大地。袁術敞胸露懷坐在「御帳」之中，覺得胸腹憋悶難受，喉嚨乾得像針扎一樣，但打水的兵丁還沒回來，他只能低頭看著自己瘦骨嶙峋的身體兀自忍耐。說來有些可笑，這輩子除了近幾日也沒受過什麼苦，即便錦衣玉食之際也不曾胖過，孔融曾譏笑他為「塚中枯骨」，但就憑這副窮酸相竟也過了一把皇帝癮。想至此他一把抓過案前的傳國玉璽，緊緊抱在懷裡，讓玉石上的那點兒涼意緩解自己的煎熬。

袁術的兒子袁燿、族弟袁胤、女婿黃猗、長史楊弘就環繞在他身旁，四個人都是默默無語一臉敗相，搖頭的搖頭歎氣的歎氣，事到如今他們也一點兒辦法都沒有了。

這時營中所剩的唯一戰將張勳來了，在帳外慢吞吞行了三跪九叩大禮，爬起來道：「啟奏陛下，灊山……」

「別叫我陛下了。」袁術沙啞著嗓子道：「我算哪門子皇帝……」

張勳嚥了口唾沫，接著道：「灊山諸將上貢咱們的糧食快吃光了，只剩下三十斛麥屑，得趕緊想辦法籌糧。」

袁術似乎充耳不聞，目光遊移地看著玉璽，口中喃喃道：「水……我要喝水……」

長史楊弘見此情形皺起了眉頭，朝張勳使個眼色道：「主公已經知道了，你快去彈壓叛卒吧！」

「諾。」張勳轉身去了。

黃猗忽然道：「連人都尋不到，哪裡去找糧食啊？這樣下去不行，不餓死也得叫造反的兵殺死，得趕緊謀條出路。依我看不如把徐璆放了，借著他的面子去許都投降，再獻上傳國玉璽，說不定曹操能留咱一條活命。」徐璆乃先朝名臣，曾助朱儁剿滅南陽黃巾，後來官拜汝南太守。袁術稱帝之時將他挾持至壽春，逼他輔保自己，徐璆寧死不從，至今還被監押在營中。

袁燿聞聽此言白了黃猗一眼：「姐夫這話好短見，咱們可是大漢僭逆，獲罪於天無可禱也！即便你這外姓人勉強不死，我們爺倆非叫曹賊活剮了不成。」袁胤卻若有所思道：「即便不投曹操，也把徐璆放了吧，到了這會兒留著他也沒用了。我看在這裡耗著也不是辦法，不如去皖城投靠劉勳。」劉勳是袁術任命的廬江太守，但時至今日早已不再聽袁術的調遣。

「不可不可！」袁燿連忙反對，「那劉勳早年曾在沛國為官，與曹家有舊，早晚是要降曹的。去投他豈不是與虎謀皮？」

袁胤搖頭道：「劉子台畢竟是陛下的老部屬，應該不會害咱們。」

袁燿冷笑一聲：「哼！陳蘭、雷薄、梅乾哪個不是我父的老部屬？大難臨頭各自飛，有一個雪中送炭的嗎？我看咱們不如去投孫郎！」事到如今，這幾個人也不團結。袁胤、黃猗與袁術的關係都不怎麼密切，又沒有兵權，希望能託人情求得曹操赦免，太太平平苟安餘生。而袁燿身為賊子屬於不赦之列，與孫策年齡彷彿又有舊交，還握著楊弘、張勳這點兒殘兵，希望舉家投靠孫策。

袁胤見他固執己見，抹了一把臉上的汗水，笑道：「賢姪莫要執拗，現在曹操斷了北上之路，咱們權且到劉子台那裡安身，待你伯父揮兵南下之際，咱們再投你伯父也不遲。」

袁燿把眼一瞪：「當我是三歲毛童嗎？我父子一到皖城，只怕馬上就要被繩捆索綁押送許都了！」

「對！」楊弘跟著道：「少主說的對，咱們還有點兒兵呢，投奔孫策繼續跟曹操拚。」

黃猗卻道：「我們家的事兒你別跟著起鬨了，那孫策是個餵不熟的白眼狼，再說他能打得過曹操嗎？普天之下莫非王土，別說他孫家小子，就是袁紹說不定哪天就完了，求朝廷赦免是早晚的事情。」

袁胤、黃猗要投劉勳，袁燿、楊弘要投孫策，兩邊各講各的理，吵得沸反盈天，儼然就要動手了。袁術懷抱玉璽頹坐當中，眼見沒人把他當回事兒了，耐著乾渴低聲道：「滾……滾出去……」

「你聽聽！我爹叫你滾出去！」

「胡說八道，他叫你這個不孝子滾出去！」

「我家的大帳憑什麼叫我走？」

「喲，你還真以為你是太子了？」

眼見四人仍舊爭吵不休，袁術無名火起，扯著乾裂的嗓子嚷了起來：「都給我滾！都給我滾出去！」

袁燿、袁胤等發了會兒愣，紛紛作揖退出，可剛邁出大帳又喋喋不休繼續吵。袁術喊了兩嗓子，只覺胸口越發憋悶難受，渾身被燥熱包攏著，卻一滴汗都流不出來，翻身躺倒在臥榻之上，懷裡兀自抱著那顆傳國玉璽。本以為這樣躺一會兒會好受些，哪知越躺越難受，耳輪中只聞外面的對罵聲，彷彿句句罵的都是自己！他乾渴到了極點，竟不住呻吟起來：「水……我要水……」

帳口一個衛兵隱約聽到了他的聲音，斗膽走進帳來，輕聲問道：「陛下說什麼？」

「水……水……」

「聽不清，您說什麼？」

「水……我要水……」

那兵怯生生道：「取水的兵還沒回來，恐怕……」恐怕也當了逃兵，再也不會回來了！

袁術依舊低吟：「蜜水……」他當皇帝的時候飲食奢侈，即便是喝水也要喝加了蜂蜜的。

那兵慘兮兮搖頭道：「蜜水沒有，現在只有血水！」

袁術聞聽此言體似篩糠，不自禁地抽搐起來，無數往事恍惚閃過眼前……我父袁逢被先帝尊為三老，家裡連吃飯的碗都是金的！袁氏門生故吏遍於天下，誰敢怠慢我！何進遇害之際，是我第一個衝入禁宮誅殺宦官的！天下大亂之時，是我第一個稱雄中原的！我當過皇帝！我有玉璽！代漢者當塗高，我受命於天！憑什麼連蜜水都喝不上？為什麼……這是為什麼……

他不禁仰天大呼：「我袁術怎麼會落到今天這個地步啊！」這一聲喊罷，身子抽搐著翻在榻邊，只覺腹內一緊、胸口一痛、嗓子一鹹、眼前一黑——大口鮮血自口中噴了出來！一口吐罷又是第二口、第三口……霎時間吐了足有一斗血。

衛兵頓時亂作一鍋粥，趕緊搶過去攙扶。但覺袁術身體沉重毫無反應，扳過來一看，見他白眼上翻兩腮凹陷——已經斷了氣！袁術兩手一鬆，那沾滿血汙的金鑲玉璽在他身上滾了兩滾，掉落在塵埃之中……

建安四年（西元一九九年）六月，自稱仲家皇帝的袁術窘困潦倒，在江亭抱著傳國玉璽吐血而亡。

暗藏殺機

就在袁術撒手人寰之際，許都城外一派喧騰，曹操已經點三萬大軍誓師起兵。為了彰顯王師討逆的正義，文武百官都到城外大軍送行。曹操更是下令將逆臣袁敘當眾斬首，一者祭祀金鉞白旄，二者警示首鼠兩端之人，然後率領兵馬殺氣騰騰奔赴河北前線。

偏將軍劉服雖有諸侯王子之貴，又曾在曹操遷都之際鼎力相助，但時至今日也只能坐冷板凳了。他名義上是京師第二留守統帥，但任何軍務都是夏侯惇一人說了算，根本輪不到他這個二把手，而且他自梁國帶出來的五百精壯，也被人家換成了老弱殘兵。

好在曹操感念其功勞，待遇還算豐厚，俸祿無缺膏粱不愁，每逢得勝都贈送些戰利品，還時不時地准他到城外射獵。但這位王子服偏偏自視甚高，又能文能武甚具才幹，更兼二十出頭雄心壯志，實不想當這百無聊賴舞風弄月的逍遙王子。當今天子有沒有實權他不關心，他只在乎自己滿懷壯志何以施展，因而曹操出兵之際他也主動請纓隨軍效力，但立刻被人家婉言謝絕了。名義上的理由是宗室重臣不宜以身犯險，實際原因卻很清楚，人家不想叫一個有劉氏血統的人坐大勢力！

劉服心中不暢，卻只能佯裝笑臉將曹操送走，自嗟自歎回了府邸。用過飯他本打算小憩一會兒，避過午間的暑熱到城外射獵，哪知剛一躺下，就聽到外面響起轟隆隆的悶雷——又下雨了。

「曹阿瞞出兵半日就挨雨淋。該！誰叫你不帶我去！」劉服幸災樂禍笑了一陣，又覺百無聊賴，昂首枕臂在床榻上發呆。忽有蒼頭（家奴）來報：「車騎將軍董承過府。」

劉服來了精神：「快快有請！再預備些酒菜果子來。」他與董承本是一對冤家，當初遷都許縣時，劉服暗助曹操阻擋見駕，搞得董承束手無策只能就範。但隨著時光推移，宗室外戚都受到壓抑，倆人倒成了同病相憐的朋友。

劉服冒雨迎到二門，見董承身披蓑衣而來，身邊只跟著一個名叫盧洪的心腹長隨。「董國舅，您好雅興啊！」劉服拱手相讓把他迎至簷下。董承脫去蓑衣，裡面穿的卻是便裝幅巾，笑道：「曹公一去咱也隨意了，我過來找您聊聊。」

杯盤盞碟隨即擺下，也不要僕僮伺候，二人毫不拘束相對而坐。董承似乎很興奮，反客為主給劉服滿酒，劉服連連推讓，他卻道：「王子身分尊貴，在下多多禮敬是應當的。」

劉服微微點頭，待他滿上酒盞，拿起舀子為董承滿酒：「董將軍身為外戚重臣，我也為您滿上。」說罷兩人相顧而笑，飽含辛酸自嘲，什麼宗室尊貴什麼外戚重臣，如今都是徒負虛名罷了。

董承輕輕抿了口酒，接著恭維道：「我們外戚之人實不敢與王家相比。在下想起一位有名的宗室，當年諸呂亂政，高祖之孫城陽王手刃偽丞相呂產，掃除把持朝政逆臣，可稱得起大英雄！」劉服覺得他這話的弦外之音甚可怖，便揣著明白裝糊塗，回敬道：「這等事不算什麼，想當初外戚大將軍衛青征討匈奴捍我大漢疆土，那才是真英雄呢！」

董承見他不接茬，便低頭擺弄著酒盞，似笑非笑喃喃道：「咱們也不要互相吹捧了，其實有名的宗室外戚都不過是鳳毛麟角，開創天下大業靠的還是田野英豪。就比如那韓信，未遇之時不過是個執戟郎，哪知日後登臺拜帥暗度陳倉、攻魏平趙定齊滅楚，十面埋伏逼項羽，功成名就躋身諸侯王之列！」說到這兒他見劉服連連點頭，於是話鋒一轉，「惜乎狡兔死走狗烹，飛鳥盡良弓藏，敵國破謀臣誅，只落得未央宮中刀下亡！可惜啊可惜……」

劉服不由得暗暗出神——當初他助曹操脅迫天子遷都，現在卻成了遺棄之人，雖然不曾誅不曾烹，但道理還不是一樣的嗎？想著想著，生怕自己陷入了董承設下的圈套，趕忙佯裝譏笑：「國舅這話見地不高。腳下的泡都是自己走的，當初韓信被貶淮陰侯，若從此夾著尾巴做人，何至落個淒慘下場，說不定日後還能和陳平一樣全始全終呢！只怪他自己不老實，譏諷樊噲勾結陳豨，自己找死還能怨誰？」

董承見他一句話都不接，心中急似油煎。他是揣著滿腹機密來的，如今口風已經吹過去，萬一這個乖戾王子油鹽不進，扭頭把這些犯忌諱的話告訴曹操，自己這條老命就賠進去了！想至此董承把酒喝乾壯了壯膽子，凜然道：「大丈夫生於世間當有所作為，但千古機遇都是電光火石轉瞬即逝，若不能在這有生之年一展抱負，苟延到老也只能扼腕歎息。我倒是看好那種明知不可為而為之的人！」

這話最投劉服的脾氣，但他兀自矜持，警示道：「國舅說話可要有個分寸，不要衛青當不成，反倒成了李貳師。」所謂李貳師，是漢武帝愛妃李夫人、寵臣李延年之兄李廣利，曾攻克西域大宛貳師城，引進優良戰馬，受封貳師將軍。武帝晚年猜忌太子劉據，李廣利一方面結交丞相劉屈氂，一面征討匈奴建立戰功，欲要讓自己的外甥昌邑王取劉據而代之。哪知李廣利出師不利，迫於形勢投降匈奴，不但沒當成國舅，還成了外戚的恥辱，自此後世變節投敵之人便因他的官諱被稱為「貳臣」。

董承心明眼亮，若是王子服絲毫無意早就下逐客令了，他不但不惱還拉出這個典故警戒，足見早有抗擊曹操之心，索性一句話挑明：「王子莫要這樣講話，我可不是要反大漢，而是要保大漢江山不至於落於別家賊臣之手！」

劉服不免有些吃驚，趕緊示意他住口，起身踱至門邊觀察動靜，見只有董承的僕人盧洪坐在廊下喝酒吃肉，那副饞相連打雷都聽不進去。這才掩上門轉回案邊重新落坐，說話的口吻卻完全變了，換做一副責備語氣：「國舅忒孟浪，跑來嚷這種話，要是隔牆有耳聽了去，豈不是給我惹麻煩？」

「多多得罪……」董承笑道：「王子乃是大漢宗親，忠心報國定不需在下相告。如今曹賊勢力坐大，天子憂怨不已，特意授臣密詔，命在下與您共謀除賊之事。」

「哼！」劉服冷笑一聲，「這種話去騙三歲頑童去吧！劉協豈敢叫你來尋我，分明是你自己的主意！」他直呼聖諱，全無禮敬之意。

董承一皺眉：「天子密詔在此，王子何故不信？」說著手伸入懷就要往外掏。

劉服一陣愕然，隨即抬手道：「且慢！那詔書定是你偽造的！」

「如此大事，在下豈敢矯……」

「住口！」劉服根本不由他說下去，「就算是真的，那也是給你的不是給我的，你陪你的好女婿幹吧！」

「王子身為宗室，怎麼說這種話？難道就不念……」

「別跟我講大道理！」劉服左眉一挑，瞪起了眼睛，「天下有能者居之無能者失之，什麼民心所向祖宗恩蔭都是騙人的，成王敗寇才對！曹賊將來會不會歸政天子我不曉得，但我知道他走到今天靠的是自己的本事！當今天子深居宮中有何能耐？既然你執意要為他賣命，我袖手旁觀不壞你事也就罷了，反正功成名就榮華富貴都是你們翁婿的，與我何干呢？」他知道今天的話董承不敢向別人吐露，所以大放厥詞，心裡怎麼想就怎麼說。

董承吃驚匪淺，沒料到王子服會是這種態度，似乎想要天子一個加官晉爵的許諾，而話裡話外又殊無敬意。他直勾勾看著王子服那副傲慢嗔恚的表情，百思不得其解。

劉服忽然起身，在几案邊踱來踱去，口中喃喃道：「當今天子本是賊臣董卓所立，無才無德勉居高位，任人擺布如同傀儡。即便誅滅曹賊幫他奪回大權，值此多事之秋，豈是懦弱之主可以掃平四海的？」他見董承還是一臉懵懂，便提高了聲音，「我梁國宗室乃光武爺嫡系後人！老祖宗梁節王與孝章皇帝同為陰貴人所生，身分高貴恩寵無比，封國土地多過別的諸侯王一倍，旁系子孫中鄉侯、亭侯出了九個！無論地位還是血統，誰能比我們尊貴？」

董承見他這般舉動先是驚愕，接著又覺自脊梁骨升起一股冷森森的寒意——不但要除曹操，還要自己當皇帝，這小子是條毒蛇！現在想來一切都清楚了，當初他拜謁曹操之時，我和當今天子還在東歸路上，身邊有楊奉、韓暹等群魔交纏，後面有李傕、郭汜禽獸追逼，生死禍福尚不可測。他原來的計畫是想待劉協死於戰亂之後，讓曹操擁立他當皇帝！不料天子真龍不死，曹操也對他不感興趣，竹籃打水一場空。原來他與袁術一樣，都窺覬帝位已久，現在又想借這機會下手了……

其實董承自己也有私心。前番他被劉協晉升為車騎將軍，還嚇得向曹操屈膝請罪，可事後才知道，皇帝之所以這麼辦，除了向曹操表示不滿，還有另一個最近剛傳出來的事——董貴人身懷有孕了！皇帝密詔裡寫得明白，嫡子劉馮身體羸弱恐不長久，倘若董貴人降下兒子當立為太子，只要能把曹操剷除，董承就是執掌朝政的大將軍，外孫又是未來的皇帝，他將會一人之下萬人之上，封妻蔭子累世富貴，這誘惑也著實不小啊！

劉服兀自滔滔不絕：「我父寬愛百姓，恩德遍及梁國，被人尊稱為賢王，我母李氏王妃乃兗州大族之後。我自起兵以來破黃巾於葛陂、迎大駕於洛陽，還曾隨王師戰過楊奉、韓暹。現在許都皇宮的木料還是從我祖宗王陵處砍來的呢！莫看現在我麾下只有五百弱卒，若要招攬舊部不過是一句話的事……」

他說了半天，其實只有這最後一句話打在董承軟肋上。現在京師北軍五校尉都是空頭銜，駐軍中除了曹操親信，只有劉服控制一支五百人的隊伍。若是他再召集點兒舊屬，加上董承的私屬，能湊千八百兵。這股力量雖不足以與曹操抗衡，但只要精密部署，打敗宮廷衛兵控制天子絕對不成問題。

劉服口沫飛濺說了半天，見董承還是愁眉緊鎖，心下漸漸不滿，一甩衣袖道：「該說的我也說了，要是沒有別的事您就請回吧。大可放心，我不會向曹賊告密，壞了您這場富貴夢的。嘿嘿嘿……」說罷故意神祕兮兮地笑了。

他越這樣笑董承越怕他告密，得知其心術不正，更不能糊裡糊塗離開，暗自咬牙拿定主意：也罷！且容這小子張狂一時，先借他力除了曹操，等事成之後再設法誅之。到時候有天子出面喊話，看當兵的是聽你的還是聽我的！

想至此董承突然起身，整理衣衫一揖到地：「您道我有富貴夢，其實這世上誰沒有呢？但王子與我又有不同，昔呂不韋之門，須子楚而後高，現在我與您也是這樣的關係啊！」這話的含義已甚是明白。戰國呂不韋見到身在趙國為人質的秦王子嬴異人，以為奇貨可居，花費鉅資助他回秦國，又上下打點使之改名「子楚」立為儲君，也就是秦始皇之父秦莊襄王，呂不韋便跟著當到丞相。董承自比呂不韋，將王子服視為秦莊襄王，也就是暗示願意事成之後扶他為天子！

劉服要的就是他這個表態，長出一口氣，揚手道：「惶懼不敢當。」話雖如此卻毫無慚愧之意，轉過頭去面向窗外的滂沱大雨，不禁露出一絲微笑。但只笑了片刻，又覺一陣沉重。他也知道董承虛與委蛇，畢竟當今天子是其女婿，董承絕不會胳膊肘往外拐。現在是互相利用的時候，以後誰坐龍位還要看事情發展。可眼下的問題是，即便他與董承聯手，就憑微弱的兵力真能誅滅曹操呢？如果連曹操都搞不定，那後面的一切都是妄言虛話。劉服漸漸收斂笑容：「我只有五百兵卒，你還不如我，就憑這點兒人哪裡撼動得了曹操？」

董承卻已有些把握：「以少勝多非是不可。昔日李傕、郭汜戰於長安，郭阿多親領數百騎兵往來馳騁，大敗李傕萬人。」

劉服連連搖頭：「郭汜用的是西涼勇士，咱們卻只有老弱殘兵，要對付曹操如同螞蟻撼樹。」

「未必非要衝曹操下手嘛！」董承湊到他耳邊道：「現在曹賊領兵在外，咱們只要幹掉獨眼夏侯，再封鎖許都城就夠了。到時候他前有袁紹後有咱們，天子再下達詔書，宣布曹操為朝廷叛逆，他的兵必然土崩瓦解！」

劉服還是有顧慮：「即便只對付獨眼龍，咱們人也還是少。」

董承又道：「只要衝入皇宮掌握天子，再把尚書令荀彧拿獲，逼他寫詔書調動軍隊，曹操的人馬也能為咱們所用。即便夏侯惇本人抗旨不遵，他的兵也都不知該聽誰的號令了，趁他們軍心浮動，咱們必能以少勝多一戰而定。」

劉服覺得有道理，點點頭道：「除了咱們之外，還有別人參與嗎？」他背著手，完全一副詢問下屬的姿態。

「長水校尉种輯、議郎吳碩乃是我心腹，還有……」

「那些都是無用之人！」劉服一擺手，「沒有兵成得了什麼大事？劉協的密詔何在，拿來給我看看。」

董承也不計較他那傲慢態度，從懷裡摸出一張帛書，恭恭敬敬交到劉服掌中：「同心之人皆已署名。」

莫看劉服嘴上對劉協不屑一顧，真接過密詔時心頭還是惴惴的，恍惚覺得這張薄薄的絹帛重得壓腕子！小心翼翼展開，但見上面斑斑點點都是血跡——原來這是劉協咬破手指用血寫成的。劉服沒心思看皇帝寫什麼，只魂不守舍地驗明字跡，便跳到最後看四個參與者的署名，喃喃念道：「車騎將軍董承、議郎吳碩、長水校尉种輯、左……」他不禁一顫，失聲問道：「怎麼還有此人？」

董承得意地捋著鬍鬚：「此人領兵而出，正好可做外援。」

「很好……」劉服笑了，「若有此人，裡應外合事半功倍！」

「王子以為當幾時行動？」

「不著急。」

「遲則生變啊！」董承已迫不及待。

「那也要等一個好時機。袁曹兩強相爭，咱們若是急於占據京師，固然促使曹操戰敗，但袁紹隨即而到，那將更難對付。莫要忙了半天反倒便宜別人。」劉服目光炯炯已有打算，「我冷眼旁觀，論兵力曹不及袁，論才智袁遜於曹，最好叫他們打個兩敗俱傷難解難分，咱們坐收漁人之利。」

「高見高見！」董承由衷佩服，「還請王子也快快署名吧！」簽了名就是一條繩上的螞蚱。

劉服連猶豫都沒猶豫，把帛書往几案上一撂，咬破手指在最後面寫道——偏將軍王子服。最後的「服」字還未寫完，忽聞外面一聲響徹天際的轟雷，劉服雖壯志滿懷侃侃而談，卻也做賊心虛驚得直哆嗦，只一剎那，冰涼的狂風自窗外灌來，把那張密詔掀到他身上……

第八章

賈詡說服張繡，和曹操化敵為友

揚兵河北

袁紹做夢都預料不到，兵力不及他一半的曹操竟敢率先挑釁。

建安四年（西元一九九年）七八月份，袁紹雖已決定提兵南下，但還糾纏於黑山軍、幽州舊部、烏丸部落等善後問題的時候，曹操已率軍殺到河北了。袁紹一方幾乎沒作出任何抵抗，就被曹操攻入了冀州黎陽郡境內。與此同時，臧霸、孫觀、吳敦等徐州將領也各拉隊伍竄入青州，在各縣城之間劫掠攻殺，與袁譚玩起了游擊戰。整個河北前線的部署一片混亂，袁軍還在布置中的營壘被盡數搗毀，不少先遣部隊被曹軍殺散。其實曹操消滅呂布只比袁紹消滅公孫瓚快了三個多月，而就是這三個月的提前準備，使他在整個戰事布局上占盡先機。

可就在曹軍將士英勇奮戰勢不可擋之際，曹操卻突然下令停止，改派于禁、樂進分兵五千，沿著大河回頭往西殺，保護魏種坐鎮的河內郡；自己則歸攏近日所獲，燒毀營寨退回南岸。

大好的局面就此放棄，撤軍渡河之際，不少將領都嗟歎不已。曹洪、夏侯淵等耐不住性子，跑來找曹操理論，曹操也不作解釋，嚴敕他們回去約束兵將，不可再跑來囉唣。

滔滔黃河川流不息，高插「曹」字旌旗的大船乘風破浪駛向南岸。曹操屹立於船頭之上，望著滾滾濁流，心裡說不清是澎湃還是緊張。軍師荀攸就站在他身後，猛然聽到他一聲歎息，趕緊問道：「明公有什麼心事嗎？」

雖然曹操占了先機，郭嘉等人又一個勁給他唱讚歌，但他對眼前這一仗還是很擔心的，只是時局所迫不得不戰罷了。曹操有許多顧慮盤桓腦中，有些是實際存在的，有些是戰事發展中不可避免的，而更多的一種莫名的不安感。恍惚覺得有不可預料的事件將會發生，具體是什麼又說不明白。這會兒見荀攸問自己，便盯著眼前的黃沙渾水道：「記得先朝大司馬張戎曾經說過『河水濁，一石水，六斗泥』，而百姓引河灌田，水走了泥沙卻淤積下來。每到三月桃花汛來，引渠之處就會氾濫成災。朝廷營建堤防，造成水漲堤高，有些地方水面都高於平地了。」

荀攸明知他這是故意轉移話題，卻順著說道：「疏浚河道亦非不可為之事，明公可令河堤謁者袁敏詳加勘察治理，數年之工可見成效。」說罷也面向大河，別有用心道：「天下之事多有迂迴舛逆，不過恆心持定盡力而為，最終還是能水到渠成的啊！」

曹操聽他話裡有話，知道自己不安的心緒已被他看穿，索性站起身問道：「軍師可知我為什麼撤軍嗎？」

荀攸環顧左右，見除了許褚等幾個心腹外其他人都在搖櫓划船，便直言道：「在下猜想，主公是要誘袁紹過河交戰。」

「知我者軍師也。」曹操舉目眺望河北，「眼前勝利不過是突然襲擊的小僥倖，袁紹若調動各路人馬齊來支援，咱們馬上陷入包圍。諸將不解其意，還道我不敢守黎陽，他們哪裡曉得其中利害！」一者，敵我兵力懸殊，說出來會令軍兵更加緊張；二者，誘袁紹過河決戰是機密軍事，若是闡明定會洩漏消息。

荀攸倒是頗能體諒他的難處：「子曰『民可使由之，不可使知之』，其實帶兵打仗也是一樣，現在要是軍兵知道敵我相差懸殊，大家懷有怯意，這仗就沒法打了。」

「若是隔河相持遷延日久，袁紹兵多地廣後顧無憂，先垮的必定是咱們，所以一定要讓他過河。過了河他的戰線便拉長，糧草補給也困難了，那樣咱們才有用武之地。」說到這兒曹操顯得憂心忡忡，「不過我先聲奪人使出激將法，只怕袁紹還是不肯到南岸來啊！」

荀攸對此也無可奈何：「該做的咱們都做了，來不來那是袁紹決定的，咱們只能盡人事而不能定天命。不過明公無須憂慮，黎陽這一仗雖不能立竿見影，卻也大有益處。關中剛剛依附，許都人心惶惶，有了這場小勝，至少把氣魄打了出來，也給後方吃了一顆定心丸啊！」

聽他這麼說，曹操扭頭朝後面望去——但見大河之上密密麻麻的小舟都在渡河南歸，眾兵丁划船搖櫓面帶嘻笑，高唱凱歌慶祝剛剛的勝利，所有人都信心滿滿，似乎不把即將到來的艱巨戰鬥放在眼裡。鬆而不懈弛而有度，有這樣的樂觀是好事。

曹操寬慰了不少，手撚鬍鬚想了想，忽然目光炯炯道：「光挑釁還不夠，我要再給袁紹準備點兒誘餌，牽著鼻子把他拉過來！」

「誘餌？」荀攸覺得這想法不錯，但是這誘餌該怎麼製造呢？卻見曹操背著雙手面帶微笑，儼然已成竹於胸。

戰船緩緩前行，漸漸靠到南岸延津渡口，曹仁率領留守南岸之人已迎候多時了。曹操等還未下船，曹仁就迫不及待迎了上來：「青州發來戰報，臧霸、孫觀、吳敦擾敵成功，襲殺諸縣袁兵數百，袁譚發的援軍還未到，他們就已順利退歸徐州了。」

曹操由許褚攙著笑呵呵下了船：「這些土匪出身的小子們最擅長打游擊，只要他們這樣鬧下去，青州休想安寧一日。」

「不過……」曹仁話鋒一轉，「徐州諸部各自奮勇，但那個昌霸不但不協助作戰，還搶官軍運送的糧食，這不是造反嗎！」

昌霸自從一開始就不願意歸附朝廷，即便曹操給了他郡守的職位，還是屢屢不聽調遣。但這個時候只能爭取團結，不能內部殘殺，曹操想了想道：「睜一眼閉一眼吧，叫孫觀他們勸勸昌霸，不要幹蠢事。」

曹仁又稟報道：「臧霸還寫來一封書信，懇請您看在他的面子上赦免毛暉、徐翕。」關於東平徐翕、山陽毛暉這兩個兗州叛徒，曹操已經讓劉備、張遼明裡暗裡給臧霸傳達好幾次處決的命令了，但臧霸顧念交情就是不殺，還一再來信為他們求情。

「這個臧奴寇啊……」曹操想起了臧霸的諢號，「他本縣衙牢頭出身，當初就跟罪犯打成一片，沒想到現在又跟叛徒交上朋友了。他們這幫人啊，不懂什麼叫章法，就知道義氣！」

荀攸一旁笑道：「徐州已定，呂布已誅，留著徐翕、毛暉這兩個人也無傷，明公不妨就賣個人情給臧奴寇吧！」

曹操釋然：「既然發了善心，索性寬容到底。有勞軍師給臧霸回書，就說我看在他的面子上饒二人性命。而且叫他轉告徐翕、毛暉，倘若好好在青州作戰，日後老夫還給他們恢復官職。」

說話間河岸已是一陣喧鬧，各部兵馬漸漸登陸，夏侯淵、張遼等漸漸聚攏過來；曹操傳達將令，就在延津紮下大營沿河據守。眾軍兵搭帳篷、立營寨、栽鹿角（大樹杈）。忙了半個時辰，曹操剛在大帳中落坐，又有于禁差來的軍兵報捷：「啟稟主公，我家將軍沿河西進，在嘉獲、汲縣境內搗毀袁軍營寨，殲滅敵軍千餘，俘獲何茂、王摩等袁軍將校二十多人，特來向主公報捷！」

西面營壘盡破，袁軍對於河內郡的威脅也緩解了。曹操頗為欣慰：「回去告訴你家將軍和樂將軍，這次幹得漂亮，叫他們速來延津與大軍聚合。」

「諾。」那兵應了一聲竟不離開，跪在那裡又道：「啟稟主公，我家將軍還有句話讓小的告訴您，他說若有孤軍據守獨面大敵的差事，請務必給我家將軍留著。」此言一出諸將無不皺眉——這個于文則也太貪心了，身在河內竟然還要搶這邊的差事，真是尺寸功勞都要爭！

曹操卻覺于禁勇氣可嘉，爽快答應道：「好！告訴你家將軍，我把據守延津的重任交給他。」

「諾！」那兵這才歡喜而去。

于禁痛快了，帳中諸將皆覺怨忿，忽然聽曹操又道：「還有一個要緊之處需要有人駐守，我看看你們誰合適……」諸將來了精神，又以期望的眼光望向主子，希望這次能被挑中。

哪知曹操瞧都不瞧他們一眼，竟放眼在掾屬堆裡望來望去，猛然抬手道：「劉延出列！」

劉延跟隨曹操以來一直參謀民政，從未領兵打過仗，聞聽曹操呼叫站在那裡都傻了，還是身邊的監軍武周把他推了出來。劉延誠惶誠恐作揖道：「屬下、屬下沒……」

「我知道你沒打過仗，但你是白馬縣的人吧？」

「是是是……」劉延戰戰兢兢回答。

曹操一邊上下打量他，一邊慢吞吞道：「白馬縣可是個好地方啊！出好官出賢士，先朝白馬縣令李雲上疏彈劾奸佞，遭宦官陷害，寧死不肯屈膝於小人！可現在那裡卻是敵我必爭的衝要之地，東面有濮陽，西南有延津，跟黎陽城更是隔河相對，彼此一動一靜都瞧得真真切切。袁紹大軍南下必要屯駐黎陽，到時候白馬縣就是抗拒他的第一道防線……劉延啊，你身為白馬本鄉之人，敢不敢號召百姓守城？」

如果曹操問能不能，劉延可以回答不能，現在他問敢不敢，劉延怎好腆著臉說不敢？曹操逼到這個地步，劉延沒膽子也激出膽子了，索性一咬牙一跺腳，直起腰板道：「屬下本無禦敵之才，但主公對屬下有知遇之恩，莫說叫我駐守險要，就是叫我去死又有何怨？好在白馬縣是家鄉，我就勉強試一試，即便城破人亡也算有幸死在家了。」這真是名副其實的視死如歸！

「很好，」曹操拿起一支令箭，「我現在晉封你為東郡太守，命你率領兩千人馬到白馬駐守！」

諸將議論紛紛，派一個沒打過仗的文人阻擋敵鋒，而且只給他兩千兵，這不是叫他白白送死嗎？

劉延強打精神領令，曹操又抽出支令箭：「張遼、徐晃聽令！」

「末將在！」二人出列跪倒。

「你二人率領所部兵馬在官渡搭建營寨、堆設土壘，預備大軍屯駐。」

此令傳出眾將更是譁然。官渡在陽武縣境鴻溝沿岸，離著大河前線甚遠，怎麼能在那個地方搭設連營呢？別人不知，軍師荀攸卻是眼前一亮——于禁連破袁紹營寨，以他守延津是為激將；劉延乃是一介文士，以他守白馬是為示弱。他們是引誘袁紹渡河的兩枚誘餌，真正的決戰之地是在官渡！

張遼、徐晃莫名其妙接令而去，曹操卻看都不看驚愕的眾將一眼，隨便揚了揚手：「剩下的人歸攏船隻修備軍械，散帳吧！」諸將不知他葫蘆裡賣的什麼藥，除了荀攸都規規矩矩退了出去。

「軍師以為如何？」見眾將都走了，曹操忍不住扭頭問荀攸。

「設下籠牢擒虎豹，備好香餌釣金鼇。主公奇謀在下望塵莫及！」荀攸說的是真心話。

「軍師過譽了。」曹操一陣苦笑，「又是挑釁又是誘敵，能做的咱全做了，可是能不能速戰速決還得看他袁紹的打算。再精密的部署也只能做到五成，另外五成在敵人掌中攥著吶！」

荀攸覺得這話猶如至理名言，不禁感慨道：「您與袁本初相交二十多年，恐怕比他帳下文武更瞭解其性格，您叫他來他豈能不來？」

「但願如此，那咱就養精蓄銳在這裡等吧！等待比拚命更叫人心焦啊……」說著說著曹操又想起一件事，「劉備、朱靈、路昭已經出兵快兩個月了，出兗州、過下邳、奔壽春，袁術都已經死了，他們就應該馬上回來啊，怎麼到現在還沒消息……」

話未說完，聽帳外一陣嘹亮的聲音：「恭喜主公賀喜主公！」郭嘉快步走了進來。他暫留許都處理機要，晚來了一步。

「這麼一場小勝仗，算得了什麼？」

郭嘉神祕兮兮道：「主公誤會了，在下所賀並非黎陽之勝，乃是另有一件好事。」說著從袖中抽出一封帛書捧過來。

曹操看罷也笑了——原來袁術死後部屬分裂，其子袁燿與長史楊弘、部將張勳率領殘兵想要投靠孫策；袁胤、黃猗心中不願，趁亂逃到皖城投靠廬江太守劉勳，並述說袁術死後遺留的種種珍寶。劉勳怦然心動，發兵狙擊袁燿搶奪寶物。袁燿保護父親靈柩無法抵禦，被劉勳洗劫一空，所部張勳、楊弘皆死，殘兵也都戰敗歸降，只落得單人獨騎歸奔孫策。劉勳得了不少實惠，卻因此與孫氏結仇，心中隱隱不安，謀士劉曄勸他歸降朝廷。劉勳憶起當年曾在沛國為官與曹家有舊，覺得此法可行，趕忙派使者到許都上表，承諾廬江郡歸順朝廷，把曹操當做靠山。對於曹操而言，有了劉勳這個實力派，防禦孫策也多了一道保障。

「嘿嘿嘿，劉子台這個守財奴也來向我低頭了。」曹操又把書信遞給荀攸看，「現在東有劉表、北有劉勳、西北有陳登，孫郎小兒就算有天大的本事也施展不出來了。」

荀攸卻不甚樂觀：「這個劉勳為財寶與人結仇，可見也是個小人，明公對這樣的人可要多加防備。」

「沒關係。愛財寶總比愛權力、愛江山好對付，只要給他足夠的好處，什麼事都會替咱辦。袁術猝死，孫策受制，後顧之憂又少了兩個。」

郭嘉見縫插針：「還有穰縣張繡！」

提起張繡，曹操只是皺眉。在眾多的對手中，張繡是勢力最弱的，但卻是給曹操找麻煩最多的。

自建安元年至三年，曹操三次討伐張繡，竟不能將其消滅，折損兵卒不提，連兒子曹昂、姪子曹安民、愛將典韋都死在人家手裡了。雖說張繡居於穰縣已兵力大挫，但在決戰之際，就連一個小癤子也有可能變成致命傷。

荀攸道：「最近幾日安南將軍段煨不斷給張繡、賈詡寫信，但他們的態度一直很模糊，似乎袁紹也要拉攏他們。」

曹操不禁冷笑：「張繡見風使舵，看看我與袁紹誰更強，這小子只願意當戰勝者。但他不明白，種樹才有果子吃，張嘴等來的是鳥糞！」

荀攸提醒道：「萬一咱們與袁紹對戰之際稍有不支，他馬上就會歸降袁紹，從後面打咱們。」

曹操心下盤算：萬世防賊可比萬世當賊難多了，張繡不降許都終有隱患，若是實在沒辦法，只能出爾反爾把賈詡一家老小攥到手裡當人質。不過那也太有礙名聲了，而且還會對段煨等關中將領造成不好的影響，這件事該怎麼辦呢……

郭嘉突然朗聲道：「主公，在下願親往穰縣勸說張繡歸降！」

「嗯？」曹操愣住了，「你去？」

「是。」郭嘉一抱拳，「今明公與劉表和睦，張繡已失靠山，加之南北遠隔，即便其欲隨袁紹亦不能得，事已至此張繡必不能再與明公為敵，當此時節明公開恩收服已有九成勝算！」

「九成勝算……你有這麼大把握？」曹操擺擺手，「你知道張繡的癥結何在嗎？」

「知道……」郭嘉確實知道但不能說，是因為曹操私納張繡嬸娘勾起的殺子之仇。他不提這件事，轉而道：「我料賈詡必知南北利害願意歸順。只不過家眷受制於段煨，又被張繡所知，所以不便出面說話，故意避嫌罷了。我若去穰縣，對張繡曉之以利害、申之以大義，擔保明公不加謀害，再有賈詡一旁吹風，張繡必降無疑！」

道理誰都明白，但真要把事辦成就不容易了。曹操瞥了荀攸一眼，見他眉頭緊鎖也沒太大把握，便道：「這辦法可行，但未必要奉孝親往。不如先派其他人去試探試探，看看張繡是什麼反應。」

「不！這個差事非我莫屬。」郭嘉甚是決然，「當年兵進宛城之時，我與賈詡多有盤桓，只有我去，意外之事才好與賈詡商量。再者，明公若所遣非人，稍有不慎被張繡殺了，那咱們兩家的仇可就越發難以解開了。遊說之事必須一次成功！」

曹操認同這番理由，但不捨得派郭嘉去辦這件事。在他心目中，郭嘉的位置甚為重要，是僅次於軍師荀攸的又一謀士，而且年紀輕輕前途不可限量。與張繡的仇尚未解開，遊說有很大風險，要是稍有不慎使這個心腹股肱葬身穰縣，豈不心疼死？

郭嘉見曹操、荀攸面露不忍之色，心中甚是感激，卻大大咧咧道：「主公與軍師請放寬心，在下憑三寸不爛之舌，必能馬到成功。把那日的曹公十勝之論再說一遍，就夠張繡活動心眼的了！」

曹操見他嘻皮笑臉胸有成竹，狠了狠心才道：「好吧，但你千萬要小心謹慎。」

郭嘉拍拍胸脯道：「在下必定馬到成功！」

曹操意味深長地搖搖頭：「成不成功倒無所謂，但你一定得活著回來，我還指望你小子為我們這些老東西上墳呢！」

唇槍舌戰

郭嘉說幹就幹，即刻率領十餘名隨從離開曹營，南下遊說張繡。從黎陽長途跋涉到南陽，一路上換馬不歇人，日以繼夜馳騁不停，直過了南陽地界，才投至驛站踏踏實實休息一晚。隔日清晨天未亮，郭嘉便對著鏡子梳洗打扮起來，又是修鬍鬚又是理鬢角，換上嶄新的衣服冠戴，又叫隨從各換衣衫，將馬匹刷洗得乾乾淨淨。一行人足足折騰了半個多時辰，才大搖大擺前往穰縣。

因為時局轉變，劉表與曹操的關係又趨於緩和，張繡卻陷入尷尬境地，因而穰縣全城戒備四門緊閉。郭嘉來至北門外，命隨從向城樓喊話：「城上兵士聽真！今有朝廷使者奉曹公之命到此，要面見你家將軍，還請速速通稟！」這聲喊罷，城上士卒譁然，亂了好半天，才有人回覆，已派人前往報信，請他們稍待片刻。

郭嘉倒是沉得住氣，面帶微笑坐於馬上，暗自盤算對張繡的說辭。哪知通稟的士卒剛走，忽見東面又來了十多餘騎，一個個衣裝精美穿戴整齊，高頭大馬鞍韂鮮明。從中一人朝城上喊道：「穰縣兵士聽真！現有大將軍使者到此，有要緊之事面見建忠將軍，還望速速通稟打開城門！」

曹操的使者與袁紹的使者同時來到，城上的兵士更亂了，有人趕緊飛奔下城稟報張繡。郭嘉在一旁聽得真真切切，不禁朝那邊望去，卻見那邊的人也對他們指指點點的，想必也猜出身分了。郭嘉也真好氣量，一催坐騎來至對面，抱拳拱手笑吟吟道：「敢問哪位是袁大將軍的使者？」

「在下便是。」隨著話音，自人群中竄出一騎，此人身高七尺相貌堂堂，也是三十左右的年紀，方面大耳淨面長鬚，動靜之間透著莊重氣派，「敢問先生又是哪一位？」

「在下潁川郭嘉，奉曹公之命至此。先生您呢？」那人語氣越發客氣，拱手笑道：「在下冀州從事李孚，奉大將軍之命前來公幹。」

李孚，字子憲，鉅鹿人士，素以智謀膽識著稱。荒亂之際曾以種薤為生，躬耕鄉野依舊才氣不掩名聲日隆，被袁紹任為冀州從事處置機要，大部分時間是輔佐袁紹的小兒子袁尚。此番遊說張繡，要深入河北，祕密潛過曹操領地，莫說成功與否，能順利來到這兒就很不簡單，足見李孚機敏幹練。

兩人互報姓名，彼此皆有過耳聞，都覺來者乃是勁敵，心中各有惴惴，表面上卻是一團和氣。郭奉孝撣衣揮袖風度翩翩，李子憲舉手投足溫文爾雅，又是侃談生平又是議論景致，旁人觀來倒似是一對多年未見的朋友，殊不知二人已互相考究起學識氣度來了。

不多時只聞轟隆一響，穰縣北門大開，有軍兵迅速跑出分列兩旁。當中閃出一員小將，抱拳拱手道：「我家將軍有令，請兩位使者一併到寺縣堂上相見。」說罷退至一旁禮讓他們進去。

好個張繡、賈詡，這是要坐山觀虎鬥啊！郭嘉一路上都在想說辭，但全是針對張繡的，絕沒料到現在要與袁紹的人當面對質，心下不免忐忑，頗感自己在曹操面前把弓拉得太滿了。斜眼看了一眼李孚，見他也面露緊張，趕忙拱手道：「李兄，快快請吧！」

李孚笑道：「還是郭兄您先請吧！」

郭嘉心有盤算執意不肯，又推辭道：「單以官職而言，你家主公位列大將軍，猶在我家曹公之上，尊者在先卑者在後，所以請您先進。」

李孚何等聰明，先見張繡先說話，後面的仔細聽便可見招拆招，暗笑郭嘉這點兒小伎倆，揖讓道：「大將軍身分尊貴那是不假的……不過凡事須有個先來後到，郭兄既然先到理應在前面。」

「莫要客氣，李兄先請。」

「還是郭兄先進去吧……」

「卑者不欺尊！」

「後來不搶先！」

郭嘉深知此乃勁敵，索性莞爾道：「既然如此，您我齊頭並轡一同進去如何？」

「甚好甚好。」李孚一帶韁繩，「請請請。」

兩人軟聲細語謙讓半天，最後還是齊催坐騎同時穿過城門洞，後面各自的從人也是一隊一隊齊頭並進，彼此揖讓客套著，完全是皮笑肉不笑的架勢。可把兩旁兵丁看了個糊裡糊塗——這明明是兩路人，怎麼兵合一處將打一家了？

張繡自從駐紮南陽以來一直充當劉表的北面屏障，阻擋曹操大軍南下，因為戰略原因也跟袁紹有過聯絡。但劉表現在忙於應付東面的孫策，與曹操的關係趨於緩和，其使者韓嵩甚至在許都接受了官職，足見雙方已有握手言和的可能。若仗都不打了，他這個荊州的大盾牌還有什麼用？最近已經歸順朝廷的段煨頻繁發來書信，袁紹也開始向他招手，這令張繡既感興奮又感憂慮，拿不定主意應該倒向誰。想要歸降朝廷，但他與曹操有殺子之仇，禍福尚不可測；想要歸順袁紹，但南北路遠還隔著曹操，困難太大了。穰縣彈丸之地，兵士不過四千，糧草時有不濟，無論是曹操還是袁紹都不能輕易得罪，關鍵是看他們兩方誰更有可能獲勝。這個時候最重要就是立場，可千萬不能上一條即將沉沒的船啊！張繡猶豫不決，聞知曹操、袁紹的使者齊到，可把他急壞了，趕緊派人請「主心骨」賈詡來。可偏偏不湊巧，賈詡巡視營寨未歸，張繡急得團團轉，思來想去有了個辦法，乾脆叫兩邊使者一起來，當面聽聽他們的辯論，一來聽聽哪邊的勝算大，二來耗工夫等賈詡回來。

郭嘉、李孚來至縣寺下馬，都將隨從一概留在門外，兩個人攬腕而行不親假親地登上大堂。但見張繡大馬金刀威風凜凜端坐帥案之後，兩旁幾員部將盔明甲亮叉手而立，更有十名刀斧手光著膀子把在門口邊。一個個肥頭大耳滿臉橫肉，黑黢黢的壓耳毫毛，懷裡都抱著明晃晃的鬼頭刀，等兩人一進去就把門堵死了，彷彿此處就是森羅寶殿，只要進去了就沒命出來。郭嘉、李孚都不是膽小之輩，大搖大擺向前施禮，自報姓名來歷，張繡一視同仁盡皆賜坐。郭嘉在東、李孚在西，恰好臉朝臉目對目，氣氛更加緊張。

張繡瞪起虎目，左看看右看看，賈詡不在他就隨著性子來，思量片刻猛然站起身，順手自親兵手中搶過他的銀槍，抖動雙臂用力一擺。但見大堂上劃過一道閃電，銳利的大槍正釘在中央地磚上，插入竟有兩寸許，槍桿抖動嗡嗡有聲。

張繡獻了這手絕技，拍了拍手冷森森道：「我張某乃是涼州粗人，凡事都喜歡個乾脆痛快。

你們為什麼來我心裡清楚，實話實說，這小小穰縣絕非久居之地，我遲早也是要另尋靠山的，但一個閨女許不了兩家！今天咱們三頭對面把話說清，曹公與袁大將軍，誰有實力平定天下，我張某就提著槍跟他混，而且打仗的時候我還願意衝在最前面！」說到這兒他露出一絲怪笑，「你們不妨在我面前論一論高低，張某洗耳恭聽。但是醜話說在前頭，進了我的門就要守我的規矩，誰要敢妄言胡扯不說實話，我一槍戳死他！而且你們當中只能有一個人活著走出這扇門，落敗一方便是我的敵人，我立時叫他死在亂刀之下……聽明白沒有？不廢話了，你們講吧！」說完大模大樣一坐，默然望著正前方。

聽他如此安排，李孚一陣皺眉，進門時還彬彬謙讓，這會兒卻要先聲奪人了，搶先拱手道：「建忠將軍，在下乃冀……」

張繡揚手打斷：「我知道你是誰，別說那沒用的！我只聽不參與，有什麼話你同他論，待會兒我自有主張便是。」他知道兩邊都是能說會道的，沒有賈詡，自己索性光聽不講。

李孚平生還是頭一次遇上這種事，不由一愣，哪知對面郭嘉已先開了口：「在下請問李兄，你家大將軍身為朝廷重臣，為何心懷不軌謀奪社稷？」

李孚聽郭嘉一開口就扣了個罪名，故作不屑道：「郭兄想作賊喊捉賊嗎？在下實不知心懷不軌謀奪社稷的究竟是誰。」說罷故意瞥了他一眼，不屑地揮了揮衣袖，又轉向張繡一陣冷笑。

郭嘉見李孚渾身上下都有解數，越發不敢怠慢，步步緊逼：「袁紹勾結僭逆袁術索要玉璽，天子明發詔書公布天下，世上何人不知何人不曉？此人包藏禍心實乃天下禍首。」

「欲加之罪何患無辭……」李孚輕揮衣袖漫不經心道：「你說我家大將軍圖謀不軌，真憑實證何在？拿出來給我和建忠將軍看看呀？」他料定郭嘉不可能把書信帶來。

「現有兩封書信存在省中，濟陰太守袁敘已然認罪伏法，你們還想抵賴嗎？」

「那全是假的！」李孚死不認帳，「想那袁術數月前已死於江亭，與我家主公既無串通之事，也無北上獻璽之舉。反倒是曹孟德曾派遣劉備等三將攻打壽春，恐怕那傳國玉璽早被你們私自藏起來了吧？」

郭嘉撫掌而笑：「哈哈哈……李子憲，你這河北名士扯起謊來面不改色。我家主公遣劉備三將乃是兵出徐州阻其北上，哪裡到過壽春？」

「這幫人的話從不可信。」李孚目視張繡朗朗大言，「想當初曹操不過一無名小將，我家大將軍憐其有微末之才，分其兵馬、助其糧秣、授其奮武將軍之職，原指望他能胸懷社稷征討黃巾逆賊，不料曹操既渡大河，逼王肱於東郡、篡兗州於濮陽、逐金尚於昌邑、弒張邈於雍丘，作威作福謀害邊讓等三士，攻伐徐州屠戮睢陵等五城。我家將軍念及舊情不忍刀兵相見，哪知此賊翻臉無情越發張狂，進而劫持聖駕到許縣，把持朝堂戕害異己，指鹿為馬謀害忠良，曹賊真乃天下第一不忠不孝不仁不義無恥之人！」

郭嘉也不示弱，反唇相譏：「子憲兄過譽了，論起無恥，曹公哪比得上你那主子袁紹啊？本四世三公之後，備受國恩蒙以重任，卻胸懷不臣倒行逆施，自宦官亂政之時就勾結董卓兵踏洛陽，乃天下荒亂之禍首！舉義以來群雄並起，念其尺寸祖德推為盟主，可是他都幹了些什麼呢？逼殺韓馥搶奪冀州，攻打孔融禍及青州，勾結草寇搶占并州，如今又殺了公孫瓚占據幽州，謀害王匡誅殺臧旻，三子裂土私霸一方，欺壓黎民縱容豪強，悖逆不軌禍亂朝綱！叛君王、欺兄弟、忘恩義、賣朋友，種種損陰喪德千奇百怪的醜惡行徑，我家曹公哪比得了？」

張繡坐在那裡，一陣陣寒意從背後襲來——袁曹都是一丘之貉，翻臉無情劣跡斑斑，日後無論跟了哪個都要小心！正錯愕間，見李孚發難道：「我且問你，當今朝廷是天子的朝廷，還是曹賊的朝廷？」

郭嘉雙手抱拳舉過頭頂，恭恭敬敬道：「當然是我大漢天子的。」

「那可就奇怪了……」李孚一捋鬚髯故作詫異，「當今天子居於深宮受制於人，尺寸詔拜皆是曹賊獨斷。放眼豫兗之地，哪一個縣令是天子親任？哪一處兵馬屬天子統轄？我怎麼不曉得？」

「料你孤陋寡聞之輩也不曉得。」郭嘉不屑一顧道：「豈不聞桓譚《新論》有云：『國之興廢，在於政事。政事得失，由於輔佐。治國者輔佐之本，其任用咸得大才，大才乃主之股肱羽翼也』，我家曹公輔政以來任賢良、興屯田、伐不臣、誅小人，功威赫赫揚名四海，乃是當今之周公、伊尹！」

「謬矣謬矣！」李孚笑呵呵駁道：「我看是任奸佞、興牢獄、伐良弱、誅忠直，罪行累累臭名遠揚，乃是當今之趙高、王莽！他若真是忠臣，就該歸政天子安定黎庶！我看這樣好了，在下越俎代庖替我家大將軍做個主，若是曹孟德肯歸還大政退居林泉，這場仗當即作罷！還願立下盟約，刀槍入庫馬放南山，畢生不越大河一步。怎麼樣？」

明知他說的是瞎話，郭嘉卻不能退縮半步：「捕猛獸者，不令美人舉手；釣巨魚者，不使稚子輕預。非不親也，力不堪也！當今天子方及弱冠，曹公一旦推手，豈不任由袁紹逆賊宰割？」

李孚仰天大笑，舉手環指在場之人：「諸位瞧見了吧，心繫金鑾御笏不肯縮手，我說曹賊是趙高、王莽果真不假吧？」

「爾不過井底之蛙胡亂揣測。」郭嘉揮袖而起，「凡人性難及也、難知也，故其絕異者常為世俗所遺失焉。我家曹公奉天子以討不臣，輔保當今天子垂拱而治，豈是你那狼心狗肺所能猜度？」

「哼！我看是挾天子以令諸侯！」李孚也站了起來。

「奉天子以討不臣！」

「挾天子以令諸侯！」

「奉天子以討不臣！」

郭奉孝撣衣揮袖指東道西，李子憲指天畫地朗朗陳詞，大堂之上你一句我一句，口沫横飛針鋒相對，兩人辯了個棋逢對手難分高下。這唇槍舌劍也不亞於真刀真槍，在場之人無不皺眉，那些刀斧手都看呆了。張繡本想擺個陣勢威逼他們吐露實言，沒想到把二人的鬥志激上來了，他只聽了個一知半解，愈加心亂如麻舉棋不定，趕緊呵斥：「都住口！別文謅謅的，這些冠冕堂皇的話有個屁用啊！這仗你們誰能打贏？」

還是郭嘉嘴快：「曹公必勝無疑！現如今已揚兵河上連破無數營壘，袁本初毫無還手之力。」

李孚卻道：「別信他的！那是我們大軍未到，暫叫他們搶了個先。我河北精兵十餘萬，一旦開至黎陽，定將曹軍瓦解冰消！」

「你少說大話！袁紹好謀無斷不通兵法，來了也是送死。」

「我看曹操才是無能之輩。想當年敗陣汴水、兵困壽張，被呂布逼得無家可歸。」李孚湊到張繡案前，「將軍還記得嗎？曹賊宛城之敗，被您殺得落荒而逃何等淒慘，手下敗將何敢言勇？」

這話正中張繡下懷，但他擔心的不是曹操用兵不濟，而是擔憂當年殺子之仇。郭嘉見他臉龐抽動，心知情勢危急，也兩步搶到帥案前：「將軍莫聽他言！袁紹色厲內荏，豈能與將軍您相提並論？跟著他莫說打不贏，就是打贏也不會有好果子吃。想當年張導、劉勳、臧洪、麴義等都曾立下汗馬功勞，到最後皆死於袁紹的屠刀之下。卸磨殺驢過河拆橋乃是袁本初一貫所為，您想想他還算個人嗎？」

張繡心念又是一動——這些話也不假，袁紹似乎心機可怖，並非良善之主。李孚惱怒至極：「郭奉孝，別忘了你曾是河北之臣，現在跟了曹操就敢詆毀舊主嗎？」

「呸！比你這種薤小人強！」

眼瞅倆人惱羞成怒都開始人身攻擊了，張繡的眉頭凝成個大疙瘩，實在不知該投靠哪一邊。兩個越說越急，後來伏在帥案上雄辯滔滔，張繡覺得耳鼓生疼腦袋發懵，一句話都聽不進去，渾身本事竟絲毫使不出來了。

正在此時，忽自堂下傳來一陣低沉厚重的笑聲：「呵呵呵……是誰來了，怎麼這般熱鬧啊？」郭嘉、李孚一愣，但見十名刀斧手閃開大門，自外面低著腦袋慢吞吞走進一人。此人四十多歲，個頭不高，面相和善，臉色白皙，微有皺紋，髫鬚修長；身穿皂色文士服，青巾包頭，氣質沉鬱，老氣橫秋，還略微有點兒駝背——來者正是賈詡！

「賈叔父，你總算回來了……」張繡可鬆了口氣，連後面的話都懶得說了，指指堂上這兩塊料，便倚在帥案上歇著。

「是奉孝來了啊！」賈詡曾在曹操一討宛城之際見過郭嘉，頗為周到地行上一禮，又回頭打量李孚，拱手道：「不知足下是哪位？」

李孚跟郭嘉吵了半天，嗓子都啞了，咳嗽兩聲清了清嗓子，畢恭畢敬道：「在下鉅鹿李孚，在大將軍帳下充為冀州從事。」

「久仰久仰。」也不知賈詡是真聽說過還是假聽說過。

「先生一定就是大名鼎鼎的賈文和吧！」李孚也猜到了。

「不敢當。何談大名鼎鼎，臭名昭著還差不多。」賈詡擺了擺手，「聽說大將軍最近消滅了易京公孫瓚，又破黑山賊兵，坐擁冀青幽并四州之地，帳下猛將如雲高士似林，帶甲精銳不下十萬，歸攏割據厚待烏丸，河北之地豪傑所向。真是可喜可賀，恭喜啊恭喜！」

「多謝多謝。」李孚聞聽此言心裡有底了，得意揚揚瞟郭嘉一眼。

郭嘉卻渾身發顫，心說這老狗必是主張投靠袁紹，進而想到張繡事先說的話，脖子一陣陣發涼。哪知賈詡雖然客客氣氣，口風卻突然一轉：「在下有幾句話想勞煩先生轉告大將軍。民間有諺『一尺布尚可縫，一斗米尚可舂，兄弟二人不相容』，大將軍與淮南後將軍本是手足兄弟，卻弄到反目成仇的地步，遠交近攻縱橫捭闔，叫世人看在眼中豈不傷懷？俗話說『兄弟齊心，其利斷金』，當初若能同心協力南北呼應，那中原之地早屬袁家啦，袁公路又何至於利令智昏潦倒江亭？大將軍連兄弟都不能寬恕忍讓，何以收天下豪傑之心？」賈詡說得不急不躁，卻句句誅心猶如利劍，「所以……我家將軍不能為爾等驅馳，先生請回吧！」此言一出連郭嘉帶張繡全愣了，沒想到賈詡這麼輕描淡寫就下了決斷。李孚都傻了，好半天才緩過神來：「賈先生，您可要知道，我們大將軍是……」

「您別說了。」賈詡笑容可掬地打斷了他，「我知道你們兵強馬壯聲勢浩大，但事由天定，你們也只能盡人事。在下是個保守的人，還是覺得歸順朝廷更心安理得，至於成敗嘛……咱就各顯其能，戰場上見吧！」說罷朝門邊的刀斧手示意，「君子絕交不出惡聲，拿刀動杖做什麼？你們都給我退下，安安全全送李先生離開。」

賈詡把話說到這個份上，李孚再能說也羞於開口了，只得一揖到地歎息道：「唉……惜乎不能與建忠將軍、賈先生共謀大事。二位自珍自重，在下告辭了。」

賈詡照舊恭敬還禮；郭嘉與他爭論半晌，頗覺他是個厲害人物，這會兒敵視之心已去，知己之情又起，也湊過來客氣道：「方才多有失禮，子憲兄一路走好。」

李孚長途跋涉之功化為烏有，還得硬著頭皮回去覆命，心下甚是淒然，強笑道：「不敢不敢。」

郭嘉見他這副表情，一把拉住他衣袖：「子憲兄此去可有難處？若是羞於北歸那就……」

李孚知其有拉攏之意，扯開衣袖道：「郭奉孝，你也忒小覷我了。在下雖才力不濟，然受袁氏兩代之恩，即便主公責罰也要回去領受。士可殺不可辱，要我做不忠之人嗎？」

郭嘉臉上一紅：「在下並非折辱，只是擔心李兄安危罷了。」李孚見郭嘉似是情意真切，拱手道：「多謝了。」說罷轉身便去。

正所謂不打不成交，郭嘉雖與李孚是敵人，這會兒卻生怕他半路被曹兵抓住壞了性命，又囑咐道：「路上多加小心，用不用在下助你打通關節？」

李孚定下腳步扭頭道：「既能神不知鬼不覺到此，就能安然無恙離開，不勞郭兄掛懷。」郭嘉頗感自己是杞人憂天，笑道：「若是有朝一日你被曹公擒獲，在下定會幫你美言。」

李孚也笑了：「你好大的口氣！莫說你們打不贏這一仗，即便打贏了，馬踏河北兵圍鄴城，也休想擒住我。哈哈哈哈……」說完仰天大笑飄然而去。郭嘉大有惺惺相惜之感，呆呆望了半晌才回過神來，轉身跪倒堂上：「建忠將軍深明大義、賈先生才思敏捷，在下替曹公向你們道謝，從今以後咱們都是朝廷的人了。」

雖然事情被賈詡三兩句話敲定，但張繡臉上還是沒有半分喜色。他素來敬重賈詡，即便他越俎代庖也從不反對，但這次實在是有些不順心，只草草對郭嘉道：「使者請到館驛休息，具體事務明日再談吧！」說罷站起身來走到廳堂中央，握住戳在地上的銀槍，雙臂發力，僅一把就將槍拔了出來。

「將軍好手段！」郭嘉連伸大拇指道：「決戰之事刻不容緩，此非獨朝廷之存亡，也事關將軍自身成敗。還望將軍早日開拔，提師北上與曹公會合。」說罷再施一禮，又朝賈詡點點頭，這才由人引領著下堂赴館驛去了。

賈詡見張繡面沉似水，知他對自己不滿，和藹問道：「將軍有什麼疑慮的嗎？」

「沒有，您的決定我遵從便是。」張繡邊說邊擺弄掌中銀槍，但他是個心裡存不住事的人，耍了幾下還是忍不住埋怨道：「賈叔父，不是小侄責怪您，您拍著胸口想想，我待您如何？」

「將軍對我恩深似海。」

張繡把銀槍往地上一扔，叉腰道：「誰不知這穰縣大大小小的事全是您拿主意？誰不知我得了什麼好東西先送給您？我對我親叔叔也不過如此了吧！可您是怎麼對我的？我知道您家眷在華陰，被段煨扣著，但有話您可以和我直說嘛！咱跟郭嘉好好談，最起碼得叫曹操給咱立個保證，不追究以前的事了，那樣才踏實！這麼潦潦草草降了，就不管成敗利害了嗎？難道為了你一家子人，就把我一家豁出去了嗎？我與曹操還有殺子之仇呢！您這事辦得真不地道！」

賈詡也不反駁，微笑著等他把話說完才緩緩道：「將軍說我顧念家眷倒也不假，但歸附曹操也是為了將軍您著想啊！」

「哼！」張繡白了他一眼，拾起槍來繼續擺弄，「現在說別的也沒用了，反正是袁強曹弱，又與曹操有舊仇，以後的日子不好過！」

哪知賈詡忽然仰面大笑：「哈哈哈……將軍何其痴也！」

這一笑倒把張繡弄懵了：「別跟我故弄玄虛，您什麼意思吧！」

「正因袁強曹弱，您又與曹操有仇，我才主張歸附曹操。」賈詡手撚鬍鬚踱著步道：「那曹操奉天子以討不臣也好，挾天子以令諸侯也罷，反正天子在他手上，歸順他，自道義上說得通，即便日後真戰敗也有迴旋餘地。可袁紹雖強卻背了個犯上的名義，您若是跟著他幹，萬一戰敗了，那叫『獲罪於天，無可禱也』。自絕後路的事萬不可行，這是歸順曹操的第一個原因。」

張繡也不發火了，靜下心來聽他分析。賈詡笑了笑又道：「其二，咱們只有四千人馬。而袁紹兵力不下十萬，多咱們不多、少咱們不少，將軍從之必不得重用；可曹操本來人馬就少，咱們投他，他喜不自勝，日後必當厚待將軍。」

張繡半信半疑，但滿腹怨氣已消失得無影無蹤。賈詡侃侃而談：「至於這第三，也是最重要的一點，就是將軍與曹操有殺子之仇。」

「這叫什麼話？」張繡不明白。

「夫有霸王之志者，固將釋私怨以明德於四海。曹操要借您表現他的心胸，讓世人看看，只要肯歸順到他腳下，即便有血海深仇都可一筆勾銷！他不但不害您，還得給您加官晉爵，把您保護得周周道道，因為只要您在，他的好名聲就在。」

張繡心裡安穩些了，但還是忍不住問：「果如賈叔父所言嗎？」

「望將軍勿疑！」賈詡目光深邃地望著他，「您與曹操的恩怨已經一筆勾銷，您若是不信，咱們到了許都便見分曉。」

第九章
劉備造反，占據下邳自立門戶

風雲突變

經過周密的籌畫，曹操命劉延坐鎮白馬縣、于禁坐鎮延津渡口，作為抗拒河北的第一線；自己率領大軍撤至官渡屯駐，靜候袁紹大軍開至。但是苦苦等候了兩個多月，卻連敵人的影子都沒看到。

原來袁紹回到鄴城後，撤銷總監軍，以郭圖、沮授、淳于瓊為三部都督，重新規劃兵馬，三部各典一軍。而就在這緊張的備戰時節，又冒出了新麻煩——幽州舊部鮮于輔、領烏丸校尉閻柔公然不服從調遣，遼東太守公孫度勾結海賊圖謀青州地盤。

被公孫瓚殺死的前任幽州牧劉虞生前對少數民族頗有安撫，因而其舊部也與烏丸、鮮卑等部落交好。劉虞遇害後，鮮于輔等幽州舊將為了給劉虞報仇，聯合烏丸人一同起兵，協助袁紹打擊公孫瓚；又串通鮮卑人殺死了朝廷任命的烏丸校尉邢舉，改由廣陽勇士閻柔代理此職，督率鮮卑、烏丸各部落人馬，誅殺公孫瓚派遣的官員。如今公孫一黨已經殄滅，這些幽州將領又有烏丸部落支持，漸漸開始不買袁紹的帳了。

遼東太守公孫度本小吏出身，戰亂之際受同鄉、董卓部將徐榮提攜成為遼東太守。赴任以來誅殺郡內豪族、積蓄兵馬、任用避難人士，東侵高句麗、西驅烏丸，甚至把扶餘國都納為了自己的領地。他擅自把搶占的外邦地盤設立為遼西、中遼二郡，自封「遼東侯」，儼然一個海外天子。眼見東北已再無地盤可圖，公孫度又打算越過海峽搶占青州東萊等地。

前方未戰後方又出了問題，長史田豐、騎都尉崔琰等力勸袁紹罷南下之議，專務後方諸事，改用穩妥之計對付曹操。但袁紹已被曹操北侵黎陽破壞營壘一事激怒，拒不接受意見，僅以安撫之策穩固後方。派使者矯詔，將遼西烏丸首領蹋頓、遼東烏丸首領蘇僕延、右北平烏丸首領烏延都任命為單于，給三人送去安車、華蓋、羽旄以示尊重；又提升幽州諸將軍職，正式任命閻柔為烏丸校尉；默認遼東太守公孫度為遼東侯，給足好處使他們暫時老實下來。作了這些安排之後，袁紹以次子袁熙為幽州刺史、三子袁尚為冀州刺史、外甥高幹為并州刺史，各統一州穩固地盤，又調長子青州刺史袁譚率部到鄴城隨軍聽用，暫由別駕王修攝政青州。而他這三子一甥各據一州的主意，又引起了沮授等人的反對。

屈指算來袁紹決定南下已有四五個月，但按下葫蘆浮起瓢，後方的問題總是沒辦法徹底解決，人心也無法統一。加之士卒疲憊抱怨不休，許多將領對軍隊改編有意見，袁紹自己又缺乏魄力，致使整個備戰過程緩慢混亂，起兵日期一再延誤。

曹操早就作好了準備，可眼瞅著袁紹還在鄴城磨磨蹭蹭的，等得都有些不耐煩了，索性留下大軍屯駐官渡，帶著親隨回許都布置後方。他剛剛回到京師，就有消息傳來，穰縣張繡順利歸降朝廷，並在賈詡的提議下離開穰縣率部北上，準備到官渡協助備戰。曹操立刻致書請他們到許都會合，待袁紹起兵之際一同北上。

張繡是懷著惴惴然的心情來至許都的，雖然賈詡為他剖析過形勢，郭嘉磨破口舌極力擔保，但他還是怕曹操記恨舊仇。怎料離著許都甚遠，就有朝廷使者齎詔趕來，晉封他為揚武將軍；接著又有不少關西籍貫的官員也奉曹操之命陸續前來，說說笑笑備加安撫；曹操本人更是在行轅準備了盛大的宴會，隆重歡迎他的歸附。

笙筷齊鳴羌笛啁哳，樂人演奏皆是涼州曲調。朝廷官員大袖翩翩揖動似雲，曹營將校便衣武冠頷首如林。西涼部歷來飽受世人鄙視，董卓亂政以來更被官員世族視為仇讎，張繡是禍亂之臣張濟的姪子，而今受到這般禮遇，足見世道變更，舊日功過皆已勾銷。當張繡步入行轅大帳時，忐忑的心緒似有緩解，但抬頭間看到威風凜凜的曹操，不由自主跪拜在他腳下：「末將拒抗天威多年，還望曹公……」

「過去的事不要提了，」曹操不待張繡說完就攙他起來，「將軍既深明大義肯於歸附，就是朝廷的功臣。」

張繡站起身慚愧地凝視著曹操，而曹操也略帶幾分遺憾地望著他，兩個人四目相對竟半晌無語。這樣的會面早在三年前的宛城有過一次，那時張繡也是傾心歸降，曹操也是寬宏容納。哪料僅僅因為一個女人就把一切都毀了。可是世事流轉，曹操與張繡兜了一個大圈，如今又繞回來了。張繡深悔自己因一時之憤，殺了曹昂、曹安民、典韋，跟著劉表掙扎了三年，最終還是得向人家低頭。曹操也認識到當年的不理智，損兵折將三討彈丸之地而不克，現在強敵欲來還是得容許人家投降。經過這一場恩怨教訓，彼此間多了幾分思考，也添了幾分理智。

對曹操而言，雖然有些怏怏之感，但張繡此來畢竟是件大好事，一則南陽的危機就此解除，二則又多了一個對抗袁紹的幫手。他兵力不足袁紹一半，現在哪怕多來幾個兵都是求之不得的。張繡一口氣拉來四千人馬，其本人更是一員難得的虎將。想至此曹操露出些笑容，一把拉住張繡的手，將其讓到首席同坐。

張繡再三推讓，曹操不允，只得如坐針氈地歸坐，心裡越發緊張，猛一眼看見郭嘉正拉著賈詡入席，憶起賈詡囑咐過自己，見到曹操要主動要求遣送人質，這樣才能化解嫌隙。想至此他趕忙開言：「明公，末將家眷尚在軍中，是不是……」

「哦！將軍不必牽掛，老夫已命人送去飲食了。」

「多謝多謝。」張繡見他理解錯了，又解釋道：「末將日後隨明公征戰，家眷老少……」

他話未說完曹操端起了酒，放聲道：「在座列位，張將軍率部遠道而來，咱們先敬他一盞，慰勞他鞍馬勞頓。」這一嗓子把帳內官員、將校都調動起來了，大家紛紛起身敬酒，張繡趕緊避席謙讓，說了一半的話又嚥下去了。

與眾人客氣老半天，張繡才歸坐把酒灌了，用衣袖擦了擦嘴角，又要提人質的事。哪知曹操忽然伏到他耳邊，低聲道：「聽說將軍新近得一女兒，可有此事？」

張繡眨了眨眼睛，不明白曹操什麼意思，恭恭敬敬回答：「確有此事，此女尚不滿周歲。」

「甚好甚好。」曹操捋髯道：「我那賤妾周氏產下一子，名喚曹均，與令嬡同庚。若是將軍不棄，可否將令嬡配與吾子，使你我兩家永結秦晉之好？」

張繡驚得瞠目結舌，萬沒料到會有這樣的好事。兩家本有殺子之仇，現在曹操主動提議結成親家，一方面昔日仇怨一筆勾銷，張繡無須再心有不安；另一方面女兒算是人家兒媳，將來留在曹家理所應當。更難得的是，周氏乃昔日張繡嬸娘王氏的丫鬟，名為主僕實是金蘭，她的兒子曹均娶張繡的女兒，這門斷了的親戚也算續上了，虧曹操是怎麼想出來的！張繡趕緊抱拳應允，樂得喜笑顏開：「吾女得配明公之子，求之不得，求之不得啊！」

曹操也笑了：「吾兒得娶虎女，老夫也很高興。哈哈哈……」

話說到這個份上，張繡不得不為曹操的寬宏大度所傾倒，由衷感歎：「明公胸懷廣闊有如瀚海，末將深感恩德，日後定當效犬馬之力竭誠以報！」

「嗐！」曹操推開他手，又端起了酒盞，「既然將軍允諾婚事，咱們就是親家了。一家人不說兩家話，日後同舟共濟乃是理所應當，何談報答之言。來來來，你我滿飲此酒，賀一賀這樁婚事。」

一盞酒下肚，仇家變親家，張繡心裡踏實多了，不禁向賈詡投去感激的目光——賈叔父沒騙我呀！

這心裡一踏實，舉動也不再那麼拘束，三言兩語間張繡已與曹操論起了對抗袁紹之事。拒絕袁紹使者之事一出，張繡已無反悔的可能，加之此刻又與曹操結了親，因而自請為大軍前部，願率四千人馬屯駐在官渡一線，充當對抗袁紹的先鋒。曹操也甚是領情一概應允，兩人越說越親近，實已將當年宛城之事拋到九霄雲外了。

酒過三巡菜過五味，又有樂人歌伎上來獻藝，官員掾屬頻頻往來敬酒，涼州諸將嘻笑歡暢沉浸在女樂當中。曹操正與張繡閒談涼州舞蹈時，猛然看到留府長史劉岱焦急地立在帳口，似有要緊事彙報，趕緊起身道：「本官更衣，張將軍稍候一時。」

他一起來，在席的所有人都陪著站了起來，繞出桌案抱拳行禮。曹操點頭致意，見賈詡也恭恭敬敬站在一邊，心中頗感得意。這個人給曹操留下的印象太深了——他是慫恿李傕、郭汜禍亂長安的罪魁禍首，但卻在天子東歸之際幫了大忙。曹操三討南陽不下，與其說張繡善戰，不如說是賈詡善謀劃；如今張繡投降，又是這個人一手包辦，其趨利避害手腕之高實是世間少有。

「賈先生，這一路上可好啊？」曹操特意笑呵呵踱到他近前。

賈詡不苟言笑：「戴罪之人蒙赦而歸，既感忐忑又有欣喜。」

曹操覺得這話說得實在是妙，圓得摸不到稜角，搶上前一把拉住他的手：「您豈是戴罪之人？使我信義重於天下的人，就是您啊！」他知賈詡是個聰明人，所以直言不諱。賈詡勸張繡歸降，也就給了曹操一次向天下人表現的機會，只要肯歸順朝廷，殺子仇人都可以原諒，其他人就更不在話下了。所以曹操說賈詡使自己信義重於天下。

賈詡聽出他有拉攏之意，連忙辭讓：「明公莫要謬獎，在下實不敢當。昔日曾隨李傕、郭汜，獲罪天下；後有幸跟從張繡將軍，言聽計從待我深厚。今日歸降之議，不獨為朝廷大計，也是為張將軍謀條出路。」賈詡早算好了——以曹操之愛才，必要設法拉攏自己。但自己一者有禍國殃民的臭底子，二來不是隨曹操起家之人，進幕府必有嫌隙，不如保持一個不即不離的關係，在朝裡當個閒差，安安穩穩混口飯吃。

曹操聽他這麼說也不好強求，道：「先生既來此間，那就要聽朝廷的調遣任命。我先上表任您為執金吾，先熟悉熟悉許都的官員，以後另有職分。」執金吾乃是可以與九卿比肩的官職，負責典司禁軍和保衛京城、宮城的安全。現如今曹操主政自然沒什麼禁軍可典，但是每月繞宮巡察三次、預防火災的工作還保留著。每當執金吾巡城之際，都要穿上錦繡之衣，手執象徵祥瑞的金烏鳥，屬下二百緹騎光彩華麗，故而執金吾也是京中最體面的官。當年光武帝劉秀有言「仕宦當作執金吾，娶妻當得陰麗華」。曹操把這個風光的美差給了賈詡，籠絡之意不言而喻。賈詡明知曹操用意，卻小心翼翼答覆道：「在下謹奉朝廷調遣。」

曹操聽他只提朝廷，心下不禁冷笑——這傢伙果真滑得溜手，不過既來許都，我以朝廷詔書調你隨軍聽用，你又豈能不遵？想至此微微一笑，也不再說什麼，緩緩步出帳門。

劉岱早在外面等急了，王必隨軍官渡，現在有什麼差事都得他負責。見曹操與賈詡嘀咕半天才出來，也顧不得禮儀了，一頭扎到他眼前：「主公……出事了！」

「哦？」曹操一陣興奮，「袁紹起兵了嗎？」

「那倒不是……」劉岱面有難色。

「說呀！」

劉岱深知此事干係重大，若是聲張起來必要鬧得人心惶惶，伸著脖子湊到曹操耳邊輕聲道：

「劉備反了。」

「什麼？」曹操以為自己聽錯了。

「劉備殺死徐州刺史車冑，占據下邳造反了！」

噩耗連連

劉備造反的消息傳來，曹操簡直氣瘋了，立刻草草結束宴會，趕回幕府處理此事。當馬車停在府門口，劉岱、許褚攙扶他下來的時候，曹操氣得臉紅脖子粗，嘴裡還在不停咒罵：「大耳賊！織蓆販屨無恥小兒……無情無義朝秦暮楚，老子非把你千刀萬剮滿門族滅不可！氣煞我也……氣煞我也……」

「主公保重身體！」許褚關切道。

曹操怒不可遏：「你帶人包圍劉備宅子，所有人都給我抓了，我要將他們統統殺了！」

「主公放心，劉岱一得訊就叫王忠帶人去辦了。」

「我非把他一家殺絕了不可……」

對曹操而言，這已經不是第一次遭遇反叛了。昔日陳宮、呂布之亂，兗州舉境皆叛，險些把曹操逼得無家可歸，即便那樣他都沒像今天這般氣憤。因為曹操心裡清楚，他有愧對陳宮之處，逼得人家造反是有原因的。可這次完全不同，他待劉備可謂是仁至義盡了——當初呂布篡奪徐州，曹操在劉備窮途末路之際將其收留，助他立足小沛，任為豫州牧，又加鎮東將軍。小沛二次陷落，曹操連一句責怪的話都沒對劉備說過，還幫他奪回妻兒、為其補齊兵馬，將他帶回許都加封左將軍，準備予以重用，甚至與他在一張桌上喝酒聊天。除了夏侯惇，滿營眾將誰有過這樣的殊遇？可是煮酒論英雄的歡笑尚未去遠，信誓旦旦言猶在耳，這個滿口忠貞的人就反了！荀彧、荀攸、郭嘉、董昭、薛悌……有多少人曾懷疑過劉備？有多少人曾一而再、再而三地提醒曹操要提防這個傢伙？可是曹操還是被那張英俊的臉、那些甜甜蜜蜜的話語、那些恭恭敬敬的表演所蒙蔽了……怎能不恨？又怎能不悔？

可現在怎麼咒罵都沒用了。劉備占據下邳造反，這不僅是對曹操的背叛，而且把東線部署也打亂了。本來無事的徐州又冒出一個敵人，這在決戰時刻的影響可能是致命的！

曹操大步流星行過二門，毛玠、何夔、徐佗、繁欽、王思等掾屬早就立在堂下等候了，都料到他定然生氣，一個個低著腦袋小心翼翼，連大氣都不肯出一口。曹操看都沒看他們一眼，咕噥道：「速帶報訊之人。」隨即快步上了堂。

過不多時，河堤謁者袁敏在眾人攙扶下走了進來。袁敏留在下邳改建護城河，又修繕了兩條新河道，動員百姓辛辛苦苦幹了近一年。眼看就要完工了，劉備率部到來，說是奉曹公之命前來戍守，徐州刺史車胄親自將其迎了進去。可過了不到半日，城中喊殺大作，接著就傳來車胄遇害的消息。劉備安撫百姓，說是車胄陰謀投靠袁紹，他奉曹公密教誅殺反賊。剛開始也沒人深疑，但接下來的兩天不少散兵游勇山賊草寇向下邳聚攏，劉備又把修渠的民夫盡數編為鄉勇。造反的跡象呼之欲出，袁敏惶恐不已，拋下工程趁亂逃離下邳趕赴許都報訊。這一路上星夜兼程馬不停蹄，來到幕府時已經累虛脫了。

聽了這番講述，曹操越發氣滿胸膛：「假借我令賺取下邳，賊子可惡之至！」

袁敏疲憊地倚在榻上，低聲道：「還有一件駭人之事。」

「講！」

「先前刺殺您的薛永也是劉備同黨。」

「什麼！」曹操驚呼一聲。

袁敏喘著粗氣慢慢道來：「我看到他了，絕不會有錯……劉備當過徐州刺史，應該是在那時認識薛永的。他有個朋友叫劉琰，是魯國人士，自詡漢室宗親魯恭王之後，薛永刺殺失敗後就躲到他家去了。劉備殺死車冑隔天，劉琰就帶著一夥人來了，薛永也在其中，我就是看到他們才意識到劉備造反的。」

曹操顫巍巍坐在那裡，只覺一股寒氣從脊梁骨往上竄——我錯了……大錯特錯！劉備從一開始就想要我的命！刺殺事件後他還故意裝模作樣帶著人去捉薛永，那完全是作戲看！他從來就沒想在我麾下效力，忠於朝廷的那些話更是放屁！全都是假的……大耳賊是個地地道道的偽君子！大騙子！

就在這時，一身戎裝的王忠奔至堂口：「啟稟主公，我已將劉備宅子裡所有人鎖拿投監，其中並無其親屬，只有蒼頭傭人僕婦丫鬟。」

「沒有人？」曹操忽然想起喝酒那天的話，劉備讓糜氏攜帶姬妾女兒到兄長家省親去了……思慮至此，一陣不祥之感油然而生，他猛地站起來嚷道：「火速致書泰……」

話未說完，只見劉岱領著一個風塵僕僕的年輕人走上堂來。那年輕人跪倒在地大禮參拜：「在下泰山從事高堂隆拜見曹公……今奉我家薛太守之命前來報訊。」

「晚啦！」曹操一見薛悌派來人，長歎一聲頹然落坐，苦笑道：「糜竺、糜芳也跟著劉備跑了……」

高堂隆吃了一驚：「明公怎已知道？」說著取出一份書簡遞上來，並詳細彙報，「數日前嬴郡太守糜竺攜帶家眷逃官，同日任城相糜芳率鄉勇進剿山賊一去不歸。薛郡將多加查訪，已獲訊左將軍劉備攻殺徐州刺史車冑，占據下邳造反，糜氏兄弟乃是同謀。另有濟南國黃巾流寇徐和為策應，泰山反民郭祖、公孫犢等於同日舉事，昌慮太守昌霸也領兵向南欲與劉備聯合……」

不知為什麼，聽著這些緊急軍報曹操忽然想笑，笑自己的愚蠢，笑劉備竟有這麼多的花招。一切都清楚了，劉備這次叛亂絕非偶然，是經過長期部署，有計畫有預謀的。先是下邳城那次糊裡糊塗的刺殺事件，薛永從一開始就是劉備的人，是劉備以搜查為名掩護他逃奔劉琰的。然後他以省親為名把家眷交麋竺帶走，以免有人質留在許都成為把柄。他在宅子裡種菜弄圃是韜晦之計，喝酒時說的那些話更是故意減輕我的防備。終於被他逮著機會了，阻擊袁術是假，回徐州才是真。他當過徐州刺史，在那裡有基礎，還與昌霸、徐和勾結；麋竺主動請求招募鄉勇，可那些人不是用來討賊的，是為了保護他逃離嬴郡的；麋芳假意充當討賊角色，其實根本就是郭祖、公孫犢等人一黨，說不定就是他唆使那些暴民造反的呢！這對兄弟在兗州忍了三年多，可真沉得住氣啊！環環相扣，多麼精密的布置，多麼陰毒的計畫！我真是小看了這個常敗將軍了……大耳賊的智謀與膽略比袁紹厲害得多，我以為他是一隻羊，可他卻是一條蛇，還是致命的毒蛇！他凍僵之際我把他揣在懷裡讓他甦醒，現在他卻翻身咬了我一口……不對不對！朱靈、路昭都幹什麼去了？劉備造反何以不來告知我？

曹操想著想著突然仰天大笑起來，把在場的諸人都嚇壞了。大家還以為主公受了刺激，都以異樣的眼光看著他。哪料曹操倏然收住笑聲，厲聲問道：「朱靈、路昭可與劉備通謀？」

這句話可把大家都問愣了，眾人面面相覷不明其意。曹操陰森森的眼光掃過每一個人，還特意多看了王思那急性子幾眼，見他只是面帶詫異並無異常，而旁邊的徐佗臉色煞白渾身顫抖。曹操心裡明白個八九不離十了，連忙喝問：「徐佗，你知道此事？」

徐佗見瞞不住了，顫巍巍道：「朱路二將忠心耿耿並未通謀，已趕往官渡屯駐。」此言一出所有人的眼光都掃向了徐佗，曹操一拍桌案：「可惡！你看到他們的軍報了？」

徐佗嚇得跪倒在地：「半月前朱靈、路昭致書幕府，匯報說阻擊袁術歸來，劉備半路奉您的密教往下邳屯駐。朱路二將在徐州地界與之分別，按原計畫向北赴官渡屯駐。」

曹操站起身，一把揪住徐佗脖領，怒吼道：「這麼要緊的軍報，為什麼不轉給我？」徐佗嚇得腰都直不起來了：「在下不知劉備有意謀反啊！以為只是常規匯報，再說您當時就在官渡，朱路二將到官渡您就見著了，哪料到你回京沒遇到……」

曹操揚手給了他一個耳光：「你以為沒事就真沒事嗎？你這蠢貨誤了我的大事啊！倘若早得朱路軍報早知劉備不軌，便可防患於未然，此事全叫你給耽誤了！」

徐佗捂著臉趕緊辯解：「主公吩咐過，督戰之時除緊急事務，常規行文一概不報。在下才……」

「呸！」曹操不聽他解釋，「拉出去砍了！」

「啊！」徐佗癱坐於地，面如死灰。

何夔趕緊跪倒求情：「主公息怒，徐書佐一時疏忽罪不至死，饒了他這一次吧！」劉岱、毛玠、繁欽、王思等稀里嘩啦跪倒一大片，就連剛來的高堂隆都跟著說好話。

曹操哼了一聲：「死罪可免活罪難逃，拉出去打他五十棍子，貶為小吏隨軍聽用。」

這就算是給面子了，諸人不敢強求，只得眼睜睜看著許褚把徐佗拉了出去。緊接著劈劈啪啪的棍棒聲響起，夾著徐佗的一陣陣慘叫，聽得人頭皮發麻。兵將調動往來的奏報每天都有一堆，大部分都是常規的文書往來，所以這樣的疏忽是極容易出的，徐佗今日受刑雖不能算冤枉，但也其情可憫。如果曹操不派劉備出去也不會有這種事，失誤的根子還在他自己身上，現在拿徐佗發作是遷怒於人。

自從路粹調任軍師祭酒以後，繁欽包攬了典文書的差事，而王思性情急躁經常出錯，他倆失誤的可能性遠比徐佗大得多。這也是命該徐佗倒霉，偏偏朱靈、路昭遞軍報的那天是他當值。

見徐佗受罰，繫王二人一陣陣後怕，暗自慶幸自己沒趕上。何夔是個偉岸君子，生平頭一遭見上司這樣責打下屬；徐佗也是公門老吏了，跟隨曹操最早，五十歲的人了還要受這等罪過。何夔暗暗嗟歎這曹操的掾屬不好當，尋思回家後準備包毒藥隨身揣著，萬一哪天輪到自己倒霉，寧可喝藥自盡也不願在人前受辱！

曹操可沒心思琢磨此事辦得對不對——東面戰事如何？陳登是否有活動？——他深知劉備早年與陳登共事不少，萬一陳登跟著反了，再勾結孫策，立時就有滅頂之災。

高堂隆稟道：「陳元龍鎮守廣陵很是盡責，並無異常舉動。另外獲悉叛亂之事，臧霸、吳敦、尹禮等部合圍昌霸；都尉呂虔領兵阻擊徐和，我家薛郡將也已派人彈壓郭祖等暴民……」

這時一陣清脆的話語悠然傳來：「昌霸、徐和不過是烏合之輩，叛首劉備有何動向？」郭嘉溜溜達達走上堂來。他遣散宴席，陪張繡、賈詡回營，這會兒才剛忙完。

高堂隆一愣，不知此人為何敢隨便插話，看了看曹操，見他毫不介意，便繼續道：「劉備雖據下邳，但只是聚合舊部並無攻伐之事，暫時並無掛礙。」

曹操表情更加凝重：「大耳賊好生狡詐，叫那幫蟊賊與我周旋，他卻積蓄實力謹守下邳，必欲等袁紹南下之時擊我於後。」

郭嘉湊過來道：「下邳地處徐州正中，北面臧霸羈絆青州，南面陳登牽制江東，牽一髮而動全身。劉備不除，東方永不安寧！」

這道理曹操很清楚，但是如今大軍屯於官渡，京中缺兵少將，實在是抽不出什麼兵馬了，他自己更隨時準備到官渡督戰。若叫夏侯惇去打，許都就無人防衛；若叫新近歸附的張繡去打劉備，他又不放心，躊躇了好一會兒才道：「劉岱、王忠聽令！」

「在！」二人跪倒。

「你二人即刻自夏侯將軍麾下撥兩千兵馬，趁劉備聲勢未起，火速趕往下邳將其擊潰。」

「諾！」雖答應得痛快，但劉岱、王忠心裡卻沒什麼把握。劉備曾任徐州刺史，又久屯小沛，更兼關羽、張飛之勇，就憑一個長史官和一員無名小將，豈能是其對手？

「明公且慢！」那個送信的高堂隆喊了一嗓子。堂上之人全愣住了，哪有一個小從事阻止當朝三公傳令的？曹操瞪了他一眼：「你想幹什麼？」

「在下有、有個建議……」高堂隆見曹操沒打斷，便放開了膽子，「劉備雖叛亦懼於明公，不若命二將虛張您的旗鼓前往；叛軍聞明公親至，勢必惶恐離散，或可多幾分勝算。」

郭嘉聽罷連連拍手：「妙啊！」

「好！就這麼辦。」曹操又叮囑二將，「虛張旗鼓一路宣揚老夫率兵親往，切莫叫大耳賊生疑。」

「諾！」劉岱、王忠領命而去。

曹操望著二將的背影又道：「替我修書傳兗州諸將……」繁欽早料到還有吩咐，已經提筆等著他了，「調都尉呂虔為泰山太守，總督兗州以東討賊諸事，防止賊眾與劉備合流；調刺史萬潛入京協辦軍糧，改任薛悌為兗州刺史接管防務之事。見此書信立即遵照行事，日後再補詔書。」萬潛的特長在於理政治民，現在要改用嚴峻狠辣的薛悌彈壓事態，防止賊勢進一步擴大。

曹操說完繁欽也寫完了，將墨跡輕輕吹乾，捲好了裝入錦套，又用火漆封固，蓋上司空大印。曹操親手遞到高堂隆手裡，特意囑咐道：「這份教令不亞於詔書，你就等於朝廷使者，速速回轉不可耽擱。」

「諾。」高堂隆聽了這個比方頗感興奮，「在下既然身為天使，當先往昌邑向萬使君宣布調令，再回泰山面見我家太守。」

「真會辦事……」曹操點點頭，「回去告訴薛悌，就說我很喜歡你這小子，叫他給你升官！」

「多謝明公，在下一定把差事辦好。」高堂隆美滋滋去了，走到堂口忽然又轉身跪倒，「在下還有一不情之請，徐書佐一時疏忽遺漏公文，還望明公寬……」

「放肆！」曹操又把眼瞪起來，「誇你兩句別得寸進尺！」

高堂隆怎知他變臉變得這麼快，嚇得夾著書簡就跑了。曹操鬆了口氣，能辦的都辦了，結果如何就不能斷定。他伸了個懶腰，耳聽外面徐佗受杖責的叫聲越來越弱，放聲問道：「仲康！打了多少棍了？」

「三十四棍！」許褚隔著窗戶回答。

「算了吧，打死他又有何用？速速備車，我往省中找荀令君布置詔書。」曹操火氣消了不少，緩緩站起身來，「大戰在即要忙的事太多了，但願劉岱、王忠馬到成功吧！」

可時局發展不隨人所願，就在劉備叛亂之際，另一個危機也已漸漸逼向曹操——孫策占據江東，早就覬覦廬江之地，又記恨劉勳劫掠袁燿之事，決計對其下手。他利用劉勳貪財的弱點，派使者送去金銀珠寶假意示好，請劉勳出兵上繚縣助他剿滅土匪，承諾事成之後還有更多寶物相贈。劉勳利令智昏信以為真，不納謀士劉曄之言，即刻出兵上繚。孫策聞訊竊喜，與部將周瑜率師兩萬偷襲劉勳的大本營皖城，不但拿下城池取回財寶，還把袁術遺留的寶物也搶走了，又殺袁胤、黃猗等袁術叛黨，用部下李術為廬江太守。

劉勳既失地盤又丟財寶，連官職都叫別人頂了，只得遣使江夏，搬請孫家的大仇人黃祖出兵相助。黃祖派其子黃射率兵五千協助劉勳搶回地盤，不想又被孫策殺得大敗。孫策氣勢更盛，兵鋒直指江夏，孫劉兩家大戰因此爆發。劉表遣姪子劉虎、部將韓晞率五千精兵為先鋒，黃祖自督大隊兵馬戰船於後，與孫策戰於長江之上。這一戰殺得天昏地暗鬼哭狼嚎，江東孫郎大顯神威，將荊州兵打得大敗，劉虎、韓晞死於陣中，黃祖全軍覆沒孤身逃回夏口。孫策連戰連捷，劉勳、黃祖相繼鎩羽，劉表也龜縮於荊州再不敢與之爭鋒，曹操用以抵禦江東的屏障盡失。孫氏的勢力已抵達淮南，不但坐鎮廣陵的陳登岌岌可危，就連許都的安全也變得不容樂觀。而孫策氣焰甚是囂張，為了恐嚇曹操，還特意寫下一篇威嚇的表章，派參謀張紘親自送至許都：

臣討黃祖，以十二月八日到祖所屯沙羨縣。劉表遣將助祖，並來趣臣。臣以十一日平旦部所領江夏太守行建威中郎將周瑜、領桂陽太守行征虜中郎將呂範、領零陵太守行蕩寇中郎將程普、行奉業校尉孫權、行先登校尉韓當、行武鋒校尉黃蓋等同時俱進。身跨馬櫟陳，手擊急鼓，以齊戰勢。吏士奮激，踴躍百倍，心精意果，各競用命。越渡重塹，迅疾若飛。火放上風，兵激煙下，弓弩並發，流矢雨集，日加辰時，祖乃潰爛。鋒刃所截，猋火所焚，前無生寇，惟祖迸走。獲其妻息男女七人，斬虎、韓晞已下二萬餘級，其赴水溺者一萬餘口，船六千餘艘，財物山積。雖表未禽，然祖宿狡猾，為表腹心，出作爪牙，表之鴟張，以祖氣息，而祖家屬部曲，掃地無餘，表孤特之虜，成鬼行尸。誠皆聖朝神武遠振，臣討有罪，得效微勤。

「這哪裡是上表朝廷，簡直就是恐嚇信。」曹操讀完這份表章時，衣衫都被冷汗浸透了。荀彧也是驚魂未甫，指著竹簡道：「您看看他私設的這些官職，周瑜領江夏太守、呂範領桂陽太守、程普領零陵太守，看這勢頭他是要把整個荊州都吞掉啊！」

「他要是打荊州就好了。」曹操撇著嘴不住搖頭，「我恐怕他下一個要打的就是咱們了。」

「他還不敢這麼幹吧？」

「不敢？這孫郎舉兵以來有什麼不敢幹的？從淮南渡江時袁術只給了他一千兵，可是你看看現在他是什麼樣子？擊劉繇、敗王朗、降華歆、攻陳瑀、逐劉勳，收編袁術舊部，獨占揚州六郡！當年他爹孫堅就號稱勇將，宛城破黃巾那仗，我一輩子都忘不了！想不到他更狠，起兵以來沒打過一次敗仗！別忘了這才五年，僅僅五年啊……」曹操眼中竟流露出一陣恐懼，「我與袁本初苦苦奮戰十年才到今天這個地步，他只用了一半的時間，就夠跟我們分庭抗禮了。而且他才二十五歲，不論我與袁紹誰勝，將來這孫策小兒也夠我們這些老傢伙忙活的了。唉……此猘（意為瘋狗）兒難與爭鋒也！」

荀彧越聽越害怕：「那該怎麼辦？河北傳來消息，袁紹不日就要起兵了，東面又冒出一個劉備，根本再無暇南顧。」

曹操撫了撫緊皺的眉頭：「沒辦法，現在只能安撫他，他派來那個張紘你見了沒有？」

「見了。」提到這個人，荀彧凝重的表情緩和不少，「這個張紘乃廣陵名士，與彭城張昭齊名，跟孔融、陳登等人都很熟，說話溫文儒雅的，跟我想像中孫策麾下的人完全不一樣。」

「這正是可怕之處！孫策要是光知道好勇鬥狠就好對付了，可是他勇而有謀，知道拉攏士人。連張紘這種名士都願意趨身保他，長此以往豈還了得？」曹操攥緊了拳頭，「你馬上起草表章，任命張紘為侍御史，把這個人留在許都，好吃好喝招待他！萬一孫策要是動武，可以利用這個人從中調停。」

「這份表章該怎麼寫呢？」

曹操搖搖頭：「當初討袁術之時就已經給足了好處，他又是吳侯又是討逆將軍，我已經沒什麼可給他的了……他有什麼兄弟嗎？」

「孫家是個大族，昔日孫羌、孫堅、孫靜三兄弟都以勇力馳名。」荀彧打聽得很清楚，「孫策乃孫堅長子，他有四個弟弟孫權、孫翊、孫匡、孫朗，年紀都還小。另外堂兄弟也不少，孫羌、孫靜各有五子，其中孫賁、孫輔都僭稱郡守，年紀也都比較大。」

「哼！百足之蟲共舉一身，光這十五個哥們也夠打天下用的啦！姊妹女眷呢？」

「女眷？」荀彧不明白曹操問這個幹什麼，「這我可不大清楚，就聽張紘說孫賁新得一女……」

「這就夠了！」曹操想起最近跟張繡聯姻的事，「有勞你去跟張紘談談，就說我有意與孫氏結親。讓我兒曹彰娶孫賁之女，另外我在族裡選一個年齡相仿的姪女配與……孫策哪個弟弟還未娶親？」

為了結好孫氏，曹操可謂不擇手段，兒子娶人家姪女，姪女嫁人家弟弟，這輩分也都亂了。荀彧簡直想笑，但瞧他一臉嚴肅，忍俊道：「孫權料已許親，孫匡年紀尚小，孫朗乃側室所生……孫翊不大不小應該合適。」

「那就是他了！我曹家與他孫家互相嫁娶，只要保持住關係，不動武就是好親戚。」曹操背著手踱了兩步，又補充道：「另外，你再給揚州刺史嚴象寫封信，叫他舉孫權為茂才，再給他們孫家臉上增增光。」朝廷察舉制度，州郡中學藝優異之人才能舉為茂才，現在曹操將其用作收買人心的手段。

荀彧應允：「放心吧，我去跟張紘商量，另外再有孔融等人情，孫氏應該不會拒絕。但是……」但是靠這些不疼不癢的表面文章，就能打消孫策北侵之意嗎？荀彧沒好意思說出來。

曹操心裡有數，冷笑道：「這年頭父子不和兄弟相殘，親家關係更靠不住！咱們還得再拉攏拉攏劉表，韓嵩來京日子也不短了，讓張紘碰上也尷尬，還是讓他回去吧，你草詔給他個零陵太守。孫策部將程普不是領零陵太守嗎？我幫劉表立一個真零陵太守，叫他們兩家爭去吧！」

荀彧怔怔看了曹操半晌，這些辦法聽起來有模有樣，但沒一個能起到實際作用，孫策還是可以任意妄為。殘酷的事實擺在眼前，決戰袁紹之際，後方的問題根本無法擺平啦！荀彧也不再想了，轉移話題道：「劉勳派人捎信，說殘兵已至潁川，早則今夜遲則明日就要到許都了。那信上言辭諂媚，一再強調跟您那點兒舊交情。我看這個人貪財誤事，實在不成氣候，來不來也無所謂。」

「叫他來！」曹操毫不猶豫，「立刻下詔加封劉勳為征虜將軍，讓他帶著兵到官渡給我助戰去。」

「他被孫策殺得大敗，就剩幾百兵了。」

「這個節骨眼上，就是多一個人我也得要！」

時局的轉變恰如迅雷，幾天前曹操還是形勢一片大好，兵進黎陽占據主動，許都四面波瀾不興。可就是這麼一眨眼的工夫，情勢急轉直下，整體戰局開始向不利的方向傾斜。

曹操離開省中，踏著皇宮的青磚獨自漫步。一股涼風吹進脖頸，他微微打了一個寒戰，又將朝服緊了緊。轉眼間已經到年底了，袁紹為什麼還不來呢？霎時間曹操似有感悟：袁紹不僅僅是在處理後方，還是在等待冬天！河北士兵比自己東拼西湊的部隊更耐嚴寒，如果戰事進入膠著，這個優勢也會漸漸顯露出來，寒冷與饑餓也是殺人的利器……但曹操已經沒有退路了，這場仗必須要打下去，避戰就等於死亡！他回頭望了一眼那片並不怎麼巍峨的許都宮殿，那是他親手締造的。只要他曹操還在，大漢王朝就在；而只要大漢王朝在，他曹操就有對抗強敵的最大本錢！想至此曹操加快了腳步，端端正正走出了儀門。

宮門外守衛森嚴，許褚帶著親兵環繞著曹操的安車，而郭嘉正揣著手跟一個點頭哈腰的白丁閒話。

曹操猛一眼認出是趙達，料他又跑來巴結差事，心中甚是厭惡，大喝道：「奉孝！沒閒工夫跟不三不四的人瞎扯，趕緊隨我去行轅布置一下，三日後起兵。」說著話已登上了馬車。

郭嘉拍了拍趙達的肩膀，挖苦道：「趙議郎，有空再聽您高論。」

趙達好不容易見到曹操，緊跑幾步抓住車沿，諂笑道：「曹公啊，您什麼時候給在下辟令？您可不能騙我呀，眼瞅著又是一年。我有一個祕密要告訴您……」

他話還未說完，許褚的大手已經抓住他後領：「三公車輿豈容你叨擾！」說罷兩膀用力，將趙達扔出去一丈遠。趙達摔了個嘴啃泥，爬起來兀自嚷道：「曹公，您答應用我為掾屬，在下辭了官，您又棄之不理了。我求求您……今天您要是再不答應，我就在您面前自盡！」

曹操一陣冷笑：「自盡？給他劍！」

一個親兵抽出佩劍扔到趙達面前，這廝嚇得連忙躲避。

曹操白了他一眼：「哼！你若真有骨氣，也不至於落到今天這個地步！朝廷也好，我的幕府也罷，用勇士、用義士、用君子，就是不用你這等傳閒話的小人。咱們走！」

車夫一鞭下去，威武的朱輪馬車在大道上疾馳起來。趙達在揚塵中大步緊追：「曹公……您聽我說完……我知道一個祕密，有人要害您啊……」

許褚不禁回了一下頭，曹操卻悻悻道：「少聽他胡言亂語，這等危言聳聽挑撥是非的小人我見多了……快點趕車，還有軍務呢！」

趙達兀自不捨，使出吃奶的氣力，聲淚俱下放聲大呼：「天子要殺您啊！下密詔殺您！我要是說瞎話叫我生兒子沒屁眼！」

隨著一陣尖厲的馬嘶，奔騰的馬車戛然而止。

曹操愕然側倚在赤金扶手上，回首死死盯著那個告密者，蒼白的臉早已因恐懼而扭曲……

第十章

曹操在皇宮展開大清洗運動

處置叛黨

建安四年（西元一九九年）十二月，許都城內一片肅殺之氣，西北風捲著雪花拂過大街小巷。一隊隊曹軍士兵頂盔貫甲手持刀槍，在朦朧的雪幕中往來巡查。在這兩天裡，不論士農工商，任何人都必須老老實實待在家中，即便有天大的事情也要等到這場風暴結束以後才能繼續。

曹操身披狐裘歪坐在行轅大帳之中，手中緊緊握著劍柄，雙目炯炯有神地望著炭盆內搖曳不定的火焰，臉上卻是毫無表情。武猛校尉許褚站在他身邊，戎裝佩劍，手裡攥著大鐵矛，一臉的凶惡之色；郭嘉卻似憂心忡忡，俊雅白皙的臉上添了幾分晦氣，沒了平日嘻笑怒罵顧盼神飛的勁頭，時不時瞟一眼坐在對面臉色死灰、耷拉著眼皮的毛玠。夏侯惇內著盔甲外披戰袍，在這點著炭火撤氣漏風的帳篷裡竟還出了一身冷汗，瞪著僅有的一隻眼睛，望著厚厚的帳簾。其他掾屬和部將也都屏氣凝神站著坐著倚著，全似泥胎偶像，動都不敢動一下。只有書佐繁欽手裡捧著硯墨，時不時地湊到炭盆前烤烤火，免得墨汁結冰耽誤差事。校尉段昭、任福手扶佩劍，緊緊把住這座死氣沉沉的大帳，不許任何人隨便進來。而就是一簾之隔，外面兵層層甲層層，軍兵和曹府家丁林立，夏侯惇麾下軍司馬韓浩、劉若親自督隊護衛，矗立在風雪之中巍然不動。

就這樣靜了好久，還是曹操的內弟卞秉先打破了沉默：「主公，時候不早了，您先吃點兒東西吧！」

曹操搖搖頭：「我吃不下。」

「難不成還要熬一夜嗎？過兩天可就要起兵了，這時候要是病了可怎麼得了？」

曹操摩挲摩挲臉，露出幾分疲憊：「出了這事，即便有珍饈美味我又如何嚥得下去？」眾人都偷偷摸了摸肚子，眼瞅著已近亥時，燈都掌上半天了，他不吃飯別人也不能吃。

卞秉左看看右看看，還是站起身來：「咱們不吃沒關係，夫人孩子們還在後營呢，她們總得吃東西吧？我去照應照應，叫庖人給她們弄點兒吃的。」說罷見曹操不反對，便邁步往外走。

「慢著！」曹操叫住他，「營裡太過簡陋，沖兒、玹兒、均兒都還小，難免哭鬧。你叫你姐好生照應著，家眷的事兒就全託付給她了。」曹操心裡清楚，正室夫人丁氏脾氣越發乖戾，有事兒根本指望不上，關鍵時刻還得卞氏充這個女主人。

「放心吧，姐夫。」卞秉早摸清什麼時候叫主公、什麼時候叫姐夫了，「我去去就來，順便叫廚下燉點兒鰒魚羹來。您若是不想吃東西，喝點那個也成。」說完親手將帳簾微微掀起一道縫，側身走了出去。

卞秉一走，大帳又死寂下來。曹操側伏在帥案上，右臂枕著腦袋，一陣陣地嗟歎。這半天多的境遇，簡直跟做夢一樣！午後出離皇宮時還好好的，他滿心想著「奉天子而討不臣」，憑藉朝廷的正義與袁紹奮力一搏，但是自趙達向他告密之後，這一切都改變了……車騎將軍董承、偏將軍王子服、長水校尉种輯、議郎吳碩已在他眼皮底下醞釀出了陰謀，曹操差一點兒就步入萬劫不復的境地，而最最寒心的，是他們手中竟然還握著天子的密詔！真不知從什麼時候起劉協開始不滿他的獨斷專行，雖然深居宮中不得自由，竟還能想出這麼陰毒的手段，把密詔縫在玉帶裡，賜給一個不起眼的小人物。

議郎吳碩也是從龍東歸的舊臣，但在長安時他諂媚李傕，甚至還被御史彈劾過，因為東歸時立下點兒護駕功勞，才僥倖未被打入罪臣的行列。身居議郎既無建樹也無職分，不過是靠哄皇上高興混碗熱飯吃，誰也不曾把他放在眼裡，聽聞他受賜一條玉帶，任何人的反應都只會是不屑。然而事實就是這麼令人難以置信，吳碩不但大搖大擺地繫著玉帶出了皇宮，還將它交到了董承手裡。董承又尋到他的心腹种輯，還有那位心腸比蛇蠍還毒的王子，一個控制許都的政變計畫應運而生……曹操簡直不敢想像，若是在他提兵北上之際，這幾個小人造反入宮，把持天子詔書、謀害夏侯惇，宣布自己是天下篡逆，那會是怎樣的結果？恐怕在官渡的將士即便未作鳥獸散，也會人心惶惶葬送在袁紹的刀槍之下！距曹操離京之期就差兩天，想起來就讓人害怕呀！

可是千里之堤毀於蟻穴，趙達這個串閒話的小人毀了整個計畫。趙達為了巴結曹操，經常刻意接觸董承的部屬，挖空心思尋人家短處。董承身邊有個叫盧洪的下人，與趙達乃酒肉之交，無意中吐露了事情原委。兩人私下一合計，與其跟著董承冒風險，還不如出賣他換取衣食富貴呢，於是追著曹操殷切示好，將計畫和盤托出。曹操為防止董承、劉服作困獸之鬥，連幕府都沒敢回，立刻到行轅大帳召集部屬，派兵進城護衛皇宮，並把家眷都搬了過來，這才下令捉拿「叛臣」。

曹操歪在那裡，既憤怒又傷心。他最大的本錢就是奉天子討不臣，現在天子認為他不臣，他還有什麼資格自詡王命，還有什麼資格收拾天下人心，還有什麼資格去跟袁紹鬥……

「三位大人回來了！」外面一陣喧鬧，段昭、任福把綿簾掀起，一陣猛烈的寒風刮了進來。司隸校尉丁沖、河南尹董昭、光祿勳郗慮趨身而入，頭上身上還掛著雪花。

眾人都是一愣，曹操立刻坐直了身子：「怎麼樣？」

三人齊刷刷見禮，董昭稟奏：「董、劉、吳、种四奸賊皆已拿下，家眷一律拘禁在府，所部五百軍兵盡數繳械。四名主犯交與許都令滿大人審問，三官旁聽，趙達、盧洪在場對質。」按理說這麼大的案子應由廷尉親理，但其中牽扯天子密詔，廷尉哪敢出頭？只派出大理正、大理平、大理左三名佐官，協助曹操心腹許都令滿寵來辦。

曹操總算鬆了口氣，兕罵道：「這四個千刀萬剮的刁徒！」

郗慮又補充道：「宮中侍衛都已更換，雜役冗從也在盤查之中，但未發現什麼蛛絲馬跡，似乎無人通謀。」從他的職責角度來看，牽扯的人越少事情越可怕，足見密詔之事出自天子本心，想用「蠱惑聖聽，離間大臣」的罪名拉幾隻替罪羊都找不到。

丁沖的臉陰沉得跟死人一樣，從懷中取出張薄薄的絹帛小心翼翼放到帥案上，道：「這件東西我拿回來了……」他不能承認這是詔書，因為一旦承認就意味著是天子的意思，現在得把所有罪名都往董承、劉服等四人身上推，儘量維持君臣和諧的臉面，所以只好說是「這件東西」。

曹操擺擺手：「我不想看。」

丁沖嚥了口唾沫道：「看看吧，還有一個您想不到的人參與。」

「嗯？」曹操莫名其妙，耐著忐忑將玉帶詔掀開，猛一眼打見的就是密密麻麻的血跡。天子是用血寫的這份詔書，這是多深的恨啊！望著這震懾魂魄的字跡、憤恨誅心的語句，曹操的手還是忍不住顫抖起來，眼前恍恍惚惚，腦子裡一片空白，什麼都沒看清，只深深記住了最後一句話「誅此狂悖之臣耳！」末尾那個「耳」字一豎拉得很長，低下還有點點滴滴灑落的血跡。

他不禁閉上眼睛穩穩心神，又用衣袖遮住了那些字跡，只看最下面的那些簽名。就在吳碩柔若無骨和劉服酣暢淋漓的簽名之間，赫然印著另一個參與者——左將軍劉備！

「啊……」曹操大叫一聲，「大耳賊！我非把你扒皮抽筋碎屍萬段不可！」他叫嚷著將絹帛用力扔開，可是那輕飄飄的東西偏偏不願離開，在空中打了個滾兒又緩緩落在帥案之上。

「主公息怒。」所有人都跪倒在地。

曹操手據桌案喘了幾口大氣，殘存的一點理智提醒自己要鎮定，頓了片刻才道：「都起來……來人，給三位大人置座。」

段昭、任福親自為三人拿過杌凳，又有親兵端來幾盞燈，三人禮讓一番盡皆落坐。董昭屁股一沾凳子，馬上話入正題：「自遷都許縣以來，曹公兢兢業業侍奉君王，立宗廟、討袁術、興屯田、平呂布，為朝廷立下不世之功。當今天子也是信任有加多有眷顧，視曹公為當世之周公、伊尹。」他話鋒一轉，變得嚴厲起來，「想那賊臣董承，本西涼反臣董卓同黨，不過見我主奇貨可居才矯情飾偽冒充忠良。萬惡淫為首，論行不論心；百善孝當先，論心不論行。是曹公寬宏大度，念及董承是外戚，推心置腹雨露教化，希望他能收斂狂妄之心，萌生忠君之義。哪知江山易改本性難移，董承非但沒有悔過之意，竟於暗室之內大肆悖逆之心……」說著話，董昭猛然一指帥案上的絹帛，「勾結同黨偽造血詔！蠱惑人心戕害忠良，欲行閻顯、梁冀之舊惡。不但欺君罔上謀劃不軌，還想離間天子與曹公的關係，真乃天下第一陰毒奸佞之人！」

董昭這篇大論可謂一錘定音，咬定密詔是偽造的，把全部事實都顛倒了。在場之人全明白是怎麼回事，但都連連點頭表示贊同。他們皆是曹操這條船上的一分子，不光為了主子，這裡面還牽扯自己的身家性命呢！郭嘉用異樣的眼光掃向董昭——這麼「大義凜然」的一番話，虧他這麼快就編造出來了！想至此不甘落後，也朗聲道：「董尹君說得沒錯，還有那吳碩、种輯都是無狀小人，劉服身為宗室竟助紂為虐，請曹公將這幫亂臣賊子全部處死！」

他這麼一喊，其他人也都隨聲吶喊起來，氣勢洶洶群情激奮。只丁沖、郗慮、毛玠、何夔等幾個人沒有吭聲：董承、劉服這幫人固然是黑，但曹操也未見得就是白，「玉帶詔事件」頂多算君臣爭權的一樁醜聞，絕沒有什麼正邪之分。

曹操的腰桿硬了，提了一口氣道：「你們說得沒錯，待事情審明之後，就將這亂臣賊子一併誅之！」案子還未審清楚，這邊已經定了罪。

董昭補充道：「矯詔謀亂戕害三公乃重罪，還請將他們滿門族滅以示懲戒。」

「不錯！」這話正對曹操胃口，斬草必要除根。

郗慮坐在那裡皺著眉頭，有件事他一直想提，但幾度欲言又止，這會兒眼見不提不行了，起身作揖道：「那董貴人……」只說了這四個字又不知該如何措辭了。

不過就是這短短的幾個字，帳中立馬就安靜了。董貴人乃是董承之女，既要禍滅滿門，她算不算一個？董昭連猶豫都沒猶豫就說：「天子所幸當有順德，董氏有如此悖逆之父，豈可再侍奉君王，當一併處死。」在他口中董貴人已經被降為董氏了。

郗慮瞟了他一眼，心道——天下一筆寫不出兩個「董」字，你可真夠狠的。想至此又拱手道：「曹公啊，董氏固然有罪，但身懷龍種已有八個月，是不是等她誕育之後再行處置？」

董昭暗笑他不曉事，豈能留此禍種？又駁道：「郗大人真是婦人之仁，自古宮中皆是子以母貴，莫說皇子沒有生下，就是生下了，有此狂悖之事也當一併治罪。」說完再不給郗慮分辨的機會，硬生生跪倒在帥案前，「貴人乃天子內屬，非聖允不得治罪。下官懇請號召滿朝公卿同至宮門跪拜，求天子持正割愛！」有群臣跪求，天子再下令廢殺貴人可就跟曹操毫沒關係了，沾不到一點兒血汙。

曹操連連點頭：「很好，尹君就去吧！」

「諾。」董昭站起身，看看郗慮、丁沖道：「二位大人隨我同去吧，咱們分頭去通知各位公卿。」郗慮嚥了口唾沫，只好跟著他走。丁沖從懷裡掏出個酒葫蘆，這點兒嗜好當多大官也改不了，悶了一口才跟著出去。

三人趨步而出，帳簾未落又見許都令滿寵急匆匆趕來，曹操一陣詫異：「這麼快就審完了嗎？」

素來冷峻沉穩的滿寵此刻卻面有難色，跪拜道：「此案中間另有曲折，下官不敢自專。」說著遞上竹簡，「這是董承、劉服的口供。」

曹操看都不看：「又怎麼了？」

滿寵把頭壓得低低的：「此不獨為謀害大臣案，還是謀反。」

「謀反？」曹操來了精神。

「董承等人籌謀事成之後僭立梁王子劉服為帝！」

在場之人全傻了，沒料到還有意外收穫。曹操趕緊拿起口供細看：董承招出王子服以兵權要脅，逼董承事後立他為帝，還將那日兩人趁雨天密謀的情形和盤托出；劉服拒不承認，有盧洪一旁作證，刑訊之下才鬆口供認，卻說董承假意應允，實際上是想當外戚大將軍。兩個人互相詆毀互相推諉，都把更多罪責扣給對方。

「就這麼兩個傢伙還想跟我鬥？皇上就……」皇上就看中了這麼兩個野心家！這話不能說出來。曹操既覺傷心又覺滑稽，忽然發出怪異的大笑，那聲音竟有點兒像哭。

此事可給了曹操一個把柄，治董承等人「謀害三公」的罪名遠不如扣一個「謀反大罪」服人。現在事情鬧到這一步，什麼株連滿門、什麼廢掉董貴人都成了理所應當的事了。滿寵見曹操笑得可怕，清清喉嚨提醒道：「劉服這個身分不太好辦吧？」

一旁郭嘉等人都聽得心驚膽戰——劉服乃梁王劉彌之子，這件事不單是大臣謀反，而且是宗室謀反，要株連到梁王的。事情越鬧越大，無怪滿寵躊躇不定了。郭嘉起身欲諫，卻見曹操收住笑容，將竹簡往帥案上一摔，陰森森對滿寵道：「你個鐵證如山怎麼也來問我？國家有國家的法令，梁國王子獲罪該怎麼辦就怎麼辦。自作孽不可活，這樣的事，先朝沒有過嗎？照著做不就成了嘛！」

按照本朝故事，宗室諸王稍有不軌就會被削封地，而涉嫌謀反更是必死無疑。明帝當朝時，廣陵王荊陰謀奪位，被逼自殺；楚王英自造圖讖結交術士，惶恐自盡；和帝當朝時，清河王蒜被梁冀誣以謀反，貶謫逼害，封國廢除；距離最近的靈帝朝，渤海王悝被宦官王甫誣告謀反，被迫自殺，親屬近百口同死獄中，渤海國廢除，自渤海相以下所有官員以「導王不忠」之罪全部被處死……若遵循此例，梁王劉彌非死不可，妃嬪也都保不住。但當此敏感時期，殺宗室是件容易讓人詬病的事情，只要邁出這一步，天下所有人都會懷疑曹操的用心，大戰在即更會影響到天下輿論方向。

郭嘉、毛玠等全都站了起來：「請主公三思……」

曹操把手一擺，臉上不但沒有動容之色，反還浮起了殺氣，冷冰冰地道：「董承我一點兒都不恨，誰叫我當初搶了他的主政大權？可劉服憑什麼害我？當初起兵之日他就暗揣自立之心，我睜一眼閉一眼就罷了，沒想到他連我也算計了。沒有我他哪來的這個偏將軍？金銀美女錦衣玉食我哪裡虧待過他？我自己都沒這麼享受過一天啊！」這倒是實話，曹操生活格外節儉，「更何況陰謀篡逆是何等樣罪？俗話說『種瓜得瓜，種豆得豆』，滿門滅族是他自找的。即便梁王彌不知其情，那也只能怪他自己養了個好兒子，本朝故事遵照執行。」

道理不能說不對，但放在現在這個尷尬時期，多少人瞪大眼睛盯著他呢！即便公正也是不公正，戕害宗室的罵名是逃不過的。郭嘉與毛玠對視了一眼，都想再勸兩句，但瞧曹操滿臉凝重不容置疑，又把話嚥下去了。滿寵把心一橫，咬牙道：「下官明白，定將此案辦個徹徹底底！」說罷轉身便要走。

「伯甯且慢……」

眾人都以為曹操心思活動了，哪知他卻提起另外一件事：「我已上表加封李通為裨將軍，叫他屯駐汝南。等辦完這件案子，我再調你為汝南太守。你回去準備一下吧！」

「諾。」滿寵心裡似明鏡一般。汝南是袁氏的老家，門生故吏多會與此，曹操調他為汝南太守，是要他協助李通看住那些人。滿寵走出大帳時，腦子裡已經開始籌謀鎮壓汝南鄉黨的計畫了。

滿寵剛離開一會兒，又聽外面衛兵稟報：「荀令君與劉老常伯①到！」綿簾一挑，滿身雪花的荀彧攙著老侍中劉邈慢慢悠悠走進來。

曹操心裡咯噔一下——這老頭子來添什麼亂呀！

神混意亂

劉邈乃光武帝嫡系後裔，琅琊王劉容的弟弟，歷任九江太守，如今已是七十多的老翁了。昔日曹操討董失敗到揚州募兵，在刺史陳溫的引薦下結識此公。後來劉邈到西京拜謁天子，盛讚曹操文武雙全忠實可靠，幫他賺得了兗州牧的任命，又在逢迎天子及遷都時幫了不少忙。朝廷穩定之後，曹操感激恩德將其拜為侍中，實際待遇跟三公差不多，教他舒舒服服養老，天子念他是宗室老人也頗為尊重。

因為年齡大了，劉邈基本上已不上朝，現在突然出現在行轅之中，穿得跟個老財主一樣——身著藍緞子便衣，外罩白狐腋裘，滿頭稀疏白髮梳個小鬏，別個翠玉簪子；足蹬薄底便鞋，手拄著四棱青竹拐杖，還掛著個紅漆葫蘆。老頭駝著背晃晃悠悠走進來，一捋頷下銀髯，抬頭朝曹操微然一笑，滿臉的皺紋跟核桃皮似的。

按理說沒有三公拜見侍中的，但歲數、身分、情分都擺著，曹操趕緊起身陪笑：「這大冷天又是夜裡，怎麼還把您老人家驚動了？」說著話搶過去一把攙住，輕輕拍落他身上的雪花。

① 常伯，西周官職，漢代為侍中的敬稱。

劉邈一把年紀卻耳聰目明口齒清晰：「出了這麼大的事兒，老朽得來看看您呀！」

所有人都站起來了，好幾張杌凳主動遞過來，曹操與荀彧一左一右攙扶他坐下。夏侯惇怕嚇著老頭，帶著許褚、段昭等武夫退了出去。曹操埋怨地看了一眼荀彧：「是令君驚動老常伯的？」

劉邈笑呵呵一擺手：「不是，是老朽去找令君的。」

「曹公受驚了。」也不知是凍的還是嚇的，荀彧臉色煞白，顯得極不自然，頓了片刻又從袖子裡掏出一份表章遞過來，「這是伏完連夜遞到省中的。」

國丈伏完是個老實人，官拜輔國將軍、儀比三司，如今見董承壞了事，頗感自己處境尷尬，連夜修下表章，要求上還印綬當個普通的散秩大夫。曹操隨便掃了兩眼便扔到一邊了，先照應劉邈：「老大人，朝廷捉拿奸賊吵到您了吧，我給您陪禮了。」

劉邈歎了口氣：「唉……國家不寧奸佞頻出，董承這些人也真不像話。曹公您為國征戰赤心不二，他們怎麼捨得對您下手呢！」他一邊說一邊拍著大腿。

曹操也不知他是真不知道密詔還是故意裝的，只好連連點頭。

「聽說還有梁王的兒子劉服那小子吧？」劉邈低著頭問道。

曹操似乎明白他的來意了，轉身從帥案上取過口供給他看，怕他眼花還特意大聲道：「這王子服乃是罪魁禍首，董承等陰謀立他為皇帝，證據確鑿罪無可赦！」他猜到劉邈是來為梁王求情的，故而把罪名講清，想堵住老頭的話。

劉邈攥著口供，跺著拐杖罵道：「孽障！這破我家邦的忤逆子，當真可惡至極，其罪當死其心當誅！」

曹操鬆了一口氣，心想這老頭子應該無話可說了。哪知劉邈把那口供一捲，揣到懷裡去了！捋著鬍子佯作漫不經心道：「這劉服從小就是不省心的孩子，梁王把他過繼出去就對了。」

「過繼出去？」曹操一怔，「過繼給誰了？」

「他娘舅李氏啊！」劉邈隨口道：「這小子應該叫李服才對。」

曹操鼻子都氣歪了。老頭三兩句話王子服就不是劉家人了，一切株連之罪算不到梁王頭上。而且聽說李氏王妃與兄弟皆早歿，編這個瞎話死無對證。曹操不好發作，強笑道：「敢問老常伯，梁王膝下幾子？」

「就劉……李服一個。」劉邈磕磕巴巴道。

「既然就一個兒子哪有過繼他人之理？」

「他就樂意過繼給親家，外人管得著嘛！」劉邈開始胡攪蠻纏了。

曹操氣不得惱不得，拉過一張杌凳坐在劉邈身邊：「老常伯，您的意思我明白，可是事情明擺著，劉服身負大逆之罪。」

劉邈咬定了後槽牙強辯道：「他離國入京四年，跟梁王早斷了聯繫。無父在前無君在後，先治大不孝，後治大不尊，對於劉彌而言這兒子早就沒了！他莫說謀逆不成，弒君也與他父無干！」

曹操久聞劉邈年輕時才思敏捷口舌如劍，今天才算領教。他長歎一聲站起身來，望著黑漆漆的帳頂一邊踱步一邊道：「我曹操自逢迎天子以來，夙興夜寐兢兢業業，未敢有半分不軌之心。有人道我專權亂政，說我有不臣之心，我可以視而不見，但是當今天子……」

「屬下等暫且告退！」郭嘉、毛玠等嚇了一跳，知他要說出實情了，趕緊一溜煙擠出去。

偌大的中軍帳裡就剩下曹操、劉邈、荀彧三個人。曹操繼續道：「當今天子也要殺我！把密詔封在玉帶中，這是何等的陰損！可是他靠的是誰？董承當初也是董卓一黨，他有我這樣的忠心嗎？他是想做外戚大將軍，他要當竇憲、當梁冀！還有那個大耳賊劉備，不折不扣的小人，跟過的主子比穿過的褲子都多！真他媽惡心！」他放聲大喝，把憋了一晚上的話都倒了出來，「劉服更不要提，狂妄無恥的賊子！這世道真夠邪門，長個腦袋就想當皇帝。呸！天子把我弄掉，就把他們換上來嗎？他們能支撐現在的局面嗎？我想不明白，我就是想不明白！這皇宮的樓台殿宇是我曹某人花費心血建起來的！這許都的錦衣玉食是我曹某人開屯田掙回來的！可是天子不要我，卻要那些亂臣賊子，這是為什麼！他們真的能救大漢，真的能救民於水火嗎？」

劉邈、荀彧無奈地低下了頭。天子權力是什麼？朝廷真的能代表天下百姓嗎？他們想不出，也不敢去想。

曹操突然仰天大笑，聲音又犀利又尖銳：「哈哈哈……我哪裡做錯了！我他媽哪兒不對……哈哈哈……難道把天下放手交給二十歲的毛頭小子，由著他隨意而行任人宰割！大漢朝叫袁紹滅了，你們這些宗室就滿意了嗎？拍拍胸口想一想，沒有我曹操，這天下還不知幾人稱帝幾人稱王了呢！哈哈哈……」曹操尖笑著回到帥位，「梁王彌自作自受，他自己養的好兒子！宗室出了這樣的事，叫我給你們擦屁股？把罪名都扣到我頭上？休想！梁王一定要殺！」

劉邈聽著這誅心之語，感覺身處噩夢一般。他承認曹操的話句句在理，但是劉家實已衰落到了極點。就說他兄長琅琊王劉容，當了四十七年太平王爺，近八十歲的人了，最後在琅琊死得不明不白，封國反成了臧霸那等刁徒的地盤，子孫凋零流落他方。光武爺開國時的英氣何在？宗室沒有了，還靠誰拱衛皇帝？這世道非變了天不可……想至此老頭子把心一橫，拄著拐篤篤走到帥案前，鄭重道：「曹孟德，且看在老朽的薄面上饒了梁王吧！實在不行……老朽給你跪下了。」

曹操一把攙住：「他們自己不爭氣，您跪我何用？」

「開國梁王乃光武爺嫡傳，孝章皇帝同母帝，乃天下第一大封國。你動了他們，難道不怕天下人罵你不臣嗎？」

曹操冷若冰霜道：「罵就罵了，我要出這口氣。」

劉逖一皺眉：「你這不是跟梁王賭氣，是跟天子賭氣！」

「這口氣我賭定了，我沒做錯！」

劉逖見勸了半天不起作用，乾脆往帥案上一坐，以老賣老撒開了瘋：「我就坐在這裡，你不赦梁王我就不走了，有種你先把我弄死！」

曹操也惱了：「你就坐著吧，坐到死我也不赦。」

「我說不能殺，就是不能殺！」

「我就是要殺梁王！」

「你敢？你殺個試試，老頭子跟你拚了！」

兩人越說越僵，最後變成了聲嘶力竭的爭吵，都憋紅了臉。當朝司空跟宗室老臣吵起來，誰敢過來勸？這事兒又該向著誰？荀彧膽戰心驚，低著腦袋連看都不敢看。

「你莫要以老賣老，梁王我殺定了！」

「我受天子之詔命，不准你殺！」劉逖口不擇言。

「胡說八道，你拿詔書來！」

「曹孟德你等著，我這就去請詔書，看你還說什麼！」

曹操憤怒至極，擺手道：「拿來也沒用，我一定要殺！」

「這天下是我劉家的還是你曹家的！」

「你說什麼？」

劉逖也豁出去了，把拐杖往地下一扔，指著曹操鼻子再次喝問：「這天下是我劉家的還是你曹家的？」

……

兩人默然對視良久，曹操忽覺一陣冰水澆頭般的寒冷，滿腹怨言竟被堵得嚴嚴實實，只覺胸口發悶腦袋發暈，身子晃了兩晃，頹然歪倒在坐榻之上——劉邈終於祭出一件他抗爭不了的法寶！

劉邈見他臉色變得煞白，趕緊把話往回拉：「孟德……我也是為你好，大戰在即誅殺宗室，袁紹必以此事蠱惑人心。我都一把年紀了，難道還能害你？再說廢了梁國，你跟天子的芥蒂可就更深了，日後何以自處啊？何以復興漢室完成平生大願？你好好想想，俗話說『不瞽不聾，不能為公』，就睜一眼閉一眼吧！」

「別說了。」曹操雙目恍惚，疲憊地擺了擺手，「除了首惡劉服，我一個宗室都不殺了……不殺了……」

「不殺就好，不殺就好……」劉邈差點把老命折騰進去，見他終於鬆了口，眼淚都快下來了。

曹操無力地抬了抬眼皮：「天不早了，您走吧……快走吧……」

劉邈爭辯半晌也累得夠嗆，荀彧幫他撿起手杖，攙著他往外走。劉邈走兩步一回頭、走兩步一回頭，還是不放心。荀彧連架帶勸，好半天才將他請出去。空蕩蕩的大帳中就剩曹操自己了。他閉著眼睛歪在案邊，覺腦袋裡嗡嗡作響，伴著陣陣疼痛。這一天他承受了太多刺激、太多壓力，經歷這麼多波折已經快累垮了，可是眼前還有一場艱難的大仗等著呢！

恍恍惚惚不知過了多久，忽覺一股涼氣吹過，曹操勉強睜開眼睛打量，見曹丕捧著只碗走進來，後面還跟著卞秉、曹真。

「父親，您還是吃點東西吧。」曹丕將一碗鰒魚羹放到他面前。生了半天氣，他更吃不下了，但瞧兒子滿臉關切，還是端起來微微呷了一口，緩了緩氣道：「那幾個叛黨已經拿獲，今天太晚了，叫家人勉強待一夜，明天早晨咱就搬回去。」

卞秉面有難色道，「鈞兒太小，這大涼天的折騰過來一直哇哇哭，似乎是病了，我替周氏嫂嫂問您一句，可不可以……」

「這等事也來告訴我？馬上請醫生來看。」

曹丕、曹真小哥倆正給他揉著肩膀。聽舅舅提起這件事，曹丕伏到他耳邊說：「周姨娘一直要求給鈞兒弟弟看病，夫人就是不允，這才驚動您。聽說鈞兒與張繡之女結親，夫人很不高興啊！」丁氏之子曹昂死於張繡之手，現在不報舊仇反成了親家，丁氏自然憤恨。

曹操畢竟虧欠丁氏，也不好當著兒子說什麼，只道：「凡事莫與她計較，現在給鈞兒治病才是最要緊的。阿秉，你速速進城，把宮中最好的御醫找來。」

「諾。」卞秉這才領命而去。

滾熱的濃湯灌下去，一股暖意自腹內升起，兩個兒子又為其揉捏背膀，曹操這才稍感一絲舒暢，但腦袋還是隱隱作痛。這時簾帳一挑，荀彧回來了：「劉老常伯已經登車回府了。」他臉色頗為陰鬱，說話聲音很低。作為總理朝政的尚書令，京師有人策劃這麼大的陰謀他竟不知道，先前還坐視董承升任車騎將軍，荀彧深感自己的失誤。

「這件事過去就算了，以後不要再提，該幹什麼還幹什麼……」曹操輕輕搖了搖頭，「四賊該定什麼罪就定什麼罪，等我發兵走了，把他們一殺了事。」等到他離京之後再殺是故意做給天下人看，證明此事並非攜私報復。

荀彧見他不想再說這件事了，沉默了片刻轉移了話題：「劉勳趕著與您一同北上，所以日夜兼程冒雪前進，天亮前就要到這裡了。」

曹操輕輕舒了一口氣道：「叫大家該休息就休息，養足精神過兩天還要拔營北上呢！偏這時候出事，豈不叫張繡、劉勳看笑話……」他不叫荀彧提，自己卻還說，分明還是沒有釋懷。

荀彧忙提起件好事轉移他的精神：「劉勳救了幾位袁術劫持的名士，其中有先朝荊州刺史徐孟玉。」

「徐璆？」當年平滅黃巾，曹操與徐璆都曾隨朱儁征戰。

「據說袁術死後部下紛爭，徐璆趁亂把傳國玉璽裹了起來，這次要還給朝廷了。」

曹操雙手夾額②：「丟失十載的傳國至寶總算完璧歸趙了，真是蒼天護佑……」他頗感慶幸，但只一低頭又看到了那份血淋淋的密詔，心中又是惆悵——天子整日盼著我死，玉璽回來又有什麼高興的？想至此他輕輕拿起那張絹帛，冷冷道：「我是拴在大漢這駕車上的牲口，不管天子怎麼看我，都只能向前不能退後了……」說罷將它團成個球，隨手扔到了火盆中。

那炭火的餘燼迸出一陣炫目的亮光，輕輕的絹帛帶著天子的血液霎時間化作了片片黑蝴蝶，伴著些許煙塵在帳中飛揚散開。荀彧微合雙目，提醒自己要忘了這件君臣不睦的醜聞。曹丕、曹真給父親揉著背，對眼前發生的事都視而不見。而曹操則呆呆望著火盆，思考自己與大漢王朝究竟是何種微妙關係，今後自己又該走向何方……

沉默良久，忽聽帳外許褚隔著簾稟道：「主公，趙達和那個姓盧的妄圖闖帳，已被在下拿住，請主公下令處置！」趙達馬上跟著喊道：「我等非是闖帳，乃有祕密之事告知曹公。」

有了這番經歷，曹操也不再輕視趙達了：「仲康，放他們進來。」荀彧還是不喜歡這個無恥小人，聽見他要進來，趕緊作揖道：「明公若無其他吩咐，我這便趕往宮中，百官還在請願呢！」

「令君去吧！」曹操緩了口氣，強打精神坐直了身子。

趙達和盧洪亦步亦趨爬了進來，一個體態臃腫面龐白皙、一個瘦小枯乾尖嘴猴腮，卻都是滿臉諂笑一副邀功取寵的架勢。曹操明知他們是小人，但畢竟有功勞，強笑道：「你們兩個此番告發有功，老夫自會重重獎賞。」

「在下不求獎賞，但願明公話敷前言，讓在下為您效力。」趙達又提起這件事了。

盧洪涎著臉笑道：「在下也願意追隨明公鞍前馬後！」只要跟著曹操不愁升官發財，幕府掾屬放出去最小也是個縣令，何必在乎眼前這點兒賞賜呢！

「哼！你們有什麼本事？」

盧洪頓首道：「我等自認沒什麼本事，文不足以治國、武不足以戡亂，但我們的眼睛好使耳朵靈便。只要我們倆在許都替您留心百官來往行徑，將他們一絲一毫的舉動都監視住，保準再不會有董承這樣的事發生，讓您無所顧忌做大事，高枕無憂睡大覺！」

「嗯？」曹操一愣，忽然覺得這兩個小人似乎還是有用的。

「明公不信我們的能力嗎？」趙達見他心思活動了，趕緊又道：「實不相瞞，我等這般時候還來見您，絕不是為了邀功請賞。而是思慮良久，覺得這次玉……偽詔之事還有一位同謀，未曾署名，懇請您加以治罪。」

「還有一人？」曹操黯淡的眼神霎時間又亮了起來，掙開曹丕、曹真的手，「我有隱祕之事，你們倆出去。」

盧洪翻著母狗眼，見兩個孩子施禮退出，才悻悻道：「明公請想，要把絹帛縫在玉帶之中，這樣的針織豈是天子所為？」

「這還用你們說。天子當然不會做這種事，必是宮中女子縫製。」

趙達接過話茬：「既是女子所為，又是誰呢？肯定不是一般宮女吧！這麼要緊的事情，天子必要託付心腹……」

曹操警覺起來：「你是說那玉帶是董貴人親手縫製的？」

---

② 古人夾額表示慶幸。

趙達陰森森笑道：「董貴人身懷有孕，有宮人日夜伺候，豈能做此針織女紅？明公好好想想，除了董貴人，還有哪個女人與天子患難與共形影不離？」

曹操已明白八九分了，低頭間又看到了伏完請辭的那份表章，心頭一緊，感覺頭痛又加重了幾分。他合上雙眼，思索了許久，最終還是歎息道：「算了吧……」廢后的影響太大，現在他還不能幹。

趙達與盧洪面面相覷，繼續慫恿道：「斬草不除根，遲早是要生禍患的。董貴人、梁王、皇后以及伏完一族絕不能放過啊！」

「董貴人一定要殺！至於梁王與伏后……」曹操無奈地搖搖頭，睜眼道：「你們倆不是想跟著我嗎？」

趙達、盧洪興奮地點點頭，又往跟前爬了幾步。

「我任命你們為刺奸校事，細細留神許都一切動向，有什麼事不必通過令君和軍師，直接向我稟報。」

「謝主公栽培！謝主公栽培！」這兩個小人總算如願以償，一個勁給曹操磕頭，「無論什麼差事，只要主公發一句話，我們竭盡全力在所不辭。」

「在所不辭？」曹操忽然目露凶光，「我現在就給你們個差事。」

「主公但講無妨。」趙達一挺胸脯。

「你們倆帶上些家奴去梁國……」

「去梁國幹什麼？」

曹操咬牙切齒道：「去把劉服的祖宗梁節王的陵墓給我刨了！」

趙達、盧洪嚇得跌坐在地：「梁節王乃是孝章帝的同母兄弟，動一動陵墓就要掉腦袋，我們哪敢……」

「剛才還信誓旦旦，這會兒就不聽話了嗎？」曹操把眼一瞪，「這算得了什麼？當初蓋許都皇宮我就砍過王陵的木材。現在大漢天子對我不恤，我便對他不義。活梁王我動不了，死人我還動不了嗎？這口氣不出我誓不為人！」

盧洪咽了口唾沫，壯壯膽子大聲道：「主公，非是在下不敢，梁國苗裔尚在世，您動了梁節王的墳墓，日後天下人如何看您？將來若與劉彌相見又何以相對？」

曹操見這個小人都能講出這番道理，情知自己太過了，但怒氣難消拍案道：「好啊！好！本朝的梁王動不了，先朝的梁王還動不了嗎？我掏他老祖宗！你們去把前代梁孝王的墓給我掘了！我羞辱他老祖宗，看他劉氏宗親又能奈我何？」

盧洪覺得這也夠苛刻了，卻不敢再違抗：「主公放心吧！這件事就交給我們啦，保證讓他們老祖宗屍骨曝天餵野狗！」

趙達又補充道：「王陵內所有陪葬我都給您帶回來，在對戰袁紹之際賞賜部將。」

「好。」曹操端起鰒魚羹一口氣喝乾，「我非要滅了袁紹，讓天子看看，沒有我他到底行不行！」他強打精神把話說得響亮，但頭痛卻越來越厲害了。

淒涼天子

天子劉協愴然屹立在大殿門口，望著御園中密密麻麻的燈火。請願的大臣越來越多了，剛開始只是董昭、丁沖、郗慮那幾個人，後來大小朝臣接踵而至，就連司徒趙溫、太僕韓融、少府孔融、侍中荀悅以及剛剛辭掉輔國將軍的伏完都來了。所有人冒雪跪在御園中，口口聲聲要求交出董貴人。

劉協已與群臣對峙了半宿，但請願的聲勢有增無減一浪高過一浪，他深感無力抗爭下去了，高傲的帝王之心漸漸沉落，身軀無奈地靠在殿柱之上——完了！剷除曹操的計畫完全失敗了。為了這個計畫，他可謂用心良苦，一意孤行為董承提高官職，小心翼翼地給吳碩賜了玉帶，不惜把那個大耳朵的草鞋販子認作宗親。而且還精心物色王子服來牽制董承，要借他們倆的貌合神離坐收漁人之利，把權力兵力都收回到自己手裡，憑自己的能力中興大漢恢復社稷。可這兩個傢伙還沒幹就把事情搞砸了，而且打草驚蛇，恐怕以後再不會有這樣的機會了。

劉協深悔自己的年輕衝動，不該公開對曹操流露不滿，不該託付董承、劉服這兩個成事不足敗事有餘的傢伙，不該把所有本錢都一次押上去……但後悔又有何用？董承、劉服都完了，劉備跑了，現在就連愛妃都保不住了，以後的日子還不知什麼樣呢！

「臣等冒死上諫！」董昭這慢性子甚是沉得住氣，又帶頭喊了起來，「董承偽造詔書陰謀叛亂，董貴人不宜再侍奉至尊，請萬歲以天下社稷為重忍痛割愛！」

「請萬歲以天下社稷為重忍痛割愛……」群臣跟著吶喊，聲音參差不齊。他們中有一大部分不願意來，但是董昭派士兵押著車到家門口來接，這等陣仗敢不來嗎？因而除了劉邈、陳紀、楊彪等老人，還有未上任的賈詡，其他官員都到齊了，在冰天雪地裡凍了半宿，這會兒早顧不得誰是誰非了，只盼著天子早些交出董貴人，大家也能少受些罪。

耗了這麼長時間，丁沖懷裡的酒早喝完了，乾脆站起身來踱到玉階之下，再拜道：「天色不早，請萬歲速下決斷！」他這一過來，後面呼呼啦啦跟過一大堆，眼見群臣已圍到了殿門口，可守宮的虎賁郎竟毫不阻攔。

劉協長歎一聲道：「你們莫要再逼寡人了，朕去去就來……去去就來……」說罷踩棉花一般踉踉踉蹌蹌回轉後殿。

董貴人此刻就跟伏皇后依偎在後殿，前面的說話聲聽得一清二楚，這位將將二十歲的皇妃早就嚇呆了，緊緊抱著腹部，似是要保護未出生的孩子。伏皇后也是滿臉憔悴，摟著襁褓中的兒子劉馮，既關心貴人的命運，又為兒子復發的病情擔憂。

劉協頹然坐倒在兩個女人面前，拉起董貴人冰涼的纖手：「朕、朕對不住……」這話怎麼出口呢？堂堂天子竟連自己的妃子都保護不了！

董貴人霎時間面無血色：「陛下不要我了嗎？到底是怎麼回事？曹操為什麼要殺我？你們告訴我呀！」

該怎麼對這個天真的小姑娘解釋一切呢？密詔的事情她毫不知情啊！那條玉帶也不是她縫的，她父親的事情更沒敢告訴她半句，可現在她卻逃不開殺戮。劉協無言以對，只是緊緊攥著她的手。伏后也在旁邊暗暗垂淚。

「陛下好狠心！就算不要我，難道連皇兒都不要了嗎？」董貴人的怯意化作一陣怨怒。

劉協的心似刀絞一般，但他這個天子又有什麼辦法？他猛然伏在董貴人肚子上痛哭起來。天子一哭，伏后越發大哭，董貴人也哭，伺候的宮人也都跪倒在地跟著掉眼淚，後殿之中頓時哀聲一片。

也不知哭了多久，忽見門口閃進一群虎賁郎。所有人都嚇懵了，但見滿寵從人群中擠了進來，屈膝跪倒道：「謀反之案已經審結，懇請萬歲速將董貴人交給在下一併治罪。」

伏后惱恨至極，把劉馮交與宮女，指著滿寵的鼻子斥責道：「大膽賊子，豈能擅闖宮院！你退出去！」

滿寵自不能跟她爭辯，磕頭道：「臣受命審理要案，但求除惡務盡！只要交出董貴人，臣立刻就走。」

劉協慢慢爬起來，兩眼空洞地望著前方，無奈地冷笑道：「帶走吧……帶走吧……」

「吾主英明，在下領命。」滿寵揮了揮手，兩個虎賁士一擁而上，架起董貴人就往外推。董貴人大聲疾呼：「反了！全都反了……」又有個虎賁士順手扯下半尺宮帳，捲了個團塞到她口中。董貴人嬌小的身軀被他們架著，口中嗚嗚咽咽，依舊大罵不絕。

眼見這就是生離死別，劉協與伏后匆忙追了出去。但見滿寵帶著人湧出殿門，而大群的虎賁士緊接著跪倒在地組了一道矮牆，就是想追也追不出去了。

伏后抹著眼淚嚷道：「你們快給我讓開！聽到沒有？」但是宮裡的衛士都已經換了，一個熟識的都沒有，那些虎賁士彷彿是種在地上了，竟紋絲不動把路攔得死死的。外面的群臣見此情景也是心驚膽戰，卻還得磕頭道：「聖上深明大義，請皇后節哀……」

伏后環視這般假惺惺的人，氣憤已到了頂點，忽見自己父親也在其列，不禁嗔怒道：「父親，難道連您都坐視不理嗎？您就看著這幫亂臣賊子無法無天恣意妄為嗎？您說句話呀！」

伏完哪敢說什麼，又是慚愧又是害怕，霎時間老淚縱橫，連回府的招呼都顧不上了，以袖遮面狼狽而去。他這一走，群臣立時辭駕，各自揚長而去。劉協倚著殿柱又是哭又是笑，伏后卻依舊喝罵不休。忽然自背後跑來一個年輕宮女：「皇后娘娘，小皇子受驚了，身上燙得厲害，得快宣御醫來！」

「御醫呢？給皇子看病的御醫呢？」伏后顧不得什麼母儀天下了，放開嗓子嚷道，「快宣御醫，給我兒子治病！」連喊了數聲，在場的虎賁士竟無一人應聲。伏后抓住劉協的衣袖央求道：「董貴人與腹內皇兒已救不得了，陛下快傳詔，先保住咱們馮兒啊……」

劉協暫把痛苦拋諸腦後，對著眾虎賁喊道：「宣御醫！皇后的話你們聽見沒有？都聾了嗎？」有一個虎賁侍郎（虎賁中郎將下屬，四百石小官）抬起頭來，操著濃重的沛國口音道：「啟稟陛下，曹公幼子染病，太醫令脂習已帶著所有御醫到行轅去了。」

「混帳！這天下是萬歲的，還是他曹操的！快把御醫給我叫回來，皇子有個一差二錯你們擔當得起嗎？」伏后跳著腳喝罵。

眾衛士被她罵得灰頭土臉，但誰也不敢擅自離去，只得跪在那裡把頭壓得低低的。伏后見他們死豬不怕開水燙，狠狠摑了那虎賁侍郎兩個耳光，哭哭啼啼回轉後面抱兒子去了。劉協卻倚在那裡沒有動，他隱約覺得眼前的一切都是假的，似乎是董卓、李傕時的舊夢，一切都太不真實了，太難以想像了……

恍恍惚惚間，又見滿臉悲憫的荀彧從黑暗中走了過來：「你們這些狂徒還不閃開？」他一句就把眾武士打發了，「速速到曹公行轅請御醫回來。若是耽誤了皇子病情，我要你們腦袋！」

「諾。」有人應聲而去。劉協見到荀彧彷彿見到了救星，竟一頭撲到他懷裡，泣不成聲道：「朕……朕怎麼會……怎麼會……」他先前甚是不理解荀彧，但現在想來，就是這個人在他和曹操之間左右周旋，維繫著自己僅有的那一點兒君王體面，他實在是錯怪荀彧了。

荀彧見天子哭成這樣，撫著他的背安慰道：「陛下莫要傷心，這事已經過去了。董承、劉服偽詔作亂，跟您什麼關係都沒有，董貴人是董承之女，不得不如此處置，您一定要節哀啊！陛下不要再哭了，臣情何以堪呢！」

劉協就像投入父親懷抱的孩子一般，兀自抽泣了好久才緩緩直起身來。荀彧跪倒在地：「如今天下未平四海擾攘，更有河北大敵當前。陛下只有倚重曹公才能綏靖四海，曹公只有尊崇陛下才能師出有名，君臣一體同氣連枝，臣盡全力維繫其中，以後萬不可君臣相疑自毀大業了。」說罷連連磕頭。

「君臣一體……同氣連枝……」劉協搖頭不已，這八個字又怎麼可能辦到呢！

身處天子與曹操的夾縫間，荀彧的位置最是難處。他見這位無奈的天子痛不欲生，又環顧左右並無他人，便乍著膽子道：「聖上可知《墨子》之言？『良弓難張，然可以及高入深；良馬難乘，然可以任重致遠；良才難令，然可以致君見尊』，曹公正是可以輔保您復興漢室之人，您應該……至少現在還應該倚仗曹公，天下未穩不可殺雞取卵啊！」荀彧的胸口怦怦直跳，這幾句話已是毫無隱晦，若讓曹操知道，必然會給自己招惹大禍。

劉協眼睛一亮：「你是說將來再……」

「臣什麼也沒說。」荀彧趕緊把話往回收，「陛下莫要悲傷了，還有個好消息。前汝南太守徐璆回朝，他帶回了我大漢傳國寶。傳國玉璽回來了！您應該高興才對啊！」

「傳國玉璽？呵呵呵……」昏暗的殿宇間，劉協仰天大呼，不知是哭還是笑，那聲音充滿了無奈，「玉璽回來又有何用啊？高祖爺，光武爺！你們在天有靈睜開眼，朕哪還像個天子呀……呵呵呵……我那無道的父皇！您丟的傳國璽回來了，兒有今天也都是拜您所賜，您也好好看看啊！呵呵呵……」他拋下頓首流涕的荀彧，踉踉蹌蹌回轉後宮了。

第十一章

勸降關羽，曹營又多一員猛將

突襲劉備

建安五年（西元二〇〇年）正月，曹操率領新近歸附的揚武將軍張繡、征虜將軍劉勳進駐官渡。由於董承、劉服的覆滅，朝廷潛在的威脅已大大減輕，曹操放開手腳全面備戰。

以河內太守魏種屯駐懷縣一帶，占據河北要道；建武將軍夏侯惇屯駐敖倉、孟津，防禦西面的變故；厲鋒校尉曹仁駐守陽翟，看守許都門戶；揚武中郎將曹洪進駐宛縣，防禦劉表不測；汝南太守滿寵、裨將軍李通戍守汝南，彈壓袁氏一族和袁術殘餘勢力；琅邪相臧霸、東海相孫觀等蹲身徐州北線，牽制青州敵人；伏波將軍陳登駐守廣陵，防備孫策襲擊——各路兵馬占據衝要互相接應，將許都周邊全面保護起來。另外于禁駐守延津、劉延駐守白馬，是為預防河北的最前鋒。向各處要塞分派完畢，官渡的總兵力還剩不到四萬，這支隊伍就是曹操對抗河北的最後本錢。

與此同時，大將軍袁紹經過漫長的協調和準備也終於正式起兵。以行軍司馬逄紀留守，軍師審配負責糧草運輸；自率精兵十萬、戰馬萬匹南下，以長子青州刺史袁譚兼大將軍長史，以將軍顏良、文醜為先鋒，三部都督沮授、郭圖、淳于瓊統軍，步兵校尉高覽、屯騎校尉張郃、越騎校尉韓荀、參謀許攸、幽州舊將鮮于輔、部將蔣奇、蔣義渠等從軍出征。大軍自鄴城出動，向北岸重鎮黎陽進發，為了體現師出有名，更為了煽動天下割據同聲討伐曹操，袁紹特意命主簿陳琳洋洋灑灑寫下一篇征討檄文①，歷數曹操種種罪惡，發往天下各個州郡，造出極大聲勢。

可當這份檄文傳到官渡之時，曹操卻躺在臥榻上不住呻吟。不知是玉帶詔之事刺激太大，還是被掘墓的梁孝王在天有靈作法報復，從那晚起曹操就落下了頭疼的病根，加之冒著嚴寒趕赴前線，到了官渡便一病不起。大戰在即主帥病倒，全軍上下急得團團轉，但兵戎之事不容耽擱，只好將所有軍報讀給他聽以求處置。

曹操仰面臥著，用浸了涼水的濕布敷著臉，把昏花的眼睛也遮住了，只有這樣才能稍微減輕些痛苦。繁欽正捧著檄文戰戰兢兢立在病榻前，慢慢吞吞一句一頓地念著，額頭上冷汗涔涔。陳琳這篇檄文太犀利了，字字扎心猶如利劍，不僅罵了曹操本人，還把曹操的祖父曹騰、父親曹嵩罵了個遍，將其醜陋家世添油加醋公之於眾。

「司空曹操，祖父中常侍騰，與左悺、徐璜並作妖孽，饕餮放橫，傷化虐民；父嵩……父嵩……」繁欽念到這裡頓住了，後面的話實在不敢輕易出口。

「休伯莫怕，這又不是你寫的。念吧……繼續念……」曹操哼哼唧唧摁著額頭上的濕布。

「諾。」繁欽抹了一把冷汗，清清喉嚨繼續念，「父嵩乞丐攜養，因贓假位，輿金輦璧，輸貨權門，竊盜鼎司，傾覆重器。操贅閹遺醜，本無懿德。剽狡鋒協，好亂樂禍……」曹操病怏怏躺著，渾身燥熱就是不出汗，這會兒聽陳琳把他父子說得如此不堪，恨得咬牙切齒，更覺頭痛欲裂，竟不由自主在榻上打起了滾。繁欽嚇了一跳：「主公！您……」

「念！我倒要聽聽他說什麼！繼續念！」

繁欽嚇壞了，萬一把曹操氣個好歹可擔待不起，回頭瞧瞧荀攸、程昱、郭嘉等人，皆滿臉死灰聽得咋舌，卻都不好阻攔。繁欽只好硬著頭皮繼續下去：「身處三公之位，而行桀虜之態，汙國害民，毒施人鬼！加其細緻慘苛，科防互設；罾繳充蹊，坑阱塞路；舉手掛網羅，動足觸機陷。是以兗、豫有無聊之民，帝都有籲嗟之怨。歷觀載籍，無道之臣，貪殘酷烈，於操為甚！」

「氣煞我也！」曹操把敷臉的濕布拋得老遠，「豎子陳琳，我非殺爾不可！」

「病體要緊，主公息怒……」所有人都圍了過去。

曹操似被病痛和檄文折磨得神魂顛倒，張開雙手將荀攸、郭嘉等盡數推開，齜牙咧嘴道：「念！繼續念啊……」

繁欽臉都綠了，哪還敢往下讀，跪倒在地：「此乃狂生的悖逆之語，不聽也罷。主公萬萬保重身體……」

曹操感覺腦袋快要漲裂了，雙手抱頭不住搖晃，兀自嚷道：「放屁！我叫你念你就繼續念，不念我先宰了你！」

他這麼說誰還敢勸？繁欽也不多說什麼了，任憑曹操吼喊亂叫，把心一橫跪在那裡滔滔不絕往下讀：「幕府奉漢威靈，折衝宇宙；長戟百萬，胡騎千群；奮中黃育獲之士，騁良弓勁弩之勢；并州越太行，青州涉濟漯……又操軍吏士，其可戰者，皆出自幽冀，或故營部曲，咸怨曠思歸，流涕北顧。其餘兗豫之民，及呂布張楊之餘眾，覆亡迫脅，權時苟從；各被創夷，人為仇敵……恐邊遠州郡，過聽給與，違眾旅叛，舉以喪名，為天下笑，則明哲不取也。即日幽并青冀四州並進……」前面歷數曹操之惡，後面則是炫耀袁紹兵馬之強，簡直將其誇為神兵天降，戰無不勝攻無不克，彷彿吹一口氣就能使曹操灰飛煙滅。也不知繁欽是賭氣還是豁出去了，放開喉嚨念了個抑揚頓挫，直

①檄文，古代用以徵召或聲討的文書。此處所指檄文為《為袁紹檄豫州文》，後世亦稱「討曹操檄」，是中國古代檄文名作之一，為歷來文人稱讚，作者陳琳是東漢末年著名文學家。官渡之戰，曹操擊潰袁紹，陳琳為曹軍俘獲，曹操愛其才而不咎，收為己用。

到最後「其得操首者，封五千戶侯，賞錢五千萬。部曲偏裨將校諸吏降者，勿有所問。廣宜恩信，班揚符賞，布告天下，咸使知聖朝有拘迫之難。如律令！」這篇氣勢洶洶的大作才算完。

「啊……」曹操大叫一聲，身子一翻，從臥榻摔到了地上，立時昏死過去。眾親兵可慌了神，曹純、許褚搶上去，又是掐人中、又是揉前胸、又是捶後背。郭嘉扯著繁欽數落道：「他讓你念你就念，你怎這麼實心眼兒啊！還抑揚頓挫的！主公若有個三長兩短，就是把你全家宰了賠得起嗎？」

「咯嘍……」繁欽聽罷喉頭一響、白眼一翻、身子一癱──又暈過去一個！

「都這時候了，你數落他幹什麼呀？」程昱也急了，「快把繁欽抬出去，先救主公。」大帳中吵吵嚷嚷亂作一團，抬人的抬人、搶救的搶救，素來穩重的荀攸都急得直拍腦門，一個不留神，這位大軍師竟叫士兵絆了個跟頭。

哪知就在混亂之際，曹操突然雙目一睜，推開搶救的衛士，一個鯉魚打挺站了起來！緊鎖的眉頭也展開了、蒼白的臉色也紅潤了，大口大口喘著粗氣，額角的汗水順著臉頰瀑布般淌下來，一身單衣早已浸透了，這憋了好幾天的汗總算出來了。

「主公……」所有人都瞠目結舌愣住了。

「哈哈哈……」曹操連喘幾口大氣，突然仰天大笑起來，把單衣脫下團了個球，擦著渾身上下的汗水。

「主公，您的頭疼……」

「好啦！」曹操笑呵呵敲了敲腦殼，「陳孔璋這篇檄文罵得我通體大汗，真真勝似良藥。哈哈哈……」

曹純不敢怠慢：「大冷天的中了卸甲風更不得了，趕緊給主公拿新衣服來。」曹操拭去了汗水，又用熱水擦身，最後換上一襲乾爽的衣服，把散亂的髮髻重新梳好，端端正正往帥案後一坐——精神抖擻，儼然病已痊癒。

「恭喜主公康復！」郭嘉趕緊說好話。

曹操趨身撿起那份檄文，又看了一眼：「好個陳孔璋，想當年在何進幕府時也有些交情，如今竟這樣損我。嘿嘿嘿，不過文章寫得再漂亮也是舞文弄墨紙上談兵，打仗還要看真本事！」郭嘉也譏諷道：「袁紹繁文縟節不切實際，都什麼年月了，打仗竟然還發戰書。」

「此言差矣。」曹操一陣冷笑，「朝廷和公理都在咱手上，他起兵打我就是以下犯上興兵攻闕，若不炮製篇文章，怎麼算是師出有名？你們聽聽，能得我首級者，封五千戶侯、賞錢五千萬。他還真看得起我哩！我要是寫檄文罵他，就說『得袁紹首級者，賞絹一匹、牛一頭、五銖一百文』，他那點兒身價，在我眼裡也就值這麼多啦！」

「哈哈哈……」一句話說得帳中文武捧腹大笑。又見帳簾一挑，主簿王必垂頭喪氣走了進來，抬頭間見曹操威風凜凜坐在案前，差點兒跌坐地下：「主、主公，您……您……」

「病好了，托了袁紹、陳琳之福啊！」

「蒼天保佑！蒼天保佑！」王必喃喃慶幸，臉色又忽然凝重起來，「劉岱、王忠剛從徐州回來了。」

「怎麼樣？」曹操甚是關切。

王必愁眉苦臉道：「唉……敗了！部眾盡被殺散，王忠還受了傷。吳敦、尹禮、孫康三路堵截昌霸，卻顧念舊情圍而不戰；泰山呂虔倒是跟徐和、郭祖那幫賊人打得不可開交。劉備趁亂兵進小沛，派孫乾渡河聯絡袁紹。」

「咦？」程昱有些不明白，「大耳賊昔從公孫瓚、又曾助孔融，不是與袁家有仇嗎？」

「哼！」提起這個，曹操氣不打一處來，「我以他為豫州牧，他一上任就舉袁譚為茂才，關係早就掛上了。當初我還以為他替我緩和矛盾，現在才明白，那全是給他自己鋪路……立刻點兵，我要親自率軍去打劉備！」此言一出眾人大驚失色：「主公的身體……」

「我現在沒病了。」曹操擦著額頭的汗水，「不除掉這個心腹之患，我哪裡敢生病？」

「即便如此，攻打劉備也似有不妥。」曹純滿面困惑，「與主公爭天下者乃是袁紹，今河北大軍已出鄴城，主公若率部往東則官渡無帥。倘若袁紹大舉渡河，我軍如何應對？」

「嘿嘿嘿，」曹操手撚鬍鬚瞇了瞇眼睛，「袁紹是想爭奪天下，難道大耳賊就不想嗎？這傢伙胸有城府之深、心懷山川之險，行事縝密遠在袁紹之上，今不取之，日後必成大患！」

王必又道：「劉玄德長腿將軍屢戰屢敗，現在不過只占了下邳、小沛二地，應該不至於為害。」

「屢戰屢敗不算什麼，」曹操意味深長沉吟道：「但是屢敗屢戰就不可忽視啦……」

荀攸、程昱紛紛點頭，郭嘉更是剖析道：「袁紹生性遲疑誤事，加之十萬大軍行動遲緩，行軍速度必然緩慢，即便到了黎陽也不會輕易過河。劉備反叛新起，眾心未附，主公於此時突發奇兵，必然一舉而定。」

曹純、王必等還是不甚理解，喃喃道：「劉備之叛所為袁紹，袁紹若破劉備自定，何必廢此一舉？從官渡至下邳往來有千里路程，倘若戰事耽擱不能轉回，豈不誤了大事？」

「你們吶，真該好好參悟一下大耳賊的心術。」曹操原先不明白，現在卻把劉備徹底看透了，「我封他為豫州牧、加為左將軍，與之推心置腹共謀平定天下，這樣的厚遇應該無以復加了吧？可他還是要反。難道袁紹還能比我對他更好嗎？還能給他更大的官嗎？劉備既然不甘於跟著我，也一樣不可能甘於跟著袁紹！」曹操眼睛乜斜，愈加冷峻，「對他來說，袁紹跟我一樣，都是暫時的朋友。若我被袁紹擊敗，他又能得到什麼好處？所以劉備必定要在袁紹敗我之前有所圖謀，趁著我們打得不可開交之際，搶占地盤積蓄自己的實力，現在不已經到小沛了嗎？小沛北有兗州、東有徐州、西有豫州，咱跟袁紹對峙個一年半載，中原之地就能被他蛀空了！那時候不論我跟袁紹誰贏了都得再跟他玩命……所以現在最好的辦法就是立刻起兵，先把這個趁火打劫的大耳賊擠出局，然後踏踏實實跟袁紹鬥。」

經這一番點撥，曹純、王必等默默點頭，似乎明白點兒了。

「此番往返必須迅速，我爭取在一月之內得勝而還。」曹操說話間已抓起一支大令，「現在需有人進駐鄄城，防止袁紹通過此道援接劉備……」

「我去！」程昱早憋著立功呢，不等他說完就把令箭搶了過去。

「仲德好心急啊！」

「主公不必說了，我這就率部下七百兵士趕赴鄄城，監控往來兵馬。待主公平滅劉備之後，我就繼續駐紮那裡，防備袁紹繞道來襲。」鄄城在白馬以西，也是兗州的沿河重鎮，程昱深知其中利害。

曹操見自己要囑咐的話全被他說了，甚感滿意：「就是這樣！但你的兵力太少，七百人哪裡夠用？我再撥你兩千兵。」

「我看不必啦！」程昱把手一擺，毅然道：「袁紹擁有十萬之眾，自以為所向無前。若是大兵殺過河來，知我兵少必定不屑於來攻，繞鄄城而行，我便可以趁機騷擾搗亂。主公若給我增兵，他就不能不攻鄄城了。三兩千人再勇也抵不住數萬，到時候不但在下戰死，官渡也失了寶貴的兩千兵，兩處受損那又何必呢？我就用這七百人守城，倒要看看他能把我如何！」

「壯哉！」曹操一拍桌案，「君之膽色過於孟賁、夏育（古代著名勇士）也！我現在就修表，加封你為……」每逢曹操說到修表一類的話，繁欽早就拿起筆等著了，這會兒卻不見其蹤影，「嗯？

休伯哪裡去了？」

叫你嚇暈了唄！郭嘉、程昱捂著嘴不敢樂，荀攸一臉尷尬道：「繁休伯剛剛染了點兒急病，恐怕得養一陣子了。這行文的差事暫時交予徐佗吧！」

「不要那誤事之人，」曹操一皺眉，「你把路文蔚調給我用一用。」路粹如今擔任軍師祭酒，跟著荀攸處理軍機，「叫他替我起草一份表章，加仲德為振威將軍。」

「謝主公！」程昱當仁不讓安然領受，「屬下這就起兵。」

「我也得出發了。」曹操已站了起來，「攻打劉備刻不容緩，調張遼、夏侯淵所部與我中軍同往，挑選精銳騎兵，依舊高舉司空旌旗儀仗，我給他來個迅雷不及掩耳！另外，河堤謁者袁敏也隨軍聽用。」

「讓他跟著幹什麼？」王必不解。

曹操不耐煩道：「叫你去你就去，別問這麼多。」王必傳令去了，曹純、許褚抱過了他的鎧甲兜鍪：「主公，您身體不要緊吧？」

「好得不能再好啦！」曹操拍拍胸脯，「多虧袁紹叫陳琳發來這篇檄文。罵人不理罵自己，罵人不答罵爹媽。我不與他玩這等伎倆，有什麼話戰場上見！」說罷一把搶過兜鍪，乾脆俐落地戴在了頭上。

驚走玄德

劉備雖籌劃叛曹已久，但署名玉帶詔後心中時時不安，所以曹操派他出兵攔截袁紹，對他而言簡直是喜從天降。他率部離開許都後，可謂蛟龍入海猛虎出籠，耍了個小手段就瞞過朱靈、路昭，殺了車胄占據下邳。當年陶謙曾以州牧之位託付劉備，因而他原本就在徐州有些人望，加之糜竺、糜芳、劉琰、薛永等流散部下紛紛雲集，一時間勢力復振，更有昌霸、徐和等遙做聲勢，轉眼間就召集了萬餘兵馬。雖然其中大部分是山賊草寇烏合之眾，但只要加以訓練周密調遣，足以趁袁曹對戰之際大幹一番了。

後來劉岱、王忠率兵來襲，關羽、張飛小試牛刀，僅見了一陣就把曹兵打得落花流水狼狽而逃，劉備還發下狂言：「似你們這等無名鼠輩，即便來一百個也不是我的對手。就算曹操親自統兵前來，能不能打敗我還不一定呢！」其實他心中早有算計，徐州諸將羈絆於昌霸、兗州，那點兒兵忙著對付徐和、陳登防孫策還防不過來呢，根本沒人顧得上管他。更重要的是袁紹已在鄴城起兵，大軍不日將至黎陽，曹操萬不會這時候來打自己。於是劉備毫無顧忌大膽行事，留下關羽鎮守下邳，一方面派孫乾北上聯絡袁紹，一方面率部進駐老地盤小沛，繼續招攬人馬，意欲坐收漁人之利。

哪知剛到小沛第七天，他還在與劉琰談天說地聊著曹操的失誤呢，就有斥候來報，曹操親率人馬來襲，已經快殺到家門口了。劉備大吃一驚不敢相信，親自率張飛、糜竺、簡雍等數十騎出了城到山岡上觀看。大老遠就望到了曹操的麾旄，又見這次來的兵馬氣勢洶洶與前番大不相同，而且多有騎兵在內，劉備的心可就哆嗦起來了。他怎麼也想不明白，怎麼說曹操曹操就到呢？莫看劉備先前大話說得響，小沛雖有近萬人馬，皆是烏合之眾，兵器還未備齊，更有不少徐州人素來被曹操嚇破了膽，這仗根本沒法打！劉備見勢不妙，索性連城都不回了，拋下那些兵馬，帶著親隨倉皇而逃。

曹軍殺至小沛時，城內沒有守將，那幫亂七八糟的雜兵更加手足無措了。關鍵時刻也不知誰想起了曹軍圍而後降就要屠城的老規矩，乾脆把門一開，大夥往地上一跪，熱烈歡迎曹軍來「接收」。曹操進了小沛欣喜若狂，不但收回了城池，還得到了劉備置備的糧草、輜重，而且這些雜兵稍加挑選，還可以拉一部分到官渡去，對陣袁紹的兵力也有四萬多了。

但斬草要除根，曹操不能耽擱，只留下曹純等人收編部隊，自己與張遼、夏侯淵率兵繼續向東，要在劉備逃歸下邳之前將其斬殺。騎兵在前步兵後趕，一路上風馳電掣飛沙走石，曹軍連續跋涉兩天，卻連劉備的影子都沒瞅見，堪堪已來到下邳城了。

白門樓又入眼簾，曹操重遊故地，看見城頭蕭索幾無守軍，霎時明白過來了，對張遼、夏侯淵感歎道：「大耳劉備倒是逃命有術啊！他准是料到我會長驅直入，乾脆不回下邳，改道東北直接奔青州了。」

夏侯淵咬牙切齒：「他媽的！竟跟咱們玩『金殼脫蟬』。」

「你說什麼？」張遼沒聽明白。

「金殼脫蟬啊……」

曹操哭笑不得：「妙才啊，這話是叫金蟬脫殼。你有空念念書好不好？軍中士卒都叫你『白地將軍[2]』，你聽著好受啊？」

「什麼白地不白地，能長莊稼就是好地。」夏侯淵才不管那麼多，「依我說趕緊分兵追擊大耳賊，免得他再跟昌霸那廝尿到一塊兒！」

張遼笑他話粗理不粗，趕緊在馬上抱拳搶令：「末將願率一哨人馬追擊劉備！」

「他娘的，我出的主意，應該我去。」夏侯淵也是個愛爭功的。

曹操微然一笑：「妙才帶兵去，如果追擊不及就率部協助吳敦、尹禮等就近攻打昌霸。」

「好哩！」夏侯淵得意揚揚，「摟草打兔子，小弟這就走！」說罷提點本部人馬風風火火向北而去。張遼明明先一步請令，見曹操偏袒親眷甚是不悅，哪知曹操忽然湊到他耳畔低聲道：「文遠，留守下邳的是關雲長啊！你報恩的機會來了……」

聽曹操這麼說，張遼心頭不免悵然。當初他自投曹營本有赴死之心，蒙關羽曉之以理動之以情又拿性命擔保，才留下輔佐曹操。張遼自入曹營以來，拜為中郎將、受封關內侯、收降臧霸等將，深感曹操是個英明之主，除了與監軍武周脾氣不和，一切都很得志。哪知天下的事情多有蹊蹺，當初力保他留在曹營的關羽反倒成了叛徒，如今大兵臨城頃刻欲摧，下邳定是守不住了。若按張遼的心思，最好的結果當然是關羽獻城投降，既不動干戈又不傷情面。可是關羽的脾氣他也知道，胯下馬偃月刀寧可拚個你死我活，也不會屈膝投降；若攻破下邳，關羽必然執意抗拒，那時難免要壞了恩兄的性命。張遼思來想去，甚覺忠義兩難。

曹操見他表情沉鬱，已明其心中所想，笑道：「文遠，你可願說關雲長歸降？」

「自然是願意。不過關雲長乃烈性之人，恐怕他不肯……」「你不也是烈性之人嗎？」曹操一句話把張遼說得滿臉通紅，「只要老夫推心置腹坦誠相待，雲長定會為我所用。」他話雖這麼說，心中卻一陣陣悔恨，前番若是肯遵守諾言將杜氏佳人賜予關羽，說不定早就把人家籠絡到自己麾下了，非但不會有今天這一仗，與許連劉備的陰謀都能順便獲悉。可曹操又因為貪圖美人耽誤了大事，還搞得丁氏夫人多有不快。如今老天又給了他一次機會，此番定要把關羽收服。今後出兵之時，左有關羽右有張遼，該有多麼威風啊……想著想著，曹操竟神往地笑了起來。

「主公……主公……您怎麼了？」張遼瞧他笑得怪異。曹操感到自己失態，倏地收住笑容，又手撚鬍鬚裝作深沉道：「既然文遠願意遊說，老夫有一計策，可助你成此大功。」

「哦？」張遼有些不信，「還有這樣的計策？」

「放心吧，只要我使出此計，關羽定會方寸大亂。到時候再有文遠出面相勸，他必定甘心投降。」曹操信心滿滿，回頭吩咐許褚，「仲康，你速速去把監軍武周、河堤謁者袁敏叫過來。」

---

② 目不識丁的人被稱為「白地」。

「叫他們作何用？」張遼不明白，兩軍陣前要這兩個文人幹什麼。

「自然有用。」曹操一臉神祕。

收降關羽

可能是預感到局勢有變，關羽的心緒忐忑難安。

劉備已離開下邳十多日了，不管他募兵順不順利，總該派人回來傳個消息。但昌霸、徐和等處皆有奏報，偏偏不聞小沛的情況，就連簡雍、薛永這些日常往來跑腿的都沒有來過。關羽也是久經變故了，自然考慮到小沛出了亂子，但是即便有什麼閃失，劉備為何不撤回來呢？關羽百思不得其解，有心提兵西進接應小沛，一則下邳兵少難以成勢，二則若是棄城難以復得，更何況劉備的家眷還在下邳呢！

劉備自舉兵以來已有十六載，這十六年裡討黃巾、戰張純、投公孫、依田楷、救孔融、助陶謙、隨呂布、降曹操、結袁紹，南征北戰東擋西殺，百轉千回顛沛流離，原配的夫人早就歿於離亂，現在只有一妻一妾身在下邳。正妻糜氏乃糜竺、糜芳之妹，在徐州迎娶，已生下兩個女兒，都不到五歲，小妾甘氏乃陶謙之妻甘氏的族姪女。就是這兩位夫人，也未跟著劉備享過幾天福，當初小沛失守，在呂布手中當了半年的俘虜。如今好不容易逃離曹操控制，倘若關羽提兵西進，兩位夫人半路上有個一差二錯，如何向劉備交代？

在躊躇中過了兩日，忽有斥候來報，有曹軍大隊人馬從東而來，關羽心裡咯噔一下，情知小沛失守，自己那位主子又不知逃到何處去了。事到如今他寧為玉碎不為瓦全，要與下邳共存亡，令副將夏侯博率領親兵保護二位夫人，自己帶著捉襟見肘的那點兒兵登城，一來抗拒曹軍攻城、二來觀察有沒有劉備的蹤影。

關羽來至白門樓上四外觀望，目光所及之處盡是黑壓壓的曹兵，旌旗林立鎧甲鮮明，少說也有四五千人，曹操的司空麾旌赫然矗立其間。下邳城內守軍不過千餘，多為未加訓練的雜兵，這場仗不用打就知道結果了。關雲長手擎青龍偃月刀，做好了魚死網破的準備，哪知蓄勢待發等了半個時辰，曹軍非但沒有攻城，反而吵吵嚷嚷向南撤去。

大隊曹兵涉過泗水向南面的山巒間集結，只留下差不多兩千兵馬堵在南門繼續叫囂索戰。關羽手扶女牆仔細觀察，有士卒高舉「武」字旗號，旗下督軍之人頭戴皮弁、身披氅衣、淨面長鬚，未拿兵刃、手捧令旗，竟是曹營監軍武伯南！關羽甚覺奇怪，料想曹操用兵得法，今日豈會派武周這一文士督軍索戰，必是軍中出了變故。

正詫異間又聞南面喊殺大作，自城頭遙遙望去，山坳中煙塵滾滾，旌旗往來若隱若現，似乎開了仗。又過半個時辰，有十餘騎自泗水橋上馳騁而來，向著圍城的兵士大呼：「打贏了！打贏了！已擒住簡雍、薛永啦！」

莫非是劉備兵敗至此？那為何不進下邳反叫曹軍搶了先？關羽半信半疑，他深知曹操詭詐多謀，斥候大聲喊嚷，未嘗不是誘敵之計，但還是不免生出憂慮。轉眼間天色轉暗，南面的喊殺聲兀自不止，武周所部也開始搭箭攻城，不過箭支稀稀拉拉的，下邳城牆又高，幾乎射不到門樓上。關羽指揮守軍敷衍還擊，一大半心思卻在南面動向。忽聞喊殺聲愈烈，自山坳間隱約殺出一哨人馬，打著紅色白邊的「劉」字大旗。關羽驚得肝膽俱裂——那不是義兄劉備又是哪個？但見曹兵耀武揚威緊追不捨，劉備那一小撮兵力節節敗退情勢可危，堪堪已被逐上了一座山頭，漸漸沒入密林之間。曹軍陣勢列開將山頭團團圍住，槍戟弓箭竭力攻打。與此同時下邳城外的曹軍也越攻越急，武周手舉令旗左右搖晃，一撥撥的箭向白門樓射來，似是故意防止關羽出城援救。當此時節不由得關羽不信，眼見劉備有難豈能不救？他趕緊命人喚來副將夏侯博，將守城之事交託，親點二百精壯小校出南門救援。

下邳已由袁敏掘出了護城河，城門一開吊橋放下，關雲長揮舞青龍偃月刀、催動戰馬當先踏出，眾小校如狼似虎緊緊相隨。曹兵正忙著朝上面射箭，冷不防有兵馬殺出，頓時慌了神。武周一介文士全無應戰之能，把令旗一拋撥馬便跑。統帥都溜了，那些當兵的怎還能有戰意？頃刻間陣勢大亂，弓弩兵刃扔了一地，兩千士卒慌慌張張呈鳥獸散。關羽趁勢趕殺左衝右突，將曹兵盡皆驅散，又掩護夏侯博關閉城門收起吊橋，這才率領二百小校向南奔去。

急急渴渴過了泗水橋，前面土山一帶人聲鼎沸震耳欲聾，曹軍的旗幟與劉備的旌旗在山林中隱隱約約往復相逐，一直向南越走越遠。見此情勢關羽心中急似油煎，想必是張飛、趙雲、陳到等輩勉強支持，糜家昆仲恐已不保，劉備性命已在旦夕之間。又見土山周匝曹軍聲勢浩大，刀槍如麥穗劍戟似麻林。關雲長暗暗嗟歎：「恐怕今日就是我們結義兄弟的死期！」明知不可為而為之，亦不負同年同月同日死之約。

「生死存亡在此一戰，隨我衝啊！」關羽一聲大叫，擺動偃月刀衝入敵陣，二百小校也吶喊著向土山衝去。而曹兵人多勢眾，眨眼間便把這一小撮兵包圍起來。關雲長救兄心切捨生忘死，舞動偃月刀猶如天神下凡一般，真真挨著死碰著亡，殺得曹兵丟盔棄甲紛紛嚷叫：「這紅臉的是叛將關羽，好生厲害！別讓他碰上啊……」接連有幾個人這麼一喊，眾兵卒心生怯意都繞著關羽走，不來鬥將，單對那二百小校下手。關羽橫衝直撞未遇強敵，自顧自突至山下，回頭一看，帶出的人只跟來一半，其他的被困在陣中了。到這時候他也管不了許多，只好硬著頭皮往山上衝殺。

這座土山林木茂密道路崎嶇，好在坡地還算平緩，加之剛剛開春樹枝光禿，倒也算敵我分明。關羽的戰馬著實不賴，登山爬坡不在話下。有不少曹兵手持弓箭攔路阻擊，盡被關羽趕散，但部下小校受傷的也越來越多。又殺了個把時辰，天色已然大暗，所幸劉備的旗幟已漸漸可及，就在不遠處的林子間晃來晃去。

「兄長……小弟來也！」關羽放聲疾呼。

不知劉備是殺懵了還是身邊仍有敵兵，竟沒有向這邊靠攏，反而繼續向南奔去。眼見觸手可及的旗幟忽而又遠，關羽率領人馬繼續往前追。趕了一程又一程，不知驅散了多少敵人，滿地都是拋棄的殘槍斷戟，可偏偏就是追不上劉備。漸漸已近戌時，夕陽墜落山岡，山林間越發昏暗模糊，早已尋不見那旗幟的蹤影，四下的喊殺聲也已漸漸停歇。關羽別無選擇，只得摸著黑繼續向前，也不知走了多久，忽覺地勢平緩林木漸稀——已到了這座土山的山頂了。沒追到劉備，關羽與眾兵士歎息不已，舉目環顧，四下裡都是黑黢黢的樹木。偏這時候又起了霧，越發陰森可怖。

兄長逃往何處了？曹兵退了沒有？現在該怎麼辦呢？關羽腦子裡一片空白，喚小校取火石點上篝火，大家湊在一處慢慢想主意。哪知微弱的火光剛剛驅散霧靄，就有兵卒厲聲喊道：「將軍，這邊有東西！」

關羽尋著聲音來到山頂最高處，但見「劉」字大旗直挺挺插在山石間，下面還有個包袱。打開來看，是一小罈酒、幾塊牛肉、一張寫著字的帛書。關羽瞇起丹鳳眼費力觀瞧，上寫著「關將軍出城至此，略備酒食聊表寸心」。

「中計啦！」關羽頓感五雷轟頂，再看那面旌旗，心中頓時了然：小沛已落入曹操之手，兄長的旗幟自然也被他得到了，老賊拿這面旗子誆我出城，兄長根本不在此間！關羽越發忐忑不安，回首再看相隨的兵士，死的死、傷的傷、掉隊的掉隊，只剩下二、三十人了，這半日又是衝殺又是爬山，水米未進氣力耗竭——這是叫曹操困在山上了！

關羽不寒而慄，立刻傳令：「大家不要做聲！速速熄滅篝火，以免洩漏蹤跡！」

一陣輕微的騷動之後，山頭恢復了黑暗和寂靜。今夜連月亮都沒有，伸手不見五指、豎耳不聞人聲，這山林幽深得似陷入了古洞，只有受了驚的寒鴉偶爾發出一聲怪叫，剎那間又陷入更加陰森的氣氛之中。關羽長歎一聲坐倒在大青石上，不禁將腰間的佩劍抽出尺許，實在不行就自我了斷了吧，何必再累這些兄弟跟自己受罪呢？可是想起禍福莫測的下邳城，想起城裡的二位夫人，想起不知身在何方的劉備，他心頭一顫又把劍推了回去。

正恍恍惚惚間，忽見南面漆黑的山麓閃出一團火把，緩緩地向這邊移來。士卒們馬上警覺起來，各自抄起刀槍，欲作最後一搏。哪知那團鬼火不急不躁，慢慢悠悠，竟沒有絲毫喊殺聲相隨。大約行了一刻有餘，火光已漸漸逼近山頂，只聽到一陣疏疏落落的馬蹄聲。關羽屏息凝神細細觀看，只見自林間黑暗中慢慢現出四五個曹兵，當中簇擁一騎，柔和的光芒映照著那人的寬額大臉——來者正是張遼。

「文遠，原來是你啊……」關羽稍微鬆口氣，示意軍兵放下武器。

「我早就看見你那篝火了。」張遼跳下馬來，踱到關羽身邊，隨隨便便坐到大石上，「咱們兄弟多日未見了。我屯軍官渡，你跟劉備截殺袁術，分別又有半載，這世間友人總是聚少離多呀！」

「是啊，若是不打仗，在一處盤桓盤桓該有多好啊……」說完這句話，關羽猛然意識到事情不對，肅然問道：「你來做什麼？」

「咱們既是朋友又算同鄉，小弟找你聊聊嘛！」張遼燦然一笑，「我給你留的酒呢？你怎麼不喝點兒呢？」

「是你引我上山的？」關羽騰地站了起來，鳳眼圓睜眉梢緊皺，紅潤的面皮在火光映照下越發顯得桀驁不馴。他欲痛罵張遼幾句，但轉念一想，他保曹操我輔劉備，本就是兩軍仇讎，各為其主又有什麼可埋怨的？想至此瞋目收斂，又緩緩坐下來，從地上拾起那罎子酒，拆去泥封狠狠灌了兩口。張遼也不說話，坐在那裡靜靜看著他喝酒。關羽手捧酒罈高過頭頂，大口大口把酒灌下，胸脯一起一伏，直到把最後一滴酒喝完，捋捋鬚髯叫了聲：「好酒！」隨即把酒罈往地上一扔，摔了個粉碎，順手抄起青龍偃月刀，「酒也喝了，該玩命了吧！」

「不打不打，」張遼一擺手，「我連刀都沒帶來。」

關羽見他嘻皮笑臉全無戰意，收起大刀：「文遠莫非來說關某乎？」

「雲長誤會了。」張遼搖了搖頭，「昔日蒙兄長之力，小弟得以歸順朝廷。今日兄長有難，小弟安能不救？」

「哼！」關羽一陣冷笑，「這麼說，你是來助我殺出重圍的？」

張遼明知他有意譏諷，卻耐心道：「倒也不是。」

「既不戰我，又不說我，還不助我。兩軍交鋒你到此何幹？」

「小弟來救你。」

關羽見他又拿這話搪塞，乾脆挑明道：「文遠何必遮遮掩掩，不就是勸我投降嗎？我明明白白告訴你，今日之事至死不降。我兄長既與曹操決裂，關某也誓死不入曹營！你休要多費唇舌，免得傷了你我相交一場的情分。」

「哼！好大的口氣。」張遼站了起來，叉腰道：「妄你還自詡天下英雄，就隨隨便便將性命斷送在此……」

「不必多言！」不待他說完關羽便打斷道：「大丈夫死固死耳，不可屈膝變節。關某何等樣人，豈可行背主不義之事？」

當初他勸張遼屈身侍曹時說得有鼻子有眼，同樣的道理，輪到他自己時卻一概不理。張遼真生氣了，厲聲喝道：「關雲長，你忒妄自尊大啦！明明是曹公有意留你性命，下邳那些兵什麼德行你自己不清楚嗎？倘若要殺你，攻破城池玉石俱焚，何必誘你至此？」

「即便如此，關某亦不能降！」關羽自然知曉其中關節，但他對劉備的感情實在是太深了，十幾年來共擔風雨，這是曹操遠遠企及不了的，況且杜氏之事給他留下了惡劣的印象。倒不是關羽有多在乎美人，但他眼見曹操為一女子就能自毀諾言，共患難易共享樂難，變臉實在太快，日後還不知會幹出多少背信忘義的事兒呢！

張遼見他鐵了心，便朝親兵招了招手。親兵會意，將火把舉起晃三晃搖三搖。山嶺間霎時響起震耳欲聾的吶喊聲，如天翻地覆一般。四面八方黑漆漆的山麓間舉起無數團火把，猶如黑暗天幕中的點點繁星——這山頭早就被曹軍困得水洩不通了。

關羽一橫大刀：「好極好極！終於要跟關某動真的了。」

張遼不屑地搖搖頭，手指北方道：「你睜開眼睛好好看看吧！」

順著他的手指望去正是泗水北岸的下邳城，只見星火點點旌旗林立。關羽看罷氣惱不已，橫眉立目道：「曹賊已攻破城池了嗎？」

「哪裡用得著動刀兵？」張遼冷笑道：「河堤謁者袁敏曾給下邳百姓修過渠，城中父老感其恩德。你那些兵都是本地人，看見袁敏出來喊話，立時就把夏侯博綁了，下邳城乃是不攻自破！」說到這兒他又特意補充道：「糜氏、甘氏二位夫人也被擒獲。不過你放心，曹公已經傳令，不准任何人攪擾。」

關羽捶胸頓足：「天意啊……天意……」

「不是天意，是人心所向！」張遼凝視著他，「怎麼樣，事已至此兄長肯不肯歸降？」

關羽手托鬚髯微微顫抖：「我若是不降，曹操是不是就會對二位夫人不利？」

「哼！你也忒小看曹公了。想當初呂布尚不傷及劉玄德家小，何況堂堂曹公乎？」在張遼自己看來是這樣的。
關羽半信半疑，良久才道：「文遠，你當我是個朋友嗎？」
「那是自然！不然我辛辛苦苦尋你作甚？」
「愚兄問你一句話，你能不能如實相告？」
「但問無妨！」張遼答應得痛快。
「我知小沛已經陷落，敢問我家兄長是否殞命？」
張遼一愣，萬沒想到關羽會問這個。此事關乎軍情是不能隨便透露的，但他生性重義，既然已經答應相告，只好知無不言言無不盡，沉吟道：「我軍未到小沛，劉玄德已棄城而逃，追至下邳也未見蹤影，不知逃往何方。」張遼耍了個小心眼，故意不提他去投靠袁紹，可這等小伎倆又豈能瞞得了關羽？
關雲長緊閉鳳眼，臉上流露出一絲痛苦：「兄長不知去向，嫂嫂失落敵手，愚兄又落入重圍之中，還有何臉面活於世間？」說到這兒愴然感歎道，「唉……多謝賢弟一片美意，你還是走吧！少時愚兄殺至山下，拚一個魚死網破倒也乾淨。」
「乾淨？」張遼忽然仰天大笑，「兄長此言豈不被天下人恥笑？」
關羽猛然睜開眼：「愚兄為忠義而死，安得為天下笑？」
「你今若死，身負三條大罪，還不知道嗎？」
關羽也知他欲動說辭，但心中不免好奇：「你且說說看。」
張遼背著手在他面前踱來踱去侃侃而論：「當初兄長與劉使君共同舉兵，盟約手足誓同生死。」看在關羽面子上，張遼還得稱劉備為使君，「如今劉使君方敗，你就在這裡戰死，倘若有朝一日使君復出，欲求你勇力相助而不可得，豈不辜負當年之盟誓乎？此一罪也。」

關羽似乎點了一下頭：「倒也有理……」

張遼見他承認，心裡輕鬆不少，繼續道：「劉使君以家眷託付於兄，兄如若戰死，糜甘二夫人無所依賴，你辜負劉使君依託之重，其罪二也。」

關羽默然低下了頭，這個問題倒是實實在在的。

「這第三嘛……」張遼長歎一聲，「兄長武藝超群，兼通經史，不能匡扶漢室拯救天下之難，徒欲赴湯蹈火逞匹夫之勇！雲長啊，英雄一世何其短暫，負氣一死豈不把滿腔壯志都辜負了嗎？聽小弟一句勸，你就投降吧！」

這席話是當初關羽勸張遼的，現在人家原封不動搬了回來，弄得關羽哭笑不得，赤面漢露惆悵，丹鳳眼顯瑩光，臥蠶眉悲愁落，五綹髯隨風揚。兩人四目相對沉默了好一陣，漸覺四下的喊聲又都歇止了，大隊曹兵終究沒有衝上來。關羽頗覺羞赧，到此刻亦覺張遼與曹操的情誼深重了，壓低聲音道：「若要關某投降，倒也可以。」

張遼暗叫皇天祖宗顯靈。他本并州粗漢，能編出來這一大車話已經夠為難了，功夫不負有心人，半天的辛苦總算沒白費。

「不過……」關羽話鋒一轉，手捋長髯道：「關某既身負三罪，若要我降當依我三件事。如果曹公能從，我當即卸甲，如其不允，我寧受三罪而死。」

「兄長只管說來，皆有小弟承當。」

關羽擺擺手：「此三事必須曹公親准，你如何做得了主？」

張遼不願功虧一簣，拍拍胸口大包大攬道：「曹公既准我來，便將此事託付小弟。兄長有何要求但說無妨，小弟應允即是曹公應允。」

「哦？君子一言？」

「駟馬難追！」

「那好！」關羽點點頭，調轉偃月刀深深插在地上，「這第一件，關某曾與義兄盟下誓約，有志復興漢室平定天下，所以我只降漢帝不降曹操。」

「呵呵呵……」張遼不禁發笑，「此事怎還用提。小弟我當的又是哪國的中郎將？于文則、樂文謙、徐公明、朱文博，個個都是大漢的將校，你又不姓曹，怎成曹公的私屬？」

關羽連連點頭，又道：「這第二件事，我義兄家眷還望曹公多加保護，不可傷損絲毫。」

「這也不難，那第三呢？」

「這第三件嘛，」關羽丹鳳眼一瞪，「我生為劉玄德之臣，死為劉玄德之鬼。倘若得知義兄去向，不管千里萬里，便當攜帶嫂嫂即刻辭去，曹公與賢弟不得阻攔！」

「啊？」張遼嚇了一跳，扭過頭暗自思忖：得知劉備下落即刻辭去，這又與擒而復縱何異？即便曹公寬宏大量，這樣苛刻的條件也絕不會應允。如若不允，折了我的面子是小事，關雲長今夜就要廢命於此！辦事不力難以全忠，坐視友人喪命是為不義；我張遼馳騁十載也是捫心無愧，今天卻要落一個不忠不義。哎呀雲長兄，你可真是難為小弟呀！

「怎麼樣，賢弟可有為難之處？」關羽催問道。

「沒有沒有。」張遼強笑道：「區區三件小事又算得了什麼？只要兄長肯降，這些要求一概應允。」他已拿定主意，只要保得關羽無礙，以後的事情慢慢再說。當初他也是一片赴死之心投入曹營，如今不也願意為曹公肝腦塗地了嗎？

「曹公那裡不為難嗎？」

「曹公求賢若渴，何談為難二字？」

「既然如此……」關羽手捋長髯，咬著後槽牙道：「那多謝賢弟成全！」話說到這個份上他還是不肯提曹操。

「應當謝曹公。」張遼暫把滿腹憂慮拋開，「兄長既然歸降，還有件禮物受曹公所託贈予兄長。」說著走到親兵身邊，牽過他騎來的那匹戰馬，「兄長可識得這坐騎？」

光線昏暗不明，關羽往前湊了幾步才看清楚。此馬從蹄至背高八尺、頭至尾有丈二，渾身上下赤如火炭，並無半根雜毛，皮鞴金轡絲線攢韁，體態健美鞍韂分明——正是昔日呂布所乘的嘶風赤兔獸。關羽吃驚匪淺：「此乃天下第一寶馬，曹公心愛之物，愚兄怎能領受？」

「曹公有言，赤兔馬當配將中魁元，好在兩軍陣中斬將破敵。如今兄長歸附，赤兔正是得其所用。」

「豈敢豈敢！」關羽連忙推讓。

「實不相瞞，小弟垂涎此馬已久，曹公就是不給。看來他老人家就是給您留著的，此番情意怎好推卻？」張遼把轡繩塞到他手裡。

事已至此推脫不過，轡繩握在掌中，關羽反生憂慮：投降曹操本是權宜之計，怎知他對我這般青睞。男子漢生於世間理當知恩圖報，倘若我受曹操厚恩事到臨頭棄他而去，必遭人鄙視唾罵。看來關某日後欲脫曹營，還需先立下點兒功勞啊！想至此拱手道：「關某卻之不恭受之有愧，請賢弟轉告曹公，愚兄當效微薄之力以報此恩。」

「這等感恩之言，兄長還是親自去向曹公說吧！」張遼緊緊抓住他的手，笑嘻嘻道：「從今以後你我兄弟並肩驅馳，好極好極！」

關羽心中卻頗不是滋味，只道：「愚兄牽掛二位嫂嫂，還請賢弟帶我下山，好去探望請罪。」

「好好好，曹公也在泗水橋頭等候多時，咱們快些去吧！」說罷兩個人各懷心思，帶領兵卒走下山崗。

無論如何，關羽的歸降還是令曹操十分興奮，他終於完成了收服關羽、張遼兩員大將的夙願，當即封關羽為偏將軍、升張遼為裨將軍。不但將下邳降兵交還其統領，還給劉備家眷送去不少衣食財物，留監軍武周暫充下邳縣令處理善後，率領軍兵北上攻打昌霸。

昌霸已被吳敦、尹禮、孫康、夏侯淵等圍困，又聞曹操親自前來，自度不是對手，立刻開城投降。曹操念及他在徐州的影響未加深究，令其繼續統帥舊部、協助臧霸征戰。辦完這幾件大事，徐州之亂基本戡定，他馬上率部西歸趕回官渡。

此番東征，曹操急行千里連下三城，前前後後只用了十餘天，不但解除了後顧之憂，而且增長了大軍的氣勢。而就在他回到官渡的當天，袁紹大軍也已浩浩蕩蕩進駐黎陽，決戰一觸即發……

第十二章

關羽斬顏良，誅文醜

聲東擊西

曹操雖然平定小沛、下邳，又收降了猛將關羽，但劉備還是僥倖逃過一劫。袁紹感念劉備舉其子為茂才之德，又欲探知曹軍底細，派袁譚往青州迎接劉備，並將他請到黎陽共商戰略。在郭圖的強烈主戰和劉備的呼應下，袁紹制定了出黎陽、戰白馬、經陽武、取官渡、直搗許昌的戰略路線。

建安五年（西元二〇〇年）四月，袁紹大軍開始自黎陽渡河，並以顏良為先鋒攻打白馬縣。消息傳到官渡，曹營中軍帳裡一片請戰之聲，人人都想阻擊袁軍建立首功。這次又是樂進第一個站出來：「末將願率一萬兵馬將袁紹逐回大河以北！」

朱靈扯著嗓門道：「何須一萬？渡半而擊之，我只要八千人馬。」「末將也願往，定將顏良首級給您帶回來！」張遼也氣勢洶洶站了出來。

緊接著徐晃、路昭、史渙乃至扈質、賈信、蔡楊等一干小將紛紛要去，你爭我嚷好不熱鬧，就連駐守前營的張繡、劉勳都派人來請戰。關羽默默站在大帳犄角，心裡一個勁著急，他本想主動請纓為曹操立些功勞，以後好全身而退，哪知曹營的傢伙竟這般能搶。

曹操充耳不聞，任諸將連聲喊打，他只低頭擺弄著令箭。在他看來，阻敵於大河以北絕不是什麼上策，之所以讓劉延以極少兵力戍守白馬，就是為了引誘袁紹渡河決戰。自己兵力還不及人家一半，對戰於一隅總比沿河拉開戰線更有把握。況且袁軍過河後，糧草輜重補給線也會隨之拉長，整個布局就更容易出現漏洞。

諸將吵吵嚷嚷搶了半天，見曹操毫無反應，漸漸都安靜下來，瞪著眼睛直勾勾瞅著他手中的令箭，暗暗期盼他叫出自己的名字。哪知曹操兀自把玩了一陣，忽然一抬手，又把它插回到箭壺中，喃喃道：「苦！苦！苦！」

三個苦字一出口，諸將都愣住了，不明白是什麼意思。軍師荀攸卻不緊不慢站了起來：「主公是恐劉延不能全身而退？」

「知我者軍師也。」曹操凝重地點點頭，「袁紹渡河實是我所期盼。兵法有云：『無恃其不來，恃吾有以待也；無恃其不攻，恃吾有以不可攻也』，現在應該叫劉延迅速撤出白馬，進一步誘敵深入。但劉延所部兵少，倘若就此撤回，恐怕未至官渡已被敵人趕殺。而且白馬縣尚有不少百姓，我若棄他們不顧，這仗還沒打就先失了民望，對軍心士氣大為不利啊！」

「憑什麼把白馬縣讓給敵人？」樂進挺著大肚子，插口道：「怕他作甚？若依末將之意，不如就此拔營前往白馬屯駐，咱們就在那兒跟袁紹幹了！」

曹操白了他一眼，心中暗暗冷笑——莫看現在你們一個個都躊躇滿志的，真要是屯駐到河邊你們就傻了，十萬大軍渡河是何等氣勢？密密麻麻舟楫相連，一眼望不到邊。咱們的士卒要是瞅見，嚇得膽戰心驚，這仗可就沒法打啦！

「若解白馬之圍倒也不難，」荀攸不慌不忙道：「咱們給他來個調虎離山聲東擊西。」

「哦？」曹操來了精神，「願聞其詳。」

「今兵少不敵，分其勢乃可。」荀攸樂呵呵捋著鬍子，看似胸有成竹，「主公可以親率人馬前往延津，擺出一副渡河北上襲擊敵後的姿態，袁紹必然停止渡河轉而向西堵截我軍。那時主公再遣一支輕兵突襲白馬，不但劉延之圍得解，擊其不備顏良可擒也。」

「好！一舉兩得。」曹操撫掌而笑。

「袁紹會上當嗎？」郭嘉卻表示疑慮。

曹操卻信心滿滿：「換作別人未必中計，但袁紹肯定會上當。要知道就在十年前……」

「哦！」郭嘉明白了，連連點頭。

樂進見他們沒有異議了，又來勁頭叫囂道：「末將願率兵馬往延津吸引敵軍！」

荀攸搖搖頭：「若引袁紹向西，必須主公親往才能造出聲勢。」

樂進鬥志不減：「那我領輕兵突襲白馬。」

「那要到了延津以後視情況而定。」郭嘉又擺了擺手。

關羽等了半天空子，見曹操已然定計，趕緊出列拱手，話說得很周全：「末將願保明公至延津，然後馳援白馬。」

「很好，雲長隨我前去。」曹操頗為讚賞他這不急不躁的態度。

見關羽搶了先，張遼、徐晃、朱靈、路昭都跟著學：「末將等也願先保主公至延津，然後馳援白馬。」

曹操哈哈大笑：「好好好，你們四人各統所部一同去。」

樂進可著急了：「我、我也要去……」

「你說晚了，與奉孝領一萬兵留守大營吧！」曹操一指他鼻子。

樂進狠狠抽了自己一個耳光：「我真是起個大早趕晚集！」諸將無不竊笑。

「此番激戰多需籌畫，還勞軍師隨我同往。」曹操手據帥案站了起來，神采奕奕囑咐眾將道：

「事不宜遲馬上行動，攜帶乾糧帳篷以備不測。另外命兵士一路上大肆宣揚，就說咱們此去是要自延津渡河，動靜越大越好。」

「諾！」五員將齊聲應喝，震得中軍大帳直顫悠。

曹操帶著大隊人馬浩浩蕩蕩趕往于禁駐守的延津渡口，幾乎是一路喊著口號去的。可到達大河南岸與于禁會合後，僅命士兵簡簡單單紮營，假模假式地修繕舟楫，做出要渡河的樣子。果然沒過多久就有斥候來報，袁紹大軍暫停渡河，自黎陽轉而向西堵截。曹操大喜，立刻命關羽、張遼、徐晃挑選精兵五千騎士五百，由其親自統領，連軍師荀攸都緊緊相隨，趕往白馬馳援。臨行前又囑咐留守的于禁、朱靈，倘若得知袁紹將至延津北岸，馬上燒毀營寨，放棄此地返回官渡防守。

離開延津後，曹操為了保密行蹤，取道延津以南的連綿山道，借著山坳的掩護向東馳援。一路上快馬馳騁片刻不歇，關羽等將更是卯足了精神衝在最前頭，僅僅行了半日便到白馬縣界。

袁紹大軍雖已停止渡河轉而西進，但仍留郭圖、淳于瓊諸部按照原計畫渡河，他們麾下諸部尚堵在北岸等待船隻往返，剛剛登陸白馬津的士卒也忙著紮營立寨。先鋒顏良聞知守將劉延乃一文弱之人，迫不及待逼至白馬城下，奪地斬將建立首功。河北諸軍各忙各的，直到曹操近至十里才得到消息，也摸不清來了多少人馬，匆匆忙忙掉轉槍頭準備應戰。

曹操深知一鼓作氣的道理，催動戰馬趕到了隊伍前面，傳令加速前進，騎兵突擊步兵後趕，一定要在敵軍布陣之前將其擊潰。關羽、張遼、徐晃等部衝在前面，已殺了幾個零星游勇，曹操緊隨其後，連荀攸都一猛子跟上來了。一眨眼的工夫轉出山坳，並不怎麼堅固的白馬城已映入眼簾，而城西亂糟糟的袁軍還未列隊完畢呢！

「殺啊！」張遼一聲吶喊，帶著親隨衝入敵群，關羽、徐晃相繼而至，將袁軍撞了個暈頭脹腦，不少散兵被踏得屍無完體。三虎撲入羊群，鬆垮垮的敵人頓時亂得像蒼蠅一樣，前後左右也不知該往哪個方向衝，有不少人竟被同伴誤殺了。

但是袁軍畢竟人多勢眾，那些剛渡河的慌慌張張趕來援助。他們暫時尋不到統帥，所以也沒什麼隊形可言，大隊人馬像開了閘的洪水般湧過來，一時間敵我交織，河北部卒跟這五百多騎攪在了一起。正在危急之時，曹操後隊的步兵也到了，眼瞅著一片大亂，也顧不得許多了，舉起傢伙硬往裡衝，各找對手捉對廝殺，戰場上的局勢更加混亂，連護衛曹操的虎豹騎都投入了混戰。

荀攸這輩子還是第一次衝到前線，只覺胯下坐騎都要驚了，所幸有幾十個虎豹騎貼身保護，緊拉韁繩才算沒躥出去，朝著曹操大聲嚷道：「殺敵一千自損八百！這樣打下去不行啊！」

「軍師說什麼？」戰場上人聲鼎沸，曹操根本聽不見。

荀攸緊握韁繩倉皇四顧，猛一眼瞅見正東方的小山包上有一統帥麾蓋，趕緊抬手指去。

擒賊先擒王！曹操明白了，馬上對許褚傳令：「擊鼓聚將，先奔正東殺其統帥。」許褚卻不遵令，比劃了半天才弄明白，戰鼓輜重還在最後面山坳裡，這麼亂根本運不過來。曹操、荀攸也豁出去了，乾脆率領虎豹騎高舉旗幟向東推進，吸引諸將相隨。這麼一來還真管用，四處自顧自拚殺的兵將望見主公的旌旗，趕緊捨下對手來保駕，曹軍諸將匯在一起齊往東殺。眼瞅著那山包越來越近，而麾蓋之下那員將明知強敵湧來，竟不慌不忙安然等候。

此人身高八尺肚大十圍，面似青蟹蓋，一部黑鋼髯，豹頭環眼禿眉塌鼻，闊口咧腮利牙凸唇，五官奇異相貌可怖。頭戴鑌鐵兜鍪，上掛黃絨穗，下有護項釘；身披鎖子大葉連環甲，獸頭叼環護心寶鏡；外罩漆黑戰袍，掐金邊走金線，上繡猛虎躍澗蛟龍入海；皂色中衣、粗繩綁腿、寬甲護膝，足蹬虎頭戰靴；胯下一匹烏騅戰馬，手擎一丈二的劈山板門刀。身旁二百心腹小校，個個頂盔貫甲罩袍束帶，手持方盾大戟，眾星捧月護住主將，一邊高豎著錦繡的「顏」字戰旗；十分精神八面威風，殺氣騰騰耀武揚威——正是河北第一猛將顏良！

荀攸急得滿頭大汗，早把平日的穩重扔了：「殺了此人，咱們就勝啦！」其實哪還用他發話，張遼所部侯成、宋憲等衝在最前面，早就貫穿敵陣衝了上去。那顏良不慌不忙，僅僅把板門刀一橫，二百大戟士立時舉起兵刃相迎。這般人勇力非凡，戟尖對準馬脖子，曹兵騎士齊刷刷掀倒一排；後面步兵趕上，長槍大戟一通亂鬥，竟突不過這道防線。

曹操在後面焦急觀望，但見纏鬥中赫然多了一道黑影，顏良提縱烏騅馬踏入戰團。僅僅一起一落間，板門刀已砍斷數條長槍，奔曹兵而來。眾曹兵見他自來送死，立刻一哄而上，哪知顏良是個好勇鬥狠的厲害角色，刀砍馬踏猶如索命的惡鬼，一錯愕間已有十餘顆人頭落地。宋憲、侯成兩柄長矛齊上，顏良全然不懼，大刀舞了個風不透雨不漏。

「殺啊！」曹操還在招呼兵將向前，忽聞一聲慘叫，侯成血淋淋的腦袋竟被斬飛到他腳邊！曹操一陣眩暈，抬頭再看，侯成的屍身騎在馬上還在噴血；宋憲大腿中刀落於馬下，七八枝大戟一陣亂戳，將其釘死在沙場上！

連折兩員并州驍將，曹兵一陣大亂，大戟士黑壓壓湧上，周匝的其他袁軍也趕來護衛主將。曹操被擊得節節敗退，眼瞅著離顏良的距離已越來越遠，連人家身邊都挨不上了……就在這時，忽見西南角紅影一晃——有員大將似閃電般衝入敵群，在萬軍陣中馳馬前進如入無人之境，所及之處血肉橫飛，不費吹灰之力就突到了大戟士身前。

顏良連誅兩將，又見曹兵敗退漸遠，正在馬上得意揚揚，突見斜刺裡來了一將，橫勇無敵勢不可擋。那人身高九尺赤紅臉膛，丹鳳眼，臥蠶眉，唇若塗脂，五綹長髯；鸚哥綠的紮巾，鸚哥綠的戰袍，胯下嘶風赤兔獸，掌中青龍偃月刀。顏良一陣驚詫，猛然想起出兵前劉備提起他有一員愛將關羽就是這副模樣，不知失落何方。想至此趕忙掛刀拱手：「來將可是關……」顏良只說了這幾個字就覺不對，見關羽連斬三個戟士已衝到了自己眼前，趕緊二次摘刀，可是還未舉起就覺喉頭一涼——關羽的刀尖已刺進了咽喉！

人聲鼎沸的戰場忽然寂靜下來，頓了片刻才有人驚呼：「顏將軍戰死啦！」就是這一聲喊，所有袁兵盡皆披靡，默默閃出一條人胡同，眼睜睜看著這個紅面大漢二次出刀斬去主將人頭，看著他砍倒顏良的麾蓋，看著他一手提刀一手提頭似紅旋風般又馳回曹軍陣營，竟無一人敢出來阻攔！

關雲長汗透紮巾衝鬢角，氣吹長髯亂擺搖，把人頭往曹操馬前一拋，抱拳施禮道：「末將斬將而回！」曹操早已看得神往：「萬軍陣中取上將之首級如探囊取物，雲長真神人也！」

荀攸可不管那麼多，趕緊替他傳令：「繼續殺！解白馬之圍啊！」

可是根本用不著曹軍費力了。顏良既是河北猛將又是此間主帥，袁軍士卒見他都戰死了，哪還敢再鬥下去，膽小的嚇得直掉眼淚，一陣丟盔棄甲，像退潮般往北潰散。轟隆隆一聲響，又見城門大開，自白馬城衝出兩千守軍，後面還有不少舉著鋤頭、砍刀的老百姓，追著袁軍狠打落水狗。

曹操一陣寬慰，喝道：「給我追！」

兩路人馬兵合一處齊心追趕，袁軍互相踐踏著奔向白馬津，搶船的搶船、搖櫓的搖櫓，為了逃命拳腳相加你爭我奪，不知淹死了多少，最後逃不脫的盡數被曹兵消滅。河對面郭圖、淳于瓊的兵馬倒是不少，無奈大河相隔乾著急，只救了少數渡河之人，然後緩緩向西而去。東郡太守劉延東尋西找終於來到曹操面前：「謝主公相救！」說著話還不忘緊緊腰帶，他實在是精瘦文弱，鎧甲穿在身上鬆鬆垮垮的。

曹操笑呵呵道：「不要謝我，得謝謝雲長啊！」

劉延眨麼眨麼眼睛，他只知關羽是劉備麾下，怎麼又成了中軍將領了？但是曹操讓謝就謝唄，劉延躬身道：「在下多謝關將軍解圍。」

「為國效力何用道謝，劉郡將不可自折身分。」關羽很明確地說為朝廷，不提曹操。

曹操並未聽出弦外之音，只是囑咐劉延：「我給你一個時辰集合百姓，都隨軍轉移到官渡去，白馬不能守了。」

劉延似乎還有點兒不樂意：「啟稟主公，屬下倒覺得白馬縣尚可堅守。您若是信得過屬下，就讓我率領百姓繼續抗拒敵軍吧！」

「哈哈哈……」曹操頗覺好笑，當初調他來時他不敢來，如今這個白面書生打仗倒打上癮了。

劉延見主公笑自己，竟從甲葉子裡掏出一卷竹簡來，悻悻道：「屬下樁樁件件皆合章法，墨子有云：『城池修，守器具，樵粟足，上下相親，又得四鄰諸侯之救，此所以持也』，現在條條都符合。」

「你這個書呆子啊，腦子真死性。」曹操又好氣又好笑，「光看那些有什麼用，敵人十萬你才兩千，翻一萬卷書你也擋不住啊！別耽誤時間了，召集百姓趕緊撤，咱們得儘快回官渡，免得被敵人半路襲擊。」

「諾。」劉延這才怏怏而去。

曹操環顧四外，兵士們正在撿袁軍拋下的輜重，臉上都喜氣揚揚的。他又忍不住回頭看看一臉漠然的關羽：「今日之事多虧雲長啊！」

「在下理當驅馳，明公何必客套。」話雖這麼說，關羽心裡可算是有底了。今日立下斬顏良之功，以後也可以全身而退了。

袁紹渡河

戰鬥剛剛打響，袁紹的煩心事就一樁接著一樁。他兒子袁譚為了彰顯征討曹操的正義性，借著迎接劉備的機會將北海隱士鄭玄也「請」到了黎陽。鄭玄乃是經學泰斗高賢大德，無論是不是自願，來到軍中畢竟是件好事，袁紹也很興奮，設擺酒宴隆重接待。但不知鄭玄是年紀太大還是偶染急病，喝著喝著酒突然伏倒在地，糊裡糊塗就斷了氣！

一位響噹噹的大人物崩於軍中，喜事變喪事，袁紹還得忙著給鄭玄準備棺槨辦理後事，不但敗了興致還搞得人心惶惶。崔琰、國淵等鄭氏門生趕來奔喪，私下指指點點，都不給他父子好臉色瞧。

好不容易把鄭玄的喪事忙完了，長史田豐又來給他添亂。關於該不該出兵的問題已經爭論了好幾次，他仍然固執己見。如今路線確定了，兵馬也調齊了，戰鼓都敲響了，田豐還拉著袁紹的轡繩阻止出兵，說什麼「曹公善用兵，變化無方」，又是什麼「今釋廟勝之策，而決成敗於一戰，若不如志，悔無及也」，句句都是長他人志氣、滅自己威風。袁紹忍無可忍，命人將田豐押回鄴城打入監牢，這才率軍離開黎陽城。到了大河之畔，袁紹差派顏良為先鋒，當先渡河攻打白馬。都督沮授也開始鬧彆扭，說什麼「顏良性格促狹，雖驍勇，不可獨任。」袁紹知他不贊成這次南征，因而不聽他的話，按原計畫渡河。

不料顏良剛剛渡河就得到探報，曹操兵進延津，意欲渡河北上從背後突襲。十年前各路義軍討董卓，袁紹自稱車騎將軍，與王匡屯兵河內，本可以渡過孟津直搗洛陽，就因為董卓暗渡小平津偷襲其後才功敗垂成。那是袁紹舉兵的第一仗，留下了深刻的教訓。如今同樣是在大河兩岸，曹操又擺出了一模一樣的戰法，袁紹豈能無動於衷？他馬上決定分兵，令強烈主戰的郭圖、淳于瓊繼續渡河，自己與沮授以及文醜、張郃、高覽等沿河西進堵截曹操。一路上緊趕慢趕，可到達延津北岸時曹軍已經撤向官渡，河對面只留下一座座燒毀的空寨。

袁紹舉目望著對岸情形，抱怨道：「這曹孟德耍的什麼滑頭，我來了他卻走了。」

軍師審配冷笑道：「曹操色厲內荏，必是被將軍的威武之師嚇跑了。」

「咱們中了人家的聲東擊西之計啦！」沮授見他們不曉事，愁得搖頭不已，「曹操引誘咱們至此，必是趁機去解白馬之圍了。」此言一出張郃、許攸、韓荀等紛紛點頭。

袁紹明知自己上當，卻顧忌臉面不肯承認，矜持道：「如此伎倆又有何用？顏良坐鎮前敵，淳于瓊大軍督後，諒曹賊也救不了白馬，圍城打援正中下懷！我料想……」

這話還未說完，便聞馬蹄驟響，自東面馳來十餘騎，打著自家的旗號，漸漸奔近才看清楚，為首者竟是都督郭圖。眾人面面相覷，已預感到出了不祥之事。

「啟稟主公，大事不好！」郭圖來不及下馬就放聲喊道：「白馬之軍遭曹操突襲，顏良將軍戰死了！」

顏良是河北第一勇將，聽說連他都戰死了，眾將皆顯慌亂。袁紹怎麼也想不明白，把馬鞭往地上一摔，怒氣沖沖道：「大膽曹賊焉敢欺我……還有，你們是怎麼搞的？這麼多兵竟擋不住他，真是廢物！」

不待郭圖解釋，沮授就先苦笑道：「這還用問嗎？必是顏良好勇鬥狠疏於防備，加之大隊人馬渡河緩慢不及援助。這個渡河計畫真是漏洞百出啊！」

袁紹以為沮授譏諷自己，狠狠瞪了他一眼。張郃見氣氛不對，趕緊插了話：「主公，咱們接下來該怎麼辦？」

袁紹恨曹操恨得咬牙切齒，甩臉問郭圖：「大軍現在如何？」

郭圖嚥了口唾沫，翻著眼皮道：「正由淳于將軍統領向這邊轉移，在下先行一步向您報訊。另外有斥候稟報，曹操已動員白馬縣百姓南撤，可能要棄城了。」

聽說曹操雖勝而退，袁紹又是信心大長：「哼！曹操不過是一時僥倖，還不是畏懼本將軍的威力？」他伸手一指對岸，「速速過河！就在延津渡河直搗官渡，我非把曹操打得體無完膚不可！」

半天沒說話的許攸一陣皺眉，插嘴道：「主公啊，淳于都督大軍未到，是不是等他來了，咱們再……」

「不必了！」袁紹打斷他的話，「機不可失時不再來，現在渡河說不定還能堵截到曹操呢！」

「我勸主公再考慮考慮。」沮授明知他對自己猜忌，但為了河北十萬兒郎的性命，還是苦口婆心地勸道：「勝負變化，不可不慎。主公若執意要戰，不妨屯駐此間，分兵進取官渡，這樣前軍不利還可設法救援。如果全軍過河，一旦戰敗如何逃回河北？」

袁紹聽這話裡話外全是敗仗，氣得渾身哆嗦，右手緊緊攥住劍柄，但終究不敢把他如何。沮授與田豐不一樣，他曾任總監軍，平公孫、敗張燕廣有功勞，又跟張郃、高覽、韓荀等將關係甚好，若是把他殺了或者囚禁，那些將領定會不滿。

許攸見袁紹不說話，還以為他心思活了，又諫道：「沮都督所言不無道理，顏良之勇尚且戰歿，咱們還是慎……」說了一半就見袁紹刀子般的眼光朝自己掃來，趕緊把嘴閉上。但是張郃、高覽、韓荀等將還是搖頭不語，依舊無人影響渡河的決定。

郭圖是堅決主戰的，翹著鬍子向大家解釋道：「白馬之敗不過是無關痛癢的小得失，聽說曹操贏得僥倖，是個手擎大刀的紅面武夫突施暗算刺死顏良，他們才勉強解圍的。這樣偶然的事絕不會再發生，咱們渡河沒有問題！」

劉備沒有參與討論，他身為寄人籬下之將，凡事三緘其口，站得遠遠的留神傾聽，可這會兒聽到「手擎大刀的紅面武夫」，心頭不禁一震，馬上想到了失散的關羽。對劉備而言自然盼著袁紹快些打曹操為自己報仇，現在似乎又有了關羽的消息，他按捺不住興奮，信馬來至眾人近前拱手道：「大將軍，末將也有幾句話想說，又恐冒犯各位，不知當講不當講。」

袁紹雖看不起這個常敗將軍，但見他說話很客氣，便也以禮相待：「劉使君不必客氣，暢所欲言便是。」

「諾。」劉備向諸人作了個羅圈揖，這才慢條斯理道：「在下貧賤出身自不量力，但征戰天下十餘載，所謀者即是匡扶漢室複興社稷。無奈兵敗城失妻子離散，上天無路入地無門，四海之大卻無立錐之地。多虧大將軍垂憐，招我至此才得脫險境，在下深感天高地厚之恩，自當全心竭力以效驅馳……」這幾句話把袁紹說得美滋滋的，手撚鬍鬚不住微笑。劉備見他高興，趕緊趁熱打鐵，「如今曹賊霸占朝廷欺凌天子，凡我大漢正義之臣皆當奮勇向前斬奸除惡，上報祖宗下安黎庶，中成自身之功名。大將軍威震四海德追孔孟，以拳拳報國之心興兵至此，我等就該甘效犬馬爭相破敵，怎可猶豫不定推脫不前呢？」他跳下馬，跪倒袁紹跟前，「備雖然不才，願意率先渡河追擊曹賊，輔佐大將軍力挽狂瀾建立奇功！」

袁紹見他這番舉動簡直喜不自勝，立即嘉獎道：「好！劉使君願率先渡河，這才是真真正正的大漢功臣。」

諸將見他們有唱的有和的，似乎誰不過河誰就不是大漢忠臣似的，哪還敢再反對，只得情不願意不順地表態：「我等也願渡河。」

沮授見大勢已定無可更改，望著滾滾黃河連連歎息：「唉……上盈其志，下務其功，悠悠黃河，吾其不反乎！[①]」

袁紹聽他還敢說喪氣話，實已忍無可忍，喝問道：「你這是什麼意思！詛咒我軍全軍覆沒嗎？」

「不敢。」沮授無奈地搖了搖頭，「陳力就列不能者止，在下庸才，自度不能指揮兵馬戰勝曹操，請主公允許在下辭去都督之職吧！」

---

① 這句話意為「為帥者志氣滿滿輕視敵人，部下將領貪功心切，悠悠的黃河啊，我這一去恐怕就再也回不來了。」

此話一出，不論主不主戰的都很不滿，審配第一個反對：「大敵當前怎可臨陣換將？沮都督不可如此！」

韓荀也道：「沮兄怎能推卸責任啊？即便不同意渡河，大將軍有令也當求同存異。由你統軍掌握進退，兄弟們心裡還有些底氣……」

連郭圖都看不過去了：「你要辭職當早言語，現在大軍要渡河了才說，這不是惑亂軍心嗎？這絕對不行！你幹也得幹，不幹也得幹！」

沮授一半是傷心一半是賭氣，任別人怎麼勸，就是堅持不幹了。袁紹的火終於給鬥上來了，厲聲喝道：「誰都別勸了，不幹就不幹吧！少一個人伎就不打了嗎？郭公則，從現在起他所部兵馬全部歸你調遣！」對於這個決定，大家都不高興。郭圖雖然堅毅果敢，但有時過於偏激，性格又忒陰狠，因而高覽、張郃等人不願與他共事；而郭圖也知諸將與沮授相厚，未必肯聽自己號令，這個差事不好當。兩頭都不大樂意，但袁紹偏要這麼安排，有什麼辦法呢？他怒沖沖指著沮授鼻子道：「你不幹了也別打算輕閒，本將軍降你為參謀隨軍聽用。你休想回鄴城，跟著我渡河！」

「大將軍息怒，」劉備趕緊打圓場，「還是速速安排要事吧！」

袁紹緩了口氣才道：「劉使君勇氣可嘉，但你東西轉戰多有勞苦，還是叫文醜為先鋒第一個渡河吧。」他不放心劉備的能力。

劉備一門心思要尋關羽，哪裡肯甘休：「大將軍，您莫要誤了我一番壯志啊！」

「劉使君不要爭了。」郭圖道：「我看這樣吧，文醜率騎兵先渡河，您督後隊步兵相助，你們相互配合還能更穩妥一些。」

劉備還欲再爭，袁紹卻一揮手道：「就這麼定了！舟楫下水，先鋒文醜速速渡河，劉使君第二個。你們到對岸後馬上向東，興許還能截擊到曹操。其他各部兵馬排好隊伍依次渡河，去給淳于瓊送個信，叫他快點兒過來。」

張郃還是覺得不妥：「主公啊，渡河我不反對，但是咱們可不可以分兵幾路繞擊曹操之後？」

韓荀也道：「在下願率領一彪人馬進取河內，繞道杜氏津……」

「沒必要！」袁紹一口否定，「打仗就要打硬的，只要破了官渡，豫州之地望風而降！咱就全力以赴跟曹操幹！」

許攸忽然想起一件事，奏道：「即便大軍渡河，咱們也得留些人馬在北岸接應啊！」

「就讓蔣義渠一部留下吧！」袁紹定了片刻又補充道：「鮮于輔一部也留在河北。」他還是對幽州舊部懷有芥蒂，不准鮮于輔到前線，以免臨陣倒戈。

「這不好吧。」高覽腆著肚子道：「並肩作戰越打越親，叫幽州兄弟們一塊上，興許打完仗我們就成哥們了呢！」

袁紹白了這個粗人一眼：「你曉得什麼？一切聽我安排。」

諸將見他一意孤行，都暗暗咋舌，扭頭看沮授。這位大參謀已是心灰意冷，雙目空洞地望著大河上的舟楫，似乎什麼也不關心了，而文醜已經迫不及待領兵上船了……

誘敵誅將

曹操雖解了白馬之圍，亦知此地無法戍守，趕緊叫劉延號召百姓轉移。一時間城裡城外鬧得沸沸揚揚，百姓扶老攜幼拉家帶口湧進軍隊之中，有些人捨不得家私，背著抱著拖拖拉拉，行動甚是緩慢。眼見已將近未時，今天不可能回轉官渡了。這樣慢吞吞行進必會遭袁軍堵截，曹操與荀攸商議一番，決定率騎兵護衛糧草輜重先行，爭取搶先在白馬山以南建立大寨，好將步兵和百姓掩護起來。

在張遼、徐晃、關羽督率之下，騎兵急行了一陣，堪堪已到白馬山南坡的峽谷，恰遇官渡使者趕到，言說袁紹兵至延津北岸。朱靈已率部回官渡，而于禁竟帶一支兵馬向西、過杜氏津攻拔河北別軍營寨去了。曹操不免咋舌，千算萬算倒忘了于朱二將不和，兩人分道揚鑣各幹各的。好在杜氏津在河內郡，袁紹暫且顧及不到，于禁應該不會有閃失。

不管怎樣，延津的誘敵之兵總算是成功轉移了，曹操心頭的大石頭落了地，趕緊命人在山谷之外搭設營寨，催輜重車輛速速前進。哪知鑼鼓帳篷、鹿角拒馬等物還未運到，又有斥候倉皇趕來：「袁紹前軍已經渡河，有兵馬正奔白馬山方向而來！」

「啊？」曹操大吃一驚，「未與淳于瓊會合就下令搶渡，袁紹竟敢這樣冒險用兵？」

「他這瞎貓還真碰上咱這死耗子了。」荀攸一陣苦笑，伸手指向後面——彎曲狹窄的山谷裡，曹軍的輜重車密密麻麻列成好幾隊，來不及轉出南面谷口，後面步兵趕不來，手頭的騎兵又只有五百，這要是讓袁紹的兵殺過來，即便可以全身而退，輜重糧草也保不住了！

徐晃連忙建議：「這些東西不要了，咱們快些南撤，繞出白馬山連夜趕回官渡，他們一來貪圖輜重，二來沒有立寨，未必敢追咱。」這實是無奈之策。

曹操似乎根本沒聽見，輕輕拍了拍腦門道：「命斥候上山觀望，倒要看看他們來了多少人。」

徐晃、張遼等皆顯困惑——就五百兵還要跟人家打呀？但曹操既這麼吩咐，也不敢說什麼，歸攏各自部下準備行動。大家不發一語等了小一刻工夫，突聞斥候兵在山頭上大呼：「看見袁軍來了！有五六百騎！後面……」這個數目已經勢均力敵了，諸將漸有憂色，哪知斥候又疾呼：「數不清了！大隊步兵至少有四五千！」

十比一的兵力差距，根本抵擋不住，但是現在想跑都來不及了。曹操環視一番地貌，傳令道：

「捨棄輜重車輛，所有馬步兵都給我繞到山谷以南隱藏起來。派人告訴後軍暫停行進！」

這管什麼用？眾將面面相覷。

「愣著幹什麼！快點兒行動啊！」曹操喝道。

稀里嘩啦一通亂，趕車推車的兵全奔出了谷口，眾將也督率騎兵繞到了山後。曹操尋了半山腰一處密林，與軍師荀攸相顧而笑，倆人各自下馬，好似閒庭漫步般藏到了裡面。諸將都覺莫名其妙，安置好士卒，也都下馬跟了進去。

喧鬧的山谷立時寂靜下來，所有人都在掩體後面伸脖瞪眼觀察動靜。過了一會兒，漸漸聽到篤篤的馬蹄聲，既而越來越響越來越密。眾人屏息凝神間，已見山谷西北煙塵大起——赫然閃出一隊騎兵！那些兵看到滿路的輜重車輛，卻沒有曹兵蹤影，一時間也愣住了，不知這是什麼陣勢。

當先有一將身高七尺，虎背熊腰雙肩抱攏，面似紫羊肝，說紅不紅說黃不黃一臉虬髯，猶如是鋼針鐵線，壓耳毫毛橫七豎八，寬腦門、鬥雞眉、三角眼、鷹鈎鼻、菱角口、撇下巴，五官醜陋好似猿猴；頭戴三尖兜鍪，上掛紅盔纓，頸處密排護項釘；身披赤銅獸面連環鎧，外罩猩紅戰袍，上繡虎兕獬豸（傳說中的神獸），肩挎鎏金大弓、虎皮箭囊，背著兩杆護背短戟，腰繫緋紅錦帶，腿縛赤銅護膝甲，足蹬鷹頭戰靴；胯下騎著大白馬，手中緊握一杆三尖兩刃刀；彷彿一隻披了鎧甲的大猩猩，眉宇間迸出冷森森的殺氣！

張遼曾隨呂布在袁紹帳下聽用，一眼看了個明白，湊到曹操身邊道：「這廝就是文醜，不好對付啊！」

還未說完就被曹操捂住了嘴：「小點兒聲。」

敵在明處己在暗處，徐晃似乎明白過來了，躡手躡腳湊到曹操耳邊壓低聲音道：「末將現在過去，殺他個措手不及。」

曹操扶著樹枝又看了看——文醜坐在馬上左顧右盼，眼觀六路耳聽八方，手裡緊緊攥著刀柄，似是機警萬分；他身旁帶的騎兵都是一色的白馬，個個手持長矛身背弓箭，似是精銳好手。曹操一陣皺眉：「別孟浪，這傢伙看起來挺精明的。」

荀攸低聲提醒道：「放馬。」

「什麼？」徐晃沒聽懂。

曹操卻恍然大悟，忍著興奮道：「叫士兵把鞍子摘了，放幾十匹馬出去。只要敵人一亂就突襲他們，你們幾個都下去準備吧！」

徐晃、張遼、關羽和許褚、曹純都輕手輕腳下了南坡，跟士卒嘀嘀咕咕依計行事。解了二十多匹馬，摘掉鞍韂轡頭，趕牠們進山谷。可軍馬都是馴熟的，半天都不動，又不敢用力抽打弄出聲響。無奈之下許褚端起大鐵矛朝著一匹馬屁股上戳去，疼得那馬噓溜溜直叫，撒開四蹄奔了出去，牠一跑有了領頭的，其他馬也趕著竄開了。

文醜看著滿地的輜重，料定事情不會這麼簡單，眼瞅著身邊士兵就要過去搶東西，趕緊橫住大刀彈壓他們。正說話間，忽見南面谷口處影影綽綽奔出一騎。他一個激靈，即刻下令攻擊，哪知士兵放過去之後才看清——竟然是無人騎乘的騾馬[2]！緊接著，兩匹、三匹、四匹……呼啦啦出來一大群。

那些衝過去的士兵可高興壞了，以為是一群野馬，都爭著圍堵套馬。還有人跳下去搶奪輜重軍械，有的打開包袱就裝乾糧。文醜見陣勢全亂了，趕緊操著濃重的冀州口音大呼：「停下！快他媽停下！都給我上馬啊……」這會兒大家得了好處，誰還顧得上命令，不斷有人衝過去加入爭奪。

正在此時只聞喊殺震天，曹營騎兵自南邊谷口一湧而出。文醜麾下那些兵還沒明白怎麼回事呢，就被殺死一大片，那些下了馬的更是驚得四散而逃。但在狹小的山谷哪裡逃得了，自然而然都被驅趕向了自己的後隊。文醜陣營自衝自踏亂成一鍋粥，曹軍趁勢向他奔去：「殺啊！擒賊擒王啊！」

文醜確實了得，一攞掌中大刀，連劈兩個曹兵撥馬便逃。徐晃帶著兩員副將徐商、呂建奔在最前面，眼看就要追個馬頭銜馬尾。倏然間文醜已經搭弓在手，嗖地一箭正中徐商的坐騎，連人帶馬摔倒在地，還絆倒了好幾人。文醜暗箭得手，諸將有了防備，哪知他還能左右開弓，身子一翻又自左手發箭，正中呂建右臂，疼得呂建鋼刀脫手立時駐馬。徐晃氣憤至極，急催戰馬趕到他身後，哪知文醜快似猿猴，早已棄弓換刀，回身就一個橫劈！

徐晃大驚失色，趕緊伏鞍躲避，人是避過了，但頭盔竟被他一刀削去。文醜再次得手，驅趕敗軍迅速西撤，忽見曹軍陣中又竄出一員紅臉大將，手持偃月刀堪堪追來。文醜眼珠一轉，意欲再施拖刀之技。可是赤兔馬奔騰極快，眨眼間已馳到了他身邊，關雲長舉刀就劈。文醜嚇得三魂出竅，連忙舉動招架，好不容易逃過一劫，哪料關羽把馬一橫竟堵在他前面。

無路可逃的文醜驚慌至極，趕緊出刀襲擊，可是關羽左封右擋，就是不讓他過去。兩將纏鬥之間，徐晃、張遼、許褚、曹純、夏侯博以及一群騎兵全趕上了，十多件兵刃一齊向文醜招呼——可憐這員河北勇將，連人帶馬死於山谷之中！

曹操、荀攸也已下山，連聲叫嚷：「不可耽誤，速速追擊敵軍！」

曹兵這不到五百騎人人奮勇，兜著敗軍的屁股往前殺。袁軍本就失了統帥，又聞吶喊聲在山谷中迴蕩，竟以為曹軍成千上萬，玩命地奔逃。騎兵折損了一大半，少數逃出西谷口的又衝進了迎面的步兵隊伍中。一時間自相踐踏死傷無數，後面的更不知道怎麼回事了，擁著督將轉身便逃，大軍

---

① 驏馬，沒有鞍具的乘馬。驏音鏟。

崩如山倒。

曹兵人少不敢追出山谷，趕緊回去收拾輜重退出南口。剛鬆口氣，又見西南方塵土飛揚來了一隊大軍，諸將又是心驚肉跳，曹操卻笑了：「這必是咱們的人！」

果然，不多會兒就見樂進一馬當先奔了過來：「恐袁紹提前渡河，末將前來救援！」

曹操捋鬚道：「你可沒這心眼啊！」

樂進臉一紅：「郭奉孝、賈文和二人叫我來的。」

「哈哈哈……有驚無險已經過去了，叫你的兵到後面掩護百姓，咱們不可停歇連夜回官渡。」

「諾。」樂進拱手道：「還有個好消息，于禁率兵搶渡杜氏津，又破袁軍數座營寨，殺敵千餘正要回營。」

「好！」曹操笑道：「三軍最怕奪氣，袁紹連敗又失兩員虎將，必定氣勢大挫，咱們回去緊守官渡等著他來送死！」

眾將一陣叫囂，唯有關羽低頭不語。曹操特意過去拍拍他肩膀：「刺顏良誅文醜，雲長立下奇功！老夫回去修表，加封你為亭侯！」

「謝、謝曹公……」關羽心不在焉地答應了一聲。此刻他腦子有些亂，夏侯博跟他說，剛才在亂軍中看見一將很像是劉備……

第十三章

官渡初交鋒，曹操袁紹陷入拉鋸戰

官渡搏殺

兵法有云：「三軍可奪氣，將軍可奪心」，袁軍一過河便連吃兩場敗戰，顏良、文醜盡歿於陣，又損數千兵馬。這可把袁紹徹底激怒了，為了安定軍心提升士氣，他不顧部下反對，迅速渡過延津將大軍開赴陽武縣境，兵鋒直指官渡。

袁紹此番南下起兵十萬有餘，經過兩場小挫，兵力稍有折損。為了一舉消滅曹操，他結營後只留五千人守營，將三部人馬盡數帶出，在官渡以北二十里布下陣勢。十萬大軍分作左中右三個陣營。左軍由郭圖統率，以呂翔、呂曠為主力將校。右軍由淳于瓊統率，以蔣奇、眭元進為主力將校。中軍部分本應由沮授統領，但臨渡河時沮授辭去都督一職，也交與郭圖監督，如今大戰在即就由袁紹親自統率，實際是交與袁譚指揮，河北名將張郃、高覽、韓猛、韓荀率領騎兵衝在前列，另外軍師審配精心訓練的精銳弓弩手也在其中。

這黑壓壓的十萬大軍列開隊竟有四五里長，一眼望不到邊，刀槍如麥穗劍戟似麻林，旌旗蔽日鑼鼓喧天，三軍兒郎高舉兵刃吶喊前進，一步一步向曹營推近，氣壯山河之勢震得大地直顫！

曹操得到消息後猶豫了一陣。若論這樣大規模地對戰，人少的一方肯定不占優勢，但如果不阻擋袁紹的前進，十萬大軍氣勢洶洶而來，很有可能一鼓作氣攻破大營。即便緊閉營寨可以勉強守住，高漲的士氣也會馬上低落下來。萬般無奈之下，曹操只得留三千人守寨，將餘下四萬兵馬全部帶出，布成半月形陣勢，與袁紹奮力一搏。好在曹軍連番得勝，氣勢正在巔峰狀態，全軍上下鬥志昂揚毫無懼意，夏侯淵、于禁、張繡、樂進、張遼、徐晃、關羽等悍將身先士卒皆在其列。騎兵靠前、步兵在後，弓箭手左右護衛、鼓樂手站腳助威，擺出一副堅不可摧的架勢，迎著敵人緩緩推進。

袁紹雖然主動進攻又有人數優勢，但先前兩場敗戰，不得不多加小心。他欲先誘曹軍出擊繼而瞧準勢頭相機而動，而曹操本不情願打這麼一仗，只是想阻擋敵鋒，抱著不求有功但求無過的心態。因而兩軍相遇之際，雙方都停下了腳步，殺氣騰騰的戰場上只聞鼓聲震天，卻是誰都不肯首先衝殺，不過是象徵性地隔空放箭。遠遠的距離，加之彼此都有盾牌護衛，根本沒出現什麼傷亡。

這樣的小打小鬧僵持了足有一刻，直到揚武將軍張繡率先打開了僵局。張繡在歸順曹操之際公然回絕了河北使者，這便與袁紹結下了死仇，事情鬧到這個地步已經是有進無退了，他比任何人都期盼早日幹掉袁紹。給張繡充任副將的是前任廬江太守劉勳，劉子台這傢伙是個要錢不要命的賭徒，早聽說袁紹此來帶了不少財貨珍寶以備逢迎天子，他先前被孫策抄了老巢皖城，一應財貨丟了個精光，窩窩囊囊跟了曹操，正憋著一肚子火，殺死袁紹倒還在其次，要是能衝進袁紹大營狠狠搶上一票那才解氣呢！這兩個不要命的湊在一起一算計，反正早晚也得打，不如來個痛快的，也沒跟曹操打個招呼，帶著人就衝了過去。

張繡部下雖不多，但大部分是轉戰多年的西涼騎，實是今日這戰場上戰鬥力最強的兵；劉勳部下的人更少了，但那幫人出身淮南一帶的江洋大盜，以前幹的就是腦袋別在褲腰帶上的買賣，揮舞著大刀片子往前衝，根本不懂什麼叫害怕！

張繡、劉勳所部這麼一衝，非但曹操嚇了一跳，袁紹也覺莫名其妙，這邊十萬人，他們這兩千人過來不是送死嗎？哪知那邊有不知死活的，這邊也有豁出去的。劉備參與了玉帶詔，又在徐州造了曹操的反，被曹操恨之入骨，如果再落到人家手裡，絕無活命的道理。這個平日裡的長腿將軍今天也豁出去了，看見對面有動靜，仗著有袁紹大兵撐腰，帶著張飛、趙雲等驍將一猛子竄了出去。他那點兒兵也不過是兩千多人，這下戰場可熱鬧了——四千人打仗，十幾萬人瞪著眼睛看！

一見劉備率部竄出去，可急壞了河北軍師審配，他的計畫算是落空了。河北軍曾在磐河以弓箭戰術大敗公孫瓚，審配頗有心得，自此專門研究弓弩戰術，修改武器的機括構造，組建了一支近強弓隊伍，與常規的弓箭手有天淵之別。今天這一仗審配打算試試威力，因而緊握令旗留神戰場動向，想抓住機會讓曹操嘗嘗萬弩齊發的滋味。哪知令旗還未舉起，劉備先跑出去應戰了，這弓箭射過去殺誰啊？審配把令旗一扔，策馬奔到袁紹近前：「主公，劉備搶出應戰，這怎麼辦？」

「敵寡我眾怕什麼？」袁紹心中既忐忑又興奮，矜持著把肋下配劍抽出，但是他自重身分沒有喊嚷，只是高舉佩劍朗聲道：「傳令下去，全軍突擊，給我上！」號令傳下，前軍的高覽是火急火燎的脾氣，早憋著勁呢，帶著人就衝了過去。一時間弓弩停止，袁紹中軍似排山倒海般撲向曹軍，左右兩軍也隨之行動起來。

曹操雖然不願意這麼打，但是眼見敵人大舉出動，也只好硬著頭皮幹了。他將青釭劍一抽，放聲大呼：「消滅袁紹保衛朝廷，跟我上呀！」曹操帶兵的經驗比袁紹老到得多，這樣的大戰場，主帥的一舉一動牽涉整個戰局，所以「給我上」與「跟我上」僅僅一字之差，調動士氣的效果卻差了許多。其實曹操也不可能主動衝到第一線，不過督促虎豹騎往前挪了一段就停下了，但各部兵將卻已經積極回應，衝上去禦敵了。

論人數與武器裝備，曹操不如袁紹，但若論士氣與訓練程度，袁紹又不及曹操了。是而雖是寡眾相敵，雙方卻鬥了個勢均力敵。這樣的大陣仗，即便有再強大的勇力也不過是大海中的一滴水，兩邊的一流勇將只能督率好自己的隊伍穩紮穩打。長矛大戟都有一丈，再立上一排盾牌護衛，兩軍隔著近兩丈的距離纏鬥，時而你進我退難分上下。

曹軍與袁軍都在擂鼓助陣，士兵也躍躍欲試，兩丈的距離漸漸縮短，長矛大戟接連折斷，中傷的慘叫聲此起彼伏，鮮血一陣陣迸發出來。最後那道短兵相接的縫隙晃了幾晃，伴隨著臨死前的呼號聲——慘烈的肉搏開始了！

轉眼間沙場上就開了鍋，號角急鳴戰鼓通通，喊殺聲、兵器聲、呼號聲、馬嘶聲攪在一起，把所有人的耳朵都震聾了。曹操的兵力雖然吃虧，但貴在精銳：張繡所督涼州騎、張遼所督并州騎無不以一當十，個個精於騎術，擅長劈刺；青兗二州的步兵久經沙場，跟著曹操幾度出生入死，結陣衝殺、進退有制。而袁紹本部張郃、高覽所率幽冀二州的騎兵也不是泛泛之輩，加之河北步卒的人數太多，幾乎是兩三個袁兵打一個曹兵的比例。一方精一方眾，白刃肉搏依舊是殺了個難解難分。

弓弩和盾牌這時候早已派不上用場，戰場上的人個個殺得血葫蘆似的，衝在前面的連服色都染得看不清了，只有靠彼此的感覺和口音確定是敵是友。騎兵被衝得陣勢大亂，載著各自的勇士衝入敵陣，奮戰一番後被亂槍刺翻在地。刀槍劍戟相搏，不住叮噹作響，時而在重擊之下迸出火花；被砍落的頭顱被人踩馬踢得滾來滾去，被斬飛的手臂、天靈蓋灑下片片血雨，被刺透的胸膛和喉嚨噴出一道道血泉。而各部將領還扯著沙啞的嗓音不住吼叫向前，兵士們揮舞兵刃兀自在血潭裡掙命！這場肉搏自未時一直殺到酉末，仍然毫不鬆懈。

曹孟德和袁本初都是兵山血海中闖過來的人，此刻卻皆是雙拳緊握臉色凝重，涔涔汗水滲出額頭，他們已被眼前的這場驚天地泣鬼神的搏殺震懾住了，直到天色漸漸昏暗才忐忑地緩過神來。曹操命曹純下令收兵，幾乎在同時袁紹也吩咐審配鳴金。而在昏黑的夜幕下，雙方陣勢彷彿糾纏在一起的兩條巨龍，相互牽連無法拆開，有不少人殺暈了，兀自在昏暗中馬踏刀砍，雙方誤傷的自己人恐也不少。直到天色完全黑下來，袁曹兩軍才歸攏好陣勢，拖著各自的傷兵蹣跚著腳步緩緩回營。

一場大搏殺結束，曹操依舊忐忑難安，幾乎是踩著棉花似的回到官渡。眾將安置好隊伍，顧不得擦去渾身血跡就湊到中軍帳來，有人歡喜有人愁，似樂進、朱靈、夏侯淵那等好勇鬥狠的還在叫囂：「咱們今天殺了足有小一萬人吧！」

「你們可真是沒心沒肺！」郭嘉臉色煞白，狠狠瞪了他們一眼道：「咱們也損了足有五六千人，還有一大堆受傷的呢！袁紹有十萬之眾，咱們不過四萬多人，這樣打下去遲早叫人家滅了。」見他們不再鬧了，郭嘉又回頭對曹操道：「敵眾我寡，此種打法可一不可二啊！」

「這也是不得已而為之啊……」曹操歎了口氣，面無表情地倚在帥案邊，靜靜思考這場戰鬥。他本以為有了白馬、延津的兩場勝仗，袁紹軍必然氣勢低迷一觸即潰，現在看來這想法似乎太天真了。河北軍畢竟是跟著袁紹縱橫多年的，其毅力遠比袁術、呂布那些兵強得多，絕不是一兩場小敗仗就會崩潰的；況且人數有優勢，又不乏郭圖、淳于瓊那等剛勁的統帥，張郃、高覽那樣優異的勇士。

曹操不發一言，從帥案下拿出自己批註的《孫子》逐卷翻看，翻到第四卷《形篇》：「昔之善戰者，先為不可勝，以待敵之可勝。不可勝在己，可勝在敵。故善戰者，能為不可勝，不能使敵之可勝。故曰：勝可知，而不可為。」把自己的營寨防守好，使自己處於不敗的境地，再等待對手出現漏洞。

雖然這就是曹操先前的打算，但到了今日他的體會更深刻了。他久久凝視著「勝可知，而不可為」這七個字——勝利是可以預計的，但卻不能夠強求！他提起筆在後面批註「自修理，以待敵之虛懈也」，寫完放下筆，沉吟片刻才環視諸將道：「今日之戰本是情非得已，從明天起咱們緊閉寨門不可輕易出戰，靜觀其變以待天時。」

「諾！」不管樂意不樂意，諸將還是整齊響亮地應了一聲。

正在此時，後營一陣喧鬧，任峻自許都押送軍糧而來，諸將趕忙把他迎入大帳休息。曹操瞧著風塵僕僕的妹夫，關切道：「這些差事你怎麼還親自跑，打發手下來不就成了？」

任峻緩了口氣，一臉嚴肅道：「別人來我豈能放心。河北兵馬甚眾，若是半路劫殺丟了糧草，咱們可就危險了。」畢竟是一家人，操心總比旁人更多些，「另外還有件事，荀令君叫我跟您商量商量。」

「哦？」曹操揮退諸將，只留荀攸、郭嘉在一旁參詳。

任峻似乎是一路上渴壞了，連灌了好幾碗水才道：「自從您對陣官渡以來，并州高幹可一直沒閒著，大肆拉攏關內諸將，還派人到西涼結交馬騰、韓遂，恐怕是要給袁紹幫忙，襲我軍於後。」

「是給他舅舅幫忙，還是給他自己幫忙啊？」曹操一陣冷笑，「西涼在哪？官渡在哪？他要是真想給袁紹幫忙，就應該率部攻打河內，我派魏種去守河內就是防著他這一手。可是他不向東來反而向西去，這是什麼用心？」

「高幹自己有野心啊！」任峻明白了。

郭嘉幸災樂禍道：「袁紹大軍渡河，發冀州、青州之眾，據說連幽州舊部也有人跟來了，唯獨不見并州的動靜。我看袁紹這個外甥是白疼了，養了隻狼崽子，硬是看著他舅舅跟咱們鬥，他在那邊自己積蓄實力。袁紹要怪只能怪自己，誰要他偏讓三子一甥各領一州？等著瞧吧，高幹不過是第一個冒出來的，以後他們家的亂子還有的是呢！」

荀攸覺得郭嘉這幾句「不厚道」的話說得有點兒遠了，現今之危尚不可解，哪顧得上以後呢？他把話題拉回來道：「不論高幹為的是誰，關中諸將好不容易穩定下來，總不能叫他再撼動。」

「說的也是……」曹操又陷入了思考。

任峻領了荀彧的話，是有準備而來，自懷裡掏出一份帛書道：「您看看這個辦法好不好。」

原來先前奉命出使益州的謁者僕射衛覬，因漢中「米賊①」斷路而留在了長安。他一面安撫因李郭之亂逃難歸來的百姓，一面組織耕種生產，發現關中的食鹽缺乏管理，因而建議朝廷派官員專管食鹽，用所得收益購置耕牛、招募百姓，以此削弱關中諸將對百姓的控制。

「衛伯儒長本事啦！」曹操頗為讚賞，「這可是老成謀國之見。我看這樣吧，建議既然是衛覬提的，就讓他當這個監鹽使者。另外讓鍾繇任司隸校尉移治弘農，看住諸將的動向。兵雖然抽調不出了，但憑著他們倆在關中的人脈，總不至於叫姓高的鑽了空子。」

「好，我回去就叫令君照辦。」任峻把書信小心收好。

「還有什麼其他的消息？」

「前幾天孫康傳來書信，說昌霸又反啦！」

曹操長歎一聲：「反了降、降了反，這已經是第三次了。一共就千八百人，沒完沒了折騰，我看這傢伙是當慣了土匪，不造反就憋得難受啊！先不理他，等日後再收拾……京裡官員可有什麼異常？」

「自從殺了董承、劉……李服那幫人，所有官員都老老實實的，朝會上都很少講話。」任峻沒好意思說得太透，其實現在的朝廷官員已經對曹操噤若寒蟬了。

「皇子劉馮的病怎麼樣了？」

「皇子嘛……」任峻沒想到他會問這個，「據說不太好，這都病病怏怏一年了，越來越重，全

①東漢末年，道教首領張魯等占據漢中，以宗教的方式管理百姓，因為入道者需交納五斗米，所以俗稱為五斗米道，朝廷則稱之為「米賊」。

靠藥頂著。我看這孩子活不長遠。」

曹操望著昏暗的油燈沉默了片刻，忽然道：「叫令君上表請封劉馮為南陽王。」

「什麼？」三個人都愣住了，不知他為何在戰事緊要之際提出這樣的事。

曹操盯著燈捻喃喃道：「關於玉帶詔一事，董貴人雖然該死，但她腹中懷有龍種。許都官員嘴上不說不等於心裡不罵我，既然如此我幫聖上彌補彌補，封劉馮為王。這樣天子也能安心，我良心上也過得去，別人也不至於再罵我了。」

「主公一片苦心又有誰知？唉……」荀攸、任峻都不禁感慨歎息。郭嘉也隨著他們說，但心下暗自發笑——這根本不是曹操的真實用意，他的良心才沒這麼脆弱呢！只因前番刨了梁孝王的陵墓，陳琳把這件事寫到了檄文中，搞得天下沸沸揚揚。現在曹操提出這件事，一是要堵袁紹的嘴，叫天下人知道許都朝廷還是天子的，皇子照樣封王；二是以此換取後方輿論的支持，避免在對戰之際節外生枝。畢竟他現在牢牢拴在官渡無法分身，這就好比一根燈捻不能兩頭燒！至於皇子劉馮，曹操明知他病入膏肓又只有一歲大，給這個快死的孩子一個王位，不過是個空頭人情！

除此之外，還有一個更沉重的問題困擾著曹操。他凝視著任峻問道：「伯達，咱們的糧食能支援多久？」

「五六個月總不成問題。」任峻怕他憂慮，又補充道：「不過到那時候又該大收了，今年的新糧正好接上。」

「你這是報喜不報憂，為我寬心啊……」曹操心裡有數，雖說屯田成功，但再多的糧食也經不起連續消耗。自前年以來，征張繡、討呂布、定河內，大軍屯於官渡，每天都有消耗，而且現在夏侯惇、曹仁、曹洪、魏種等處也都在吃糧，豫兗二州的糧食已入不敷出，如今是靠吃老本過日子。至於今年秋收的新糧，曹操都不敢想，誰知道五六個月後是什麼樣子，萬一劉表、孫策來搗亂，糧食哪還收得上來？

荀攸、郭嘉、任峻都知道這個難處，但是根本沒有解決之策，這場仗既然已經開始，那就只能硬著頭皮撐下去。四個人圍坐在昏暗的孤燈下，似乎被這個暗藏的憂患壓得透不過氣來，過了好半天曹操才發出一聲無奈的歎息：「孫子曰：『勝可知，而不可為』，機會是要慢慢等的，可是老天爺給咱們等待的時間卻不多呀！」他已經預感到，接下來的仗將會越來越難打。

就在曹操憂愁之際，袁紹的中軍大帳卻鬧得沸反盈天。今天這場搏殺表面上平分秋色，但河北軍折損近萬，受傷者更是不計其數，以十萬之眾對抗不到自己一半的敵人卻打成這樣，明顯是落於下風了。諸將要求改變戰法，但袁紹固執己見，一定要再挑起大戰將曹操徹底消滅。

沮授本不想再為袁紹獻計獻策了，但眼看著河北士卒死傷嚴重，顧念此間芸芸眾生，還是忍不住開了口：「主公，今天這樣的仗絕不能夠再打了。北兵數眾而果勁不如南，南谷虛少而財貨不及北；南利在於急戰，北利在於緩搏。咱們不如步步為營逼近官渡，曠以日月持久對峙，待曹操糧草不濟士氣低迷，一戰可定也。」

「曠日持久？」袁紹瞟了他一眼，「豈不聞『兵貴勝，不貴久』的道理？我軍雖然折損不少，然曹操所喪亦有十之一二，只要咱們憑藉兵力恃強淩弱，曹操必敗無疑！」

沮授豈能不知兵法？現在根本不是南征曹操的最佳時機，可袁紹一意孤行，既然來了就只能是耐著性子打，可是袁紹連這點都做不到，沮授知他無可救藥，深深一揖走出大帳，索性什麼都不管了。

袁紹又氣又惱正要發作，高覽在一旁插了話：「我看這樣不行！硬打硬拚即便能勝，得死多少兄弟啊？主公再想一想吧……」

「打仗哪有不死人的？」袁紹卻不屑一顧，「今朝廷社稷危若累卵，天下黎民望解倒懸，三軍將士正是為國出力之時，豈能苟且畏死不思進取？」他又搬出天下大義做幌子。

高覽見他滿口空話卻不顧將士死活，甚是不悅，又不好當眾爭執。張郃又道：「兵法有云：『十則圍之，五則攻之，倍則分之』，今我軍多曹操一倍，正好密遣兵馬騷擾敵後，誘曹操分兵。曹操若分趁機截殺，曹操若不分，則化虛為實抄絕其南、斷絕糧道，則曹操不攻自破矣！」

袁紹還是不以為然：「只要咱們直搗官渡，將曹操大軍襲破，河南之地可定矣！何須這麼麻煩？」說這話他又瞅瞅劉備，「劉使君，本將軍說得對不對啊？」

「將軍所言句句是實，」劉備其實更贊同張郃的戰略，卻不好駁了袁紹的面子，頗為婉轉道：「不過在下曾在豫州，與汝南黃巾劉辟、龔都等人有些聯絡，若是主公願意造勢於敵後，末將願意效勞。」

「那倒不必了。」袁紹捋了捋鬍鬚，「我堂堂朝廷大將軍，還不至於要靠幾個蟊賊相助……散帳吧！大軍休整一日，後天再尋曹操索戰！」說罷他自帥案下拿出一卷《上林賦》，看了起來。

眾將垂頭喪氣紛紛退出，張郃見沮授正佇立在轅門仰望天空，趕緊湊了過去：「主公不納我言啊！」

「我就知道會是這樣的局面！」沮授臉上一點兒表情都沒有，「我離開鄴城之時已將全部家財分散給族人了。夫勢在則威無不加，勢亡則不保一身，哀哉……」

「不至於一敗塗地，像您說的這麼嚴重吧？」張郃雖怏怏不快，卻還沒把戰事想得那麼糟。「以曹孟德之明略，又挾天子以為資，我雖克公孫，眾實疲弊，而將驕主忲，軍之破敗，在此舉也！」沮授仰望明月苦笑道：「揚雄有云：『六國蚩蚩，為嬴弱姬②』，就是今天這個局面，我恐怕是沒命回河北了。」

張郃料他與袁紹結怨故而口稱敗績，也不怎麼往心裡去，只是安慰兩句。這時高覽急急渴渴跑了過來：「儁義兄，不好啦！大公子和郭圖商量著要裁撤咱們的兵力！」

「什麼？」張郃不禁皺眉。

高覽悻悻道：「郭圖那邊死傷嚴重，要分咱們的兵填補。他媽的，憑什麼死人都算咱們的！」

「這還用問？郭公則這是要給大公子積蓄實力，將來好跟三公子搶位子。」沮授搖頭不已，「全力對敵尚且不勝，還在這時候動歪心眼，無藥可救！」

正說話間，袁譚帶著郭圖、許攸等人走過。張郃知道高覽性子急，緊緊拉住他的手腕，見那幫人走出轅門才緩緩鬆開，總算是沒鬧起來。許攸走在最後面，忽然停下腳步，轉身對他們道：「張將軍、沮先生，主公沒有採納你們的建議，還望你們不要掛懷。」

張郃不甚喜歡許攸那種隨隨便便的做派，但人家既然好言相勸，也客客氣氣道：「這有什麼掛懷不掛懷，都是為了打仗嘛！可惜主公太急功近利了。」

哪知許攸忽然大笑，拍拍張郃和沮授的肩膀道：「二位莫灰心呀，我與曹阿瞞相交二十餘年，素知其用兵之道。等到了後天，即便主公想戰，恐怕人家也不跟咱打了！深溝高壘閉門不出，主公折騰幾天無計可施，到頭來還得用你們那些計策，結營對峙、分兵擾敵都是大勢所趨，你們就等著瞧吧！哈哈哈……」說罷擺著大袖笑呵呵去了。

望著許攸遠去的背影，張郃心裡踏實了不少：「許子遠也是咱們營中的智士，他既這樣放心，這仗也未必不能大獲全勝。」

「智士？」沮授聯想到自己有感而發，「在咱們主公帳下，越是智士越難自存。莫看許子遠談

② 「六國蚩蚩，為嬴弱姬」，是指戰國時其他六國的忙忙碌碌，不過是為秦取代周作準備罷了。沮授此時提及，意為如今各地諸侯的紛亂也僅僅是在為曹操一統天下作貢獻。

笑風生，他自身禍福還不一定呢！」

捉襟見肘

戰事的發展果如許攸所料，從四月交兵直到八月，袁曹兩軍一直處於僵持狀態。袁紹意欲再次挑起大規模會戰，無奈曹操緊閉營門不作理睬，只進行了幾次試探性的小戰鬥。有這四萬兵堵在眼前，袁軍不可能視若無物繞開前進，因而十萬大軍被牢牢絆在官渡以北。

無奈之下袁紹只能採納沮授先前的建議，率領兵馬步步為營逼到了曹營附近。但是曹操籌劃官渡決戰已久，早把連營修得妥妥當當，袁紹連根針都插不進去，於是仗著人數優勢堆沙為山，紮下東西數十里的營寨，漸漸對曹營形成包圍之勢。另一方面，又採納張郃的提議，開始籌措分兵敵後的戰法。

袁紹突然更變戰略，可把曹操忙得夠嗆。他不能坐視袁紹把自己困死，也只得分散兵馬向東西兩面擴大營盤，防止袁軍用營寨將自己包圍。但敵眾我寡，這樣的軍備對抗十分危險，連營越張越大，守備的兵力就越來越薄弱。發展到最後，曹操的兵馬分散各處，中軍主力不足一萬，而且帶傷者十之二三，就是想殺出去跟袁紹拚命都不容易了。

就在曹操一籌莫展之際，各地的告急文書也似雪片般飛來。袁紹不再顧及名譽，派劉備到汝南，煽動昔日被曹操擊敗的黃巾餘部劉辟、龔都等人再次舉事；與此同時，袁氏在汝南的故吏瞿恭、江宮、沈成等占據縣城作亂，與李通開了仗；袁紹又把泰山反民郭祖、公孫犢等人都授予將校之職，支援他們繼續跟呂虔打游擊；昌霸見時局變動，再次舉兵叛曹，濟南國黃巾首領徐和也率部南侵，想趁機分一杯羹，弄得臧霸等人兩頭忙，一邊對戰青州一邊圍困昌霸。這些還不算什麼，最關鍵的時刻，孫策也公然翻臉了，率部打進了廣陵郡！

廣陵功曹陳矯奉陳登之命千里迢迢趕到官渡面見曹操：「鄙郡雖小，卻是地勢險要之處，若蒙救援使為屏障，則孫策的圖謀必將挫敗，東方諸郡可保安寧。曹公武聲遠震仁愛滂流，未從之國望風景附，百姓崇得養威，此乃王者之業也！請曹公速速發兵救援吧……」

陳矯又是講利害又是說好話，曹操一點兒都聽不進去，指導路粹寫著一份表章：

臣祖騰有順帝賜器，今上四石銅鋗[③]四枚，五石銅鋗一枚，御物有純銀粉銚[④]一枚，藥杵臼一具……

陳矯有些不耐煩了，搶步上前跪倒在地，一把揪住曹操的戰袍：「請曹公快想辦法！廣陵郡危若累卵，不但孫策大軍來襲，袁紹也煽動海西、淮浦二縣反民，都尉衛彌、縣令梁習相繼失城，這樣下去我家陳郡將就守不住了！」

曹操見他滿臉焦急言辭懇切，緩緩抽開袍襟，低沉道：「你以為我不想救廣陵嗎？你出去看看，哪裡還抽得出兵力！前日汝南劉備、劉辟作亂，我咬著牙東挪西湊才分出蔡楊領兩千兵去救急，廣陵的事老夫實在是愛莫能助，你去找臧霸他們借兵吧！」

陳矯眼淚都快下來了：「自泰山以東直到青州沿海，敵中有我我中有敵，臧霸他們殺得昏天黑地，哪裡顧得上我們？曹公不發救兵，廣陵郡危矣！」

---

③ 帶環的平底鍋。
④ 帶柄的小鍋。

「發兵發兵，處處都叫我發兵，袁紹都快逼到我營門口了，哪裡還有兵可派！」曹操揚了揚手，「陳登不是有志與孫策一決雌雄嗎？那就看他自己的本事了，這個忙我幫不了。」

陳矯急得直磕頭：「廣陵之兵不過數千，孫策數萬之眾，陳郡將天大的本事又豈能抗拒？再者淮西反民作亂，內憂外患交加，這仗實在沒法打啊！」

曹操不客氣了：「他沒法打了，難道我這裡就能打嗎？事到如今沒法打也得給我打！」

陳矯慢吞吞爬起來，抹著眼淚道：「天亡我廣陵啊……」草草施了一禮，腳步蹣跚往外走。曹操見他這副舉動頗為動容，覺得陳矯是個義士，低聲道：「季弼，這一去多有危險，你就留在我身邊吧！」

陳矯停下腳步，頭也不回道：「家鄉有倒懸之苦，在下奔走告急，縱無申包胥之效，敢忘弘演之義乎？」傳說春秋時楚國曾被伍子胥、孫武率吳兵攻滅，申包胥馳往秦國求援，連哭七日七夜終於感動秦王，發來救兵重立楚國；衛國衛懿公嬉戲無度，招若狄人犯境，衛懿公被亂刃分屍，大夫弘演出使陳國回來，見國君被亂刃分身屍體無存，只有一副肝臟完好，便剖開自己的腹部將衛懿公的肝臟塞入肚中，用自己身體當棺槨安葬國君。陳矯提出這兩件事，就是表示搬不回救兵就要同陳登一同赴死。

曹操見他如此堅決不禁感歎：「唉……你這申包胥哭秦庭還真哭出道理來了。暫停一步，看你的面子上我發兵了。」

「真的？」陳矯趕忙回頭。

「當然是真的，不過最多抽派兩千人給你。」

「兩千也行啊！多謝曹公……多謝曹公……」陳矯喜極又泣，鼻涕眼淚全下來了。

「別哭了。」曹操一陣苦笑，抽出一支令箭，「事已至此，老夫甘願受難也不能失了人心。你去最後面一寨，叫校尉扈質率兩千人馬隨你去。先平海西縣之亂再助陳登抗擊孫策，我就這點兒能力了，成不成還要看天命。」

陳矯哭哭啼啼接令箭：「在下豈敢多求，回去之後一定……」話未說完忽聽一陣慘叫，守在門口的幾名士兵摔倒在地——身上插著弓箭！還未反應過來，就聽噗噗噗一陣連響，那是弓箭射在帳篷上的聲音。許褚趕忙取過盾牌將曹操護在身後，路粹、陳矯紛紛退到帥案之後。又聽外面一陣騷亂，幾個兵丁舉著盾牌掩護郭嘉跑了進來：「哎呀不好！袁紹在土山上修造高櫓，從上面往咱營裡射箭！」

曹操竭力保持鎮靜：「傳令各營用盾牌防護帳篷。」

「諾！」許褚應了一聲，高舉盾牌跑了出去。

郭嘉擦擦冷汗道：「有個不好的消息，蔡楊在汝南戰死了。」

「啊！」曹操吃驚不已。

「劉備、劉辟糾集烏合提師北上，一路抄掠百姓毀壞屯田，主公快發救兵吧！」

曹操癱坐在帥位上：「哪裡還有多餘的兵馬……不行！看來要冒一冒險了，致書陽翟叫曹仁出兵對付劉備。」

「陽翟之兵一出，許都門戶洞開，袁紹乘虛而入怎麼辦？」

「顧不了這麼多，先解燃眉之急再說。」曹操一回頭，見陳矯還在旁邊站著，似乎是被飛箭逼得出不去。曹操伸手拔出青釭劍，在帳篷後面連劈，砍出一個大窟窿，收劍道：「從後門走吧！」

「嘿嘿嘿，」郭嘉也真笑得出來，「中軍大帳哪有開後門的？」曹操搖頭道：「性命保得住保不住都不好說，哪還顧得上帳篷啊！」見陳矯急匆匆發兵去了，又踱回岸邊，繼續指導路粹修表：

御雜物之所得孝順皇帝賜物，有容五石銅澡盤一枚；銀畫象牙盤五具……

郭嘉看得發愣：「這都什麼時候了，你還有心思給皇上獻這些沒用的東西！」

「越是這時候越得把天子哄好了，省得肘腋生變。這幾樣東西都是我祖父得孝順皇帝所賜，現在回獻給天子，以表我的一片忠心。」他前番表奏劉馮為南陽王，哪知那小兒病入膏肓，僅僅受封數日就死了，他還得另想主意穩住劉協。待表章寫完，曹操又道：「再給荀令君寫封信，叫他詔命九卿以及每個郡的郡守遴選孝子一人，推薦到朝廷。」

「這又是何意？」郭嘉不明白他為何會在這時候忙這些沒用的事。

曹操手撚鬚髯：「現在局勢不穩，恐怕有不少地方已與袁紹暗通款曲。從推薦來多少人，我能知道還有多少郡依舊遵從朝廷調遣。但願……但願……」但願背叛的人不會太多吧！

郭嘉不以為然：「知道了又有什麼用，現在的問題是打仗，只要打贏了，所有腳踏兩隻船的人都會回來。」

「打贏談何容易……」即便曹操做足準備，可面對袁紹大軍還是被動不已，「孫策也起兵了，他若打破廣陵，就可以逼至青徐之地，東線就全完了。我卻只能差出兩千兵馬幫陳登，情勢危急得很吶！」

郭嘉卻道：「孫策小兒新併江東，所誅皆英豪雄傑。他又好勇鬥狠輕而武備，這樣的人即便坐擁百萬之眾，無異於獨行中原也。若刺客伏擊，不過一人之敵耳。我看說不定哪天孫策就讓仇人刺殺啦！」

曹操很明白，郭嘉這番話是故意為他解心寬，指望刺客從天而降把孫策殺死，這不是說夢話嘛！他苦笑一陣：「但願能如奉孝所言吧！」

這時又見帳口一陣騷動，張遼舉著盾牌跑了進來，二話不說跪倒在帥案前。

「文遠，有什麼事嗎？」

張遼重重磕了一個頭：「在下有負主公信任，對不起您啦！」

「這又是從何說起？」曹操糊塗了，趕忙過去攙扶，但攙了三下沒攙動，「你怎麼又跟我來這一手，有什麼話站起來好好說。」

「我對不起您……」

「到底出了什麼事？」

張遼慢慢抬起頭，堂堂大漢眼眶裡竟還有淚水，哼哼唧唧道：「雲長……雲長要走了……」

「走？」曹操急了，「他要上哪兒去？」

「當初土山勸降之時，關羽曾經有言，一旦聞知劉備下落便要前往跟從，若不應允寧可戰死不降。」張遼道：「雲長對在下有恩，我怕主公不答應，就……」

「就越俎代庖替我答應啦，是不是？」曹操白了他一眼。

「在下原以為關羽會感恩戴德，哪知他仍對劉備念念不忘，聽聞他在汝南，要辭別而去。」張遼再沒了沙場上的那份驍勇，苦著臉道：「主公如同君父，雲長猶如兄弟。在下實在不能欺瞞了，望主公能成全我的諾言，放雲長走。有什麼罪責在下一任擔待！」

「你擔待得起嗎？」郭嘉倒先沉不住氣了，「狼！關羽跟劉備一樣，都是餵不熟的白眼狼。敗軍遭擒之將還敢提條件？主公歸還他兵馬，任他為偏將軍，又封漢壽亭侯，他還不領情。這樣的人留著幹什麼，乾脆把他殺了！」

曹操其實早動了殺機，但是瞧張遼淚光盈盈望著自己，心裡很不是滋味。張遼與關羽是他夢寐以求的兩員勇將，憶昔張遼在洛陽戳槍、關羽在郯城突圍，給曹操留下的印象太深了。可偏偏魚與熊掌不能兼得，殺了關羽固然永無後患，但也把張遼對自己的一片愛戴也給殺沒了。這時候為難張遼又有何用？走一個至少還能留一個，真把關羽殺了，弄得張遼心灰意冷，這好不容易得來的兩員將就都失去了！想至此曹操勉強擠出一絲笑容：「文遠別難過，就衝你這一片赤忱，老夫也不能為難他。況且事君不忘其本，雲長可謂天下義士也。」

郭嘉兀自不饒：「話雖如此，關羽也忒……」

曹操擺擺手不許他再說了，又攙起張遼：「你再去好好勸一勸雲長，說動他留下自然再好不過。若是他執意要去……」他咬咬牙痛下決心，「你就跟他說，老夫念『庾公之斯追子濯孺子』之事，放他走！」

「庾公之斯追子濯孺子？」張遼不明白。

曹操慘笑道：「這是《春秋》典故，你不懂，雲長會明白的。」

第十四章

曹操發明重型投石兵車

人心惶惶

自建安五年（西元二〇〇年）八月份起，袁紹大軍逼近官渡，紮下數十里的連營，又在軍師審配建議下，堆積土山修建高櫓，以強弓硬弩射擊曹操營寨。

為了改變被動局面，曹操數次突襲土山，可每次都鎩羽而歸，傷亡數量大大增加。另一方面，越來越多的郡縣懾於袁紹的威力開始騎牆，不是閉門自守不聽朝廷調遣，就是祕密給袁紹送了降書。

劉備領著劉辟、龔都背後作亂破壞屯田，孫策大兵壓境猛攻廣陵，昌霸、徐和等割據屢攻不下，整個戰局漸漸惡化，曹操除了立足官渡與敵僵持，已毫無還手能力。

夜幕又快降臨，曹操屹立轅門舉目觀看。敵人的營陣逶迤數十里，一眼望不到邊，每隔幾十步就有一座土山，上面高櫓箭樓結結實實，不少兵士身背弓箭影影綽綽，他們每天更換三班，時刻不停觀察曹營動向，只要稍有機會就發來一陣箭雨。而就在土山之下，層層拒馬柵欄林立，鹿砦壕溝列滿陣前，布置得銅牆鐵壁一般，想要突破過去搗毀箭樓簡直比登天還難。

而曹操這邊呢？所有營寨都黑黢黢靜悄悄的，如死一般的寂靜，只有營門零星的燈火搖曳閃爍。各個帳篷前都豎著突車和盾牌，上面釘滿了箭支。時至夏秋之交天氣甚是炎熱，可是沒有緊急事務誰也不敢出帳半步，因為一出來就可能被袁軍射成刺蝟！所有的軍事會晤都改到了夜裡，即便如此諸將也只能摸黑不敢點燈，避免給敵人的神箭手指明目標。

許褚突然打斷了曹操的思緒：「此地不宜久留，主公還是回去吧！不然那幫狗娘養的又該朝咱們放箭了……不好！」這話還未說完，就聽迎面響起了鏃鏑破風之聲，緊接著又是一聲瘆人發毛的慘叫，有一個親兵中箭倒地。

眾人再不敢停留，趕緊高舉盾牌遮住曹操，在暮色的保護下向中軍帳撤退。曹操把整個身子蜷縮在盾牌之後，小心翼翼地挪著步子，箭支射在盾牌上的咚咚聲不絕於耳。

「他媽的！」許褚身子突然一顫，有支雕翎箭從諸人盾牌的縫隙中穿過，正插在他臂膀上，「哪個狗娘養的這般會射，摸黑還能傷人，若叫我逮到非剝了他的皮不可！」他卻愈加不敢怠慢，直把曹操護進大帳才放下盾牌，伸手拔掉箭支。

這是一支三棱透甲錐，竟將甲葉子穿個洞，直釘到肩胛中。眾人小心翼翼幫他卸去重鎧，只見那個陰森森的箭頭赫然嵌在肉裡。許褚二話不說自懷裡掏出一把匕首，在燈火上烤了烤，隨即把刀尖扎入肉中，手腕一翻將箭頭剜了出來。他雖然咬牙堅持沒有叫出聲，但額頭上已滲出豆大的汗珠，鮮血順著臂膀一直流到地上。

曹操看得直皺眉：「仲康，這處傷不輕啊！」說話間從自己的戰袍上撕下一塊布來，要親手為他包紮。

「區區小創不勞主公動手。」許褚搶過布條自己裹傷口，還特意擠出一絲微笑來。三天前王必不慎被飛矢射中大腿，不得不臥於帳中修養，瑣碎差事就都壓到了許褚身上，這三天他日夜守衛在曹操身邊，沒有休息過片刻，眼窩已經深深凹陷了，這會兒受了傷，灰黑的臉色愈加難看。

「這些天太累了，你還是回帳休息吧！」曹操說罷低頭看著前幾天送來的匯報。曹仁經過一番苦戰，總算把劉備、劉辟打回了汝南，許都的威脅暫時解除，但潁川一帶的屯田遭到了嚴重破壞，今年的新糧食不要再指望了。另外各郡所舉的孝子名單也被荀彧轉呈過來，還不到總數目的三分之一。這是多麼可怕的數字，說句不好聽的話，許都朝廷已經快要眾叛親離了！

正在他憂煩不已之際，大帳破開的那道「後門」處閃出兩個高大的人影：「末將參見主公。」曹操抬頭一看，原來是張遼與關羽。

關羽早已脫去曹營的鎧甲，換了一身青綠色長袍，頭上戴著紮巾，青龍偃月刀沒有攥著，連佩劍都沒掛，儼然已是遠行的裝扮。他自從得知劉備到了汝南就有意離開，但曹劉之間正在打仗，劉備率兵抄掠許都，他要是去投奔無異公然與曹操為敵，所以耐著性子緩了幾天，直等到曹仁將劉備擊潰，這才好意思開口辭行。

曹操知他去意已決無可挽回，強笑道：「雲長好心急啊！」

關羽也覺尷尬，紅彤彤的一張臉簡直有些發紫了，但還是咬緊牙關道：「關某深感明公之義，不過劉使君待在下情同手足，曾有同生共死之約，皇天后土皆聞斯言。前者下邳失守，所請三事已蒙恩諾。今探知故主在汝南，所率之眾已被曹子孝擊散，想必再不能為公之害。回思昔日之盟，豈容違背？新恩雖厚舊義難忘，還請明公念我這點兒拳拳手足之情，准我回歸舊主。」

曹操聽了他這番情真意切的表白，半晌無語。他百思不得其解，那個反覆無常百戰百敗的劉備何以令關羽這般傾心報效呢？臧洪因張超而死，張楊為呂布而喪，這世間講義氣的朋友都叫無賴騙去了，人與人之間的際遇真是難以揣測。

張遼始終低著頭，頗感自己這件事辦得不漂亮，想再做做最後的努力：「雲長兄與使君相交，比小弟與兄相交何如？」

關羽知他要以朋友之義再下說辭，毅然道：「我與賢弟，朋友之交也；我與使君，是朋友而兄弟，兄弟而主臣也。兩者豈可共論乎？」

張遼立時語塞，曹操卻喃喃道：「不忘故主，來去明白，雲長真丈夫也。你既一心要去，老夫焉能從中作梗，但天下惶惶戰事未定，你這一路上還須多加小心。」

「謝明公恩典。」關羽抱拳施禮，卻面帶為難之色，似乎還有什麼事情要說。

曹操見他這副表情，早就了然於心，自帥案上拿起一份文書，看似漫不經心道：「這封書信你小心收好，去至許都交與留府長史劉岱，他自會准你接走糜甘二位夫人。」

關羽的心腸再硬，也不得不感恩戴德了，連忙跪倒在地：「明公之胸襟當世無人能及，在下替使君謝過明公恩義。」說著話伸手去接那卷文書，哪知曹操攥得死死的，沒有鬆開的意思。關羽不好生奪，抬起頭懇切地凝視著他。

曹操一陣冷笑：「劉玄德不念恩義舉兵反叛，我與他還有何恩義可言？今日之事全看在你的面子上。」說著話又抬起左手拍拍他肩頭，「久聞雲長熟知《春秋》，當曉得『庾公之斯追子濯孺子』之事。」

關羽自然知道這個典故：鄭國派子濯孺子[1]攻打衛國，衛國遣神箭手庾公之斯[2]與其對敵。而庾公之斯又恰好是子濯孺子弟子尹公之他[3]的弟子。正逢子濯孺子染病，不能禦敵。庾公之斯顧念他曾向自己的師傅尹公之他傳藝，不願意用人家傳授的箭術反過來傷害人家，於是把弓箭的箭頭敲去，只放了四支空箭，任由子濯孺子逃跑。曹操的意思很明確，他與劉備已是仇讎毫無瓜葛，完全是念在關羽的面子上才將二位夫人歸還的，這個人情你怎麼還？

關羽也是聰明人，知道曹操這般說辭是想要自己臨走前許下什麼承諾。若換作別人，這會兒不知要向他道出幾車信誓旦旦的話，但關羽素來一諾千金，心裡矛盾了半天才道：「關某此去得奉舊主，必定不悖大漢朝廷。只要明公不犯吾主，在下絕不主動與明公為敵。」

許褚在一旁聽著有氣，把眼一瞪，嚷道：「關雲長！也不怕風大閃了你的舌頭，大耳劉備幾無立錐之地，有何本領再犯我家主公？你也忒狂妄了吧？」

曹操卻不計較，喃喃道：「只要老夫不犯劉玄德，雲長絕不主動來犯老夫……這個誓約倒也有趣。雲長能謹守諾言嗎？」關羽這等紅臉漢子豈容他人小覷，手托鬚髯道：「關某一言九鼎。」

「若背此約？」

關雲長威風凜凜以手指天：「若背此約，關某身首異地不得全屍葬埋！」

曹操點點頭，歎息一聲：「好吧……但願雲長能遵守諾言。」這才鬆開那卷公文。

「明公所賜一應財貨珍寶，關某不敢領受，漢壽亭侯印綬已懸於營內，赤兔寶馬也歸還明公。關某孑然而來孑然而去，自下邳帶來的兵馬全數留下，只率夏侯博與幾名僕僮護送二位嫂夫人。」

曹操知他不願再領自己的情，又迫於兵力的緊缺，這片好意全然領受，只道：「這些都由著你安排吧！不過赤兔馬老夫贈予你了，以酬謝你刺顏良、誅文醜之功。這也不算賞賜，就算你我相交一場的見證吧！既為雲長添一匹腳力，也為那畜生效力疆場得其所用。」

「謝明公。」關羽甚是喜歡那匹戰馬，其實很不捨得歸還，聽他這般說真是喜出望外，「天色已然不早，關某這就離開營寨，也好趁夜色而行。」此處是交兵戰場，即便自後營而走，也有可能受到袁軍干擾，所以趁夜晚離開最為保險。

曹操實是極不甘心，但再也尋不出什麼可說的了，既已答應人家，長胳膊拉不住要走的人，耗到最後還得讓關羽去啊！他手撚鬚髯道：「老夫有些疲乏了，就勞文遠替我送一程吧！」

①②③子濯孺子、庾公之斯、尹公之他，皆是春秋時的人名。

關羽如釋重負，張遼心緒悵然，兩人各懷心事地應了一聲，施了大禮自後門退了出去。曹操木然望著關羽高大的背影漸漸消失在夜幕之中，心頭愈加煩亂。一員良將就這麼去了，恰似一陣風吹拂而過，什麼也沒留下。日後再見面恐怕就是冤家對頭了，明知如此還要放他去，這是不是太傻了呢？他猛一低頭，又看到桌案上那些名單和告急文書——棄他而去的何止是關羽一人，各地大小官員數不勝數，這算不算是大勢已去呢？

許褚還在為剛才的事憤憤不平：「這個關羽也太無禮，主公何不擒殺之？趁他還未離開，我去結果他性命！」

「君子一言駟馬難追，我若出爾反爾，又與那劉玄德何異？」

許褚搖頭道：「唉……主公您與那劉玄德，乃是君子鬥小人，跟他講信義可占不到半點便宜啊！」

「嘿嘿嘿……」曹操擠出一絲苦笑，覺得這話倒有幾分道理，又見許褚包裹的傷口還在往外滲血，「今夜看來沒什麼事了，你還是回帳休息去吧！」

「侍衛主公理所應當，豈敢有半分懈怠。倘有一時不測，在下豈不罪孽深重？」

曹操勸道：「明天還不知有什麼要緊事呢！老夫過一會兒就睡，你也快快回去休息。若不養足了精神，怎能全力破敵？」

許褚的箭傷實是不輕，聽他這樣說，也不好再堅持：「既然如此，在下回去安歇便是，主公若需侍衛可令段昭、任福他們來伺候，明日卯時在下便過來替換。養足了精神好去宰那幫狗娘養的袁軍！」

「這就對了，養足了精神咱殺盡那幫狗娘養的東西。」曹操看著他高舉盾牌走了出去，臉上的笑容卻漸漸凝固——話說得簡單，可是怎麼才能搗毀袁軍的箭樓呢？即便能破壞那些箭樓，又怎麼從根本上擊退袁紹呢？這場仗從一開始兵力上就不占優勢，經過這幾個月的死傷消磨，寡眾差距越拉越大，後方形勢也不容樂觀，真的還能堅持嗎？他已漸漸有了撤退之念，暗地裡以書信徵求荀彧的意見，不知身處後方的荀令君又會是何種意見呢？

正在曹操頹然而坐一籌莫展之際，忽聽有個熟悉的聲音輕輕呼喚道：「屬下求見主公。」曹操猛然抬頭，見有一人跪在黑黢黢的帳口，究竟是誰瞧不清楚，只覺得那人的一雙眼睛在黑暗中爍爍泛光，連忙問道：「外面是誰？」

「屬下徐佗，有要事稟報主公。」徐佗因耽誤了劉備起兵的文書，被曹操責打一頓貶為軍中小吏，協助卞秉管理軍械，已經很長時間沒面見曹操了。

「是你啊……」事情過去這麼久，曹操也不怎麼生他的氣了，「有什麼事嗎？」

「在下有破袁軍箭樓之策，想親自告知主公，請您斟酌斟酌。」

「哦？」曹操來了精神，「快進來！」

「諾。」一身皂衣的徐佗垂首而入，身後還跟著四五個小卒，很識趣地留在中軍帳外。

曹操萬沒想到徐佗會在關鍵時刻想出辦法，還未聽他訴說就先慚愧道：「前番我因劉備文書一事責打了你，確實有些過分。這些日子你協辦輜重也沒少受苦，整日在外面避箭辦差，真是辛苦了，明天就回我帳中聽用吧！」

徐佗甚是恭敬：「在下辦事不力理當受罰，主公無須自責，日後在下更當全心做事彌補往日過失。」

「人非聖賢孰能無過，你能這麼想很好啊！」曹操嘉獎兩句話歸正題，「你究竟想出什麼辦法破袁軍箭樓？」

徐佗微微一笑：「挖地道。」

「地道？」曹操又洩氣了，「我軍一舉一動皆在敵人監控之下，只怕只要一動土，敵人就從上面看見了。」

徐佗道：「倒也不難，咱們自帳篷裡動土，敵人看不見。」

曹操思考片刻還是搖頭：「那恐怕也不行，挖出來的沙土怎麼處理？再者固然可以挖地道通到營外，可怎麼通到土山上呢？通不到土山上，人力強攻必定大有損傷，這個辦法極難成功。」

徐佗卻道：「這倒沒什麼，屬下命士卒觀察地貌，已經詳詳細細畫了一張圖。我為您詳細指點，主公一看自明。」

「徐書佐辦事比以前細心不少啊！」曹操深感欣慰，「那就拿過來，指給我看看吧！」

徐佗從懷裡取出一卷羊皮卷軸，恭恭敬敬捧到曹操身邊，跪在帥案邊展開：「主公請看，這北面畫的是袁軍的營壘……這一大片是土山……這幾處就是箭樓……」他一邊說一邊緩緩展開羊皮紙，對紙上的每個圖案解釋得都很清楚。

曹操暗自詫異，這圖畫得倒很詳細，不過地道的位置卻沒有標明，這對破敵有什麼作用呢？可是卷軸還沒有完全打開，或許他還有其他的標注，於是耐著性子聽他講解。哪知徐佗話說一半突然頓住了，雙手不住戰抖，臉色霎時間變得慘白，張著口直盯著曹操身後。

「徐書佐，你怎麼了？」曹操不明就裡，趕忙回頭觀瞧，見許褚去而復返，就站在大帳後面的窟窿處，「仲康，你怎麼又回來了？」

「不知為什麼，在下忽然心緒不寧，總覺得要出事。」許褚的聲音冷若冰霜，雖是跟曹操講話，眼睛卻直勾勾盯著徐佗。

徐佗忽然把羊皮紙捲了起來，倉皇道：「既然許將軍有事與主公商議，破敵之事明日再與主公商量。」說罷草草施了一禮，夾起卷軸就往外走。

為？」

許褚竄過去一把揪住他脖領，徐佗嚇得體似篩糠，腋下卻還緊緊夾著那卷軸：「許將軍意欲何

「我、我……剛剛躺下……又偶然想起的。」徐佗雖然答話，卻不敢把頭扭過來。

曹操也覺事有蹊蹺了：「為什麼深更半夜來獻計？」

徐佗嚇得趕忙駐足：「我是來向主公獻計的。」

「站住！」許褚一聲厲吼闖進帳來。

「你又意欲何為？可是來行刺的？」

「不不……我是來獻計的。」

「獻計？」許褚鋼鈎般的手指掐住徐佗的臂膀，使勁往後一掰，耳輪中只聽「咔」的一聲，胳膊肘朝後彎了！他任由徐佗慘叫，奪過卷軸用力一甩，只見一件東西如閃電般倏地飛了出來，「哐」地釘在地上——乃是一把明晃晃的匕首！

曹操一見觸目驚心，繼而轉驚為怒拍案而起：「好個圖盡匕現的妙計，原來不為破敵為了我的性命！還有什麼可說，給我殺了他！」

「主公饒……」徐佗還未喊出來，許褚雙手抓住他的脖子用力一擰，只是「咔啦」一陣響，徐佗的臉已經朝後了，身子緩緩癱倒在地，再也不動了。

門口那幾個兵卒乃是行刺同謀，一見眨眼的工夫徐佗已經喪命，趕緊拋下兵刃落荒而逃，守門的衛兵豈能放走他們，連忙拔刀追趕，不住大聲呼喊：「有刺客！有刺客！」曹操才鬆了口氣，又聽外面一陣嗖嗖的箭矢聲，接著是一連串慘叫，那些刺客和衛兵都不再作聲，又恢復了可怖的寧靜。

「多虧仲康去而復返，不然老夫今晚就要喪於小人之手了。」曹操擦擦冷汗，凝視著那具詭異的屍體。身子爬地，腦袋卻朝著天，瞪著一雙恐懼的眼睛，嘴角還淌著血……又是一陣亂，荀攸、

郭嘉以及張遼、徐晃等將都在盾牌的掩護下趕到了。曹操裝作一副精神煥發的樣子，告訴大家除掉內奸是好事，今後大可無礙了，勸諸將回帳休息，來日共議破敵之策，又叫人把徐佗等人的屍體處理掉，單把荀郭二人留在了帳中。

等一切平靜下來已到子時，曹操再也撐不住了，伏在帥案上重重喘息。但經過這樣的變故，他再累也不想睡了，打量著荀攸、郭嘉。在這麼艱難的情勢下對峙了幾個月，這兩個文士也已疲憊不堪，荀攸不似平日那麼端莊氣派，郭嘉的風流倜儻也全扔了，都是臉色煞白鬚髮枯黃，身上的衣服都瞧不出本色了。這些都還是表面上的，日夜被敵人弓箭騷擾，精神上的折磨更嚴重，睡眠不好也就想不出什麼好辦法。

「我想退兵。」曹操把想法亮出來，「士卒疲憊傷亡慘重，官渡已經不能再守了。」

郭嘉上下眼皮直打架，但是直覺告訴他，主公的想法不對，趕緊打了個哈欠道：「主公不能撤兵。倘若袁紹趁勢掩殺，只恐我等未到許都已成刀下之鬼。」

荀攸也板著臉道：「即便逃到許都又能如何？官渡一棄東方兗徐之地再不為主公所有，群臣惶惶人心離散，袁紹大兵圍城，那時咱們就只剩下自盡的分了！」

「人心離散？」曹操不由得苦笑，「人心恐怕早就離散了。現在腳踏兩隻船的官員過了一半，他們不是跟袁紹暗通書信，就是默許賊人在地盤上造反。關羽不是已經走了嘛……還有徐佗，從我當頓丘令的時候就是我手下功曹，風風雨雨這麼多年，當初兗州之叛他都經受住了考驗，如今不也想取我首級投靠袁紹嗎？人心已經散了。」

「那不一樣……」郭嘉一個哈欠連一個哈欠，「徐佗挨過您責打所以記恨在心，他想拿您的頭換五千戶侯、五千萬賞錢。」

曹操無奈地搖搖頭，這仗打得太疲勞了。「這樣吧，等令君的書信來了，看看他是什麼意見。

另外咱的糧草不多了，還需要……」話未說完，外面又是一陣嗖嗖作響，袁軍又開始射箭騷擾了。

慌亂之間赫然跑來一群舉著盾牌的衛士，當中還搭著一個身中數箭的斥候兵。那小兵渾身是血氣息奄奄，翕動著嘴唇呻吟道：「啟、啟稟主……主……」曹操騰地站了起來：「免禮免禮，有何軍情快說！」

「袁軍在、在……土山後……挖……挖……」說沒說完，脖子一歪已斷了氣。

「唉！你到底想說什麼啊！」曹操替這個死不瞑目的人合上雙眼。

「我明白啦！」郭嘉嚇得瞌睡都醒了，「袁紹要挖地道奇襲咱們營寨！一定是這樣，當初他就是這麼平公孫瓚，又拿來對付咱們了。」

曹操一掃疲憊打起精神：「他們在外面挖，咱們在裡面挖。速速傳令全營兵將，沿著寨牆連夜挖一道長塹，阻斷敵人的地道！」

命令傳下鑼鼓震天，寂靜無聲的曹軍連營立刻熱鬧起來。一時間火把映天照如白晝，敢死的勇士推著轒車、突車，舉著沙包、盾牌衝至寨牆邊，冒著敵人的弓箭堆起一面掩體。有不少都被射死了，乾脆連屍體都砌了牆。各營將軍親自上陣，率領兵士在掩體下挖掘。弓矢不停地射，溝塹不停地挖，掩體倒了就再堆起來，有人死了就再派人頂上，為了保住大營，所有人都玩命啦！等這條溝塹順利挖成，東方已經泛起了魚肚白——三軍將士整整忙了一夜。

這一夜對於曹操而言可謂終生難忘，他自用兵以來還從未在一夜之間受到過這麼多的打擊，愛將離別、親信反叛、敵人奇襲，還有那沒完沒了的弓箭。等一切風波都過去後，曹操立在帳口，已經面無血色筋疲力盡了。放眼望去，遍地都是刺蝟一樣的死人，這一夜少說也有千餘人陣亡。那些幹完活的士卒累得直不起身來，乾脆就倒在掩體下昏昏而睡，而袁軍零星的箭支在他們頭上嗖嗖作響。這樣的日子什麼時候才是個頭啊！

有幾個士兵爬起來舉著盾牌撤退，經過大帳時還不忘了向曹操問好。曹操感覺自己連說話的力氣都沒了，強打精神朝他們點點頭，無奈地站了一會兒覺得毫無益處，又黯然躲回帳內。荀攸坐在帥案邊，兩隻眼睛瞇著，卻支撐著不敢睡，身子前仰後合地直打晃；郭嘉不管那麼多，抱著一面釘滿箭的盾牌，四仰八叉睡得直流口水；許褚則拄著大鐵矛，站著就已鼾聲如雷。

曹操頹然而坐，直覺頭裡嗡嗡作響，那個從處理玉帶詔之時落下的老毛病又開始發作了。他本心裡不願意撤兵，但是仗打到這個份上，實在是太疲勞了，畢竟已經是四十六歲的人了。單是一個人受苦也不要緊，三軍將士都吃盡了苦頭，這便是一將無能累死千軍啊！一向不服輸的他竟胡思亂想起來，預感自己的雄心壯志可能就要在四十六歲這一年永遠終結了……

「主公……主公……」

「嗯？」曹操緩緩抬起眼皮，見親信校尉段昭站在眼前。

「任將軍押送糧草來了。」

曹操捏了捏眉頭，有氣無力道：「你請他過來吧！」

少時間任峻自後門走進來，滿臉征塵蓬頭垢面，抱著兜鍪噓噓帶喘：「我這一夜好險啊，幾乎沒命來見您。」

曹操面無表情道：「我又何嘗不是一樣。」

郭嘉、許褚聽見說話聲從睡夢中醒來，荀攸也揉了揉昏花的眼睛，衝任峻點了點頭，實在沒精神打招呼了。任峻如釋重負坐倒在地，想喝點兒水，但拿起帥案上的罐子來一掂卻是空的，便咧著乾啞的嗓子道：「我半路上遇襲了，是韓荀帶的隊伍，大概有三四千人。好在我早有準備，命輜車圍成圈子保護糧草，從裡面射箭才擊退他們……不過他們未往北退，一路向南而去。」

「向南？」郭嘉又警覺起來，「那是要奇襲許都吧？」

曹操連害怕的力氣都沒有了，只喃喃道：「曹仁追擊劉辟到汝南，陽翟出了個缺口，只怕攔不住他們了。」說罷閉上了眼睛。

荀攸也是連連搖頭：「兵圍許都尚可防守待戰，可是以後的糧道又該怎麼辦？」

「以後用不著糧道了……」任峻苦笑著搖搖頭，「各地作亂新糧收不上來，今天送來的已經是最後一批糧食了。」

所有人都不發一語——完啦！一切都完啦！敵我懸殊、戰事被動、士卒疲憊、後方空虛、人心離散、糧草將盡……所有的危機同時出現。曹操不得不承認，即便他周密部署一年，又在開戰之初占盡先機，可與袁紹的勢力差距還是太大了，整個官渡之戰不過是螳臂擋車，但是他又不得不擋！事到如今他已經死相畢露。就在死寂之中，又有陣嗖嗖的聲音，征虜將軍劉勳舉著盾牌走了進來。

曹操一愣：「你來做什麼？」劉勳身為張繡的助手，應該駐守在前營。

「大喜大喜！」也不知劉勳是心寬還是根本就沒心沒肺。

曹操也懶得與這個一身毛病的傢伙生氣了：「還能有什麼喜事？」

劉勳齜著大牙笑道：「幽州舊部鮮于輔率眾歸降。」

「嗯？」曹操似乎不敢相信，用力拍了拍隱隱作痛的腦袋，「我都到這步田地了，還有人願意往火坑裡跳？子台通知諸將都去迎接，領他到中軍帳來，我要親眼見見這傢伙。」

重拾信心

鮮于輔看樣子還不到四十歲，一張紫紅臉膛，絡腮鬍子打著捲，兩只眼睛黑若點漆，不怒自威，頗有尚武之氣。他此番不是自己來的，還帶著副將鮮于銀、齊周，長史田豫，以及三千多兵和十幾車糧草，差不多把家底全搬來了。

原來自平滅公孫瓚以來，袁紹表面上任命鮮于輔為建忠將軍、督率幽州六郡，實際上卻逐步裁撤幽州舊部，把兵權轉移到他二兒子袁熙手中。此番官渡之戰，袁紹雖調幽州舊部隨軍聽用，卻對他們處處戒備，只令鮮于輔屯兵河北以壯聲勢，不允許到前線參戰，還讓蔣義渠所部時刻監視。經過半年對峙，前方沒有傳來捷報，後方卻傳來了壞消息，袁熙趁鮮于輔不在大肆更換幽州六郡官員，意欲根除舊制。這可把幽州人惹火了，在長史田豫的勸說下，鮮于輔決定反水，將蔣義渠所部痛打了一頓，率部過河投至曹營。

無論現在的狀況如何，有人來降終歸是好事，曹操感到一絲慰藉，掃視鮮于輔帶來的這一干人，眼光鎖定在長史田豫身上：「是田長史勸說鮮于將軍歸順朝廷的？」

田豫微微一笑，倒是直言不諱：「我對我家將軍說：『終能定天下者，必曹氏也。宜速歸命，無後禍期』。我家將軍從善如流，馬上就來了。」幽州武人多剽悍，又常跟鮮卑、烏丸那幫北狄打交道，所以不甚恪守什麼忠君禮儀，都是以勢力強弱論英雄，像田豫這般不看寡眾肯辨賢愚的理智之人卻是極少。

曹操聽他這麼說，甚是受用：「我觀田長史將將而立之年，年紀輕輕就當了幽州長史，實在是難得啊！」

哪知此話說完，那幫人哈哈大笑起來。鮮于輔樂道：「曹公莫看這廝三十出頭，單論打仗比我的資格還老呢！不到十六歲就跟著劉備打黃巾，地地道道的老兵痞呀！」他這麼一說，連曹營的人也跟著笑了。

「田長史昔年曾跟過劉備？」一朝被蛇咬十年怕井繩，現在一提到劉大耳，曹操便格外留意。

田豫倏然低頭臉上露出幾分黯然：「昔日在下還在弱冠之時，隨劉玄德討黃巾、征張純，頗受他賞識。後來他往徐州任職，我因老母之疾歸還鄉里，臨別之際他還拉著我的手道：『恨不能與君共成大事也』。現在想來，往事歷歷在目……」

曹操聞聽此言愈加悔恨——這麼多人被大耳賊拉攏過，當初我真是瞎了眼，小覷了那廝！正懊惱間，又聽田豫話風卻變了：「惜乎！劉玄德不是成就大業之人。」

「哦？」曹操聽了他這麼說，既高興又好奇，「何以見得？」

「劉備其人固然仗義敢為，瀟灑倜儻，善收人心。但是做事不為先謀，縱橫捭闔但憑於心，如此目光短淺豈能成就大事？他這十年間屢屢易主，三變兩變就把人心都變沒了。除了關羽、張飛那幾個心機單純的武夫，還有劉琰、糜竺那等好亂傾奇之士，誰肯給這樣的人效力呢？」

「是啊是啊……機靈善變之人固然可以得利一時，但是變來變去也把自己為人處世那點兒本錢也給變沒了。」曹操手撚鬚髯不住點頭，已漸漸喜歡這個田豫了，想開口請他為掾屬，但又一琢磨眼前勝敗生死還未可知，哪還顧得上這麼多？又逐個掃視其他人，見後排還有個年紀羸弱的白面書生，看模樣也就二十三、四歲，夾在一幫武夫中間甚是扎眼，曹操忙問：「這位先生又是何人？」

那書生拱手道：「草民乃樂安蓋縣人士，賤名國淵。」

曹操吃驚匪小：「君乃鄭康成老先生的高足國子尼？」

「不才，正是在下。」

曹操早聽郗慮念叨過，他師父鄭玄門下有兩個最小的弟子，一個是樂安國淵、一個是東萊王基，投至門下學經時都還只是小童，不想今天在官渡遇見了，竟隨在幽州舊部裡。不看國淵的面子，也需念鄭玄的名望，曹操起身還禮：「尊師近來可好？」

「老人家已經亡故了……」

「死了？」曹操還不知這段公案。

「請明公與諸位評評理！」國淵道：「袁紹意欲南征，命其子袁譚將我師父挾至黎陽隨軍。老恩師都快八十歲了，從北海到黎陽一路鞍馬勞頓，猝死於酒宴之上。且不論他袁紹是何等身分，就是尋常之人，也沒有折騰八十歲老爺子的。這就是他們四世三公袁家父子辦出來的德行事！」國淵怒不可遏，渾身直哆嗦。

在座諸人咬牙的咬牙、歎息的歎息，荀攸微合雙眼道：「古人有云：『能說一經者為儒生，博覽古今者為通人，采掇傳書、以上書奏記者為文人，能精思著文連結篇章者為鴻儒』。鄭康成通曉各家經典，乃是數百年才出一位的鴻儒，不想竟死得這麼冤屈，真是儒林一大憾事。」

「我師父死得不明不白，這件事絕不能善罷甘休！」國淵向曹操深深作揖，「在下原先在遼東躲避戰亂，此番奔喪也不打算再回去了，就隨在明公營中，請您務必擒殺袁氏父子，為老恩師報仇！」

曹操正求之不得：「放心吧，曹某竭盡全力，一定替老先生報仇雪恨。」他環視幽州來的這幫人，群情激奮各顯恚怒，都惦記跟袁紹玩命，便問鮮于輔，「將軍如今官拜何職？」

「袁紹給我個有名無實的建忠將軍，領漁陽太守，督率幽州六郡，其實全他媽是扯淡！」鮮于輔沒好氣道。

曹操輕蔑地擺擺手：「不要他封的偽職，我代表朝廷正式任命你為度遼將軍。」度遼將軍乃漢武帝創立的官職，掌握兵馬專門替朝廷鎮撫邊庭，中興以來歷任的種暠④、段熲等無一不是名將。

鮮于輔見曹操這麼恭維自己，眼睛都瞪圓了：「在下可不敢當。」

「有什麼不敢當？將軍名噪北疆，鮮卑、烏丸無不敬重，當這個官理所應當。你先統領舊部，日後老夫還要給你增兵！」

鮮于輔與鮮于銀、齊周、田豫等人對望了一眼——不比不知道，老曹跟那個鼠肚雞腸的老袁一比較，簡直一天一地。諸將齊聲呼喊：「我等當肝腦塗地以報曹公厚恩！」

「並非我的恩德，乃是朝廷之恩。」曹操不忘強調這一點，抬手又喚夏侯淵，「妙才，你領鮮于將軍到西面紮營，千萬提防敵人放箭。」

「諾。」夏侯淵得令起身，「諸位將軍請隨我來吧！」

曹操瞟了一眼國淵：「先生不要跟他們去了，暫時留在我營中為客，我叫劉延他們為您安排下榻之處。」所謂「為客」僅僅是第一步，有這樣的大賢高足，曹操必定要把他延攬為幕府掾屬。

「既到貴營，悉聽尊便。」國淵深施一禮跟劉延他們去了。

眼見這幫人魚貫而出，曹操便打發諸將散去，依舊只留下荀攸、郭嘉和任峻。不一會兒的工夫，外面響起了嗖嗖聲響，袁軍又開始放箭了，曹操打了個哈欠道：「即便添了鮮于輔這些人，還是杯水車薪。我跟他們說了半天全是裝牛氣，破敵之策才是關鍵所在。」說這話時他方才的氣魄消失得無影無蹤，又換上了一臉愁容。

任峻倒頗為興奮：「無論如何他們肯歸順總是好的，這些人都與袁家有仇，戰場上應該可以放心。」

郭嘉更是給曹操打氣：「誰不知天下有三大賢——荀慈明、陳仲弓、鄭康成。雖然都不在了，可軍師與令君是荀公的子姪，陳元方父子任職許都，郗慮也在朝廷，如今國子尼也來了。三大賢的門生子弟都歸於主公，這證明天下士人之心在主公這邊。現在有人倒向袁氏不過是形勢所迫，只要主公堅持一陣，必能有所轉機，千萬不能自暴自棄就此收兵！」荀攸隨著不住點頭。

---

④ 種暠，字景伯，河南洛陽人，仲山甫的後代。父親是定陶縣令，有資財三千萬。父親去世後，種暠全都賑濟了宗族及邑裡貧窮的人。對那些追求名利的人，他都不與他們交往。

「話雖如此，但善用兵者當制敵，而不能受敵之制，現在咱的局面就是受敵之制啊……」曹操凝眉思索。

任峻忽然狠狠拍了自己腦袋一下：「我這腦子，幾乎忘卻！」從懷裡掏出一卷竹簡，「這是荀令君給您的信，關於退兵之事的意見。」

曹操早想知道荀彧的看法，連忙打開觀看：

今穀食雖少，未若楚漢在滎陽、成皋閒也。是時劉項莫肯先退者，以為先退則勢屈也。公以十分居一之眾，畫地而守之，搤其喉而不得進，已半年矣。情見勢竭，必將有變，此用奇之時，不可失也。

「真是當局者迷旁觀者清啊！」曹操眼睛一亮，「確是這個道理。昔日高祖與項羽僵持於滎陽、成皋之間，久久難分勝負，後來兩家劃定以鴻溝為界各自退兵。項羽先撤，高祖趁勢追擊，這才興漢滅楚大獲全勝。現在誰也不能撤，誰若撤退必死無疑。」他頃刻間想明白了，把竹簡往案邊一放，「無論破得了破不了袁軍，必須在這裡死撐！」

郭嘉笑了：「這就對了，伸脖子一刀縮脖子一刀，事到如今咱們放手一搏吧！」

「今君言到現在是用奇之時，如何用奇兵制勝呢？」曹操這些天實在是疲勞了，覺得腦子裡很亂，索性又拿出《孫子》諸卷翻看，直翻到第七卷《軍爭篇》：「軍無輜重而亡，無糧食而亡，無委積則亡」，而這句話後面他曾以濃墨標注道：「無此三者，亡之道也！」

曹操把兵法一合，從口中迸出兩個字：「劫糧。」

「劫糧？」任峻嚇了一跳，「敵眾我寡，反而去劫他們的糧？」

「沒錯。袁紹自恃兵眾必然輕我，料我不敢分兵奇襲。可我偏要給他來個意想不到的驚喜！」說著話曹操用力一拍帥案——哪知剛才荀彧的書信僅是虛懸在案邊，他這一掌拍下去正打到上面，沉甸甸硬邦邦的竹簡立時彈起，不偏不倚打到他自己臉上。

「哎喲！」曹操一聲慘叫——鼻血流下來了。

郭嘉想笑又不敢笑，湊過來要幫他擦血：「主公沒事吧？」

就在這時不知何故，曹操眼睛緊盯著那卷打破他臉的竹簡，繼而露出一陣詭異的笑容，猛然推開郭嘉：「有了！有了……哈哈哈……哈哈哈……」

郭嘉沒留神被他推了一個跟頭，爬起來道：「什麼有了？」

曹操也不理他，自榻上一躍而起，抓過那卷竹簡又懸著放到桌案邊，照舊用力一拍——竹簡翻著個兒蹦起老高老遠，擊倒了一只杌凳。曹操越發手舞足蹈尖聲怪笑，就像是找到遊戲的孩童一樣，又抓起一卷兵書，使勁一拍，又飛出去一卷。他笑得更加厲害，蹦蹦跳跳狀若瘋癲。索性抱起十三卷兵書，一卷接一卷地擊來擊去。這大帳裡可熱鬧了，《孫子兵法》滿天飛，稀里嘩啦一通亂響，杌凳也倒了，油燈也翻了，掛在帳子上的白旄金鉞都被打掉了。

郭嘉抱著腦袋左躲右閃，還以為曹操被剛才那一擊打傻了，高聲喊叫：「仲康，主公瘋癲啦！快抱住他！」

許褚撥開迎面飛來的竹簡，撲上去將曹操緊緊摟住：「主公！您清醒清醒！清醒一下啊！」

「哈哈哈哈……哈哈哈哈……」曹操拍著許褚的肩膀兀自大笑，搞得披頭散髮，鼻血還往下淌著。

這不是魔障了嘛！許褚毛骨悚然，又是恐懼又是寒心，用力搖晃曹操肩膀：「主公清醒！你不能有事啊！三軍不可無帥，你瘋了我們指望誰啊……主公啊……嗚嗚嗚……」九尺高的漢子咧著大嘴哭開了。越是直性漢子越重感情，許褚這邊一哭主公，任峻那邊跟著哭舅爺，荀攸、郭嘉也是黯然神傷。

哪知曹操笑了片刻，忽然清醒過來，摸著許褚的背道：「你們哭什麼呀？」

郭嘉怵生生挪過來，撫著他胸口：「您這失心瘋好了？」

「呸！胡說八道，誰他媽失心瘋啊？」曹操推開諸人回到案邊，又露出一臉神祕的微笑，「我有破袁紹箭樓之法了。」

「啊？什麼辦法？」

曹操並不作答，信手抽出一張絹帛，提起墨筆作起了畫。他畫了輛四輪子車，跟軍中的轅車很相似，但是上面又畫了一個架子，用橫軸穿了塊大木板，一邊高一邊低，後面的部分像個大勺子，前端還拴著許多長長的繩子。

郭嘉第一個反應過來：「這是……把重物拋射出去的戰車嗎？」

「奉孝果然聰明。」曹操大作已就，抹抹鼻血解釋道：「這玩意就是在木架上橫一根軸，軸中間穿一根韌性較好的長木杆，杆的後端結上一個大皮囊，前面一端綁上百十條繩索。用的時候把大石頭放到皮囊內，選百十名有力的兵卒各執一條繩子，聽號令一齊用力猛拉，這樣就可以把石頭拋射出去。」他說完這番話，見除了郭嘉其他人還是一臉懵懂，他便拿起一卷竹簡，用東西把它墊起來，一頭高一頭低，又在低的那面放上一塊石硯，點手喚許褚：「你來拍一下這邊。」

許褚的力道自非曹操可比，又是個實心眼，掄起巴掌狠狠往下一拍——那硯臺嗖地一下飛了起來，竟彈到大帳外面去了！

「就是這樣！」曹操手撚鬍鬚一臉得意，「一個硯臺尚且如此，若是百餘斤的石頭又當如何？木頭箭樓再結實，三兩下也能擊個粉碎。」

硯臺飛出濺了諸人一身墨汁，但誰都沒有在意，完全沉浸在曹操的設計之中。任峻看得兩眼發直：「妙哉妙哉！這東西一定厲害，不但破箭樓能用，以後攻城也用得著啊！」

荀攸也嘖嘖連聲：「傳說范蠡輔保越王勾踐之時造過一種機車，可將十二斤的東西打到二百步以外。後來秦漢之際步騎大盛，種種戰車相繼絕跡，後人也不知曉了，主公畫出來的應該就是那東西吧！主公之計與古之先賢不謀而合，佩服佩服……」

郭嘉更會拍：「范蠡之機不過能發十二斤，主公這東西打出上百斤都不費力氣，更勝古人！妙極妙極，乾脆就叫它『發石車[5]』吧。」

「發石車？這名字倒也有趣。」曹操拿定主意，「官渡以西汴水河岸正好有山林，又在咱們大營背後。速速傳令下去，挑選五千兵卒到那裡採集木料、石料，然後多畫幾份傳至各營，叫他們照著樣子造，如果麻煩就用轅車改造，每個寨子至少準備四輛。不過得藏在帳篷裡祕密製造，不要讓敵人發覺。等都做好後，聽我統一調遣。另外再去找鮮于輔問個清楚，現在誰給袁紹押糧，走的是哪條路。袁紹叫我吃了這麼多天苦，我得好好出出這口惡氣！」

經過一番布置，曹軍開始大規模製造這種發石車。從箭樓上看去連營之內死氣沉沉，沒有人敢出來，其實帳篷裡熱鬧得很，鋸木頭的鋸木頭、搓繩子的搓繩子，不過是短短五天的時間，各個營寨的戰車都已準備妥當。

到了第六日凌晨，天才濛濛亮，曹營將士便按照計畫把發石車都推了出來。通過長期的觀察，曹操已摸準此時正是袁軍換崗的時候，熬了一夜的弓箭手正要撤下，而下一班的人還沒有到來。那

⑤ 發石車：木結構，利用杠杆原理和離心力作用將石塊拋向敵人的機器，晉朝以後又稱作「砲」，是近現代大炮的雛形。在《范蠡兵法》中記載過類似的物體，但最早明確載於史書的實戰運用，是在曹操的官渡之戰。

些昏昏欲睡的袁兵看到敵人弄來一堆稀奇古怪的轅車，上面都立著架子，還綁著一柄「大勺子」，勺裡放著一塊塊大石頭，朝外的那頭卻亂七八糟綁滿了繩子。袁軍摸不清他們想幹什麼，有些人懶懶散散放了幾箭，更多的則是伸著脖子看熱鬧。轉眼間，自曹營各個帳篷中閃出一大堆舉著盾牌的兵卒，跑到車前每人抓住一根繩子，接著各個帳口又立起一面面戰鼓。

袁軍隱約感到情況不太對，趕緊彎弓搭箭，可是箭還沒射出去，對面先響起了一陣鼓聲。這鼓聲一響，曹兵拋棄盾牌，雙手猛拽繩索——耳輪中只聞「嘿」的一聲吶喊，袁軍還沒明白怎麼回事呢，就見磨盤大的石頭朝自己飛了過來！

那些石塊小的幾十斤，大的近百斤，每輛車都由八十個棒小夥子拽繩發射，要是叫這東西擊中豈是等閒？霎時間陣陣巨響驚天動地，飛沙走石塵霧茫茫！不少箭樓被砸得粉碎，上面的弓箭手不是摔死就是被砸成了肉餅，哭爹喊娘聲響成一片。還有大半沒被擊中，但土山本就是臨時堆起的，一砸之下當即塌陷，那些箭樓傾斜欲倒，又被揚起的灰塵完全籠罩。袁兵有的四仰八叉，有的墜下樓去，有的失了弓箭，有的迷了眼睛。

曹操畢竟是第一次用這東西，不知效果如何，特意命各車拉開遠近不等的距離，嘗試大小不同的石塊。這一擊過後大家摸到了竅門，馬上調整位置，後營的兵士也迅速搬來石塊填補，不容敵人緩歇又是一輪攻擊。巨石撞擊的聲音震耳欲聾，激起的塵煙瀰漫起數丈高，眼前灰濛濛一片。剛開始曹軍還看得清敵人在哪裡，後來什麼也看不見了，乾脆卯足了勁亂發吧！

二十餘輪猛攻過後，曹操下令停止，四外還迴響著那震人魂魄的聲音。一陣西風過後，煙塵慢慢吹散，才看清那連綿的土山幾乎夷為平地，到處都是碎石頭、破木頭、拋棄的弓箭、血肉模糊的屍體，竟無一個敵人生還！

曹操全沒估計到這玩意竟有這麼大的威力，趕緊傳令乘勝追擊。曹營寨門打開，幾十輛發石車推到那片稀爛的土山邊，就地取材繼續進攻，再往前就是袁紹的連營了。袁軍將士早就被巨響驚醒，還沒弄明白出了什麼事，龐大的石塊就鋪天蓋地下來了！劈里啪啦一陣陣巨響，轅門也毀了、寨牆也塌了，列於前面的營帳砸塌十多座，好多人糊裡糊塗喪了命。肅穆整齊的大營亂得像捅了馬蜂窩，所有人都抱著腦袋亂跑，不曉得曹營用的什麼戰車，大聲喊叫：「霹靂來了……」

好在袁軍人多勢眾，又休養多日，加之中軍前營乃是張郃、高覽親自統領，只亂了一陣子便集結好了隊伍，弓上弦刀出鞘，長槍大戟一湧而出，再往對面看去——曹操已帶著隊伍撤了，寨門緊閉準備充分，這還怎麼打？

原來是曹操受制於袁紹，現在變成袁紹受制於曹操了。而鮮于輔詳細講述了袁紹的糧道，摸清情況後，曹操當晚就派徐晃、史渙率領騎兵奇襲延津以南，截殺了袁營押糧的韓猛，並將千餘車糧草全部付之一炬！消息傳來，袁軍士氣大挫，又懼怕曹操的「霹靂車」，再不敢以連營相逼，連夜兵退二十里重新下寨，又恢復到原先的對峙。

就在曹營危機解除之際，又有兩個好消息傳來。曹仁聞知韓荀率部偷襲許都，即刻從汝南趕回，星夜跋涉往返奔襲，終於在雞洛山（今河南密縣東南的徑山）堵截住了敵人。兩軍一場混戰，曹仁身先士卒衝鋒在前，誅韓荀於亂軍之中，許都有驚無險逃過一劫。

另外連曹操做夢都想不到，出世以來戰無不勝攻無不克的孫策，竟在廣陵栽了一個大跟頭！射陽縣匡琦城一戰，陳登親自擊鼓，大敗江東十倍之眾，又在陳矯的幫助下巧布疑兵，宣揚曹操救兵已到，將孫策逼回了江東。扈質也在徐宣等指引下掃平了淮西縣的叛亂，東南之危也解除了。

瞬息萬變戰局又回到了原點，曹操大難不死挺了過來，而且三軍氣勢大振，似乎穩紮穩打就有希望擊敗袁紹。可一派歡騰的曹營中，只有曹操、荀攸等少數人知道實情，以後的仗恐怕更艱難，因為糧草已將耗盡……

第十五章

夜襲烏巢，一舉扭轉戰局

苟延殘喘

建安五年（西元二〇〇年）十月，北方寒冷的冬天又將到來。凜冽的西北風把樹木百草吹殘，官渡的荒原上一片悲涼肅殺之氣。曹軍連營的帳篷被寒風吹得嗚嗚作響，白天全心禦敵倒也覺不出什麼，到了夜晚寒露冰霜一來，兵卒們被凍得瑟瑟發抖，有些人冷得睡不著，守著炭盆、火把，搓著手腳取暖。中原士兵不及河北士兵耐寒，戰鬥的優勢又開始向袁紹一方轉移，更加可怕的是，經過將近一年的對峙，曹營瀕臨斷糧。

為了挽救危機局面，曹操命屯於成皋的夏侯惇、屯於陽翟的曹仁把富裕的糧食全部轉移到官渡，又分派兵士挖野菜獵禽獸，甚至下令軍中每天僅供一頓飯。但這些措施於事無補，還是撐不了幾天。

曹操身著一件簇新的戰袍，昂首闊步巡視大營，檢查各處的防務。他心裡雖急得火燒火燎，但表面上卻還是氣定神閒，一舉一動故意裝得談笑風生慢慢悠悠。將乃兵之膽，兵乃將之威，遇到危機主帥若是慌了，那滿營的兵將也就亂了。所以他還得強打精神鼓舞士兵，驅逐大家的恐懼不安，儘量讓每個人都能看到自己的身影。

仔仔細細巡視一周之後，曹操沒有回營，而是倚在轅門眺望那廣漠無垠的荒原。冬季天黑得早，才到戌時就已夜色蒼茫，寒風陣陣冰涼透骨，許褚勸了好幾次，他就是不肯回帳休息。此時此刻曹操的心情也好像這黑夜一樣死寂，尋不到一點光亮。

戰爭永遠不僅僅是沙場上那點兒事，更多的是後方財力的對抗。豫州、兗州都處於中原之地，十幾年來戰亂不息災害連連，所遭受的破壞遠比河北地區嚴重得多，雖然曹操興屯田安百姓，但糧食產出不是三四年間就能完全改觀的。地盤沒人家大、人口沒人家多、土地又比人家貧瘠，糧食補給成了袁紹壓倒他的最後一根稻草。戰場上任何困難都可以設法解決，唯獨沒有糧食就只能坐以待斃，等戰馬殺完了、樹皮扒光了，逼到人吃人的時候，恐怕再忠實的將士也要自謀生路。到那時曹操很可能就像呂布一樣，被自己人綁著當做投誠的禮物押往袁營，臨死前還要飽受袁紹的責難和侮辱！英武半世的當朝三公豈能受辱於人？曹操已經想好了，若是真有那麼一天，他甘願拔劍抹脖子，那樣好歹還算是自刎殉國……

「主公，您在這裡呀！」郭嘉跑了過來，「難怪跑遍了大營都尋您不見，原來在轅門。」

「嗯，我想看一看風景。」曹操自己都覺得難圓其說，這茫茫一片黑，又有什麼可看的。

「風景雖好，只是西北風太緊，您別著了涼，還是回大帳休息吧！」郭嘉明知他心裡想些什麼但就是不提，說出來不過是徒增煩惱罷了。

曹操點點頭，可依舊沒有移動半步。回去又怎麼睡得著？獨對孤燈心煩意亂，倒不如跟守門的衛兵站在一處，心裡倒也清爽些。郭嘉脫下自己的裘衣，披到他身上：「對啦，剛剛有使者來報，曹洪將軍已在數日前自宛城拔營，要到官渡與咱們會合，如果日夜兼程今夜就要到了。他營裡還有些糧食，或許能幫幫咱。」曹洪本是防禦劉表的，但新近得訊，荊州長沙太守張羨造反，劉表忙於平叛，顧不上曹操了。其實仗打到今天，劉表來不來搗亂也是這樣了，曹洪乾脆帶著所部三千兵北上，意欲助曹操最後一搏。

曹操心裡清楚，憑曹洪那點兒糧食，勻給此間三萬大軍也不過是再苟延一兩天，如今生死命運都已淪落到按天計算了。他忍不住想感慨兩句，卻見郭嘉把裘衣給了他，自己卻凍得搓手跺腳，關切地問道：「你這單薄的身子，跟個窈窕婦人似的，衣服還是自己穿吧！」說著話便解開裘衣。

郭嘉其實是故意這麼幹的，裝作瑟瑟發抖，卻推開曹操的手說：「主公在這裡堅守轅門看風景，天寒地凍多一層是一層。」

「那你快回去歇著吧，這天太冷了。」

郭嘉卻道：「主公不休息，我也不休息。大不了凍死在這裡，也算是為主盡忠了。」

曹操噗哧一笑：「你呀，鬼主意就是多……那咱都回去吧，不過你和公達得來陪我。」

「軍師染了點兒風寒，還是我陪著您吧！」郭嘉再不推辭，接過裘衣重新穿好，「再難也得注意身體，興許明天袁紹就撤兵了呢！」這不過是安慰人的話。

曹操點頭不語，帶著郭嘉、許褚邁步往回走，穿過前寨的幾道營房，緩緩來到燈火黯淡的大帳。還未進門，忽見王必一瘸一拐跑了來：「主公……主公……」

「你箭創未愈，不好好在後營休息，跑來做什麼？」

王必捂著大腿道：「有斥候來報，後面來了一哨人馬。」

「是子廉的隊伍到了吧。」

「不對啊，那幫人是從東南方向來的。」

「東南？」曹操頓生詫異，「宛城發兵當從西南而來，不可能從東南繞一個大圈子……走！帶我親自去看。」

一幫人疾步來至東南後寨的轅門，但見遠處隱隱約約顯出許多火把，行進的速度卻很緩慢。這固然不是曹洪，但這樣的移動速度也不像是奇襲的袁軍。莫非是地方上的山賊草寇？似乎也不大可能，哪有草寇敢明目張膽來闖官軍大營。有斥候往來不停飛馬探報，這支隊伍已越來越近，其中好像夾雜著許多車輛，黑乎乎的不知是敵是友不敢靠近詳查，只隱約看見一面「李」字大旗。又過了片刻，忽有十餘騎追著斥候一併而來。轅門譙樓上的士兵立刻張弓搭箭，大聲喝喊：「不許靠前！什麼人？再過來放箭了！」

「別放箭別放箭……」那十餘騎竟勒住韁繩翻身下馬，牽著馬走到轅門附近，仰著頭衝譙樓上喊叫，「奉我家李將軍之命前來送糧！請速速稟告曹公。」

曹操在轅門後面聽得清清楚楚，又見這幫人玄色布衣黑帕罩頭，全不是正規軍的打扮，朗聲道：「老夫就是曹操，敢問你家李將軍是誰？」

那幫人盡數跪倒：「草民無禮，還請明公寬宥。我們當家的兄弟李曼成押糧至此，命我們幾個來打個招呼。」

郭嘉驚異不解：「李典不在兗州戍守，何時領了押糧的差事？這糧食又是從哪兒來的？」

曹操恍然大悟：「哎呀！這是成武李氏的糧食啊！李典把族裡的倉廩都周濟給咱了……快開門！」

又過了一會兒那隊伍越來越近，一輛輛大車自夜幕中慢慢顯出，有一部分是牲口拉著的，更多的則是人力推來的。擁擁促促差不多有近百輛，這些糧食對於幾萬人的軍隊並不算多，但對於一個家族而言可就太寶貴了。曹操逐車打量，除了粟米穀草，還有棉衣布幛和好幾車乾棗，關東地面趕上荒年，百姓就吃棗子充饑，連這些東西東送來了，可見李典把家底抖摟乾淨了！

諸將聞訊紛紛趕到，正面對糧食感慨不已，忽見迎面奔來數百正規步兵，當中簇擁著一騎，馬上端坐之將正是李典。那些運糧的人一見到他紛紛打招呼，什麼兄弟、堂哥、賢姪、叔叔，竟沒有一個叫將軍的——原來都是李氏族人，此番為了給曹營運糧，只要是男丁不論老少全體出動。

「末將參見主公！」李典望見曹操趕緊下馬施禮。

曹操呆呆望著他，竟半晌說不出一句話。自他起兵以來受李家的恩惠太多了，李乾、李進、李整皆歿，如今李典又動員全族的人捐獻糧食。繼而又想起當初在下邳，因張遼之事呵斥過李典，心裡不免生出慚愧之意。眾將也是一擁而上，抱拳的抱拳、道謝的道謝，李典一一還禮，唯獨不搭理張遼——公是公私是私，家仇還沒忘！

曹操見張遼滿臉尷尬，又不好意思再說李典什麼，只道：「曼成啊，你把全族老小的性命全賭上了，老夫如何承受得起？」

「我成武李家不過一方土豪，若非受主公知遇之恩，怎有今天這般興旺？再說主公此舉乃是捍衛朝廷，於公於私都應竭力效勞。」李典衝眾族人喊道：「老少爺們，這一路辛苦了。不過此間缺糧，大家不好再在這裡跟官兵分吃的，所部親兵留下，其他人還是趁著夜色趕緊回去吧！不過路上還要小心，分散著走不要招惹袁軍襲擊。」

眾親朋答應了一聲，擱下糧食又窸窸窣窣消失在黑夜之中，連口水都沒喝就走了。任峻趕來清點數目，哪知糧食還未卸車，又有斥候來報，宛城所部開至西南準備紮寨。沒一會兒工夫曹洪就竄了過來：「主公，我給你送馬來了，兩千多匹戰馬啊！」原來鍾繇以司隸校尉身分移治弘農，在衛覬、段煨等人幫助下拉攏關中諸將、排擠高幹的勢力，不但使馬騰、韓遂承諾各送一子入朝為質，而且弄來兩千匹西涼戰馬。曹操軍馬數量遠不及袁紹，所以籌劃奇襲只能量力而為，多了這兩千戰馬就等於多了兩千奇兵啊！

這會兒好事接連不斷，曹操帶領眾將回到中軍帳，又見泰山從事高堂隆、汝南從事朱光、廣陵功曹陳矯一齊來到。原來呂虔發動奇襲，殺死了流竄山嶺的郭祖、公孫犢等反民，又阻擋了濟南黃巾徐和的進攻，迫使昌霸陷於孤立第三次向曹軍投降。在汝南方面，李通、滿寵不但斬殺了瞿恭、江宮、沈成三個造反首領，還處死了袁紹派去拉攏他們的使者，派朱光將一千反賊的頭顱和袁紹送的偽征南將軍的印綬都帶到了官渡，表示全心效忠曹操。

而最為意外的，當屬陳矯帶來的消息——江東孫策死了！

原來孫策平定江東之時曾誅西京朝廷任免的吳郡太守許貢，而許貢有三個心腹門客意欲為主家復仇，此後喬裝打扮隱於民間，時時關注孫策動向。時逢孫策前番為陳登所敗，回歸江東又知曹操救兵未到，便籌劃二次北上奪取廣陵。大軍行至丹徒縣境，糧草尚未運到，孫策素好勇武，趁此空閒出外游獵，三門客扮作樵夫行刺，箭射孫策額頭。隨行之人雖將三人誅殺，但孫策受傷嚴重，回至營中便一命嗚呼！可憐一代風流驍勇之將，竟喪於刺客之手，終年只有二十六歲。

孫策既死，江東之事囑於其弟孫權。孫權剛剛十七歲，驟然掌權不知所措，全憑長史張昭、中護軍周瑜處置內外諸事，才勉強穩住局面。主帥突亡不可再戰，孫氏兵馬放棄北伐迅速龜縮，而且一兩年之內恐怕無暇對外用兵了，廣陵的威脅解除得乾乾淨淨。

這一連串的好消息又鼓舞了軍心，諸將都摩拳擦掌準備跟袁紹作最後一搏，吵吵嚷嚷各自散去。任峻清點完畢告知曹操，李典和曹洪帶來的糧食加在一起恰好可供全軍十五天之用。曹操為安士卒之心，命其對外宣揚糧草之危已徹底解決。

雖然當兵的被騙住了，戰局也看起來漸漸好轉，但曹操心裡清楚，危機實際上越來越嚴重。袁紹此時都用不著再來打，饑餓和嚴寒就可以把曹軍消滅掉。曹操獨對孤燈冥思苦想，還是沒有破敵的萬全之策，最後索性放開了——謀事在人成事在天，大丈夫拿得起放得下，大不了耗到最後拚個魚死網破倒也乾淨！

想至此他懶得琢磨了，把燈一吹，拉過被子蒙頭就睡。恰在半夢半醒之間，隱約聽到帳外傳來許褚粗重的呵斥聲：「你們真不曉事！怎麼把細作拿到中軍營來了？主公剛剛睡下，別在這裡搗亂，把這廝拉出去砍了。」

緊接著有一個尖細的嗓子嚷道：「我不是細作！我要見你們主公，快快給我通稟！」曹操閉著眼睛躺在臥榻上，聽這聲音似乎有些耳熟，又一時想不起是誰，強撐了一天，睏意剛剛襲來，便也懶得再想，翻個身繼續睡，又隱約聽到許褚傳了命令：「別鬧了，不管是不是奸細暫且押在後營，主公已經睡了，有什麼事明早再說。」

哪知那個尖銳的聲音越發響亮：「放屁！我辛辛苦苦跑來了，他還敢睡大覺？曹阿瞞！你這狗東西還敢跟老朋友擺架子，快給我滾出來！曹阿瞞……你出來啊……」緊接著吵吵嚷嚷亂成一片，似乎眾親兵聽他直呼主公小名，都憤憤不平動起手來。

曹操初聽之下還覺煩躁，蒙上腦袋繼續睡，可後來聽那人叫出自己乳名，一猛子坐了起來，疲勞困倦一掃而光。普天之下不論場合、不論身分，敢公然直呼他小名的只有一個人——許攸！

放手一搏

「哎呀！來的可是子遠賢弟嗎？」曹操大喜過望，連鞋都沒顧得上穿，赤腳奔出帳篷。

許攸被當成細作拿住，繩捆索綁跟個粽子似的，還被四個兵丁押著，一見他出來了，撇撇嘴道：「哎喲哎喲，還叫賢弟呢……你弄錯了，我是奸細。」

「子遠肯來，吾事就矣！」曹操知他素來傲慢，連忙過去作揖，「你別跟我玩笑了……鬆綁鬆綁！」

「且慢……」許攸不緊不慢道：「你軍中這些小子可口口聲聲說我是奸細，你看著辦吧！」

曹操一門心思要向他打聽袁紹軍機，趕緊幫他發作：「誰說許先生是奸細？都給我掌嘴二十！」這幫當兵的才冤呢，竟抓了一個活祖宗來，不敢違抗命令，由許褚帶頭都劈劈啪啪搧自己耳光。曹操親自趨身為許攸解繩索，卻半天弄不開，細看之下才發現結的都是死扣，想必這傢伙不老實，又取過兵刃割了半天，這才把他放開。

許攸活動活動胳膊腿，這才作揖道：「公乃朝廷砥柱，吾乃一介布衣，何必謙恭如此？」

曹操聽他話是好話，卻帶著點兒酸溜溜的味道，笑道：「咱們是老朋友了，豈能以名爵分上下？」說著話緊緊拉住他的手，「走走走，咱們進去敘敘舊。」

「等等！」許攸扭頭問許褚，「我的劍呢？還有馬呢？」

許褚雖瞧他不順眼，但看在曹操面子上還得忍氣吞聲：「大帳裡又不能騎馬，我替先生收著便是。」

「你可別給我弄丟了。」

「您那破劍劣馬誰稀罕啊？」

許攸一瞪眼：「放屁！我打袁營出來就剩這點兒家當了，豈能便宜別人。」

四十多歲的人了，為人處事還這般刁鑽，曹操聽著不像話：「欸，這點兒小事就別計較了，我營裡戰馬多的是，回頭子遠想要哪匹牽哪匹。」這才拉著喋喋不休的許攸進了大帳。許攸還真不客氣，一屁股就坐到了曹操臥榻邊。

有親兵進來點上燈，曹操緊挨著許攸坐下，這才顧得上仔細打量他——許攸還是那副醜模樣，一對肉梗子眉毛更稀疏了，扁鼻子大厚嘴唇，七根朝上八根朝下的老鼠鬍鬚，只那雙又圓又亮的大眼睛透著精神，眼珠子滴溜溜亂轉，眼角添了幾道魚尾紋，面頰也多了幾塊灰斑。穿著灰黑色布衣，卻弄得渾身是土，髮髻蓬鬆一臉晦氣。曹操心中暗笑：看你這副德行，八成因為什麼事惹惱了袁紹，逼得走投無路才來找我吧！

曹操所料不錯，許攸確是因為與袁紹鬧翻了才來的。他自跟隨袁紹以來，創業河北倒也盡心盡力，可是傲慢自大又貪愛財貨的毛病卻始終改不了，仗著袁紹的寵信問舍求田招權納賄。後來袁紹勢力擴大，河北的豪族士人都來投奔，尤其是冀州第一豪強地主審配給袁紹當了軍師，他豈能容忍許攸這個外鄉人在自己的地盤強占田園掠奪財貨？故而兩人暗地裡較勁，相互使絆子已經好幾年了。

前番曹軍突襲韓猛，燒了大批糧草輜重，袁紹派審配回河北籌備再運。審配到鄴城後趁機報復，以欺壓良民、霸占土地等罪名把許攸的子姪都抓了起來，還寫信至官渡歷數他種種罪過。恰逢許攸向袁紹獻計二次奇襲許都，袁紹非但不納，又取出審配書信痛罵他一頓，將之貶為軍吏待罪從軍。許攸越想越憋屈，料想即便戰勝曹操，自己以後的日子也好過不了，有審配從中作梗，欲救家眷子姪更是不可能，一氣之下離開袁營來投曹操。

許攸料定曹操欲破袁紹，必會禮待自己，索性把架子端足，撇著嘴滿臉傲慢道：「我這大老遠來的，還餓著肚子呢，你給我弄些吃的吧，我先歇會兒。」說罷往臥榻上一躺，絕口不提用兵之事。

曹操正有求於他哪敢得罪，就容他占了自己臥榻，趕緊命人準備吃食。不一會兒的工夫，熱氣騰騰的湯餅端了上來，還有幾個胡餅，許多乾棗。許攸甩開腮幫子顛起後槽牙，把一大碗湯餅吃了個底朝天，這才揉揉肚子道：「飽矣……飽矣……」

曹操也覺得火候差不多了，客客氣氣道：「子遠辛苦至此，可是棄暗投明歸順朝廷來的？」

許攸是個好面子的人，遭了袁紹嫌隙卻不肯說出來招人恥笑。聽了曹操的問話，既不承認也不否認，卻怪聲怪氣反問道：「明公究竟想不想破袁紹啊？」

這不是廢話嗎？曹操知他性情傲慢喜好恭維，反正說好話又掉不了肉，就哄著他高興唄！想至此起身向許攸深深一揖：「古人有言：『肉食者鄙』，愚兄雖是當朝三公軍中統帥，實不及賢弟才智過人謀略深遠。還請賢弟念在你我昔日舊交不吝賜教一二，若能攻破袁紹成就大功，非但愚兄感恩戴德，亦是朝廷之幸、天下人之幸……」曹操從得任司空以來就沒對任何人這麼諂媚過，今天開口說這樣的話，自己都覺得牙酸。

許攸卻十分受用，瞇著眼睛搖頭晃腦如聞天籟妙曲，虛榮心滿足了才捏著小鬍子道：「承讓承讓。若破袁本初倒也不難，但我問兄長一個問題，你可要如實回答。」

「子遠但問無妨。」

「不知公軍中糧草尚有多少？」

曹操微然一笑，手撚鬍鬚道：「勉勉強強還能支持一年吧！」

「不對！」許攸白了他一眼，「我要聽實話。」

曹操不想輕易吐露軍中實情，又搪塞道：「還夠半年之用。」

許攸忽然站起身來：「既然還夠半年……那我半年後再來。」

「別別別……」曹操趕忙拉住。

「恐怕沒這麼多吧？」許攸笑呵呵坐下。

「唉！」曹操故意歎了口氣，「子遠勿嗔，容我詳情相告，軍中糧草僅夠三月之用。」

許攸冷笑道：「曹阿瞞啊曹阿瞞，我看陳孔璋檄文寫得一點兒都不假，你這老小子就是奸詐！我可是好心好意來給你幫忙的，你怎麼連句實話都不跟我說呢？」

「哈哈哈……豈不聞『兵不厭詐』？」曹操附到他耳邊，故意壓低聲音說：「實不相瞞，軍中糧草只夠支持一個多月的了。」

「你休瞞我！」許攸把眼一瞪，順手抓起一把乾棗子，「但凡有盈月之糧，寒冬時節你能吃這個嗎？」

曹操心頭一凜——好個厲害的許子遠！再不敢說假話了：「賢弟所料不假，軍中糧草勉強可供半月，這還是部將私廩所贈。」

「嗯，這還差不多。」許攸把棗子往嘴裡一塞，狠狠嚼了幾口，「兄長以孤軍獨抗大敵，外無救援，糧穀已盡，而不求急勝之法，此取死之道也！」

「這點道理愚兄豈能不知，可袁紹緊守營寨未有破綻，我何以破之？」

許攸嘿嘿一笑：「小弟倒有一策，三日之內定叫袁紹十萬大軍不戰自破，不知兄長願聽否？」

「你別吊我胃口了，有什麼辦法快快說來。」

許攸表情凝重起來，圓溜溜的眼中迸出一點靈光：「兄長前番劫殺韓猛，焚其糧食千車，袁本初派審配回轉河北轉運二批軍糧。這一次的糧草足有萬餘車，盡數屯於官渡東北四十里的烏巢，由淳于瓊率領萬餘人看守。兄長若發輕兵襲之，必打他個措手不及，盡燔其穀，袁紹大軍立時斷糧，不過三日袁軍必亂！」

曹操一陣歡喜一陣擔憂：「前番已施劫糧之策，焉能再用？」

「正因為用過一次才要再用！」許攸一拍大腿，「袁紹實乃一庸人也，雖有小弟與沮授籌謀，然皆不能用。你前番劫糧得逞，他以為你必不敢再來。若是能二次前往，實不亞於從天而降。況且那淳于瓊是個什麼德行，你不曉得嗎？」

昔日淳于瓊與曹操同屬西園八校尉，曹操深知其勇而無謀又好酒貪杯。即便如此，他還是不免有些猶豫：「淳于瓊雖不才，然此去四十里如何混過袁軍盤查？」

「這也不難，可選精銳部卒，冒充袁軍人馬，假稱『袁公恐曹操抄掠後路，遣兵駐防烏巢』，再加上小弟出頭掩護，定可暢通無阻。」說著話許攸抬手指指帳外，「現在還未到亥時，倘能立刻發兵，天亮之前大功可成！若等到明日，袁紹知我逃奔必加防備，那時再要劫糧可就難嘍！機不可失時不再來，你可要想清楚。」

曹操猛然站起，朝外面喊道：「仲康，點上燈火，擊鼓升帳！」

中軍大營聚將鼓響，不一會兒的工夫，所有將領、掾屬盡皆趕到，就連染病的軍師荀攸都來了。郭嘉、朱靈、路昭等曾在河北效力的人見到許攸無不愕然，曹操將奇襲烏巢之計說出，滿營之人齊聲反對。

于禁最是義憤填膺：「官渡烏巢相隔四十餘里，袁軍斥候別部往來縱橫，即便能深入敵境，倘若袁紹派兵增援，我軍前後受敵死無葬身之地啊！況且……」他瞥了許攸一眼，「況且此人星夜而來居心難測，主公還需詳查。」

「什麼叫居心難測？」許攸據理力爭，「我滿門家小皆被袁紹所挾，有此深仇大恨豈能瞞哄你們？再說我也要隨軍而往，如有差失誅我不遲！」

「滾你娘個蛋！」曹洪把眼一瞪，「宰不宰你是小，主公安危是大。若有一差二錯，殺了你有個屁用啊？」

還不待許攸還口，朱靈又冒了出來：「在下以為許子遠之言縱然可信，但前番已施劫糧之策，袁紹必倍加謹慎，主公不宜貿然以身犯險。軍中不可一日無帥，還望主公三思。」

「望主公三思！」諸文武齊聲附和，于禁、朱靈、張遼、李典那幾個平素不睦之人，這會兒卻難得一致，都以懇求的目光望著曹操。

許攸投至曹營本是一番衝動，這會兒才意識到自己把事情想簡單了，就算曹操同意他的戰略，要使曹營諸將也都接受他這個河北叛徒卻不容易。他一個歸降之人又不能把話說得太甚，焦急地望著曹操。而曹操似乎也有幾分疑慮，逐個掃視帳中文武，目光所及之人無不搖頭，就連郭嘉也緊蹙雙眉不置可否。正在萬般無奈之際，坐在一旁的荀攸有氣無力地說了話：「在下倒以為子遠之計可行……」

「哦？」曹操終於找到贊同的聲音了，「軍師覺得可行？」

荀攸實在沒力氣起身，病怏怏坐在那裡，緩緩道：「袁本初不通兵法，未必及時救援，即便率兵馳援以主公之力也未嘗不能勝之。況且現在是冬季，烏巢又在東北，若能順風縱火，官渡袁軍遙遙可望，到那時軍心渙散兵無鬥志，可一舉而定也。如此良機主公應該嘗試……」他因為生病，話說得很慢。

「對對對！公達這番話才是智士之言嘛！」許攸來了勁兒。

曹操左看看右看看，除了荀攸竟再沒有人表示同意了，偌大的中軍帳一時間鴉雀無聲。他心下的疑慮越來越重，固然是機會難得，但諸將所言也不無道理，此番奇襲若是不成，只怕想回來守官渡也難了。既然決定奇襲帶兵也不能多，自己頂多差出五千騎兵，這還多虧鍾繇送來了馬，而單單淳于瓊的守軍就有一萬，若是半路還有激戰，所要面對的敵人將更多。無論從哪個角度看，這個戰略也是十分冒險的。而這個險，該不該冒呢？

所有人都不再說話了，直勾勾看著曹操，等他作出最後抉擇。大帳裡寂靜無聲，只有炭盆裡的柴火劈劈啪啪作響，頓了好一陣子，曹操忽然站了起來：「我要出去片刻，列位且在這裡稍候，回來之時再作定奪。」說罷丟下一臉詫異的眾將，邁步就往外走。

「曹阿瞞！」許攸真急了，「這等要緊時刻你要幹什麼，我和你一起去。」

「不必了，」曹操連頭都沒回，「你耐心等著，我去去就來，耽誤不了事情。」

出了中軍大帳，一股涼風襲來，曹操感覺清醒了不少，甩開大步穿出轅門向前營而去。許褚等衛士不知他要幹什麼，又不敢多問，緊緊跟在後面保護。連過兩座寨門，直到最前面張繡的大營，曹操才放慢腳步，有守門的小將遠遠望見，趕緊跪倒在地：「末將參見主公，我家張將軍正在巡營，現有劉將軍在中軍帳聽候調遣，末將為您傳……」話未說完，卻見曹操理都沒理，帶著親兵穿門而過。

他沒有奔中軍大帳找張繡和劉勳，徑直向大寨西南犄角；走到一個孤零零的小帳篷前，見帳簾垂著，從縫隙間灑出一縷燈光，便回頭囑咐許褚：「你們在外面等著，無論發生什麼都不要打擾。」說完他又整理整理衣甲戰袍，這才伸手挑起帳簾，清清喉嚨道：「文和兄，這麼晚了怎麼還沒休息啊？」

「誰啊？」賈詡披著裘衣、趿著屐、拿著卷書正坐在炭盆前烤火，燈火昏暗他眼睛又花，待來者走到近前才認出是曹操，忙要起身施禮，但屁股還沒抬起來就被曹操摁了回去：「坐著說話，咱們隨便聊聊。」

「我以為明公還在大帳議事呢，不想光臨我這破帳篷來了。」賈詡不敢抬頭，只用餘光掃視著地面，瞄到曹操已坐到了自己對面。

「我這幾日籌措諸事，忘了營之中還藏著您這麼一位智士呢。哈哈哈……」曹操捋髯而笑。

「不敢不敢。」賈詡態度謙卑，一直低頭攥著那卷書。

「本來我表奏您為執金吾，可詔書未下戰事又起，您還得隨張繡出征，許都的清福又沒享受到，可惜啊可惜。」

賈詡忖度不清他的來意，不知這話該怎麼接，只是輕聲道：「為國效力自當如此。」

「文和兄，你以為……」

「在下何德何能，豈敢與明公兄弟相稱。」

「誒，現在又沒有外人，咱們兩人隨便叫叫有何不妥。」曹操面帶莞爾道：「我與袁紹僵持日久始終未能得勝，文和兄可有什麼計謀嗎？」

賈詡搖了搖頭：「明公久領兵馬睿智過人，在下覺得萬事妥當，沒有什麼不足之處。」曹營智謀之士多出自潁川，將領出於沛國，幹吏多為兗州籍貫，賈詡一個涼州人自不敢參與其中。而且他既非曹營嫡系，又是犯過驚天大罪的人，更不能隨便說話。

曹操見他夾著尾巴不露，眼珠一轉，似笑非笑道：「文和兄也忒謙虛了。昨夜我睡不著覺推枕而思，讓您當這個沒什麼差事的執金吾實在有些屈才了，似您這樣的人應該戡定一方造福朝廷，所以我打算上表朝廷改任您為冀州牧。」

「啊？」賈詡驚若雷劈，手一哆嗦，書都扔到炭盆裡去了，趕忙跪倒在地，「在下才少德薄，不能當此重任，還望明公收回成命。」現在冀州在袁紹手裡，他若是當了有名無實的冀州牧，豈不是跟人家結了死仇？前番拒絕李孚雖已結怨，但是尚有迴旋餘地，若是曹操戰敗大不了回轉涼州閉門不出，袁紹也未必能把他如何；可要是跟人家結死仇，曹操一旦戰敗，袁紹豈能留他活命？賈詡飽經風霜已鍛鍊得如履薄冰，再不想蹚這汪渾水了。

「您這是幹什麼？快快起來。」曹操把他逼得沒有退路，得意地笑了，「任命您為冀州牧是朝廷信得過您，我也信得過您。只要文和兄知無不言言無不盡，還愁滅不了袁紹嗎？」

賈詡一時語塞，戰戰兢兢坐回榻上，擦了擦額角的冷汗道：「明公……真的想聽我說說。」

「我來這兒就是想聽聽您的高論。」曹操不提許攸的戰略，卻故意歎息道：「人皆道我用兵勝於袁紹，可寡眾懸殊如何才能取勝呢？」

賈詡似乎恢復了平靜，低頭瞅著炭火盆，情知無可回避只得開了口：「曹公明智勝於袁紹，英勇勝於袁紹，用人勝於袁紹，決機勝於袁紹，有此四勝而半年多不能告捷，您知道是什麼緣故嗎？」

曹操雙手抱拳，口氣更謙卑了：「願聽賈公指教。」

「不敢不敢……」賈詡連忙推手，「恕在下斗膽直言，我以為明公不能取勝非智勇不及，而是懾於敵眾我寡不敢出手，苛求萬全之策所致。」

「您這麼說……」曹操想要辯解，但略一思考覺得他說得也有些道理，自己是一度嚇縮了手，甚至想要退兵。

賈詡見他沒有反駁，便放開了膽子：「到了戰場總會有風險，從來就沒有什麼萬全之策。您又想天子又想朝廷，顧及越多舉動就越放不開，那還怎麼打呀？好在您能堅持下來，這就是成功的第一步。昔日滎陽之戰若不堅持，高祖何以定天下？昆陽之戰若不堅持，光武爺怎能破王莽四十萬眾？」

「光堅持不足以破敵。」曹操歎道：「千古勝敗總是瞬間的事。」

「這話不假，世間所有勝敗確是一瞬間的事，但能堅持到那一瞬間的發生，卻不是人人都能做到的啊！」向來木訥的賈詡竟然笑了，「一個時辰前任峻來過，說糧危已解，但究竟解沒解，我們不清楚，您心裡卻很清楚吧？現在這時候，再渺茫的機會都要抓住試試！古人云：『君子戰雖有陣，而勇為本焉』，堅持到現在不容易，試了可能還有勝算，不試就只能落敗！」

「承蒙教誨。」曹操感覺聽他講話受益良多，趕緊拿出許攸的戰略，「現在有一個戰略，我打算輕兵……」

「不必說了，」賈詡一擺手，「您大膽去做就是了。」

「您還沒有聽啊？」

「明公久經沙場豈是凡人？現在這個節骨眼上，能叫您怦然心動的戰略，難道還不該試試嗎？」賈詡面無表情卻目光深邃，緊緊盯著曹操的臉，彷彿已把他的心事完全看透。

「嘿嘿嘿……」曹操慢慢綻出微笑，「文和兄真乃奇人，聽君一席話，滿腹疑慮盡消，承教啦！」說罷豁然站起，轉身便往外走。

賈詡趕緊叫住：「明公且慢，在下改任冀州牧之事……」

曹操嘿嘿一笑：「算了吧。文和兄且任司空參軍，明天就轉到我營中理事。」

賈詡望著他的背影鬆了口氣──冀州牧是躲開了，可還是叫他拉進幕府了，只因當初給李傕賣個小聰明，弄得一輩子不安生！我這匹掛上車的牲口什麼時候才能解套啊……

曹操離開前營，帶著親兵大步流星回轉中軍大帳，剛邁進一隻腳就放聲傳令：「張遼、徐晃、樂進聽令，速速點齊五千騎兵，人銜枚馬裹蹄，各負柴草一捆，老夫要親自統領奇襲烏巢！」

諸將面面相覷，不知他出去片刻何以態度大變，于禁跨出一步抱拳道：「主公執意如此，我等不敢阻攔，但請讓末將率兵代勞。深入敵境禍福莫測，刀槍無眼倘有差失……」

「都不必說了。」曹操把青釭劍一拔，順勢將帳簾斬為兩段，「我意已決，再有諫者如同此簾！此番奇襲需人人奮勇捨生忘死，老夫一定要親自前往鼓舞將士。兩軍交鋒何惜命，人不該死自然生！孤注一擲即便陣亡，我曹某還落個勇烈的名聲呢！速速點兵。」

「諾！」張遼、徐晃、樂進搶步而出。

許攸一挑大指：「好！你曹阿瞞是比袁本初痛快多啦！放心吧，有我保著你，一定旗開得勝馬到成功！」曹操佩劍還匣，又環視眾將道：「其他人也不能懈怠，由子廉與軍師指揮堅守營寨。袁紹若得悉我兵襲烏巢，救援不及就會調動大軍強攻咱們營寨。你們不惜任何代價，也要給我保住大營！」

「諾。」眾將咬緊牙關低頭應了一聲，心中疑慮還未完全打消，抬起頭來，卻見曹操拉著許攸的手已經昂首闊步走遠了。

火燒烏巢

五千精銳離開曹營已過了亥時，人銜枚馬裹蹄，連一支火把都不敢點，所幸恰逢月底，有一彎朦朧的月牙，曹軍就在黑夜的掩護下，躡手躡腳脫離了官渡主戰場。提心吊膽摸黑行了十多里，沒發現什麼異常，這才漸漸放慢了速度。東北方向是袁營的大後方，免不了會有斥候巡騎出沒，為了不引起懷疑，曹操命軍兵點上幾支火把，前排的人要換上袁軍衣服，並豎起河北的黃色旗號①。這些衣服和旗幟都是白馬一仗自顏良處繳獲的，現在也派上了用場。

平平穩穩行了一段路，確有一兩支輕兵擦肩而過，黑暗中也沒瞧出什麼破綻。後來又有幾個斥候過來盤查，穿著袁軍衣裝的虎豹騎早就編好了說詞：「袁公恐曹操搶奪糧草，遣我們等往烏巢協助淳于將軍駐防。」袁軍斥候覺得有理，又隱約看見許攸也在其中，便不再追問，任由他們過去。

曹操率領兵馬走走停停，混過幾次盤查，跟幾支往來的敵軍打過招呼，大概走了四五里，便再無斥候巡騎盤查了。估摸著已離袁紹大營很遠，大家又開始加速馳騁，向東北方趕路。天涼好趕路，加之鍾繇貢獻的腳力都是涼州好馬，曹軍行進的速度很快，眼瞅著已過了一半路程，才剛交丑時。

大隊騎兵馳騁趕路，翻過一座高坡，忽見前方恍惚出現一片火把，看來有部隊在此間巡查。曹操趕緊下令放慢速度，意欲再次混過盤查。不多時，那隊人馬迎面封住去路，有快馬迎面馳來，高喊著：「哪裡來的兵馬？屯糧重地不准隨意靠前！」

曹兵照方抓藥：「我等奉主公之命往烏巢協助淳于將軍，速速告知你家將軍，讓開道路叫我們

---

① 漢屬火德，尚紅色；袁氏自詡是大舜土德之後，五行中戊己土屬黃色。

過去。」

那斥候依舊不去：「哪一部的兵馬，先報上名號！」

「我等乃主公中軍所部，現由許攸參軍暫時調遣。」

那斥候聽了此言撥馬而去，喊道：「我這就報知我家將軍，你們站在原地別動！」

曹操這會兒裝成副將立於許攸後面，聽得清清楚楚，忙低聲問道：「這是怎麼回事？他懷疑咱們了？」

「懷疑倒不至於，八成是要確認身分才能過去。」許攸面沉似水，「淳于瓊所部還有副都督眭元進，以及韓莒子、呂威璜、趙叡三個副將，這說不定是他們其中哪個在此巡查。」

「這隊兵少說也有一千人。」曹操有些擔憂，「咱們行了多遠？」

「大概有二十多里，再往前走一段路，繞過兩道山巒就可以遠遠望見烏巢了。」許攸越來越緊張，但還是給自己鼓氣，「沒關係，一定混得過去……沒問題……沒問題……」

曹操見許攸臉色煞白，腦門直冒冷汗，雙手焦慮地抖動著，足見他心裡也沒底。已經走到這裡，一旦暴露回都回不去，曹操趕緊吩咐張遼：「別聽那斥候的話，咱們不能等，叫大家慢慢往前蹭，靠前一點兒是一點兒，大不了衝殺過去。」說罷又回頭告訴許褚，「一會兒你保著許先生過去，有什麼意外見機行事。」

命令傳下去，曹軍便慢慢悠悠往前蹭。對面見他們這等不著急的樣子，也沒怎麼放在心上，有人放聲嚷道：「我家眭都督請許先生出來講話，順便驗明軍令！」

「一定是眭元進，」曹操抽出一支令箭塞到許攸懷裡，「你過去對付他。」

「我去？」許攸臉都綠了，結結巴巴道：「我、我……我……」

曹操一皺眉：「怕什麼，有仲康保著你呢！」

「欸……」許攸哆哆嗦嗦答應一聲，想要揮鞭打馬，但就是使不上勁，手腳都不聽使喚了。許褚氣大了：「你不是還想保著主公旗開得勝馬到成功嘛，在營裡吹了半天大話，就這點兒膽子啊！」

「我、我敢跟來就不錯了。」

曹操又好氣又好笑，索性舉起自己的鞭子照著他馬屁股上就是一下，許攸的坐騎一猛子竄了出去。許褚緊跟在後面，走了幾步見許攸又勒住馬了，趕緊低聲催促：「快走啊！」

「我這不走著了嘛。」許攸嘀嘀咕咕。

「你快點兒呀。」

「快不了！我手都哆嗦了。」

「我保著你呢！」

「你保著我，誰保著你呀？」

「你出的主意，自己還害怕。」

「是我的主意，但我也沒幹過這事兒啊……」

「瞧你這點兒德行，要不是主公的朋友，我一矛戳死你！」

他們倆磨磨蹭蹭嘀嘀咕咕，對面可等不及了，黑洞洞的人叢中竄出一騎——正是副都督眭元進。他打馬來到二人近前，冷嘲熱諷道：「喲！這不是許先生嘛，您怎麼也派到我們這等偏師來了。」原來這眭元進跟隨審配督辦軍糧，對許家出的事瞭若指掌，見他領兵前來沒懷疑有詐，卻以為他被袁紹貶到偏師效力了呢！

「眭、眭都督。」許攸硬著舌頭答應一句。

眭元進見許攸驕橫跋扈的樣子見慣了，還以為他貶官心裡鬱悶，越發笑道：「您怎麼也混得這麼不濟？把令箭拿來叫本將軍看看吧！」

許攸哆哆嗦嗦掏出令箭，情知一驗就露餡，不敢往前遞，隔著老遠就扔了過去：「接著吧！」

「我與你玩笑兩句，你生什麼氣啊！」眭元進接住令箭白了許攸一眼，黑乎乎的也看不清令箭，用手摸著上面的字跡圖案。可是越摸越糊塗，這支令怎麼跟平常派發的形狀、字跡都不太一樣呢？他是個不識字的睜眼瞎，摸了半天「曹」字竟不認得，一個勁地咋舌，卻見對面的騎兵越來越近，借著火把漸漸看清，除了前排騎士穿著河北軍的衣服，後面的人看服色倒像是曹軍！

眭元進猛省，撥馬欲逃，許褚豈能叫他走了，掄起大鐵矛照定後腦勺死命一砸——立時打了個萬朵桃花開！

後面的袁軍一驚之下還未醒悟，張遼、徐晃、樂進已帶著騎兵衝了過來。主將都沒了還打什麼勁？這一千多兵無心還擊，扔下火把四散奔逃，曹兵砍瓜切菜般一通殺，黑暗中刀光翻飛、火花四濺。曹操忙喝住：「不用再殺了！黑漆漆的，殺也殺不乾淨，由著他們逃吧！咱們多撿火把照亮道路，給我全速趕奔烏巢！」一回頭見許攸早嚇得跌下馬了，「仲康把他抱上馬，咱得趕緊走！」

路程過半又殺了眭元進，只能進不能退了。曹操也無須再拿許攸當幌子，和張遼、徐晃齊頭並進奔在最前面，帶著五千騎兵快馬突進，把逃散的步兵遠遠甩在後面，鐵蹄揚塵殺氣騰騰直奔烏巢而去。全速馳騁了半個時辰，繞過兩個山頭，又見十餘名巡騎打著火把迎面而來，這次曹兵連話都不答了，一陣亂箭射翻在地，揚鞭打馬繼續趕路。這會兒烏巢大寨的零星燈火已依稀可辨，但望山跑死馬，至少還有十里左右。

曹操偏過頭再次傳令：「列開陣勢直赴大營，無論什麼人攔路格殺勿論！」五千騎兵調整陣勢，列成一個劍鋒狀，張遼、徐晃、樂進充當劍尖，虎豹騎圍著曹操、許攸漸漸退到後面。

又奔了一陣子，迎面的斥候、游騎越來越多，有的被曹兵射死了，有的四散奔逃，有的掉轉馬頭趕回去送信。眼瞅著烏巢大營的輪廓已漸漸清晰，只見囤連囤車連車，數不清的糧草麻包堆得像小山一樣。而淳于瓊顯然是才得到消息，燈籠火把照如白晝，營裡的士兵剛剛集結起來，騎兵在前步兵在後，正在布置陣勢——少說也有五六千人！

距離越來越近，兩邊的軍兵都卯足了勁。張遼突然一舉掌中大刀：「殺啊！」曹軍上下跟著一陣吶喊，對面袁軍也顧不得結陣了，也跟著喊叫一聲，像浪頭般席捲過來。兩軍騎兵相交之際，幾乎是生生撞在一起的，人人盔歪甲斜，勒住戰馬揮舞兵刃就是一通亂打！不過袁軍畢竟匆忙得訊結陣未成，大部分又是步兵，三突兩突之下便被攻散，亂哄哄逃回大寨。

曹軍固然是玩命來的，但袁軍要是丟了糧食也必然失敗，韓莒子、呂威璜、趙叡三員部將深知利害，親自在第一線搏殺，陣勢亂了也不後退，帶著身邊的親兵各自為戰，揮舞著大刀肉搏，寧死也要拖住曹軍前進的步伐。曹操眼瞅著不少敗兵已回到營中，烏巢的寨門也要關閉了，可就是被眼前之敵擋住過不去，急得放聲大呼：「放箭！快放箭！把他們射散！」虎豹騎一陣箭雨掃過，可那些袁軍拚死而鬥就是不散。三射兩射之後，韓莒子、呂威璜、趙叡三將盡喪陣中，臨死還緊緊抱著曹兵的馬腿不放。因為他們的捨命掩護，烏巢大寨已經關閉了。

曹操眼睛都快瞪出血了，放聲疾呼：「攻寨！繼續給我攻！」

曹兵一擁而上，砍寨牆、射譙樓，袁軍隔著寨牆朝外還擊，用長槍大戟刺曹兵的馬脖子，雙方激戰僵持不下。「放火呀！燒他們的糧食！」許攸都快把嗓子嚷破了。曹兵每人都背著一捆柴草，用火把點燃隔著寨牆就往裡扔，袁軍不敢怠慢，有的滅火有的繼續奮戰，糧食軍帳雖然保住了，但寨門卻已竄滿了火舌，一片片垮塌下來，兩軍從隔牆而戰變成短兵相接，而袁軍依舊咬牙奮戰就是不退！

正在曹操、許攸焦急指揮之際，突然自後面奔來幾個虎豹騎：「河北援軍趕到，來了好幾千騎兵，就要殺過來了。」
「前有勁敵後有追兵，這可怎麼辦？」許攸慌神兒了，「咱們速速分兵拒敵。」
曹操緊緊注視著前方的戰事，隨口搪塞道：「一共不到五千兵，還怎麼分？」許攸死命扣著轡繩：「要不咱們先撤退？」
「事到如今還往哪裡退？兵士離散必死無疑。」曹操從親兵手中奪過自己的旗幟，一邊揮舞一邊吶喊，「所有人不准回頭，繼續往前衝殺！等敵人援軍追到身後再轉身還擊，都看我的將旗指揮！」他傳完令又要來一條大槊，將旗幟捆綁在槊尖上。大槊本就一丈多長，加上一面旗幟，豎起來足有三丈，曹操和許攸四隻手攥著，將它探入兵叢直伸到寨牆以上，好讓自己的兵都能看見。
「這能行嗎？」許攸心裡沒底。
曹操牢牢攥著大槊：「行不行的也只能這樣，置之死地而後生！」
說話間後面的衝殺聲越來越響，一片明亮的火把漸漸逼了過來，照亮了一面「蔣」字大旗——河北大將蔣奇親率五千騎兵趕到！
許攸嚇得顫抖不已，眼淚都下來了，快舉不動這面旗子了：「我的媽呀！蔣奇來啦！我不行了，誰來幫幫我呀……」三個親兵趕緊湊上來，合五人之力擎住這面超長的旗子。眼瞅著蔣奇的隊伍已清晰可辨，曹操硬是挺在那裡，這會兒不單是許攸顫抖了，五個人都緊張得直哆嗦，大旗迎風搖擺上下抖動，一個不留神，竟被寨牆上的火焰燒著了。
「旗子著火了，咱們跑吧……」許攸哭了個滿臉花。
曹操恨得直咬牙：「呔！著了就著了唄，瞧你這點兒出息，這麼多年了都沒長進！下次不帶你出兵了！」
「咱還能有下次嗎？」許攸就差尿褲了。

「別廢話，好好舉著！」

大旗的火焰越燒越大，已經成了一個大火球，曹兵將士卻還在下面奮勇廝殺。也不知是誰喊了一嗓子：「還有多少柴草，都他媽扔進去，燒死這幫狗娘養的！」無數的柴火亂七八糟扔到了烏巢大營中，有的引燃了帳篷，有的燎著了糧垛，有的乾脆擲到了人堆裡，立時燒著了袁軍士卒的衣服，你擠我我擠你，好多人身上都起了火，就地打滾無法再鬥。

曹操卻一門心思關注身後的敵人，眨眼間追兵僅隔一箭之地了，他一聲大喝：「轉身殺啊！」五個人同時使勁晃動大旗，揮舞大火球指向後方的敵人。曹軍將士早已經殺紅眼了，前後受敵不玩命都不成了，看到信號扔下眼前燒得慘叫的敵人，撥馬又往回衝。管他來了多少，使勁殺吧，今天不是你死就是我亡！

蔣奇的兵是從黑暗中過來，只見前方火光陣陣，影影綽綽辨不清敵我，但曹兵借光看暗處，瞧得真真切切，那些袁軍還沒明白怎麼回事就先吃了大虧。大隊騎兵突然轉身一哄而上，猛衝之下勢不可擋，袁軍陣勢當即大亂，你踩我踏亂成一片。蔣奇身先士卒衝在最前頭，混亂中竟被撞下馬去，糊裡糊塗就被踏成了肉泥！

曹軍眼見敵人失去了建制，個個奮力殺得似血葫蘆一般，張遼、徐晃、樂進、許褚都衝到了前頭，曹操也舉著大槊一同廝殺，將懷必死之心，兵無貪生之念。蔣奇的兵尋不到主將，見烏巢一片火海，十成人馬頓時驚散了七八成，剩下的都成了活靶子，任由如狼似虎的曹兵衝殺。

曹操揮槊刺倒一個小兵，眼見五千敵軍已四散奔逃，按捺住激動的心情嚷道：「別追！別追！回來燒烏巢！」說罷奪過身邊親兵舉著的一支火把，當先朝烏巢大營拋去。

對於困守烏巢的袁軍而言，之所以能堅持這麼久，就是盼官渡的救兵。這會兒眼見蔣奇的人馬已被殺敗，他們的心理支柱完全垮了，撇下刀槍作鳥獸散。曹兵擁向大寨，也不管那些逃兵，揮舞火把先將帳篷、糧車、糧囤全部引燃。西風猛烈，糧草眾多，毒辣殘酷的火龍從西向東席捲起來，烈焰沖天灼熱難當，滾滾黑煙和燃著火的碎布條、草葉子漫天飛舞，糧穀被燒得劈劈啪啪作響。那些奔走的袁軍身上起火，在地上打著滾掙扎，慘叫聲不絕於耳，最終是還不免一死，人肉燒糊的焦臭味直竄鼻子。火勢越來越大，曹兵也不得不撤到營外，圍堵逃出來的袁兵，整個烏巢大寨儼然成了一片火海。

這場火足足燒了一個多時辰，等烈焰漸漸變餘燼，正東方已經濛濛亮了。曹操被濃煙熏得臉色烏黑，忍不住地咳嗽。許攸更是黑得跟隻活猴一樣，抓耳撓腮筋疲力盡。樂進忽然縱馬奔來：「啟稟主公，我在東面劫殺了一陣，有近千名袁軍士兵無路可逃棄甲歸降，怎麼處置他們？」

「呸！」曹操吐了一口汙黑的唾沫，「先繳了他們兵器，然後把他們的鼻子都割下來！」

「割鼻子？」樂進一愣，「這、這太過分了吧？」

「此乃攻心之策。」曹操的狠勁又上來了，「割了鼻子再打發他們回官渡，我要讓袁軍親眼瞧瞧他們的慘相，看誰還敢抵抗咱的大軍！」

樂進只得依法照辦，曹操吩咐徐晃仔細監察一下火場，找找還有沒有未燒盡的糧食，叫士兵取一些隨身帶走，剩下的務必燒光。正忙碌間又聞一陣陣撕心裂肺的慘叫，許多袁軍連滾帶爬而來，雙手被綁著，全都滿臉是鮮血——鼻子已被活生生割掉了！

眼瞅著這幫人痛不欲生哀號連連，曹操暗暗冷笑，忽有一人撲在他馬前放聲大罵：「曹孟德，爾何等陰損！要殺便殺何故辱人！」因為沒了鼻子，聲音齉聲齉氣的。

許攸眼尖：「是、是……淳于仲簡！」

淳于瓊披頭散髮滿臉是血，雙手被緊緊綁縛著，倒在曹操馬前不住咒罵：「士可殺不可辱！你這不仁不義的奸賊，我恨不能把你千刀萬剮，將你滿門賊子刀刀斬盡刃刃誅絕……」

曹操見他這副慘狀心中五味雜陳。這淳于瓊也是昔日的朋友，誅蹇碩、保何進、討董卓都沒少出力，我怎麼能把共過風雨的老哥兒們害成這樣啊！想至此便要下馬攙扶，但是彼此間的立場和身分又將他禁錮住了，穩了穩心神轉而問道：「仲簡，你也算是大漢西園良將，錯保袁本初之日沒料到會有今天吧？」

淳于瓊狠狠盯著他，絲毫沒有悔恨服軟的意思：「勝敗自有天命，這又有什麼好說的！你要是還有半分良心，快快殺了我！」

「唉……時隔這麼多年了，你還是這暴脾氣。」曹操歎了口氣，回頭問許攸，「我想放了仲簡，你意下如何？」

許攸打仗時嚇懵了，這會兒腦子又好使起來，悻悻然道：「放了他幹什麼？叫他天天照鏡子，不停地咒罵你嗎？」

割掉的鼻子長不出來，割斷的情義也無法彌合！

曹操搖了搖頭：「來人哪！把他拉下去殺了，留全屍好好安葬。」

淳于瓊被士兵拖著，爆出一陣怪笑，「腦袋掉了算他媽什麼？我二十年後又是一條好漢，到時再找你姓曹的拚命，叫你這狗賊永世不得安生！哈哈哈……哈哈哈……」畢竟是老交情，曹操不忍看他赴死，扭過頭向東方望去。

烏巢敗軍咒罵著、哀號著，捂著血肉模糊的臉孔被趕出了營寨，踉踉蹌蹌向官渡行去；而背後滿面烏黑的曹軍卻在歡呼、在嘲笑、在喝采。就在一片咒罵聲與歡呼聲中，曹操波動的心緒慢慢平和下來。東方已冉冉升起紅日，新的一天又開始了，但是中原大地已經天翻地覆。

曹操倏然撥馬，對著歡呼的將士高呼道：「回軍官渡，還有一場決戰等著咱呢！」

第十六章

袁紹一潰千里，曹操取得中原霸權

二將歸降

這段兩軍僵持的日子對曹操固然是一種考驗，但對袁紹而言也是極大的折磨。雖然河北軍在官渡占盡了優勢，但袁紹對眼前的局面還是很不滿意。他心中預想是「并州越太行，青州涉濟漯；大軍泛黃河而角其前，荊州下宛葉而掎其後」，可戰事發展到現在，竟沒有一處兵馬達到了既定目標。

先是他那位寶貝外甥高幹，到了并州掌握軍隊之後，非但沒有兵出太行逼近河內，反而不清不楚地向關中滲透勢力，這究竟是何等用心？至於青州方面，自他兒子袁譚轉入中軍，青州別駕王修非但不能突破徐州防線，還時常被臧霸、孫禮、吳敦那幫土匪郡守騷擾，渡過濟水攻敵於東的計畫完全失敗。還有他那位荊州的劉表，開始時按兵不動坐觀成敗，好不容易決意出兵了，屬下長沙太守張羨又造了反，荊州大軍未發就轉而改平內亂，根本指望不上。

至於自己威逼、收買、拉攏、冊封的那些山賊草寇，沒一個成氣候的，都被曹兵逐個剷除了。最可恨的就是劉備，到汝南虎頭蛇尾地鬧了一場，讓曹仁打了個慘敗，逃回官渡後聲稱要南下荊州催劉表出兵，暗中連鋪蓋都捲走啦！茫茫中原大地，唯一肯賣力氣跟曹操交手的只有他袁紹自己。

僵持了半年多，袁紹漸漸清醒了，什麼雷震虎步、席捲中原、舉武揚威、折衝宇宙，都是一廂情願的痴夢！迅速攻滅曹操根本不可能，只有靠兵力和財力去消磨敵人，田豐建議他徐圖河南分兵擾敵他沒有聽，郭圖叫他火速南下先聲奪人他又錯過了，南下的時機不早不晚偏趕在曹操士氣最盛的時候，急功近利連折顏良、文醜兩員大將，猜忌生患逼走幽州舊部，韓荀襲擊許都敗亡在雞洛山，韓猛押糧半路遭劫戰死，三軍疲憊士氣低迷……這些過失怨不得別人，都怪他自己！

袁紹當著外人放不下臉來，但夜深人靜之時捫心自問，卻一陣陣慚愧自責。如今田豐被他囚禁、沮授被他免職、許攸也叫他貶謫了，審配趕回鄴城理事、郭圖整日操勞軍務，大兒子袁譚卻還忙著拉攏部將。這一場仗改變了太多，無眠之時他連個說知心話的人都找不到！好在時間不會拖得太久，曹操快要絕糧了，而他在烏巢還屯著萬餘車糧草，只要耗到敵人絕糧，這場仗就能獲勝，兵進許都只是水到渠成的事。袁紹與其說是盼望勝利，不如說是盼望解脫，他已經厭惡這場戰爭了，打贏後可以赦免田豐、沮授他們，至於收復關西、縱兵江表都暫時放一放，先把兒子和外甥召回來。主臣關係、父子關係、舅甥關係都需要好好改善一下了，而他這疲病交加的身體也得休養休養。

袁紹伏在帥案之畔，獨對孤燈浮想聯翩，忽覺一陣寒風襲來，抬頭一看，見兒子袁譚慌裡慌張跑進帳來：「父親，大事不好！眭元進所部逃兵來報，曹操率兵奇襲烏巢！」

「啊！」袁紹只覺腦袋「嗡」的一聲，渾身的血彷彿都被抽乾了，「烏巢……糧草……」就是這一愣之間，呼呼啦啦擠進一大幫人，郭圖、張郃、高覽全來了，你一言我一語急切地議論著什麼。袁紹什麼都沒聽清，手臂一耷拉，碰掉了案頭的《子虛賦》，竹簡一翻，露出司馬相如那美輪美奐之言「礧石相擊，硠硠礚礚，若雷霆之聲……」

高覽揮舞著拳頭嚷道：「他媽的！許攸投靠了曹操，還充當嚮導幫著人家襲咱們屯糧之地，真真無義無恥！若叫我拿住，喀嚓一下擰斷他的脖子！」

「現在哪有工夫琢磨這些？」張郃擠到袁紹面前，捶著帥案道：「主公啊，軍中屯糧不足三日，烏巢有失我等將無遺累，請您速速率大部隊援救淳于瓊，興許還來得及！」

「嗯？」袁紹方寸已亂，張口結舌，「好……好……」顫顫巍巍便抓令箭。

「且慢！」郭圖倒很沉得住氣，「眭元進雖死，烏巢尚有淳于將軍與韓莒子等人戍守，曹賊未必能克。再者他們兵少，若是遠行奇襲，大營必然空虛，咱們應該全力攻打敵營，曹操不克烏巢，聞知咱們擊其根本必然迅速回軍，此乃孫臏『圍魏救趙』之計。」

「公則之言也對……」袁紹已經懵了，舉著令箭不知該交給誰。

「差矣！」張郃急得直跺腳，「曹操久用兵馬，外出之際必詳加布置以防不虞。烏巢若有閃失，再攻曹營不克，軍心定然大挫，士無鬥志糧草又斷，十萬之眾將自行崩潰矣！」

郭圖針鋒相對：「謀事在人成事在天，烏巢相距四十里，曹操暴露行蹤必然加速前進，即便咱們救援恐怕也來不及了，不如奮力攻營與敵一搏。」

高覽捋胳膊挽袖子，咋咋呼呼喊道：「大隊人馬北行，倘若救援不及還可以順勢退至白馬，穩定軍心徐徐撤回河北。要是在這裡死拚，到時候想退都退不了。姓郭的，你算個什麼都督？少在這裡胡攪啦！」

「我算個什麼都督？」郭圖見他明目張膽侮辱自己，氣得臉色煞白，卻瞇著眼睛冷笑道：「就算我是一介文士，尚能不可為而為之！你身為軍中大將，就該鼓舞三軍拚死一戰，如能獲勝則轉危為安。可是你非但不思進取，反而畏首畏尾只求保命之策。似你這等卑劣匹夫，有何顏面教訓我？」

「你再說一遍！」高覽揮起拳頭就要打人，張郃趕緊將他攔腰抱住，向郭圖解釋：「並非我等懼死，而是師勞無功軍心低迷，就算我們肯出力，士兵不能奮死向前又怎奈何？況且曹軍已有準備，如此硬拚又要枉送多少性命？」

郭圖一臉堅決：「咱們人多，用鞭子趕也得叫他們衝破曹營！」

高覽被死死抱住，嘴上卻不饒人：「姓郭的，人多又有個屁用啊？你以為三軍將士是天生地長的，都他媽沒爹沒娘、沒老婆沒孩子呀！逼急了他們就跑了，連糧食都沒有，誰他媽還給你賣命啊？」

袁紹頤指氣使的做派全沒了，眼看他們吵得不可開交，實不知該聽誰的，慌慌張張道：「沮授在哪兒？我的監軍呢……」他東尋西看，卻連沮授的影子都沒瞧見——人家的心都寒透了，撂挑子不管了！尋不到沮授，他便有病亂投醫，一把握住袁譚的手：「我兒說說，咱們應該怎麼辦？」

戰事岌岌可危，袁譚被他這麼一握反倒心生喜悅，自以為得父親青睞，將來繼承大位希望更增，便把大公子的派頭擺拿了個十足，呵斥道：「都不要吵了，聽本將軍說！」見郭圖、張郃、高覽都安靜下來，袁譚故意清了清喉嚨道：「既然你們爭執不下，那就兼取之，一面派兵救援烏巢，一面強攻官渡曹營。」說罷又向袁紹深施一禮，「孩兒想推薦蔣奇率部馳援烏巢，他原屬淳于將軍調度，配合還能更有默契一點兒。」這不過是個託詞，其實蔣奇與他關係更好。

張郃、高覽聽他這般和稀泥，都連連搖頭。袁紹卻如獲良藥：「對！兩策兼取之，蔣奇率騎兵火速馳援，張郃高覽傾大兵攻打曹營。我意已決，馬上行動！」

「主公你……」高覽還要再言，張郃拉住他的戰袍，耳語道：「算了吧，再諫又有何用？田豐、沮授進過多少忠言，他又何曾聽過？他既有此分派，咱們盡力而為，大不了拚個魚死網破，對得起良心也就罷了！」

「唉……」高覽長歎一聲。

郭圖卻靈機一動，補充道：「只恐蔣奇部下騎兵不夠，請張將軍、高將軍把你們所部騎兵撥給他調度，你們率步兵攻營就行了。」

高覽又怒：「憑什麼……」

「不要說啦！」袁譚把眼一瞪，「強敵未破豈能顧及私利？這是從大局考慮，二位將軍必須服從。父親，孩兒說得對不對？」

「對……對……」現在無論他說什麼，袁紹都覺得正確。

高覽、張郃敢怒不敢言——什麼從大局考慮？蔣奇與袁譚、郭圖是一黨，這麼做是削弱別人擴充自己勢力，就算仗打贏了那些馬匹恐怕也不會還了。戰事都這般危急了，還有心思拉幫結派！但是疏不間親，當著袁紹又沒法說他兒子壞話。張高二將萬般無奈，只得按令而行。

袁營湊了五千騎兵，付予蔣奇救援烏巢，張郃、高覽則奉命集結大部隊，準備攻打曹營。二將費了半個多時辰，集合了三萬多步兵，剛出轅門，就見遙遠的東北方一片耀眼，紅彤彤的光芒映亮了天空——烏巢怕是保不住了！軍中士卒情緒更亂，一時間吵吵嚷嚷，二將狠著心催促大軍前進，強攻曹軍連營。

曹操臨行前早有交代，營中諸將知道會有一場苦戰，都親率部卒擁到了寨牆邊，荀攸帶病坐鎮揮舞著令旗，曹洪親自擂鼓提升士氣，一場慘烈的攻防戰就此開始。

袁軍似洪水般席捲而至，前仆後繼箭如飛蝗，更有衝車、撞車成排推來。曹軍牢牢頂住絕不後退，一邊舉著盾牌，一邊隔著柵欄以長槍還擊。衝車三突兩突之下，柵欄牆倒了一大片，袁軍也死傷慘重，兩軍惡鬥糾纏不清，曹洪甚至叫人把發石車推到陣前，對著敵群一通亂拋！張郃見衝車垮塌軍士混亂，都快急瘋了，真就揮起皮鞭驅趕他們向前，高覽更是帶領親兵湧到最前面，頂著曹軍的弓石奮力而戰。一番硬拚之後，曹營的柵欄全面倒塌，已經成了白刃戰，曹洪組織敢死之士站在壕溝邊結成人牆，用血肉之軀阻擋袁軍的進攻。戰鼓聲、吶喊聲、慘叫聲、巨石破裂聲同時大作，血霧和揚起的灰塵黏在每個人的臉上，兩軍將士都已竭盡全力……這場惡鬥自半夜打到清晨，又從清晨打到正午，袁軍進行了上百次的突擊，死人堆得滿地都是。曹軍人牆潰了又結、結了又潰，誓與大營共存亡！

兵法有云：「朝氣銳，晝氣惰，暮氣歸」，攻方遠比守方消耗體力。袁軍自淩晨到現在水米未打牙，眼瞅過了午時還不能攻破敵營，士氣逐漸低落，有人累得坐倒在地，有人連吶喊的勁都沒有了，還有的摔倒在地大口喘息。

高覽殺得渾身是血，又被曹軍擋了回來，扯破喉嚨高呼：「繼續跟我衝！」哪知回頭一望，卻只有幾十個親兵響應，舉著兵刃晃晃悠悠往前蹭。高覽勃然大怒，揮舞馬鞭抽打那些喘歇的士卒：「他媽的！都起來給我上！給我上啊！」士兵已筋疲力盡，哪還衝殺得了？都抱著腦袋趴地不起，其他人也似看瘋子一般看著他。

高覽心急如焚正催促咒罵，忽然嗖地飛來一支冷箭，正中他左肩，他大叫一聲立時落馬。士兵見這個瘋子將軍也落了馬，像退潮一般四散奔逃。親兵可嚇壞了，恐曹軍過來殺人，拚命往前衝，費了九牛二虎之力才把他搶回來。高覽被搭到張郃近前，渾身汙黑滿臉是泥，戰袍都被血浸透了，也不知是敵人的還是他自己的血。

「你沒事吧？」張郃一臉驚愕跳下馬來。

高覽已累得虛脫，倒在地上大口喘息，鼻翼不住地翕動著，還繼續罵著：「他……媽的……沒事兒……接著拚……」

張郃抬頭四顧，自己的兵卒被敵人射得節節敗退，又困又累又渴又餓，還有不少人實在不想拚了，倉皇脫離戰陣，向著東北方的大營逃去。張郃歎了口氣：「陣勢都散了，沒法再打了。」

高覽虎目帶淚仰天大呼：「天意啊……」

「這不是天意，都是主公不納忠言所致。」張郃憤憤然拍著膝頭，「還不知蔣奇救援如何，咱們先撤退吧！」

可是張郃剛剛下令鳴金，對面又響起了曹軍的戰鼓聲，撤退頓時變成了潰退。袁軍士兵把最後一絲力氣都用到了逃命上，像無頭蒼蠅一樣亂撞，儼然成了一盤散沙，許多人辨不清方向跑散了，有些拋下主將自己逃回營寨，更有甚者營都不回，一路向北要逃回老家去。張郃、高覽強打精神二次上馬，率親兵斷後，可是除了大隊逃兵，卻連一個敵人都沒看見——曹軍根本沒過來，擊了一陣鼓就把袁軍轟散了！

二將率領敗兵勉強行了十里，士卒疲憊實在走不動了。此處正在袁曹兩營中間，前不著村後不著店，只得尋了個土坡暫時落腳，插上殘破的旗幟，一面休息一面擊鼓鳴金聚攏散兵。張郃歇坐在土丘上，望著四下裡狼狽不堪的傷兵，纏頭裹腦束胸勒臂，槍折弓斷怨聲載道，有人連鞋都跑丟了，他們哪裡還是平定河北的驍勇之師？回想當初的意氣風發，平公孫、敗黑山，何等英武，落到今天這步田地到底應該怪誰呢？高覽卻沒心思想這麼多，他嘟嘟囔囔的，一會兒罵曹操，一會兒罵郭圖，後來索性連袁紹父子都罵進去了。

正在頹唐之際，又見北面一騎揚塵而至，馬上的傳令官高聲喊嚷：「奉主公與郭都督差遣前來傳令，張高二位將軍何在？」

「在這兒呢！」高覽連站都沒站，沒好氣地應了一聲。

那傳令官一陣愕然，其實他早到了近前，但沒料到平日威風凜凜的二位大將會落得如此慘相，擱在敗兵堆裡全認不出來，趕緊跳下馬來施禮：「小的參見二位將軍。」

張郃已預感到來者不善，悻悻道：「主公又有什麼吩咐？」

「主公命二位將軍不要撤退，繼續攻打曹營。」

「還他媽打？」高覽怒氣沖沖站了起來，「沒看見士兵什麼樣，你眼睛瞎了嗎？」

那傳令官辯解道：「這不是我的意思，是主公和郭都督的命令。」說著舉出一支令箭。

高覽聞聽「郭都督」三個字就氣不打一處來，忘了肩上的傷，縱躍而起劈手奪過令箭，一下折為兩段。

傳令官大驚失色：「你怎敢毀壞大令……」

高覽一伸手把佩劍拔了出來：「折令怎麼了，惹急了老子，連你一起宰！」張郃趕忙擋在中間：「別動手！你冷靜冷靜。」那傳令官嚇得臉色煞白，連退了好幾步，再不敢吭聲了。

張郃攔住高覽，轉身問道：「烏巢戰事如何？淳于瓊與蔣奇是否擊退曹軍？」

「這個……小的不清楚。」那傳令官嘴上說不知道，可臉上變了顏色。張郃一看他那副模樣便猜到情況不好，歎了口氣道：「你先回去稟報主公，連攻半日未能獲勝，將士疲憊不堪，難以再戰了。」

傳令官面有難色：「主公的脾氣您應該知道，他再三囑咐的命令豈能違抗？」

「非是我等不遵將令，實在是無法再戰。」

「主公有言，務必請二位將軍堅持下去，不惜代價不問死傷，一定要拿下曹營。」

「要是能簡簡單單拿下來，咱們何必在此空勞半年之久？」張郃一陣冷笑，「不惜代價不問死傷……主公啊，你不愛惜別人的性命，別人又豈能為你賣命？」

那傳令官也很為難，袁紹交託的任務他完成不了一樣要受責罰，故而把牙一咬堅持道：「請二位將軍依令而行，不然……不然……」不然怎麼樣他卻不敢說。

「不能再打啦！」張郃斷然拒絕，「一鼓作氣，再而衰，三而竭。現在是彼盈我竭，再強攻下去，士兵就逃光了。」

那傳令乍著膽子道：「郭都督有言在先，攻得下也要打，攻不下也要打，我軍生死存亡在此一戰，若不遵令軍法處置！」

張郃還欲再言，高覽已忍無可忍，一把將張郃推開：「還跟他費什麼口舌！」就勢一撲將傳令官摁倒在地，揪住他髮髻，把劍刃頂在他脖子上。那傳令官怎掙得過，直喊饒命。

「別他媽瞎嚷嚷了！」高覽壓住佩劍，在他頸上拉出一道血痕，「老子就問你一句話，烏巢那邊到底怎麼樣了？」

「將軍息怒……將軍息怒……」

「快說！」

傳令官再不敢隱瞞了：「烏巢已經失守，所有糧輜盡被曹軍燒毀，淳于都督和蔣將軍都戰死了！」

「都死了？哈哈哈……」張郃爆出一陣苦澀的笑聲，「主公真英明啊，咱們都要喪於曹孟德之手啦……」哪知剛笑了兩聲，只聽得一陣慘叫——高覽已把傳令官血淋淋的腦袋拎在手中了！

張郃啞然失笑：「你……」

「我他媽反啦！」高覽踢開那副噴血的腔子，高舉人頭站了起來。眾兵卒見他竟把主公的使者殺了，而且口口聲聲要造反，都嚇得魂飛魄散，剛剛聚攏起的那點兒兵又是一陣鳥獸散。

張郃呵斥道：「我等食河北俸祿，豈能臨危而叛？咱們速速回營，或可保著主公徐圖退兵。」

「什麼主公？袁紹老匹夫！」高覽怒不可遏，「若不是他昏昧不明偏聽偏信，何至於河北健兒殞命沙場？你還想回去？回去叫匹夫殺了咱們，叫他那不成器的兒子繼續奪咱的兵權嗎？我算是看透了，跟著袁紹早晚身敗名裂，似他這等卑劣庸才，早就該造他娘的反！」

張郃一陣木然，高覽抱住他肩膀：「儁義兄，誰不知顏良、文醜與咱倆乃河北之倚仗？他倆是怎麼死的？非戰不利乃是袁紹失策所害啊！如今又逼迫咱們強攻，枉害此間無數健兒性命，一將無能累死萬軍！」

張郃歎了口氣：「我也看出來了，袁紹確實難成大事。但是咱們身為河北之士，受他厚遇多年，豈能行不忠不義之事？」

「什麼忠不忠義不義，這年頭哪管得了這麼多！反正我已殺了傳令官，不幹也得幹了！」高覽把眼一瞪，「我他媽雖是粗人，也知道良禽擇木而棲，良臣擇主而仕。再說那袁家父子又是何等嘴臉？他們只寵信逢紀、郭圖等奸詐之徒，這些年你進的良謀忠言他哪一句聽了？咱們保這等心胸狹窄之人，與鷹隼豺狼同列，只怕將來都得叫他們害死！君不見張導、劉勳之事乎？」

張郃倏然打了個寒戰：「唉……我張某雖不是薄情寡義之徒，但也不能糊裡糊塗喪於奸人之手！既然如此，賢弟有何打算？」

高覽眼望南面：「我看許攸倒有先見之明，咱們也去投曹操吧！」

「投曹操？」張郃蹙眉環顧，但見帶來的兵卒已逃散殆盡，只有心腹親兵和重傷難行的人沒走，「咱們只剩下這點兒傷兵，以前又跟曹操打了這麼久，他能收留咱們嗎？」

高覽咬牙道：「咱們燒毀輜重和衝車，派人向老曹請降，若是容咱們投降便罷，若是不容……」

「若是不容，你我兄弟衝入曹營殺個魚死網破！」張郃血氣上湧，「反正退後是死前進也是死，咱們就索性拚一場！」

「對！」四隻大手悲壯地握在了一起……

摧枯拉朽

高覽、張郃雖狼狽撤退，但曹營也是傷亡累累。這場攻防戰打得太不容易，將士全部累倒在地，只勉強擂了一陣鼓，實在無力追擊敗軍了。作為留守的統帥，曹洪與荀攸最是忐忑不安，已過了午時，曹操那邊半點兒消息都沒有，若是袁紹組織兵馬繼續強攻，大營就保不住了。二人正在籌謀修繕之時，忽然有人喊道：「快看！有黑煙！」諸將聞聽都湧到營前觀看，只見北邊十餘里處，一陣黑煙伴著大風驟然騰起。眾人面面相覷之際有袁軍使者跑來，說張郃、高覽二將自毀攻城之物向曹軍請降。

曹洪半信半疑：「二將與我為仇讎，為何這時歸降？」

于禁趕忙進言：「張郃、高覽乃袁紹之心腹，交戰半日突然投降，必是要趁咱們不備殺進營中，將軍萬萬莫信此詐降之計！」

朱靈正在一旁裹傷，聽了此語不由盛怒：「于文則，你把我河北之將看得太不堪了吧？張高二人乃是軍中義士，豈肯行此下作之計玷汙名聲，你可不要以小人之心度君子之腹。」

于禁聽他這般不客氣，即刻翻臉：「朱文博，你嘴裡放乾淨些，誰是小人？豈不知兵不厭詐的道理，我可是為三軍將士著想。」

「哼！為誰著想你自己清楚。」朱靈白了他一眼，「你是怕再有兩個有本事的人來與你爭功邀寵吧！」

「你胡說！」

張繡、劉勳、鮮于輔都在一旁站著，袁軍的使者也在等候發落，這時候窩裡鬥豈不叫人笑話嘛？曹洪惱羞成怒：「都給我住口！什麼時候還鬥嘴，再說一句廢話，都他娘的給我修寨牆去！」

荀攸忽然發了話：「曹將軍，遲則有變，請速速准降！」這一宿的忙活，出了一身汗，風寒反倒好轉了。

「准降？」曹洪犯了難，「主公不在，我豈能擅自做主？況且還不知他們是否是詐降呢！」

「我料張高二人必是真降！」荀攸拍拍胸口，「曾聞袁紹不納張郃之計，必然是二將一怒之下前來歸降，將軍還懷疑什麼？」

于禁還是忍不住插口道：「主公還不知此二人攻我營寨殺我兵士，應允與否尚在兩可，若是有違主公之意，這個干係誰來擔當？」

「我來擔當。」荀攸狠狠瞪了于禁一眼。他這麼一說，朱靈也跟著來勁：「我願與軍師一同擔當。」緊接著張繡、鮮于輔、劉勳等一干歸降之人紛紛開言，都願意擔此責任，于禁也無話可說了。

曹洪一錘定音：「准降！」

命令傳下人牆閃開，不多時就見殘兵敗將緩緩開至，張高二將下馬解劍昂首挺胸進了曹營，所率兵卒也都盡數繳械，老老實實列於營外等待收編。張郃、高覽看到鮮于輔、朱靈、路昭等熟人，紛紛點頭致意，又見中軍帳前立定一員大將，四十多歲，紅髮虬髯甚是武威，趕緊跪倒施禮：「罪將歸降來遲，望曹公恕罪。」

「我非是曹公。」曹洪搖搖頭，「主公奇襲在外，還沒回來呢！」

高覽是個直腸子，一聽就蹦起來了：「哼！我二人歸降之事，你他媽做得了主嗎？還誆得我這一拜，真真可惡。」

曹洪也是個嘴上沒把門的，見他這般不遜，立時把劍拔了出來：「他娘了個蛋的，准你們降還准出錯來了？落敗之人還敢如此囂張，信不信老子一劍廢了你！」

高覽還欲再罵，張郃連忙拉住。這時就見一個小校連蹦帶跳從後營奔來：「主公回來啦！得勝而歸啊！」

諸將炸了營般一陣歡呼，誰還顧得上張郃、高覽，都一股腦兒擁向後營。高覽見竟沒人搭理自己了，拉住張郃抱怨道：「我看曹營這幫人不是什麼好鳥，比在袁營好不了多少。一會兒那老賊來了，若事有不順，咱就跟他們拚了！」張郃卻連連搖頭：「還拚什麼？傢伙都繳了，不管黃連還是蜜水，這時候只得往下嚥了……」

兩人話未說完，就聽有個渾厚的聲音連連呼喚：「二位將軍在哪裡？快快帶路！」接著就看見曹營人等眾星捧月般簇擁來一位將官——此人個子不高，頭戴兜鍪身披戰甲，滿面煙灰，髒得都瞧不出臉色了。二將還在錯愕間，那人已踱到他們近前，朗聲笑道：「二位將軍至此，曹某大事可就矣！」

張郃、高覽對望了一眼，不敢相信這個渾身征塵的人就是曹操，這與一軍統帥的威儀相差忒遠了。二將跟隨袁紹也將近十年了，這十年裡目睹的都是袁紹坐鎮中軍執掌大令，擺著四世三公的瀟灑姿態，幾時見過他身先士卒血染征袍？張郃心頭頗有感觸——我真乃愚人也，若早知曹孟德如此身先士卒堅毅果敢，何必還蹚袁本初那汪渾水？處事用兵高下立判，這姓曹的老貨打不贏那才真出鬼了呢！二將齊刷刷跪倒在地：「我等為虎作倀抵擋王師，今日歸順還望曹公恕罪。」

「哈哈哈……」曹操抹了抹黑黢黢的臉，攙扶道，「昔日春秋之時，伍子胥錯保了吳王夫差，卻執迷不悟，終於有殺身之禍。哪比得了微子離商降周、韓信棄楚歸漢的明智？二位將軍亡羊補牢可比前輩先賢，快起來吧！」

張郃、高覽心裡踏實多了，站起身來又見許攸站在不遠處偷笑，不禁一陣羞赧。卻聽曹操又道：「老夫奉天子以討不臣，歸順老夫即是歸順朝廷。二位既然棄暗投明，所部兵馬依舊由你們統領。我記得二位在河北的名號都是北軍校尉，待我上表朝廷，晉升你們為將軍，並賜亭侯之爵！」

不但不加罪，官爵還升了，這可當真不得了。高覽愣了半晌，突然一拍胸膛：「明公，今日烏巢縱火我等歸順，袁軍已經絕糧，勢必人心離散。若您信得過在下，我甘領兵馬為先鋒，踏破袁營殺他個瓦解冰消！把郭圖老狗、袁譚小兒亂刃分屍給您看！」他是個粗人，一直耿耿於懷的還是袁譚一派讓他受的委屈。

曹操按捺著興奮道：「今日不忙，留著這兩個好消息叫袁紹品嘗一夜，先嚇破他的膽，明日再出兵，看他還怎麼跟咱鬥！」說罷瞟了一眼站在人群後面的荀攸和郭嘉，二人連連點頭。張高雖降，還不能充分信任，況且困獸猶鬥，現在雖勝券在握，但士卒疲乏死傷眾多，很難再打一場硬仗了。倒不如容袁紹苟延一夜，等斷糧的消息鬧得他滿營上下人心惶惶，這仗就不戰而勝了。

果不其然，轉天清晨曹軍逼近袁軍連營時，裡面已經一片騷亂。當不知所措的河北士卒向他們的主公詢問應對之策時，才發現帥帳中空空如也。袁紹預感到大禍臨頭，已拋下軍隊趁夜逃跑了！

沒有統帥，袁軍只好緊閉寨門自發抵抗，不過到這時候，已不是效忠誰的問題，而是為了自己保命啦！戰鼓聲隆隆震耳，曹軍大隊尚未出擊，驀然間自人群中閃出一員白袍將軍，手舉銀槍放聲疾呼：「事已至此，今日必要踏平袁軍！都跟我上啊！」呼罷吹了聲尖厲的口哨，竟帶著十幾個親兵騎士冒著箭雨衝到了最前面。十幾杆大槍同時刺出，卡住轅門用力一掀，頓時把袁軍寨門撕了個稀爛！寨門一破，後面的兵似怒浪般湧了進去，見了敵人就是一頓狂殺。

「是張繡！是張繡將軍啊！」有眼尖的人叫了出來。

張繡擺動長槍好似銀蛇出洞，帶著親隨騎兵橫衝直撞，衝到哪裡，哪裡便一片血濺屍倒。曹操拍著膝頭連聲讚歎：「好樣的！我這好親家至少該封個千戶侯！」

劉勳見此情景按捺不住了，一邊催馬一邊喝罵自己的兵：「別叫張繡搶了先，快他媽跟我上啊！」他的那些兵殺敵事小、搶東西事大，像瞅見金山銀山似的玩命往裡衝。袁軍最後的戰意也隨著崩潰了，大營像被捅破的馬蜂窩一樣，各個方向的寨門都被他們自己衝破，黑壓壓的敗軍丟盔棄甲，一路往北而逃。

曹軍被壓抑了將近一年，見此情形所有的怨氣都爆發出來了。素來軍紀威嚴的曹營眾將，這會兒也不管曹操有沒有傳令了，都帶著兵像瘋子一般往前衝，追殺的追殺、奪寨的奪寨、搶東西的搶東西，連虎豹騎都按捺不住跟著追了過去。喊殺聲越來越大，進而變成了震天動地的歡呼！

這場艱辛的戰爭結束了，中原的局勢自此被改寫。曹操終於按捺不住喜悅的心情，他抛下鼎沸的沙場縱馬狂奔，在荒原上仰天狂笑……

覬覦燕趙

建安五年（西元二〇〇年）十月，曠日持久的官渡之戰以曹操完勝而告終。袁紹遲於行而疏於備，致使屯於烏巢的糧草盡數被曹軍燒毀，大將張郃、高覽的投降更讓全軍上下人心惶惶，完全喪失了戰鬥力。

當初起兵之時，田豐、沮授等曾力諫袁紹不要渡過黃河，袁紹拒不採納，現在陷於敵境又斷了糧食，近十萬大軍亂成了一鍋粥，隨時都有兵變的可能，根本無法指揮他們撤退百里再渡河北歸。無奈之下袁紹只得帶著袁譚、郭圖等心腹將領倉皇北逃，涉過黃河撤退到倉亭，把大隊軍兵以及營寨、輜重、軍械完全捨棄。

袁紹逃跑後，河北大軍徹底崩潰，在曹操猛烈攻勢下，近十萬人爭先恐後向北逃竄。夏侯惇、程昱得到捷報，自東西兩面率部包抄；屯駐河內的魏种，也率部沿河西進堵截河北去路。河北敗軍本就死傷嚴重，既無糧草又缺船隻，絕大多數人被阻於大河以南，成了曹軍的俘虜。

當曹操帶著荀攸、郭嘉、許攸等人步入袁紹的臥帳時，大家都被其中的擺設驚呆了——這哪裡是臨時起居議事的大帳，簡直比許都皇宮的裝潢還要華貴。織錦的幔帳繡著鴻鵠朱雀，臥榻鋪著錦緞被褥；榻邊立著衣裳架子，盔甲佩劍已經摘走，僅留下一件錦繡衫襦，金縷輕紗黼黻熠熠；後面立著一張八尺長的屏風，上書南華子《逍遙遊》，乃是書法大家師宜官的真跡。上等紫檀木几案，上擺著三尺高的翡翠投壺，裡面插了幾支金批令箭，璋珪瑜瑾幾樣把玩的玉器，一座青銅的犀牛燈，還有幾卷書籍。臥帳中央有一座四四方方的銅鼎，艾茷蘭蕙雲煙繚繞；犄角處擺著兩個炭盆，泛著餘燼的火光，也不知裡面燒的是何種木炭，竟連一點兒炭氣都嗅不到。最惹人注意是西首有兩口巨大的樟木箱子，裡面的竹簡文書堆得像小山一樣，連蓋子都扣不上。

曹操漫步走到帳子中央，環視著這些古玩、珍寶、圖書不禁咋舌道：「十年前袁紹的臥帳就奢華淫靡，沒想到他勢力越大就越會享受，看來也不亞於他那個當皇帝的弟弟嘛！」

郭嘉瞟了一眼立在帳外的曹洪和劉勳，訕笑道：「主公啊，這多虧子廉、子台二位將軍派兵保護，這裡的東西才沒被亂軍哄搶。」

「不見得吧？」曹操眼望二人戲謔道：「敗兵是沒搶，只恐他們這倆財迷鬼卻沒少撈好處。」曹洪、劉勳低著頭笑而不語。曹操所料不假，他倆一殺進袁營就瞪著眼睛搜羅珍寶，這臥帳裡真正的好東西早被他們弄自己營裡去了，只把搬不走的和次等的留下來，而且曹操過來之前，倆人還因分贓不均吵了一架呢！

曹操信手拿起一卷帥案上的竹簡，展開一看，是班固的《二京賦》；又拿了一卷，是王延壽的《魯靈光殿賦》，再取一卷來看，竟是讖書《帝覽嘻》！他拋下竹簡一陣冷笑：「除了詩賦就是讖緯，袁紹的品味可比我高多了。」

荀攸不禁感歎：「兩軍對峙之際全心應戰尚不能勝，還有工夫看這些閒書，袁本初焉能不敗？」

「他是四世三公，看不看的也要擺這個排場。」曹操轉過身，又取箱子裡的文書，隨意拾起一卷展開來看，但見字跡潦草歪歪扭扭，不禁發笑：「這是誰給袁紹來的信啊，字寫得這般難看⋯⋯下官銍縣縣令秦宜祿遙問大將軍安⋯⋯」一句念罷曹操瞋目而怒，「秦宜祿那個無恥的奴才，竟敢勾結袁紹！」

郭嘉一臉鄙夷道：「小人永遠是小人，就會趨炎附勢吹牛拍馬。豈能料到主公以少勝多揚威官渡？這倒不錯，有了這卷文書為證據，回去治他的串通反賊之罪，一刀殺了才乾淨！」

「不用明令典刑，這廝已經死了。」許攸接過了話茬，「前番劉備到汝南勾結劉辟叛亂，秦宜祿也與之同謀，後來他們被曹仁將軍擊敗，秦宜祿又想叛離劉備，結果被張飛殺了。」

聽說秦宜祿死了，曹操突然感到無比的輕鬆，以後不用再擔心他宣揚杜氏的事兒了，把竹簡往地下一扔，嘲諷道：「他那點陽奉陰違的把戲，遇到劉備豈不是班門弄斧嗎？猥瑣小人不足掛齒。大耳賊又如何？也隨袁紹逃歸河北了嗎？」

「早跑了。」許攸冷笑道：「劉備從汝南回來沒待兩天就又走了，說是去荊州聯絡劉表，可連鋪蓋都捲走了，八成是瞧出袁紹要壞事，找個藉口溜了。那劉玄德就像是船上的耗子，船會不會沉他總能最先預料到，這份精明倒也不簡單。」

曹操咬牙切齒：「哼！總有一天，我要誅殺此賊消我心頭之恨！」但想起關羽又不禁暗覺失落，指了指那兩箱子文書道，「去叫路粹、繁欽來，把這些文書仔細查閱一下，看看袁紹還有什麼陰謀。」

又聽外面一陣喧譁，王必跑了進來：「啟稟主公，列位將軍追擊敗軍得勝而回，未曾過河的袁軍大多被獲，少說也有五六萬人吶！」

「這麼多俘虜……」曹操非但不喜，反而皺起了眉頭，「帶我去看看。」剛邁出帳門，又見鮮于輔、齊周等推著一個披頭散髮的俘虜迎面而來。許攸大驚失色，不等諸將開口，搶先嚷道：「阿瞞兄快看，沮授來投靠您了。」他與沮授同在河北多年，雖然為人處事作風疏異，但也佩服其才，更重要的是他雖逃奔曹操，卻沒有什麼根基，急需有一個和他情況相似的人互相扶持！故而搶先說是投奔，給沮授留足了後路。

哪知沮授根本不領許攸人情，脖子一梗，把髮髻甩到腦後，朗朗道：「我不是投降，是被你們的兵抓住的！」

曹操從上到下細細打量他一番，莞爾道：「昔日我在河北之時就佩服先生足智多謀，惜乎大河相隔，難與您共濟大事。不想似您這般人物，今日也會被獲遭擒。」

沮授苦笑道：「我家大將軍失策，無奈棄軍北逃。在下智力俱困，被擒不過是理所當然之事。」

曹操本就賞識此人，又見他笑得淒苦，更動惻隱之心：「並非是您智力俱困，皆因袁本初剛愎自用不納良言，河北軍才會有此劫難。」說著話示意鮮于輔為他鬆綁，「沮先生，官渡之役已見勝敗，然喪亂未平四海未定，先生可願與我共籌大事？」

沮授凝視著眼前這個身量不高卻心胸開闊的人，深悔自己昔日擇主不明錯保了袁紹，可是高潔之人又豈能做貳臣？他沉思片刻，還是回絕了：「多謝明公美意，但在下家眷族人皆在河北，性命懸於袁氏之手。我若降公，袁紹父子豈不殺他們洩憤？但求明公速速賜我一死，既能保全我家小，又能樹我不屈之名節，在下感恩不盡。」

許攸也覺不忍：「您再好好想想，謀大事者不拘小節……」

「許子遠，你別說了。」沮授一擺手，「咱們倆不可以共論，你仗勢欺人招權納賄，妻兒老小已被審配投入大獄，這場仗打得贏打不贏結果都好不了，可我不一樣！再者沮某臉皮薄，行不出你等賣主求榮的事！」一席話把許攸臊得滿臉通紅。

知他死意已決無可挽回，曹操歎息道：「若早得先生輔佐，天下不足為慮……可惜嘍！把沮先生……」剛要傳令將其處死後給予厚葬，許攸又湊到他耳畔：「您別殺啊，把他關起來，對外宣揚他已經投降，袁紹聞知必害其家小。到那時他與袁氏結仇，就會死心塌地保您。」

曹操眼睛一亮，馬上改了口：「把沮先生送回我營中看管起來，是殺是赦以後再議。」

沮授何等聰明，立刻意識到許攸嘀咕些什麼，火冒三丈罵道：「許子遠，你這卑鄙小人，我饒不了你！放開我！快放開我……」眾軍兵哪聽他聒噪，推推搡搡而去。荀攸、郭嘉都是聰明人，也已猜到許攸的主意，只是礙於曹操的面子，不好當面罵他缺德罷了。

曹操心裡有數，嘴上卻不說，帶著眾人來到轅門。但見河北俘虜自北而來，全都摘盔卸甲背縛雙手，繩子一連就是一大串，隊隊接踵望不到邊，比押解他們的曹兵多好幾倍。曹操連連搖頭：「俘虜太多了，咱們的糧食還不夠給他們呢！」

荀攸笑道：「這倒不成問題，袁紹一破各地危機亦解，現在下令征調糧草應該不成問題了。」

曹操卻笑不出來，胸中暗暗嗟歎：那些郡縣官吏哪個不是我提拔起來的？在我困篤之時卻都袖手旁觀見風使舵，除了李典誰也不曾給我送來一粒糧食，現在平安無事了又都想起錦上添花了。這世上的人心何其薄也！此等首鼠兩端之輩難道不當誅嗎？算了吧，天子尚且對我三心二意，更何況別人呢？夫英雄者固當有吞吐天地之志，亦當有海納百川之心胸啊！

正在他感慨之際，路粹、繁欽兩位書佐跑出轅門跪倒在他身畔：「我等有緊要之事告知主公。」

「說吧。」曹操眼望俘虜連頭都沒回。路粹有些為難，環顧在場之人，吞吞吐吐道：「我二人在那兩箱繳獲的文書中發現了……發現了不少地方官給袁紹的投降書，甚至還有……還有……」

「還有什麼？」

路粹把牙一咬：「還有咱們營中將領串通袁紹的密信！」

此言一出在場之人都呆住了，有人驚詫、有人憤怒、有人恐懼、有人悲憫，但誰都不敢說什麼，所有的眼光都齊刷刷投向曹操，料想以他睚眥必報的性格必會勃然大怒追查到底。哪知他不急不鬧，重重地喘了口氣道：「我早就料到，想要投靠袁紹自謀生路的絕不僅僅是一個徐佗……你們帶幾個兵把那些文書都抬到這兒來。」

「諾。」路、繁二人領命而去。

眾文武立時警惕起來，心裡有鬼的料想敗露就在眼前，胸口狂跳臉色煞白；那些心裡沒鬼的，意識到有叛徒站在自己身邊，也覺毛骨悚然。這時候誰都不敢瞅誰一眼，生恐胡亂猜測犯了忌諱，所有人都耷拉著腦袋捫心自問，一個字也不敢多說，眼睜睜瞧著士兵把兩箱子書簡堆在營前。許攸自是無事一身輕，樂呵呵道：「阿瞞兄，現在這些書信就擺在眼前，只要尋根溯源就能將營中奸邪叛徒一網打盡！」這席話不啻雪上加霜，眾人心頭都是一緊，腦袋壓得更低了。

曹操搖了搖頭，面無表情道：「都燒了吧！」

「燒了？」不單是許攸，在場之人都沒想到他會這麼處置。

曹操見無人敢響應，自親兵手中接過一支火把，點燃後順手一拋，那堆得像山一般的竹簡立時騰起一片火焰。他環顧眾人朗聲道：「當袁紹強盛之時，我亦不能自保，何況他人乎？忠奸是非付之一炬，清者無須再生猜忌，濁者也請自安從善，這件事誰也不許再提……老夫有些累了，你們也忙了半日，沒有差事的就回去休息吧！」說罷一甩衣袖，回轉轅門。只留下一團熊熊烈火，映照著一張張感激涕零的面孔。

曹操低著頭獨自漫步，忽聽身後有人笑呵呵道：「你這焚燒文書的計謀果然高明啊！」曹操回頭一看——許攸跟了過來。

「子遠說的哪裡話來？」

許攸撚著小鬍子道：「你騙得了別人，豈能騙得了我？昔日光武爺平滅王昌，將帳下諸將私通王昌的文書付之一炬，令反側子自安，此後諸將忠順更勝往昔。如今你也學了這一手，以為我不知道嗎？」

曹操側目打量這位老朋友，覺他聰明得有點兒過頭了！但畢竟是昔日舊交，又是幫自己破袁紹的首功，便按捺不滿佯笑道：「子遠啊，你我兄弟彼此默契，何必要把話挑明呀？」

「阿瞞，我為了幫你連家眷都不管了，如今孑然一身，你該怎麼報答我呀？」

不知為什麼，當初許攸獻計時，呼喚小名時曹操聽著頗感親切，可到了這會兒聽著卻覺刺耳。他點點頭陪笑道：「子遠兄若是不棄，就在我幕府為軍師祭酒吧！」

許攸眉毛一挑：「區區一個祭酒，叫我躋身荀公達之下，與郭嘉等人為伍，你也忒慢待老友了吧？」

「別這麼說啊！」曹操拉住他的手，湊到他耳畔，「我豈能虧待你，雖是軍師祭酒，財貨房室衣食俸祿自然異於他人。」

「這還差不多。」許攸搖頭晃腦沾沾自喜，「面子、銀子、女子，人這輩子說穿了不就為了這些嘛！」

兩人各懷心事攜手來至袁紹寢帳，曹操坐到袁紹的几案前，順手抽過一卷空白的竹簡，開始潤色告捷表章。許攸則在一旁翹足而坐，侃侃而談陳年舊事，曹操有一搭無一搭地搪塞著。過了片刻王必尋到此處，稟告道：「俘虜清點已畢，共七萬有餘。」

「嗯。」曹操奮筆疾書，連頭都沒抬，「我知道了。」

王必又道：「那沮授衝出軟禁的營帳，搶奪馬匹意欲北逃，未出營門又被士兵拿獲。」

「哼！」曹操故意瞥了許攸一眼，吩咐道：「雖有奇才而不能為我所用，反成了累贅，推出轅門斬首吧！」又指指袁紹的臥榻，「還有，今天我住在這裡，讓許褚忙完差事到這邊護衛。叫人把袁紹的錦緞給我扔出去，換上我的舊鋪蓋，所有的珍寶圖書一律撤掉。這帳子既然已屬於我，就得由著我的性子布置！」

許攸自以為得了寵信，還沉浸在喜悅之中，再不管沮授的死活，也沒聽出曹操的弦外之音，還隨著說風涼話：「沮授也真是痴人，長胳膊拉不住短命鬼，既然找死那就死唄！」

曹操已將告捷表章寫完：「子遠，你來幫我看看。」

「欸！」許攸撅著屁股湊過來看：

> 大將軍鄴侯袁紹前與冀州牧韓馥立故大司馬劉虞，刻作金璽，遣故任長畢瑜詣虞，為說命祿之數。又紹與臣書云：「可都鄄城，當有所立。」擅鑄金銀印，孝廉計吏，皆往詣紹。從弟濟陰太守敘與紹書云：「今海內喪敗，天意實在我家，神應有徵，當在尊兄。南兄臣下欲使即位，南兄言，以年則北兄長，以位則北兄重。便欲送璽，會曹操斷道。」紹宗族累世受國重恩，而凶逆無道，乃至於此。輒勒兵馬，與戰官渡，乘聖朝之威，得斬紹大將淳于瓊等八人首，遂大破潰。紹與子譚輕身迸走。凡斬首七萬餘級，輜重財物巨億。

前面的他還讀得津津有味，當看到最後「凡斬首七萬餘級」時，差點嚇了個跟頭：「你要把俘虜全殺了？」

曹操擠出一絲詭異的微笑：「留著他們太耗費軍糧，放他們回去豈不是幫袁紹重振旗鼓？況且他們與沮授一樣，妻兒老小尚在河北，隱患可不能留啊！昔日秦之白起在長平坑殺趙軍四十萬，如今我不過殺七萬人，這又算得了什麼？」

許攸望著曹操恐怖的笑臉，感覺脊梁骨一陣陣發麻。殺七萬人又算得了什麼？他這話說得如此輕巧，與方才焚燒文書時判若兩人。

直到此刻許攸才有些明白，曹操已不是當年那個輕狂小生，這個主子比袁紹更難伺候，他更精心計更善偽裝，簡直是一個順我者昌逆我者亡的魔鬼。

「子遠，還有件事勞你幫忙。」

「是……主公！」許攸不由自主改了稱呼。

曹操遞給他一支令箭：「你去跟于禁說，叫他深深挖幾個大坑，待到夜深人靜之時，把河北降卒一批一批領到坑邊，然後……」說著做了個砍頭的手勢。

「我明白……我明白……」

曹操重重拍了拍他的肩膀，陰森森笑道：「囑咐他們做乾淨一點兒，別惹出麻煩……辛苦了，子遠賢弟！」

「不敢當……」許攸差點兒被他拍倒在地，強自支撐著，抱著那令箭戰戰兢兢出了大帳。曹操望著他顫抖的背影，終於滿意地笑了——金銀財寶可以不吝惜，但尊卑必須要明確，絕不允許有人居功自傲！只有擁有不可侵犯的威嚴，才能震懾住敵人、駕馭好官員、治理好國家。

許褚領著幾個親兵趨身進帳，將各種珍寶器玩封到箱子裡，又疊了錦繡臥榻，換上舊鋪蓋，曹操這才張著雙臂躺下，開始做他的美夢了……官渡之戰僅是這場美夢的開始，下一步他要追過黃河痛打落水狗，消滅袁紹征服河北，之後再奪荊州、平江東、定西北、收西蜀，漢室天下一定能夠復興！然後……曹操倏然睜開眼，他的美夢中冒出一個可怖的夢魘——那是張血淋淋的絹帛，寫著「誅此狂悖之臣耳！」末尾那個「耳」字一豎拉得很長，似乎還在滴血。

曹操捫心自問：真有一天仗都打完了他該何去何從呢？還政天子退歸林泉？他已經有了與天子一樣不可侵犯的威嚴，怎麼還可能全身而退呢？難道放棄那個權力，任由那個對自己充滿芥蒂的皇帝隨便宰割嗎？如果再來一次「玉帶詔」，到時候該何去何從呢？

他凝思良久，始終沒有一個滿意的答案，索性不管那麼多了，翻個身繼續睡。天下還沒平定呢，春的後面又不是秋，何必為將來發愁呢！二十年前與袁紹把酒言歡之時，又豈能想到今天？何用二十年！去年跟劉備煮酒論英雄那一刻，又怎料到反目成仇？

就是這世道，一切都隨遇而安吧！

附錄

為袁紹檄豫州文

陳琳

左相軍領豫州刺史郡國相守：蓋聞明主圖危以制變，忠臣慮難以立權。是以有非常之人，然後有非常之事，有非常之事，然後立非常之功。夫非常者，故非常人所擬也。

曩者強秦弱主，趙高執柄，專制朝權，威福由己，時人迫脅，莫敢正言，終有望夷之敗，祖宗焚滅，汙辱至今，永為世鑒。及臻呂后季年，產祿專政，內兼二軍，外統梁趙，擅斷萬機，決事省禁，下凌上替，海內寒心。於是絳侯朱虛興兵奮怒，誅夷逆暴，尊立太宗，故能王道興隆，光明顯融。此則大臣立權之明表也。

司空曹操，祖父中常侍騰，與左悺、徐璜並作妖孽，饕餮放橫，傷化虐民。父嵩乞匄攜養，因贓假位，輿金輦璧，輸貨權門，竊盜鼎司，傾覆重器。操贅閹遺醜，本無懿德，僄狡鋒協，好亂樂禍。幕府董統鷹揚，埽除凶逆，續遇董卓，侵官暴國，於是提劍揮鼓，發命東夏，收羅英雄，棄瑕取用；故遂與操同諮合謀，授以裨師，謂其鷹犬之才，爪牙可任。至乃愚佻短略，輕進易退，傷夷折衄，數喪師徒。幕府輒復分兵命銳，修完補輯，表行東郡，領兗州刺史，被以虎文，獎蹙威柄，冀獲秦師一剋之報。而操遂承資跋扈，恣行凶忒，割剝元元，殘賢害善。故九江太守邊讓，英才俊偉，天下知名，直言正色，論不阿諂，身首被梟懸之誅，妻孥受灰滅之咎。自是士林憤痛，民怨彌重，一夫奮臂，舉州同聲：故躬破於徐方，地奪於呂布，彷徨東裔，蹈據無所。幕府惟強幹弱枝之義，且不登叛人之黨，故復援旌擐甲，席捲起征，金鼓響振，布眾奔沮，拯其死亡之患，復其方伯之位。則幕府無德於兗土之民，而有大造於操也。

後會鑾駕反旆，群虜寇攻。時冀州方有北鄙之警，匪遑離局，故使從事中郎徐勛就發遣操，使繕修郊廟，翊衛幼主。操便放志，專行脅遷，當御省禁，卑侮王室，敗法亂紀，坐領三臺，專制朝政，爵賞由心，刑戮在口，所愛光五宗，所惡滅三族，群談者受顯誅，腹議者蒙隱戮，百寮鉗口，道路以目，尚書記朝會，公卿充員品而已。

故太尉楊彪，典歷二司，享國極位。操因緣眥睚，被以非罪，榜楚參并，五毒備至，觸情任忒，不顧憲綱。又議郎趙彥，忠諫直言，義有可納，是以聖朝含聽，改容加飾。操欲迷奪時明，杜絕言路，擅收立殺，不俟報聞。又梁孝王先帝母昆，墳陵尊顯，桑梓松柏，猶宜肅恭。而操帥將吏士，親臨發掘，破棺裸屍，掠取金寶，至令聖朝流涕，士民傷懷。操又特置發邱中郎將、摸金校尉，所過隳突，無骸不露。身處三公之位，而行桀虜之態，汙國虐民，毒施人鬼。加其細政苛慘，科防互設。罾繳充蹊，坑阱塞路，舉手挂網羅，動足觸機陷，是以兗豫有無聊之民，帝都有吁嗟之怨。

歷觀載籍，無道之臣，貪殘酷烈，於操為甚。幕府方詰外奸，未及整訓，加緒含容，冀可彌縫。而操豺狼野心，潛包禍謀，乃欲摧撓棟梁，孤弱漢室，除滅忠正，專為梟雄。往者伐鼓北征公孫瓚，強寇桀逆，拒圍一年。操因其未破，陰交書命，外助王師，內相掩襲，故引兵造河，方舟北濟。會其行人發露，瓚亦梟夷，故使鋒芒挫縮，厥圖不果。爾乃大軍過蕩西山，屠各左校，皆束手奉質，爭為前登，犬羊殘醜，消淪山谷。於是操師震慴，晨夜逋遁，屯據敖倉，阻河為固，欲以螗蜋之斧，禦隆車之隧。幕府奉漢威靈，折衝宇宙，長戟百萬，胡騎千群，奮中黃、育、獲之士，騁良弓勁弩之勢，并州越太行，青州涉濟漯，大軍汎黃河而角其前，荊州下宛葉而掎其後。雷霆虎步，並集虜庭，若舉炎火以焫飛蓬，覆滄海以沃熛炭，有何不滅者哉！

又操軍吏士，其可戰者皆出自幽冀，或故營部曲，咸怨曠思歸，流涕北顧。其餘兗豫之民，及呂布張楊之遺眾，覆亡迫脅，權時苟從，各被創夷，人為仇敵。若迴旆方徂，登高岡而擊鼓吹，揚素揮以啟降路，必土崩瓦解，不俟血刃。

方今漢室陵遲，綱維弛絕，聖朝無一介之輔，股肱無折衝之勢。方畿之內，簡練之臣，皆垂頭搨翼，莫所憑恃。雖有忠義之佐，脅於暴虐之臣，焉能展其節？又操持部曲精兵七百，圍守宮闕，外託宿衛，內實拘執。懼其篡逆之萌，因斯而作。此乃忠臣肝腦塗地之秋，烈士立功之會，可不勗哉！

操又矯命稱制，遣使發兵，恐邊遠州郡過聽而給與，強寇弱主，違眾旅叛，舉以喪名，為天下笑，則明哲不取也。即日幽并青冀四州並進，書到荊州，便勒現兵，與建忠將軍協同聲勢。州郡各整戎馬，羅落境界，舉師揚威，竝匡社稷，則非常之功，於是乎著。其得操首者，封五千戶侯，賞錢五千萬。部曲偏裨將校諸吏降者，勿有所問。廣宣恩信，班揚符賞，布告天下，咸使知聖朝有拘逼之難。如律令。

INK PUBLISHING

從前 33

卑鄙的聖人 曹操 5
以少勝多的千年經典，官渡之戰

作　　者　王曉磊
總 編 輯　初安民
導　　讀　陳明哲
責任編輯　孫家琦　陳健瑜
美術編輯　陳淑美　黃昶憲　林麗華
校　　對　孫家琦　陳健瑜

發 行 人　張書銘
出　　版　INK 印刻文學生活雜誌出版有限公司
新北市中和區建一路249號8樓
電話：02-22281626
傳真：02-22281598
e-mail:ink.book@msa.hinet.net
網　　址　舒讀網 http://www.sudu.cc

法律顧問　巨鼎博達法律事務所
施竣中律師
總 代 理　成陽出版股份有限公司
電話：03-3589000（代表號）
傳真：03-3556521
郵政劃撥　19785090 印刻文學生活雜誌出版有限公司
印　　刷　海王印刷事業股份有限公司

港澳總經銷　泛華發行代理有限公司
地　　址　香港新界將軍澳工業邨駿昌街7號2樓
電　　話　852-2798-2220
傳　　真　852-2796-5471
網　　址　www.gccd.com.hk

出版日期　2018年 7 月 初版
ISBN　978-986-387-210-8
定　　價　370元

國家圖書館出版品預行編目(CIP)資料

卑鄙的聖人 ： 曹操. 5：以少勝多的千年經典，官渡之戰 /
王曉磊著. -- 初版 --新北市 ： INK印刻文學，2018. 07
面；　17 × 23公分. --（從前；33）
ISBN 978-986-387-210-8（平裝）

1.（三國）曹操 2.傳記 3.三國史

782.824　　106021332